"十三五"国家重点出版物出版规划项目

质量管理学

苗 瑞 朱相鹏 编著

江志斌 主审

机械工业出版社

本书系统地介绍了质量管理的理论、方法和技术，内容包括绪论、质量功能展开、质量控制工具、统计过程控制、测量系统分析、试验设计、稳健性设计、相关分析与回归分析、可靠性系统分析、失效模式与影响分析，以及质量文化。

本书内容丰富，应用性强，辅以大量应用案例，既可作为高等学校工程管理、管理科学与工程、工业工程、物流工程等专业的教材，也可供企业中的质量管理工作者学习参考。

图书在版编目（CIP）数据

质量管理学 / 苗瑞，朱相鹏编著. —北京：机械工业出版社，2021.6（2023.9 重印）
"十三五"国家重点出版物出版规划项目
ISBN 978-7-111-68564-7

Ⅰ.①质… Ⅱ.①苗… ②朱… Ⅲ.①质量管理学-教材 Ⅳ.①F273.2

中国版本图书馆 CIP 数据核字（2021）第 124118 号

机械工业出版社（北京市百万庄大街 22 号　邮政编码 100037）
策划编辑：裴　泱　　责任编辑：裴　泱　王　芳
责任校对：梁　倩　　封面设计：张　静
责任印制：常天培
北京机工印刷厂有限公司印刷
2023 年 9 月第 1 版第 2 次印刷
184mm×260mm・20.5 印张・515 千字
标准书号：ISBN 978-7-111-68564-7
定价：59.80 元

电话服务　　　　　　　　网络服务
客服电话：010-88361066　　机　工　官　网：www.cmpbook.com
　　　　　010-88379833　　机　工　官　博：weibo.com/cmp1952
　　　　　010-68326294　　金　书　网：www.golden-book.com
封底无防伪标均为盗版　　机工教育服务网：www.cmpedu.com

前　言

在实现由中国制造向中国创造、由中国速度向中国质量、由中国产品向中国品牌的转变过程中，如何加强质量与可靠性管理、保持企业的持续改进、保证企业的生存和发展，是质量管理工作者必须面对和思考的问题。要适应我国经济社会发展对高层次质量管理人才的迫切需求，就要创新质量管理人才培养模式，培养掌握现代质量管理科学的理论、方法和手段的复合型高级管理人才。本书有助于解决培养复合型高级管理人才缺乏专门教材的问题。本书的原稿在上海交通大学工程管理专业学位培养中试用过多遍；在作者为一些大型企业提供工程管理咨询的过程中，本书主要内容也作为参考资料使用过。

本书依据质量管理学学科发展，结合国内外的最新研究成果，系统地介绍了质量管理的理论、方法和技术。全书共分11章：第1章，绪论；第2章，质量功能展开；第3章，质量控制工具；第4章，统计过程控制；第5章，测量系统分析；第6章，试验设计；第7章，稳健性设计；第8章，相关分析与回归分析；第9章，可靠性系统分析；第10章，失效模式与影响分析；第11章，质量文化。

本书的特点是应用性强，案例有较强的工程实际背景，内容丰富，循序渐进，易于读者理解和掌握。本书在每种方法后都给出了相应的应用案例，并用JMP软件进行了数据处理，给出了用JMP软件解题的基本步骤、结果及含义，有利于读者学习和借鉴。为方便教师授课，本书还配有教学课件。

本书由上海交通大学苗瑞编写第1至7章和第9至10章，朱相鹏编写第8章和第11章，苗瑞对全书进行了统稿和校验。

本书的出版得到上海汽车工业教育基金会资助，在此深表感谢。

感谢国家自然科学基金（编号71971139）的资助。

感谢上海交通大学江志斌教授主审本书，他对本书提出了许多非常有益的建议。

本书既可作为高等学校工程管理、管理科学与工程、工业工程、物流工程等专业的教材，也可供企业相关人员参考。

由于作者水平有限，而且时间仓促，因而本书难免有不尽如人意之处，恳请各位读者批评指正。

作　者

目 录

前言

第 1 章　绪论 ··· 001
1.1　质量的定义 ··· 001
1.2　质量管理的概念和基本工作程序 ································ 002
1.3　质量管理的发展历程 ··· 003
1.4　质量管理体系 ·· 009
1.5　质量管理与精益管理的结合 ······································· 012

第 2 章　质量功能展开 ·· 019
2.1　概述 ··· 019
2.2　质量功能展开的分解 ··· 023
2.3　质量功能展开的实施步骤 ·· 027
2.4　质量功能展开的特点 ··· 030
2.5　质量功能展开在机载天线研制过程中的应用案例 ········ 032
2.6　质量功能展开在减速器研制中的应用案例 ·················· 039
2.7　基于 TRIZ 的创新方法 ·· 046

第 3 章　质量控制工具 ·· 057
3.1　概述 ··· 057
3.2　"老七种"质量控制工具 ·· 059
3.3　"新七种"质量控制工具 ·· 069

第 4 章　统计过程控制 ·· 090
4.1　概述 ··· 090
4.2　控制图 ·· 091
4.3　工序能力与工序能力分析 ·· 109

第 5 章　测量系统分析 ·· 126
5.1　概述 ··· 126
5.2　测量系统分析的相关术语 ·· 126

5.3 测量系统变差的类型 ... 126
5.4 测量系统分析的实施 ... 129

第6章 试验设计 ... 153
6.1 概述 ... 153
6.2 正交试验设计实例分析 ... 157

第7章 稳健性设计 ... 181
7.1 概述 ... 181
7.2 SN 比及其试验设计应用 ... 182
7.3 产品的三次设计 ... 193

第8章 相关分析与回归分析 ... 222
8.1 相关分析的基本概念 ... 222
8.2 相关关系的基本种类 ... 222
8.3 简单线性相关分析 ... 223
8.4 回归分析的基本概念 ... 228
8.5 一元线性回归分析模型 ... 228
8.6 一元线性回归分析 ... 230
8.7 多元回归分析 ... 242

第9章 可靠性系统分析 ... 254
9.1 概述 ... 254
9.2 可靠性的基本概念 ... 254
9.3 可靠性的特征量 ... 255
9.4 常用概率分布在可靠性中的应用 ... 262
9.5 可靠性系统分析 ... 266

第10章 失效模式与影响分析 ... 273
10.1 概述 ... 273
10.2 全局设备效率 ... 284

第11章 质量文化 ... 287
11.1 文化、企业文化与质量文化 ... 287
11.2 质量文化建设方法论 ... 289
11.3 质量文化建设案例 ... 306

附录 ... 314
附录A 计量值控制图系数表 ... 314
附录B 测量系统分析用数值 d_2^* 表 ... 315

参考文献 ... 317

第1章
绪 论

【本章要点】质量的定义;质量管理的概念和基本工作程序;质量管理发展历程;全面质量管理;质量管理系统。

1.1 质量的定义

从不同层面和视角,可以对质量做出不同的定义,以下三种定义较有代表性。

第一种是从顾客角度出发的。美国质量管理专家朱兰(Joseph M. Juran, 1904—2008)博士提出:产品质量是产品的适用性。该定义强调产品质量的关键在于让客户在使用过程中感到产品适用、自己满意,其积极作用在于引导企业关注客户需求。

第二种是从生产者角度展开的。美国质量管理专家克劳士比(Crosbyism)指出:质量是产品符合规定要求的程度。该定义突出的是"符合性质量",强调只有以"规定要求"作为参照才有质量,没有"规定要求"就无法谈质量。质量就是要消除规范、文件、标准等方面的不符合。这种定义的优势在于适合于企业的质量管控。劣势是难以满足动态变化的顾客需求,当"规定要求"与顾客要求差距明显时通常难以让顾客满意;另外,"符合性质量"被固化为相对静态的标准、规范,容易成为阻碍企业不断超越自己、追求卓越的桎梏。

第三种视角更加丰富,由国际标准化组织(ISO)在 ISO 9000 族标准中定义:质量是"客体的一组固有特性满足要求的程度"。质量即某种事物的"特性"满足某个群体"要求"的程度越高,质量越高;反之质量越低。这个定义既突出质量特性,又强调满足顾客要求,也没有将质量限定于产品或服务,而是与时俱进,把范围拓展到一切可以单独描述和研究的事物,即过程、组织、产品、体系等,以及上述各项的任意组合,因此更加全面,适用范围更广。

ISO 所给定义中的"特性"是指实物"可以区分的特性",例如物理的特性(机械性能等)、时间的特性(准时性、可靠性等)、感官的特性(如颜色、气味、声音等)、人机工程的特性(安全性、舒适性等)、行为的特性(礼貌、文明等)以及经济的特性(成本等)。

特性可以分为"固有特性"和"赋予特性"。"固有特性"是指事物本来就有、与生俱来的特性,尤其是永久的特性。例如产品的体积、重量、尺寸,电子产品的可靠性等。"赋予特性"是人们后来赋予的,如产品的价格、交货时间、保修期和运输线路等。

ISO 所给定义中的"要求"是由不同的相关方提出来的需求或期望,相关方指的是与组织有利益关系的个人或团体,如顾客、股东、员工、供应商、银行或社会等。有的"要求"是

"明示的"，如合同中对于产品性能的具体约定；也可以由法律、法规等强制规定，如食品的卫生和安全等；还可以是"通常隐含的"或者不言而喻的惯例或常规做法，如银行对客户信息和存款数额的保密性，不需要特别提出也必须给予保证。不同相关方都可以提出自己的要求，这些要求可能不尽相同。例如，对于汽车而言，顾客通常要求其美观、舒适、省油，但社会要求其尽量少产生大气污染和噪声污染。因此，组织需要兼顾各相关方的要求，做出权衡或取舍。

1.2 质量管理的概念和基本工作程序

1.2.1 质量管理的概念

ISO 9000 标准中把质量管理定义为：在质量方面指挥和控制组织的协调的活动。这些活动通常包括：制定质量方针和质量目标，质量策划、质量控制、质量保证和质量改进。质量策划致力于制定质量目标，并规定必要的运行过程和相关资源以实现质量目标；质量控制致力于满足质量要求；质量保证致力于提供质量要求会得到满足的信任；质量改进致力于增强满足质量要求的能力。

美国著名质量管理专家朱兰曾提出，要获得质量，最好从建立组织的"愿景"以及方针和目标开始。目标向成果的转化（使质量得以实现）是通过管理过程来进行的，过程是产生预期成果的一系列活动。为此，朱兰提出了质量管理"三部曲"：质量策划明确了质量管理所要达到的目标以及实现这些目标的途径，是质量管理的前提和基础；质量控制确保组织的活动按照计划的方式进行，是实现质量目标的保障；质量改进则意味着质量水平的飞跃，标志着质量水平以一种螺旋上升的方式不断提高。

1.2.2 质量管理基本工作程序

质量管理活动必须遵循科学的工作程序。这个科学的程序就是 PDCA 循环，即计划（Plan）、实施（Do）、检查（Check）和处置（Act）四个阶段的循环。该循环基于思维的逻辑程序，简明而易于理解，实践性强，具有广泛的适用性，是所有质量管理活动都要遵循的程序。PDCA 循环最早由休哈特（Walter A. Shewhart）提出，后经戴明（W. Edwards Deming）引用而广为流传，所以又被称为"戴明环"。PDCA 循环的主要内容包括：P（计划），包括制定方针、目标和对策措施等；D（实施），即实地去干，执行、落实具体措施；C（检查），对策实施后，检查实施的效果；A（处置），总结实施的过程，将行之有效的方法以标准化的形式确定下来，以后就按标准执行。对于解决得不好或尚待解决的问题，则转入下一轮 PDCA 循环。大环套小环。例如在 D 阶段也会有为了落实总体计划，制订更低层次的、更具体的计划，并予以实施、检查和处置的小 PDCA 循环。每循环一次，产品质量、过程质量或体系质量水平就提高一次。PDCA 是不断上升的循环，如图 1-1 所示。

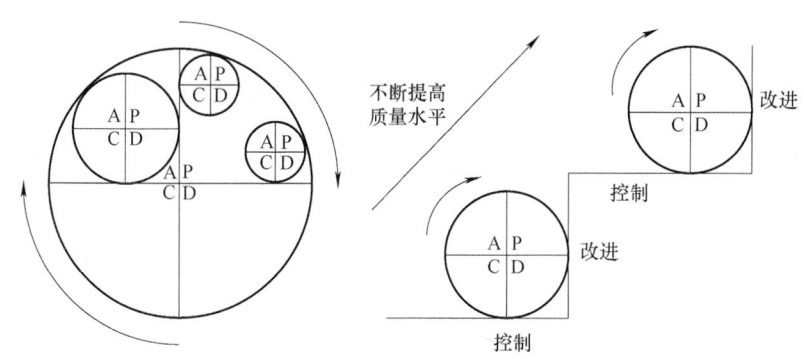

图 1-1　质量改进上升的示意图

1.3　质量管理的发展历程

1.3.1　质量检验阶段（20 世纪初至 20 世纪 30 年代）

20 世纪初，质量检验从加工制造中分离出来，质量管理的职能由操作者转移给工长，是"工长的质量管理"；企业开始设置检验部门，有的直属于厂长领导，这时是"检验员的质量管理"，这一阶段的代表人物是科学管理之父泰勒（F. W. Taylor）。

泰勒的铁铲实验给人以启迪。当时伯利恒公司有一项铲掘煤粉和铁砂的工作，早先工厂里工人干活是自己带铲子，铲子的大小也就各不相同，堆料场中有铁矿石、煤粉、焦炭等，铲这些不同的原料时用的却都是相同的工具，这样导致在铲煤沙时重量如果合适的话，在铲铁砂时就过重了。当时，不管铲取铁矿石还是搬运煤粉或焦炭，都使用铁锹进行人工搬运，雇佣的搬运工动不动达五六百人。每位工人的日工作量为 16t。他们铲掘铁砂时，平均每一铲子的重量远远高于铲掘较轻的煤粉时每一铲子的重量。在一次调查中，泰勒发现搬运工一次可铲起了 3.5lb[①]（约 1.6kg）的煤粉，而铁矿石则可铲起 38lb（约 17kg）。为了获得一天最大的搬运量，泰勒开始着手研究每一锹最合理的铲取量。泰勒找了两名优秀的搬运工用不同大小的铁锹做试验，每次都使用秒表记录时间。最后发现一锹铲取量为 21.5lb（约 10kg）时，一天的材料搬运量为最大。同时也得出一个结论，在搬运铁矿石和煤粉时，最好使用不同的铁锹。

根据试验结果，泰勒针对不同的物料设计出 12 种不同形状和规格的铁锹。为此他还建立了一间大库房，里面存放各种工具，每个的负重都是 21lb。同时他还设计了有两种标号的卡片，一种标号说明工人在工具房所领到的工具和该在什么地方干活；另一种标号说明他前一天的工作情况和对应的收入。工人取得白色纸卡片时，说明工作良好；取得黄色纸卡片时就意味着要加油了，否则就会被调离。将不同的工具分给不同的工人，就要进行事先计划，要有人对这项工作专门负责，需要增加管理人员。尽管这样，工厂也是受益很大的，在三年以后，原本要五六百名员工进行的作业，只要 140 名就可以完成，材料浪费也大大减少。堆料场的工人从 400 到 600 名降至 140 名，平均每人每天的操作量从 16t 提高到了 59t，工人的日工资从 1.15 美元提高到 1.88 美元，这

[①] 1lb=0.454kg。

一项变革可为工厂每年节约 8 万美元。

泰勒在其主要著作《科学管理原理》(1911)中所阐述的科学管理理论，使人们认识到了管理是一门建立在明确的法规、条文和原则之上的科学，它适用于人类的各种活动，从最简单的个人行为到经过充分组织安排的大公司的业务活动。泰勒的科学管理主要有两大贡献：一是管理要走向科学；二是劳资双方的精神革命。科学管理理论的主要内容：科学管理的中心问题是提高效率。为了提高劳动生产率，必须为工作挑选"第一流的工人"。要使工人掌握标准化的操作方法，使用标准化的工具、机器和材料，并使作业环境标准化，这就是所谓的标准化原理。实行刺激性的计件工资报酬制度。工人和雇主两方面都必须认识到提高效率对双方都有利，都要来一次"精神革命"，相互协作，为共同提高劳动生产率而努力。把计划职能同执行职能分开，变原来的经验工作法为科学工作法。实行"职能工长制"。在组织机构的管理控制上实行例外原则。

这一阶段质量管理活动的特点：从观念上看，仅仅把质量管理理解为对产品质量的事后检验；从方法上看，质量管理是对已经生产的产品进行百分之百的全数检验，通过剔除不合格品来保证产品的质量。

在质量检验阶段，要实施有效的检验，必须对产品是否合格确立一个标准，这里必须提到两个重要的历史事实：一个是产品的标准化问题；另一个是公差界限问题。这两个问题的提出和实施为质量管理的进一步发展做了必不可少的技术准备。所谓标准化问题，是指随着资本主义工业化大生产的发展，工厂工人的劳动生产率几倍、几十倍高于手工业工人，生产产品数量的大幅增长要求零部件系列化和标准化，从而达到互换性，大幅度降低成本、提高效率。这种生产要求又促使了精密量具的生产和应用。在 18 世纪四五十年代，美国的这种标准化生产模式取得了巨大成功，也引起了欧洲各工业国家的广泛关注。随着生产的发展，人们实际上已经认识到即使一台机器再精密、调试得再准确、操作工人再熟练，其生产出来的产品质量特征也不可能只取一个数值，这已由精密量具的使用而得到证明。这种认识是十分必要的，于是人们提出了公差界限的问题。在 1840 年左右，美国专家提出生产者对装配的零部件规定一个公差界限；1870 年更加明确规定，超出公差界限即为不合格品，从而保证了装配零部件的通用性、互换性。公差界限概念的提出，实际上反映了人们对产品质量水平和产品经济性的相互约束的新认识，反映了人们追求质量水平和经济性最佳组合的一种新思考。

质量检验阶段的质量管理有两个问题是必须解决的。一是事后检验无法在过程中就对质量进行预防和控制，当不合格的产品大量出现时，人们已无法加以制止。因此探索新方法，势在必行。二是全数检验成本太高，尤其是当产品检验有破坏性时，这种检验的可行性就成大问题了。于是人们必须思考是否只检验少数产品也可以达到同样的目的。这些思考为统计质量控制的产生做了前期准备。

1.3.2　统计质量控制阶段（20 世纪 40 年代至 20 世纪 50 年代）

这个阶段的核心特点是从单纯依靠质量检验、事后把关，发展到过程控制，突出了质量的预防性控制。

统计质量控制阶段的代表人物之一是美国电报电话公司贝尔实验室的休哈特。在 20 世纪 20 年代美国贝尔实验室成立了两个课题的研究组，其中一个休哈特所在的从事过程控制的研究组。休哈特主张，对生产过程的控制应事先做好生产设备的调试工作、生产环境的整顿工作、技术人员和生产人员的培训工作，并要求生产人员在生产过程中规范操作，保证生产过程处于控制之下从而达到稳定的目的。休哈特的主张具有里程碑意义的贡献在于，首创了生产过程的监控工具——控制图。于 1931 年出版的《产品质员的经济控制》(*Economic Control of Quality of Manufactured Product*) 一书，奠定了质量控制理论的基础。

休哈特首创的控制图是有深刻的时代背景和实践背景的，因为休哈特工作的贝尔实验室是研究自动电话机的，在当时每部电话机有 201 个零件，而实现电话机之间通信的装置更为复杂，要有 11 万个零件，生产电话机和通信装置所需材料不但数量较多，而且价格昂贵。于是如何在生产中提高质量、降低成本成为一个必须突破的难题。当时数理统计的理论已有了突飞猛进的发展，这为休哈特的控制图的发明提供了必不可少的理论基础。数理统计的理论需要在实践中寻找应用新领域，而休哈特的工作实践又需要新的理论工具以解决实际问题，在这两者的交融点上，休哈特的控制图在生产实践中应运而生。

在休哈特主持过程控制课题研究的同时，贝尔实验室的道奇（H. F. Dodge）与罗米格（H. G. Rorning）提出了"产品检查批容许不合格品率的概念及抽样方案"，后又提出"平均检出质量极限的概念及其抽样方案"。这些方案在贝尔实验室的大批量产品的生产中进行了无数次的应用，是一种十分有效的质量管理方法。在 1944 年，"道奇-罗米格抽样方案"正式公布。休哈特的"控制图"和道奇、罗米格的"抽样方案"两个成果成为统计质量控制阶段的主要标志性成果。

休哈特和道奇、罗米格提出质量控制理论和质量检验理论之时，也是西方资本主义国家经济衰退时期，理论的推广和应用受到了一定的影响。直到第二次世界大战，美国作为同盟国的兵站总基地，需要大量生产军用品，军方为了保证军用品质量，迫切要求进行质量控制，于是休哈特的"控制图"和道奇、罗米格的"抽样方案"得到了广泛的应用。

统计质量控制阶段中，统计方法应用得如此成功，往往使人们产生误解，认为质量管理和统计方法是同一件事，于是质量管理常被认为是统计专家的事，这暴露了统计质量控制的不足。这一阶段的质量管理实践，也的确把质量控制和管理局限在制造和检验部门，但实际上要使企业能够生产高质量的产品，就必须要求全员参与质量管理、全过程质量管理、全企业质量管理，并且要采用多种管理方法，这就促进了全面质量管理的诞生。

1.3.3　全面质量管理阶段（20 世纪 60 年代起至今）

1. 全国质量管理的概念和代表人物

全面质量管理阶段始于 20 世纪 60 年代，至今仍处于不断发展和完善之中。20 世纪 60 年代，随着生产发展和社会进步，特别是科学技术的飞速发展和创新成果的不断涌现，质量管理的对象、内容和任务发生了新的变化。人们对产品质量的要求从单纯的使用性能发展为对耐用性、美观性、安全性、可靠性及经济性的全面关注，这就大大提升了人们对产品质量的需求水平，也在质量管理方面提出了新的课题。系统分析的观念和方法日趋成熟并广泛应用于生产和管理之中。于是，人们认识到质量管理问题不能同外部环境相隔离，必须把质量管理与整个企业管理乃至企业以外的社会相联系，必须把其作为企业管理系统乃至社会大系统的一个子系统，于是联系的观点、制约的观点、沟通的观点在质量管理中被广泛应用。

在管理科学中，以人为本的观念也被充分强调，于是重视人的积极因素、调动人的积极性、组织员工的广泛参与成为质量管理中被广泛接受的理念，并付诸实施。

20世纪60年代初，伪劣商品充斥市场，消费者权益受到了巨大的威胁和侵害，许多国家发起了"保护消费者权益"运动，这迫使企业加强质量管理，这一运动成为质量管理理论发展和实践推行的巨大动力。随着国际贸易的发展、市场竞争尤其是国际市场竞争的加剧，质量已成为企业竞争的核心要素，各国企业都十分重视产品责任和质量保证问题，强化质量管理，以确保用户安全、可靠地使用产品。

如上所述，随着人们对质量内涵认识的不断深化，质量管理的外延不断扩展，而面对泛化的质量管理任务，单单应用统计质量控制方法显然是远远不够的，全面质量管理理论应运而生。1961年美国通用电器公司质量经理菲根堡姆（A. V. Feigenbaum）出版了《全面质量管理》，全面地提出了全面质量管理的原理和方法，菲根堡姆指出"全面质量管理是为了能够在最经济的水平上并在考虑到充分满足用户要求的条件下进行市场研究、设计、生产和服务，把企业各部门的研制质量、维持质量和提高质量的活动构成一体的有效体系"。

因此，全面质量管理可以理解为"三全"的管理：①全面的质量，即不仅包含产品质量，而且包含服务质量、工作质量等在内的广义的质量；②全过程，即不限于生产过程，包括市场调研、产品研发设计、生产技术准备、制造、检验、销售、售后服务等质量环的全过程；③全员参加，即不仅管理者要参加，而且全体员工都要参加，质量第一，人人有责，质量管理绝不是质量管理职能部门的单独责任，而是全体员工广泛参与、各负其责的整个企业的活动。

在全面质量管理观念提出和推行过程中，美国著名质量管理专家朱兰做出了卓越的贡献。朱兰提出全面质量管理有三个环节，即质量策划、质量控制和质量改进，这称为"朱兰三部曲"。他于1951年首次出版的《质量控制手册》，成为质量管理领域的权威著作。"朱兰三部曲"通过识别顾客的需求，开发出让顾客满意的产品，并使产品的特征最优化，同时优化产品的生产过程。这样不但能够满足顾客的需求，也能满足企业的需求。他还提出了质量螺旋的概念，即要求首先去识别顾客的需求，开发出适合顾客需求的产品，然后生产和销售这样的产品，使顾客满意。顾客满意之后又会产生新的需求，企业可以根据顾客的新需求进行新一轮的循环。朱兰提出，为了获得产品的合用性，需要进行一系列工作活动。也就是说，产品质量是在市场调查、开发、设计、计划、采购、生产、控制、检验、销售、服务、反馈等全过程中形成的，同时又在这个全过程的、不断的循环中螺旋式提高，这也被称为质量进展螺旋。

20世纪60年代以来，菲根堡姆的全面质量管理观念被世界各国广泛接受。日本在全面推进质量管理过程中做出了创新探索。田口玄一提出"质量损失函数"概念，赤尾洋二提出"质量功能展开"等方法，日本著名质量管理专家石川馨提出"广义的质量""因果图"，这些都为质量管理发展做出了卓越贡献。

田口玄一提出的田口方法是一种低成本、高效益的质量工程方法，它强调产品质量的提高，不是通过检验而是通过设计而获得的。该方法的基本思想是把产品的稳健性设计到产品和制造过程中，通过控制源头质量来抵御大量的下游生产或顾客使用中的噪音或不可控因素的干扰，这些因素包括环境湿度、材料老化、制造误差、零件间的波动等。田口方法不仅提倡充分利用廉价的组件来设计和制造出高品质的产品，而且使用先进的试验技术来降低设计试验费用，这也正是田口方法对传统思想的革命性改变，为企业增加效益指明了一个新方向。

赤尾洋二的质量功能展开"将顾客的需求转换成代用质量特性，进而确定产品的设计质量（标准），再将这些设计质量系统地、相关联地展开到各个功能部件的质量、零件的质量或服务项目的质量上，以及制造工序各要素或服务过程各要素的相互关系上"，使产品或服务事前就完成质量保证，符合顾客要求。它是一种系统化的技术方法。

石川馨率先将统计技术和计算机技术应用到了质量管理过程当中。后来，他又总结和发明了质量管理的七种工具，这些工具实际上就是统计技术和计算机分析技术在质量控制活动中的具体应用形式。在石川馨看来，质量是广义的，质量控制的概念和方法既可用于进料控制、新产品设计控制、解决生产过程中出现的问题、分析并帮助高层管理人员制定和贯彻政策，也可用于解决销售、人力管理和行政部门的问题。石川馨以发展质量工具如帕累托图和因果图（石川图或鱼骨图）用于质量改进而著称。他强调有效的数据收集和演示，认为因果图和其他工具一样都是帮助人们或质量管理小组进行质量改进的工具。因果图可以用于分析生产中质量变化的原因，也可以使它们之间的相互关系具有条理。

日本企业由于实施质量管理小组活动而在世界范围内取得了令人瞩目的生产和科研成果，最为醒目的代表人物就是石川馨、新乡重夫。虽然美国是全面质量管理理论的诞生地，但是全面质量管理真正在实际中取得成功的却是日本。日本推行全面质量管理的一个特点就是把全面质量管理的理论与日本的实际密切结合，走出了一条日本化的质量管理新路，创造了新的方法，并且以质量管理小组形式深扎于实践之中。

20世纪80年代，面对国际竞争的不利局面，美国反思了自身在质量管理上的失误，在著名质量管理专家戴明（W. E. Deming）的推动下，把质量管理置于企业管理的核心地位，并努力付诸实施，终于使质量管理在美国经济发展中发挥了显著作用。质量管理专家戴明学说的核心可以概括为：高层管理的决心及参与；群策群力的团队精神；通过教育来强化质量意识；质量改良的技术训练；制定衡量质量的尺度标准；对质量成本的分析及认识；不断改进活动；各级员工的参与。经过努力，到20世纪90年代，美国的钢铁、汽车等的质量又超过了日本。这种经历是全面质量管理重在实践、重在应用的最好注脚。

2. 全面质量管理的基本要求

产品质量有一个产生、形成和实现的过程，这个过程是由多个相互联系、相互影响的环节所组成的，每一个环节都对产品质量产生或大或小的影响，因此需要控制影响质量的所有环节和因素。全过程的质量管理包括了从市场调研、产品的设计开发、生产（作业），到销售、售后服务等全部有关过程。换句话说，要保证产品或服务的质量，不仅要做好生产或作业过程的质量管理，还要做好设计过程和使用过程的质量管理。要把质量形成全过程的各个环节或有关因素控制起来，形成一个综合性的质量管理体系，做到以预防为主、防检结合、重在提高。为此，全面质量管理强调必须体现以下两个思想：

（1）预防为主、不断改进的思想。优良的产品质量是设计和生产制造出来的，而不是由事后的检验决定的。事后的检验面对的是既成事实的产品质量。全面质量管理要求把管理工作的重点从"事后把关"转移到"事前预防"上来；从管结果转变为管因素。实行"预防为主"的方针，把不合格品消灭在它的形成过程之中，做到"防患于未然"。当然，为了保证产品质量，防止不合格品出厂或流入下道工序，并及时反馈发现的问题，防止再出现、再发生，加强质量检验在任何情况下都是必不可少的。强调预防为主、不断改进的思想，不仅不排斥质量检验，而且要求其更加完善、更加科学。质量检验是全面质量管理的重要组成部分，必须坚持企业内行之有效的质量检验制度，并且要进一步使之科学化、完善化、规范化。

（2）为顾客服务的思想。顾客有内部和外部之分。外部的顾客可以是最终的顾客，也可以是产品的经销商或再加工者；内部的顾客则是企业的部门和人员。实行全过程的质量管理要求企业各个工作环节都必须树立为顾客服务的思想。内部顾客满意是外部顾客满意的基础。因此，在企业内部要树立"下道工序是顾客""努力为下道工序服务"的思想。现代工业生产是一环扣一环的，上道工序的质量会影响后道工序的质量，一道工序出了质量问题，就会影响整个过程甚至产品质量。因此，要求每道工序的工序质量都要经得起下道工序，即"顾客"的检验，满足下道工序的要求。有些企业开展"三工序"活动，即复查上道工序的质量，保证本道工序的质量，坚持优质、高质量地为下道工序服务是为顾客服务思想的具体体现。只有每道工序在质量上都坚持高标准，都为下道工序着想，为下道工序提供最大的便利，企业才能目标一致地、协调地生产出符合规定要求、满足用户期望的产品。

由此可见，全过程的质量管理就意味着全面质量管理要"始于识别顾客的需要，终于满足顾客的需要"。产品和/或服务质量是企业各方面、各部门、各环节工作质量的综合反映，企业中任何一个环节、任何一个人的工作质量都会不同程度地直接或间接地影响产品质量或服务质量。因此，产品质量人人有责，人人关心产品质量和服务质量，人人做好本职工作，全体参加质量管理，才能生产出顾客满意的产品、提供顾客满意的服务。

3. 大质量是全面质量管理的新阶段

20世纪90年代以来，朱兰和菲根堡姆多次在国际质量管理会议上倡导"大质量"的观点。朱兰指出："必须采用大质量概念。大质量标志着扩大了质量管理的范围。采用大质量的概念已不可逆转。"目前质量概念不仅被用于物质或精神的产品及其提供的过程，而且被广泛地用来评价社会经济发展的水平，研究国民经济发展和增长的质量。质量的概念已被赋予更丰富的内涵，可以从以下五个方面来理解大质量：

1）从范畴来讲，大质量概念认为任何事物都有质量。质量不仅限于产品质量、工程质量和服务质量，而且还有发展质量、生态环境质量、生活质量、农产品质量、开放质量、高等教育质量、医疗服务质量、武器装备质量、发展党员质量等。也就是说，世界上任何事物都有质量。

2）从过程和结果来讲，大质量概念认为过程决定结果，结果才是目的。以工业产品为例，产品的最终质量取决于产品设计开发过程、生产制造过程、销售过程和服务过程，所有过程都应得到严格控制。只有这样才能得到高质量的产品，以满足顾客的需求。最终产品质量得不到保证，说明过程有问题。任何情况下为了"控制过程"而控制过程，"享受过程"，而不管结果如何，都是没有意义的。因此，质量工作是以"结果"为导向的。

3）从组织来讲，大质量概念认为质量应渗透到组织所有的机体。一家企业或者是任何一个组织，其最高管理层、各职能部门、各个岗位、每一位员工都承担着相应的质量职责。也就是说，质量是全员的事情。

4）从系统来讲，大质量概念强调系统最优、接口可靠。一个系统有许多子系统，子系统应符合整个系统最优的要求，局部服从全局。一个系统特别要重视整体的策划和接口的可靠。只有这样，才能保证质量。

5）从特性来讲，大质量概念认为质量应包括固有的特性和人们赋予的特性。ISO 9000族标准对质量的定义只关注"固有特性"，如工业产品的固有特性是性能、可靠性和维修性、安全性和环境适应性。但是，顾客需要的是物美价廉的产品，产品价格（经济性）和交货期（时间性）并不是产品的固有特性，而是人们所赋予的特性。

1.4 质量管理体系

1.4.1 管理的系统方法和质量管理体系

所谓系统,就是组织内一系列必须通过合作来达成组织目的的功能或活动。系统的活动都可以作为过程来理解,因此每一个系统也就是一个由诸多过程构成的过程网络。在一个组织内,存在各种各样的系统,既有整体的经营管理系统,也有各职能活动系统,例如生产管理系统、质量管理系统等。每一个组织都有自己的使命、愿景,每一个系统也都要完成特定的任务,达到一定的目标,因此必须把所有的活动整合起来,使系统中的各过程相互协调、目标一致,才能顺利地实现组织所渴望的结果。

相互关联的过程作为体系来看待、理解和管理,就是管理的系统方法。管理的系统方法有助于组织提高实现目标的有效性和效率。运用管理的系统方法,就是要识别并理解一个系统中应包含的各个过程及其相互依存关系,构造协调并整合各过程的方法,制定必要的规则和职责,配备必要的资源,确定系统应该进行的特定活动并规定应如何进行,减少跨部门、跨职能的障碍,使之能以最有效的方式实现组织的目标,并通过测量和评价来持续改进系统。

随着质量概念的扩展和基于现代组织管理实践的需要,质量管理已成为一个涉及全组织、各层次、多职能活动的复杂系统,每一项活动的缺失或不协调都可能使质量的链条断裂,局部的最优也可能让组织付出很高的代价且对组织的整体绩效贡献不大。系统的整体能力决定了组织输出的最终质量和经营绩效,因此现代质量管理非常强调应用系统方法,在ISO 9000族标准提出的八项质量管理原则中,既有"过程方法",也有"管理的系统方法"。

将管理的系统方法应用到质量管理中,就是建立、实施并持续改进质量管理体系。体系(系统)是指相互关联或相互作用的一组要素;管理体系是指建立方针和目标并实现这些目标的体系;质量管理体系是指在质量方面指挥和控制组织的管理体系;质量方针是指由组织最高管理者正式发布的关于质量方面的全部意图和方向;质量目标是指在质量方面所追求的目的;有效性是指完成策划的活动并得到策划结果的程度;效率是指得到的结果与所使用的资源之间的关系。

质量方针和质量目标规定了组织在质量方面的方向和目标,质量管理体系是组织为实现质量方针和质量目标而建立的管理工作系统。有效性和效率是衡量质量管理体系能力的重要指标。建立质量管理体系是为了有效和高效地实施质量管理,实现质量方针,达到质量目标。质量、成本、生产率以及相关的经营绩效是结果,而体系及其所包含的过程的运行目的就是获得预期的结果。好的质量、好的经营结果,应该通过好的过程、好的系统来实现。

建立和实施质量管理体系的基本步骤:确定顾客和其他相关方的需求和期望;建立组织的质量方针和质量目标;确定实现质量目标必需的过程和职责;确定和提供实现质量目标必需的资源;规定测量每个过程有效性和效率的方法;应用这些方法测量每个过程的有效性和效率;确定防止不合格并消除产生原因的措施。

根据确定的目标不同,可建立适用于不同目的、不同范围的质量管理体系,目前质量界广泛认可的有两大类质量管理体系模式,即ISO 9000族标准所代表的质量管理体系模式和各国质量奖标准所代表的卓越绩效管理模式。

1.4.2　ISO 9000 族质量管理体系标准

ISO 9000 族标准是关于质量管理体系的一组国际标准，由国际标准化组织（ISO）发布。制定这组标准的目的是为各种类型和规模的组织实施并运行有效的质量管理体系提供帮助，并通过标准的宣传、实施及认证活动，在世界范围内建立关于质量和质量管理体系的一定程度的共同认识，在各国国内和国际贸易中促进相互理解。

ISO 9000 族标准自 1987 年问世以来，相继被世界各国接受和采用。随着国际经济交流的蓬勃发展和贸易往来的日趋频繁，顾客对质量的要求越来越高，质量管理体系认证风靡全球，ISO 9000 族标准越来越成为需方对供方提出质量管理体系要求和供方证实自己能力的依据。

ISO 9000 族标准的四项核心标准分别为：

1）ISO 9000《质量管理体系　基础和术语》，表述了质量管理体系的基础知识并规定了质量管理体系术语。

2）ISO 9001《质量管理体系　要求》，规定了达到顾客满意水平的质量管理体系要求，可用于证实组织具有提供满足顾客要求和适用的法规要求的产品的能力，并能通过持续改进，不断增进顾客满意。该标准既可用于组织内部管理，也可用于合同环境或作为认证的依据。

3）ISO 9004《质量管理体系　业绩改进指南》，是从质量管理体系的有效性和效率两方面，为质量管理体系的建立和运行提供的指南。这个标准的目的不仅在于达到顾客满意，还在于广泛地改进组织的业绩，让顾客和其他利益相关方满意。该标准主要用于组织内部管理，不能作为认证的依据。

4）ISO 19011《管理体系审核指南》，为质量管理体系和环境管理体系的内部审核和外部审核提供指南。

ISO 9001 是 ISO 9000 族标准中唯一一个用于认证的标准，它从保证顾客的利益出发，提出了对组织质量管理体系的要求。它是各类组织质量管理体系建设的基本要求，也为质量管理体系的评价提供了基本准则。

ISO 9001 标准针对的质量管理体系目标是保证产品质量、增强顾客满意度，因此该标准所描述的质量管理体系过程始于顾客要求，终于顾客满意。

ISO 9001 质量管理体系过程模式如图 1-2 所示，标准将质量管理体系活动分为四大过程：管理职责，资源管理，产品实现，测量、分析和改进。质量管理体系的主过程是产品实现过程，这一过程的直接输入是顾客要求，主要输出是产品和服务，目标是顾客满意。这一过程有效运行需要管理者的领导和管理支持，需要必要的资源保障。测量、分析则贯穿于所有活动的始终，既证实产品和过程的符合性，也为过程控制和持续改进提供依据；顾客需要和期望在不断变化，因此需要持续不断改进，以满足顾客要求，增进顾客满意度。

（1）产品实现过程。图 1-2 中从识别顾客要求到达到顾客满意这一横向流程，对应的是产品实现这一主过程。其中涉及的主要活动包括：产品实现过程的策划；与顾客有关的过程；设计开发过程；采购过程；生产和服务提供过程；监视和测量设备管理过程。以上过程包括了质量环中的所有活动，遵循 PDCA 循环规则构造，体现了全面质量管理通过全过程控制保证质量的思想。标准针对每一环节的活动，提出了控制内容和要求。

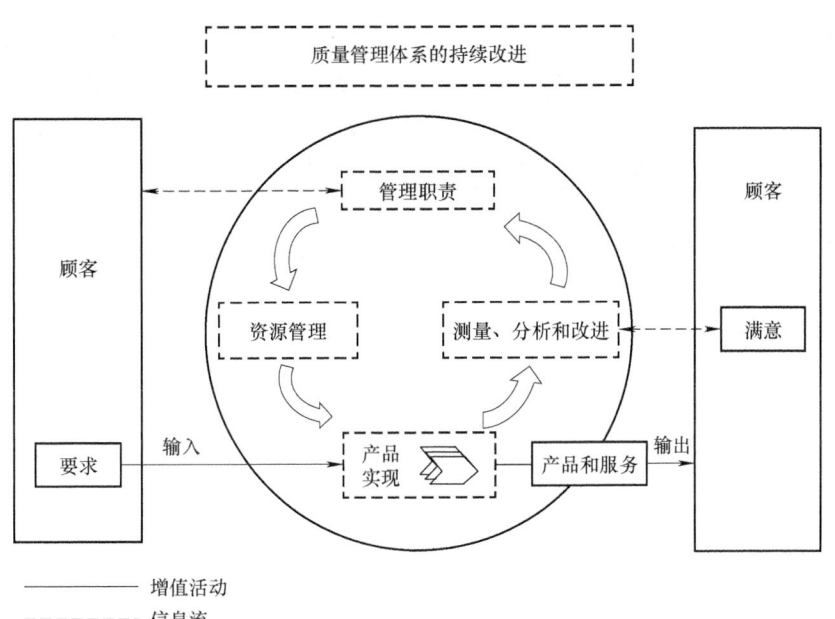

图 1-2　ISO 9001 质量管理体系过程模式图

（2）管理职责过程。标准在管理职责过程提出的要求包括以下方面：管理者要承诺建立和实施有效的质量管理体系，并以实际行动支持质量管理体系的有效运行和持续改进。

在组织内建立以顾客为关注焦点的氛围，确保顾客要求得到确定及满足；明确质量方针和质量目标，确定组织的质量方向；明确质量管理体系中的职责和权限，建立有效的沟通过程，确保质量管理体系有效性的有关信息得到沟通；定期对质量管理体系进行评审，确保质量管理体系持续的适宜性、充分性和有效性。标准对管理过程的要求集中体现了全面质量管理重视领导作用和全员参与的思想。

（3）资源管理过程。资源管理过程涉及人力资源、基础设施和工作环境。要点有：强调人力资源管理；要求对质量有影响的工作人员必须具备相应的质量意识和能力，强调人要具有适当的教育、培训、技能和经验，以胜任所从事的工作。这反映了现代生产和服务中，人对质量具有重要的影响。对于基础设施和工作环境的管理，要达到让产品和服务符合要求的程度。

（4）测量、分析和改进。标准要求监视和测量的内容有：顾客满意情况，质量管理体系及其过程，产品特性。除此之外，标准要求对不合格品要有控制程序并实施控制，以保证顾客的利益。标准要求收集、分析适当的数据，包括：顾客满意；产品的符合性；过程和产品的特性和趋势，包括有无采取预防措施的机会；供方的信息。这些数据和信息既可证实质量管理体系的有效性和适宜性，也为组织寻求改进的机会提供依据。一旦从数据分析中发现问题或有改进的空间，就可以采取措施对现有过程实施改进。质量管理的很多工具和方法能在数据收集整理分析方面提供有效的帮助。标准还提出了纠正措施、预防措施的要求。纠正措施是针对已经发生的不合格的原因采取的措施，目的是防止不合格的再发生；预防措施是针对潜在的不合格原因采取的措施，目的是防止不合格的发生。

测量、分析和改进过程的要求集中体现了全面质量管理以事实为依据、预防为主、持续改进的思想。四大过程按箭头指示顺序流转，通过不断的 PDCA 循环，实现持续改进。

由于贸易的需要和认证制度的推动，ISO 9001 标准在世界范围内得到了广泛应用。但必须认识到，ISO 9001 标准所提出的质量管理体系要求是"基本要求"，并未包括组织需要的质量管理体系的全部内容。在体系的目标方面，它仅以保障产品质量和增强顾客满意为目标，没有考虑其他相关方的满意；在系统的功能方面，标准侧重有效地满足顾客要求，没有强调组织的效率和全面的经营结果；在管理水平方面，只要求达到"正式的、稳定的系统方法"的程度；在适应范围方面，仅就顾客对各类组织的一般需要和期望，提出最基本的通用要求，而不包括行业的要求，因此很多行业在 ISO 9001 的基础上，提出补充要求，以阐明该行业的质量管理体系要求，例如通信行业的 TL9000、汽车行业的 ISO/TS 16949 标准等。

1.5 质量管理与精益管理的结合

1.5.1 精益管理的三个阶段

精益管理（Lean Management）源于日本丰田汽车公司（简称丰田汽车）大野耐一等人历经半个多世纪所创造的丰田生产方式（Toyota Production System，TPS）。

丰田生产方式是继单件小批量生产、福特大批量流水线生产之后的全球生产方式的第三座里程碑，从根本上改变了日本企业的经营管理方式，极大地促进了日本制造的飞跃，后来被总结为"精益生产"，并被称为"改变世界的机器"。之后，精益生产方式又被用于生产以外的领域，扩展成为精益管理。

（1）丰田生产方式的产生和发展。在第二次世界大战之后，日本国力极其衰弱。丰田汽车公司也难独善其身，既没有充裕资金，又缺乏精良设备，不但年产量只有约 3200 余辆，而且生产效率只有美国汽车制造业平均水平的 1/10 左右。丰田汽车创始人、丰田纺织创始人、丰田佐吉之子、时任丰田汽车工业公司社长的丰田喜一郎忧心忡忡，大声疾呼："要用三年时间赶上美国！否则日本汽车产业将难以为继！"

精益管理的部分思想，如准时化等，源于丰田喜一郎；"自働化"思想，则源于丰田佐吉。但思考如何将思想落地，并数十年如一日带领团队有效落地，则主要是得益于大野耐一这位得力干将。

针对近 10 倍的效率差距，丰田生产方式的创始人大野耐一（1912—1990）有自己的深刻分析：日本人在生产过程中存在着严重的浪费和不合理现象；消除浪费，就是降低成本、增加利润。

大野耐一把生产现场中的浪费归纳为：生产过剩、停工等待、搬运、加工过程本身的浪费、库存、动作浪费、制造不良。在大野耐一看来，生产过剩的浪费最多、最严重。由此，丰田人开始了消除和杜绝浪费的艰苦卓绝的征程。在市场需求方面，丰田汽车遇到了一个难题。日本汽车消费市场和美国大不相同，因此没法像美国福特一样，凭借一款车大量生产、大量销售就"横扫天下"。当时的日本，经济困难，汽车市场不大，日本人虽然消费水平低下，但是对汽车非常挑剔、追求完美和个性化。众口难调，因此必须采取"多品种、小批量"的方式进行生产，于是丰田汽车从 1950 年开始停止模仿福特生产方式，走上生产方式创新之路。在资金方面，丰田汽车也没法像福特汽车公司那样投入大量财力去购买大量专用设备、实现自动化，只好依靠团队的脑袋和双手去消除浪费。在学习方面，丰田汽车虚心借鉴了欧美先进的经营管理理论和具体方式方法。学习泰勒的科学管理方式，丰田汽车发展出"作业标准化"；学习福特汽车公司，进行流水化作业；学习美国工业工程（IE）理论，戴明、朱兰的质量管理理论以及德鲁克的经营管理理论，为丰田生产方式的系统化和进一步发展奠定了基础。丰田汽车广泛吸收人类一切商业文明成果，集成各国经营管理经验，为最后形成世界通用的生产管理体系打牢了根基。

在市场意识和成本意识方面，企业通常会在成本的基础上加上想要的利润，得出售价：售价=成本+利润。这种经营理念被称为"成本主义"。与之相反，大野耐一认为正确的逻辑应该是：利润=售价-成本，即商品的售价应该由市场中的顾客来决定，而不是由企业自己决定。钱是从顾客的口袋里拿出来的，顾客更有发言权。确定企业的利润，必须以市场能够接受的价格为基准，在此基础上减去实际成本。因此，企业要想获得利润，就必须想方设法降低成本。这种经营理念被称为"非成本主义"。后来的许多事实表明，那些拥有以自我为中心的"成本主义"意识、重视自己胜过重视市场的企业，往往也被市场所抛弃。

在质量方面，一方面丰田汽车虔诚地向戴明等专家学习质量管理，受益巨大，戴明也赢得了丰田汽车的极度敬重。笔者在丰田汽车日本总部研修精益管理（含质量管理）期间，看到在丰田汽车总部大厅和展厅里最显眼的地方，只挂着极少数几幅肖像画，除了公司的创始人和公司现任总裁外，就有戴明的。丰田汽车对戴明、对质量、对质量管理工作的重视可窥一斑。另一方面，丰田汽车借鉴并发展了其发源地——丰田纺织的"自働化"思想，不但提升了质量，而且显著降低了成本。"自働化"思想源于丰田佐吉的"赋予设备以类似人的'智能'"的设想，因此用的是加了人字旁的"働"。当时，其他织机工厂生产的每台机器在运行时，通常都需要一个人在旁边看守，这是因为没有及时接上断了的线就会造成整匹布变成废品。于是，丰田佐吉在1926年发明了一种只要出现异常就自动停机的自动织机，相当于让机器初步具备了人的"智能"，这就是与"准时化"相并列的丰田生产方式两大支柱之一的"自働化"的雏形。由此，丰田纺织生产的织机，近30台才需要一名操作工，这大大降低了丰田纺织客户即织布厂的人工成本。在丰田汽车，大野耐一借鉴了"自働化"理念，从1947年到1950年间，就从原来一人看管一台机器，提升到一人看管3~4台机器，作业人员的劳动生产率随之提高到约原来的3倍，并为零部件整体流动创造了条件。此外，当生产线出现问题时，作业人员被授权可以停止生产线；而且通过品管圈活动，一线员工和各级管理者都能深度参与日常改善，更有成就感。

在创新思维方面，丰田汽车勇于打破常规。丰田汽车创始人丰田喜一郎在美国看到超市的运作方式后突发奇想，提出了丰田生产方式两大支柱之一的"准时化"（Just in Time，JIT）生产的原始构想。他说"对于汽车生产这种综合工业，最好把每个必要的零部件，非常准时地送到装配线上，工人每天只做必要的数量"；大野耐一则把丰田喜一郎这种构想应用到汽车的生产现场，为了减少各工序之间半成品的库存，他从相反的方向观察生产流程，把前工序给后工序供应零部件的"送件制"改为后工序根据需要到前工序领取零部件的"取件制"。1948年，丰田汽车开始实行"反向搬运"，实现了逆流程领取这种"拉动方式"。因为这一创新，丰田汽车在1949年就取消了半成品仓库，最终形成了一套严谨成熟的"准时生产"体系，这也是丰田生产方式的核心主题：仅在必需的时候，按必需的数量，生产必需的物品。

在对待现场的态度上，无论怎么形容丰田的重视程度可能都不为过。丰田喜一郎亲自动手、从实干中学习的习惯，是丰田"现地现物"（即"在现场解决现场中的问题"）的起源。大野耐一是"一个彻头彻尾的现场主义者"，总爱在车间走来走去，停下来问下属五个"为什么"，直到答复不但令他满意也让被问的人清楚为止。问题的本质一旦被找到，问题解决就容易得心应手，也便于防止同类问题再次发生。

在对待人性上,丰田公司把"尊重人性"作为丰田生产方式的核心目标之一,并通过下列方式落到实处:减少工厂中的无效活动,让人主要负责有价值、不太容易让人疲劳、能改善精神状态的增值工作;引入机器、工具,改进工艺方法,改善工作环境,降低疲劳程度。

在丰田汽车以大野耐一为代表的团队长期殚精竭虑的思考和行动、挫折甚至失败中,一套完整的、反常识、革命性的全新生产方式终于形成。第二次世界大战之后一次最严重的全球经济危机出现在 1973~1975 年之间,在日本大企业几乎全部都濒临亏损时,丰田汽车却仍然取得了可观的利润,丰田汽车以及其背后的丰田生产方式引起了日本企业界乃至全球企业界的广泛关注,成为争相学习和研究的榜样。

(2)从丰田生产方式到精益生产方式。为发掘以丰田汽车为代表的日本汽车工业成功的奥秘,美国麻省理工学院在 1985 年成立了一个"国际汽车计划"项目机构,53 名专家和学者历时 5 年对 14 个国家的近 90 个汽车制造厂进行了实际考察,并对比分析了西方的大量生产方式与日本的丰田生产方式,最后于 1990 年出版了研究结果——《改变世界的机器》,首次把丰田生产方式称为 Lean Production,即精益生产方式。美国专家团队的系统高度、逻辑思维、总结能力和全球影响力,使日本人的创新、实干出来的精益生产方式闻名全球,并在美国波音、洛克希德·马丁等公司取得了显著成效。理论和实践都证明:精益生产方式适合日本,也适合其他国家;适合汽车制造业,也适合其他行业;适合大规模生产,也适合多品种小批量生产。

(3)从精益生产到精益管理。随着精益生产的思想、理念和方法,不断从生产领域延伸到供应链、产品设计等领域,精益生产就逐步发展成含义更加广泛的"精益管理",并陆续出现了精益服务、精益物流、精益医疗、精益建筑等新的应用领域。

1.5.2 质量管理和精益管理的比较

精益管理与以六西格玛为代表的质量管理虽然起源各异,解决问题的方式方法也有较大差别,但两者都注重在持续改进的基础上实现客户满意与客户忠诚,因此有必要将两者进行对比(见表 1-1)。

表 1-1 质量管理和精益管理的比较

对比项		质量管理 (以六西格玛管理为代表)	精益管理
文化背景与核心作用	文化背景	西方流程化、制度化、规范化、工具化的文化和经营管理思想	东方以人为本、注重节俭的文化以及经营管理思想
	出发点	解决问题时,技术、设备和工具较可靠 问题总是存在的,测量很重要 变异越少,系统产出越高	人是问题的根本 持续的、大量的小改善,有利于组织和个人的进步 浪费越少,系统产出越高
	核心作用	以提升过程的有效性(质量)为主,并融入了提升效率的理念、方法和工具	以提高过程的效率(消除浪费、降低成本、缩短交付周期)为主,将质量作为重要基础
	消除对象	波动	浪费
实施	焦点	缺陷(问题)	价值流

（续）

对比项		质量管理 （以六西格玛管理为代表）	精益管理
实施	工具方法	关联图、亲和图、系统图、过程决策程序图、矩阵图、箭条图、SPC、SIPOC、QFD、DOE、FMEA、水平对比、测量系统分析、方差分析、响应曲面方法等	基础IE（方法研究和作业测定）、设备布局、"5S"、快速换模、TPM、Poka-Voke（防呆）、一个流、均衡生产、标准作业、准时生产、广告牌、交叉职能管理、并行工程、约束理论、持续改善、价值工程、DFM（面向可制造性的设计）、DFA（面向可装配性的设计）和标准化作业等
	实施步骤	定义（Define）—测量（Measure）—分析（Analyze）—改进（Improve）—控制（Control），即DMAIC	精确地定义产品的价值 确定当前的价值流和未来的价值流 运用准时化、自働化等理念，逐步实现流动、拉动，达到从当前价值流到未来价值流的突破 持续追求尽善尽美
	推进方式	以自上而下为主	以自下而上为主
	主要效果	减少乃至最终消除变异，提升质量，稳定产出 增加客户价值，提高利润 提升客户满意度与忠诚度	减少乃至最终消除浪费 优化流程，提高生产效率，缩短交付周期，提升资金周转效率 降低成本，改善资本投入 柔性地、低成本地适应多品种小批量的市场需求，增强响应能力
特点与优劣势	特点	偏统计技术，工具精良，功能强大 开源和节流并重 系统性、规范性强	偏管理技术，工具偏软，但也很有效 以节流为主，广义的精益管理（例如研发和营销）也延伸到开源 柔性、机动性强
	优势	运用大量的统计方法和工具，精确界定问题 无论是改进过程还是结果，都用数据说话 彻底改进流程 追求完美和持续改善	进行整体的变革和持续的创新 整体优化，实现连续流动，追求尽善尽美 可以在投入不多的情况下快速见效 紧紧服务于供应链最终客户的需求，可以和供应链成员一起实现精益共赢
	劣势	难以使流程增值 缺乏对全流程效率的有力掌控 过于强调量化与统计，有时有副作用	依赖经验管理，定量分析不多 对变异的处理力度不够 若缺乏系统理念，容易出现效果的"非精益化"反弹
质量管理与精益管理结合的优势		通过持续、快速的改进，消除缺陷，减少乃至消除一切浪费，从而在符合质量标准的前提下，低成本、快速地满足客户多样化的需求，提高企业自身乃至整个供应链的效益，与利益相关方一起获得核心竞争优势	

从表1-1可见，质量管理和精益管理各有优势，有很强的互补性。质量管理是基于系统的、严谨的数据收集和分析，以便减少乃至最终消除变异，达到近乎完美的质量水准，为客户创造价值。质量管理以缺陷（问题）为落脚点，重点关注质量提升和价值增加。推进方式以自上而下为主，系统性、规范性强。

精益管理则通过整体的变革和持续的优化，减少乃至最终消除浪费。精益管理通过优化流程，提高生产效率，降低成本，缩短交付周期，改善资本投入，提升资金利用效率；同时，能够柔性地、低成本地适应多品种小批量的市场需求,增强市场响应能力。精益管理以价值流为落脚点,重点关注效率和成本。推进方式以自下而上为主,柔性、机动性强。精益管理可以在投入不多的情况下快速见效,也可以和供应链成员一起实现精益共赢。

1.5.3 质量管理与精益管理相互需要和有机融合

1. 精益管理需要质量管理

1)从对客户需求的重视程度上看,精益管理虽然也考虑顾客需求,通常用价值流图来确定一个活动是否增值,但是其关注的重点主要在内部;而以六西格玛为代表的质量管理把"顾客关键质量"作为重要的衡量标准,并且把"捕捉"顾客需求作为 DMAIC 定义阶段的必要步骤,真正把顾客和供应商的需求放在了首要位置。顾客流失是巨大的浪费,因为获得新顾客、向他们销售相同数量的服务和产品,所需的成本远比已有顾客高,六西格玛能避免这种浪费。

2)从波动上看,精益管理虽然也考虑波动,但波动不是精益管理的重点,而是质量管理的重点。输入的波动越大,需要准备的产能就越大,引起的浪费也越多。缺陷的增加不仅导致波动,而且能增加在制品库存(Work In Process,WIP)和提前期(Lead Time)。波动的影响是巨大的,有时可以把精益管理缩短周期、降低成本的作用直接抵消掉。

3)从阶段上看,精益管理多用于六西格玛等质量管理的改进阶段,跳过了定义和测量阶段,直接进入解决问题的阶段。没有在定义阶段确定问题的严重性,没有在测量阶段对原因和结果之间关系进行量化,精益管理发挥的作用有限。

4)从历史实际看,借助六西格玛等质量管理体系实现高质量,一直是丰田生产方式、精益生产的隐含前提。从精益生产的发展史来看,丰田汽车早在 1962 年 4 月就开始开展全面质量管理,那时丰田生产方式还在发展之中,尚未成型。精益管理将质量管理作为基础,特别注重消除变异。

2. 质量管理需要精益管理

1)质量管理的代表——六西格玛,其成果在缩短周期、减少 WIP 方面作用往往有限。而且,成果很有可能最终都会消失殆尽,被改进的过程又很容易反弹、复原。

2)六西格玛等质量管理工具确定浪费的能力没有精益管理强。六西格玛所用的过程图,并没有提供如何收集必要数据,例如切换时间、单位处理时间等的方法,也比较难通过这些数据以量化的方式确定服务或生产过程中最不增值的工作和成本,而精益管理却提供了强大的价值流工具,它跨越了功能的界限,强调突出浪费和延迟。六西格玛等质量管理工具很少会去区分工作是否增值,也不会把减少不增值工作作为核心原则;倾向于先减少波动,然后使用六西格玛设计(Design For Six Sigma,DFSS)等重新设计过程(除非不能重新设计)。精益管理则认为当周转效率低于 10% 的时候,过程的重新设计常常涉及其他范围,例如去除不增值的工作。

3)质量管理需要精益管理提高过程速度,缩短周期时间。虽然缩短周期和改进响应,也常常是实施质量管理项目所获得的成果,但质量管理并没有重视拉动系统对 WIP 的影响,而订单的周期时间往往和 WIP 密切相关,降低 WIP 是精益管理的优势。

4)精益管理有独特的速度改进工具。精益管理中的全面生产维护时间、时间价值分析、"5S"等加速工具,经过数十年应用考验后被证明非常有效,并且还在不断完善之中。如果忽视这些工具,过程改进的绩效就会受到限制。

5)精益管理有快速行动、快速见效的方法。运用精益管理的改善方法,通常可以在4~5天内使试点项目取得令人难以置信的改善成果。

3. 质量管理和精益管理的融合

精益管理和以六西格玛为代表的质量管理,都是管理科学发展到现在应用得非常成熟的管理体系之一。二者优势互补,工具互补,总体目标基本一致,即在提升客户满意度和忠诚度的同时打造自身的核心竞争力。因此,很有必要将质量管理和精益管理结合起来,发挥二者的优势。

目前许多组织在推进的精益管理项目或质量管理项目,不管是叫精益变革、六西格玛变革,或者是叫精益六西格玛变革,都有意或无意、或多或少地将精益管理和质量管理结合起来推行。若以六西格玛DMAIC为框架与精益六西格玛结合,常见步骤如下:

1)创造一个最佳的企业文化,来保障精益六西格玛的实施。

2)在定义阶段,重视顾客、供应商等相关方的需求,把"捕捉"顾客需求作为DMAIC定义阶段的必要步骤,把"顾客关键质量"作为重要的衡量标准,真正把顾客和供应商的需求放在首要位置,从源头上避免顾客流失这一巨大浪费的发生。在展开关键质量特性时,既要考虑质量,也要考虑交付和成本。

3)在测量阶段,在度量过程流时,除了六西格玛方面的直通率外,还需要分析精益方面的在制品或在处理的工作、排队待加工或待处理、加工或处理时间、节拍时间、周期时间。在过程分析工具选用方面,除了六西格玛常见工具外,也要尽量用到价值流图等精益管理工具。

4)在分析阶段,除了差距分析、因果分析等六西格玛分析之外,还有采用精益管理中的"八大浪费分析""五个为什么"等方法。

5)在改进阶段,充分利用精益管理投入少、效率高、柔性强、反应快的优势,将精益管理中的基础工业工程(方法研究和作业测定)、设备布局、"5S"、快速换模、防呆、单件流、均衡生产、标准作业、准时生产、看板、交叉职能管理、并行工程、标准化作业等方法和工具都纳入。先用精益管理消除非增值步骤,则更容易获得六西格玛质量。仅凭减少步骤,就能大幅减少产生差错的机会,从而更有机会获得六西格玛质量。另外,过程速度的加快,可以更加快速地向顾客提供服务,并更快地获得有效反馈。

其实,企业可以将精益管理和质量管理结合起来解决很多问题,如:突破产能瓶颈;减少原材料、零部件、备品备件的采购成本;缩短新产品开发周期;缩短产品线换型时间;减少在制品及资金占用;改善设备布局;提高设备利用率;改善生产系统内部物流。

6)在控制阶段,除了六西格玛方面的常规措施之外,还需要采取设备的全面生产性维护(Total Productive Maintenance,TPM)和目视化管理等精益管理方法。

当然,精益管理和质量管理的结合也可以从推行精益管理开始,以便让工作现场尽可能地提高有效性和效率,减少浪费。先使用价值流图提升对浪费的认识,并提高直通率。在过程问题依然存在的时候,就可以使用技术性更强的六西格玛工具。

另外,还有一种折中方法,即成立由两个领域的专家组成的精益六西格玛改进团队,每位成员都彼此了解对方领域的内容,认同整合的意义,以事实和数据为基础,重视预防缺陷,并通过减少浪费和缩短周期时间,促进工作标准化和流动,提高顾客满意度,改善利润,从而提高竞争优势。

只有获得管理层的大力支持，才能使得精益管理和质量管理成为业务运作方式。从而通过精益管理和质量管理的结合，使企业既能以合适的质量、快速的交付和高柔性，获得客户满意和相应收益；也能以高效率、低成本，使自己进一步获益，并增强了自身的核心竞争力。

【关键词】质量，质量管理，全面质量管理，质量管理系统。

【思考题】你所在的组织在质量管理工作方面目前有哪些优劣势？应该怎样进一步提高质量管理能力？

第 2 章 质量功能展开

【本章要点】 质量功能展开，TRIZ。

2.1 概述

质量功能展开（Quality Function Deployment，QFD）由综合和狭义质量功能展开组成，即质量功能展开和质量职能展开，它是一种立足于在产品开发过程中最大限度地满足顾客需求（Voice of Customer，VoC）的系统化、用户驱动式的质量保证与改进方法。它于 20 世纪 70 年代初起源于日本，由日本东京技术学院的水野滋博士提出，进入 20 世纪 80 年代以后逐步得到欧美各发达国家的重视并得到广泛应用。综合的质量展开中，质量的含义是多方面的，包括质量、成本和可靠性，体现了日本质量管理的特点，它以用户需求为依据，从质量出发，横向经过技术展开、可靠性展开、成本展开，纵向经过以技术展开为中介，进行零部件展开。

欧美国家把质量功能展开称为质量屋（House of Quality，HoQ），这是由于质量功能展开存在着一系列的展开，应用该方法时，要绘制一系列像房屋一样的展开表。它在形式上以大量的系统展开表和矩阵图为特征，集合了价值工程、失效模式与影响分析的思路，对在生产中可能出现的问题尽量提前予以揭示，以期尽早达到多元设计，实现多元改善和多元保证的目的。

为了保证产品能为顾客所接受，一个组织必须认真研究和分析顾客需求，将顾客需求转化为支持产品设计制造的质量特性。质量功能展开的核心是：产品承制者在听取顾客对产品的意见和需求后，通过合适的方法和措施将顾客需求进行量化，采用工程分析方法将顾客需求落实到产品的研制和生产的整个过程中；最终在研制的产品中体现顾客需求；在实现顾客需求的过程中，帮助组织各职能部门制定出相应的技术要求和措施，使它们之间能够协调一致地工作。

企业在开展全面质量管理活动过程中，或多或少地接触过质量功能有关概念，如质量管理螺旋上升曲线、质量职能的概念、质量职能与部门管理的关系等。随着 ISO 9000 族标准的宣传贯彻，质量功能的概念更加明确了。狭义的质量功能展开的结果通常体现为质量保证活动一览表，企业在开发设计新产品时，在策划、设计、试制、生产准备、生产等各个阶段中，各有关部门可能都在探讨质量保证项目，通过狭义的质量功能展开能做到系统、有效地明确各部门的工作内容，开展有针对性的质量管理活动，明确要解决的问题，并反馈到有关部门。质量功能展开成为质量改进的出发点和突破口，也成为改变设计的依据。

质量功能展开是在产品策划和设计阶段就实施质量保证与改进的一种有效的方法，能够以最快的速度、最低的成本和优良的质量满足顾客的最大需求，已成为组织或者企业进行全面质量管理的重要工具和实施产品质量改进的有效工具。由于强调从产品设计的初期就同时考虑质量保证与改进的要求及其实施措施，因而质量功能展开被认为是先进生产模式及并行工程环境下质量保证与改进的最热门研究领域，也是并行工程环境下面向质量设计（Design For Quality，DFQ）的最有力工具，对企业提高产品质量、缩短开发周期、降低生产成本和提升顾客的满意程度都有极大的帮助。丰田汽车于20世纪70年代采用了质量功能展开以后，取得了巨大的经济效益，其新产品开发成本下降了61%，开发周期缩短了33%，产品质量也得到了相应的改进。世界上著名的公司如福特汽车、通用汽车、克莱斯勒、惠普、麦道、施乐、美国电报电话公司等也都相继采用了质量功能展开。质量功能展开已应用于汽车、家用电器、服装、集成电路、合成橡胶、建筑设备、农业机械、船舶、自动购货系统、软件开发、教育、医疗等领域。虽然目前尚没有统一的质量功能展开定义，但对质量功能展开的一些认识是共同的，人们对质量功能展开内涵的一些共同认识包括以下几点：

1）将顾客的要求变换成代用特性，以此规划和确定产品设计质量、各部件质量，以及各零件、各工序质量和工序要素，对其中的关系进行系统的展开。

2）要求组织不断地倾听顾客意见和需求，并通过合适的方法、采取适当的措施在产品形成的全过程中体现这些需求。

3）在实现顾客需求的过程中，帮助在产品形成过程中所涉及的组织的各职能部门制定出各自相应的技术要求和实施措施，并使各职能部门协同工作，共同采取措施保证和提高产品质量。

4）质量功能展开的应用涉及了产品形成全过程的各个阶段，尤其是产品的设计和生产规划阶段。质量功能展开被认为是一种在产品开发阶段进行质量管理的方法。

质量功能展开从质量保证和不断提高的角度出发，通过一定的市场调查方法获取顾客需求，并采用矩阵图解法或质量屋将顾客需求分解到产品开发的各个过程和各职能部门中去，以实现对各个过程和各职能部门工作的协调和统一部署，使它们能够共同努力、一起采取措施，最终保证产品质量。

质量功能展开采用矩阵图解法等方法将顾客需求的实现过程分解到产品开发的各个过程和各职能部门中去，通过协调各部门的工作来保证最终产品质量，使得设计和制造的产品能真正地满足顾客需求。质量功能展开是一种顾客需求驱动的产品开发方法，有利于克服顾客需求和新产品形成过程的脱钩现象，使所设计和制造的产品能真正地满足顾客需求。

质量功能展开代表了从被动的、反应式的传统产品开发模型，即"设计—试验—调整"，到一种主动的、预防式的现代产品开发模型的转变，是系统工程思想在产品设计和开发全过程中的具体应用，它将注意力集中于规划和问题的预防上，而不仅关注问题的解决上。

质量功能展开是开展健壮设计的顶层步骤，它利用矩阵表工具，科学地将顾客需求逐层展开，如产品设计要求（设计规格或规范），分系统和零部件的设计要求、工艺要求、生产要求等，然后采取加权评分方法，对设计、工艺要求的重要性做出评定，并通过量化的计算，找出产品的关键单元、关键部件、关键工艺，从而为应用优化设计这些"关键"提供方向和采取有力措施，最终保证产品开发和生产质量。因此，质量功能展开的实质是用一种系统保证方法，将顾客、市场需求通过产品开发的各阶段，准确地转化为相关的技术要求和管理要求，使企业管理者及相关人员能清楚地跟踪产品初期的顾客需求到操作层详细指令以及活动的途径。概括地讲，目前已形成三种被广泛接受的质量功能展开形式。

第一种是日本的综合质量功能展开模型，其代表人物是水野滋、赤尾洋二和田口玄一。这种综合的质量功能展开模型由两部分组成，即质量展开（Quality Deployment）和功能展开（Function Deployment）。质量展开是把顾客需求展开到设计过程中去，保证产品设计、生产与顾客需求相一致；功能展开是通过建立多学科小组，把不同的功能部门结合到生产的各个阶段，促进小组成员的有效交流和决策。综合的质量功能展开模型具体包括质量展开、技术展开、成本展开和可靠性展开。

第二种是美国供应商协会（American Supplier Institute，ASI）的四阶段模型，简称 ASI 模型。该模型首先由 L. P. Sullivan 提出，后经 J. R. Hause 和 Don Clausing 加以改进。ASI 模型的四个阶段与产品开发全过程的产品计划、产品设计、工艺计划和生产计划相对应。通过这四个阶段，顾客需求被逐步展开为设计要求、零件特性、工艺特性和生产要求。该模型的最大优点是有助于人们对质量功能展开本质的理解，有助于理解上游的决策是如何影响下游活动和资源配置的；其缺点是不适合复杂系统和产品。由于其结构简明，抓住了质量功能展开的实质，因而迅速成为欧美企业实践的主流模型；在理论研究上，许多学者也立足于该模型。

第三种是由劳伦斯成长机会联盟/质量与生产力中心（Growth Opportunity Alliance of Lawreace/Quality，Productivity Center，GOAL/QPC）的创立者 Bob King 提出的质量功能展开模型，该模型包括 30 个矩阵，涉及产品开发过程诸方面的信息，对质量功能展开系统中的各种活动提供了良好的支持。Bob King 在 *Better Designs in Half the Time* 书中对该模型进行了更详细的介绍。GOAL/QPC 模型的缺点是难以理解，其中各种活动之间缺乏逻辑的联系，在应用上缺乏可操作性；其优点是比较适合复杂的系统和产品，比 ASI 模型具有更大的灵活性。

三种模型代表了质量功能展开研究和实践的基本形式。综合质量功能展开模型是起源，ASI 模型和 GOAL/QPC 模型则是由此演变而来的。这种演变是合理的，反映了东西方文化的差异。三种模型的本质是相同的，都采用了直观的矩阵展开框架。

下面以质量功能展开分解模型中的 ASI 模型为代表，说明质量功能展开的瀑布式分解过程。

质量功能展开的结构框架就是用质量屋的形式，通过一系列矩阵表，量化分析顾客需求与工程措施之间的关系。质量功能展开的方法是利用矩阵展开图表，这种图表的形状类似一座房屋，因此称为"质量屋"。质量屋中包括了大量信息，有定量分析和不定量分析，并且直观易懂。一个完整的质量屋包括六个部分，即顾客需求、技术需求、关系矩阵、竞争分析、屋顶和技术评估，竞争分析和技术评估又都由若干项组成。在实际应用中，视具体要求的不同，质量屋结构可能会略有不同。例如有的时候，可能不设置屋顶；有的时候，竞争分析和技术评估这两部分的组成项目会有所增删等。质量屋的内容可根据需要适当剪裁。相关矩阵（也称质量屋或质量屋矩阵）是实施质量功能展开的基本工具，瀑布式分解模型是质量功能展开方式和整体实施思想的描述。

采用质量功能展开的瀑布式分解模型，可以将顾客需求逐步地分解和配置到产品开发的各个过程中。但是，针对具体的产品和实例，没有固定的分解模式和分解模型，可以根据不同目的，按照不同路线、模式和分解模型进行分解。以下是几种典型的质量功能展开瀑布式分解模型：

1）按顾客需求、产品技术需求、关键零件特性、关键工序、关键工艺/质量控制参数的顺序将顾客需求分解为四个质量屋矩阵，如图 2-1 所示。

2）按顾客需求、供应商详细技术要求、系统详细技术要求、子系统详细技术要求、制造过程详细技术要求、零件详细技术要求的顺序，分解为五个质量屋矩阵。

3）按顾客需求、技术需求（重要、困难和新的产品性能技术要求）、子系统/零部件特性（重要、困难和新的子系统/零部件技术要求）、制造过程需求（重要、困难和新的制造过程技术要求）、统计过程控制（重要、困难和新的过程控制参数）的顺序，分解为五个质量屋矩阵。

4）按顾客需求、工程技术特性、应用技术、制造过程步骤、制造过程质量控制步骤、在线统计过程控制、成品的技术特性的顺序，分解为六个质量屋矩阵。

在实际运用中，由四个质量屋矩阵组成的典型质量功能展开瀑布式分解模型应用简便，并且条理清晰，在企业中应用最为广泛。以四个质量屋矩阵组成的典型质量功能展开瀑布式分解模型（见图2-1）为例进行介绍。顾客需求是质量功能展开最基本的输入，顾客需求的获取是质量功能展开实施中最关键也是最困难的工作。要通过各种先进的方法、手段和渠道，搜集、分析和整理顾客的各种需求，并采用数学的方式加以描述。

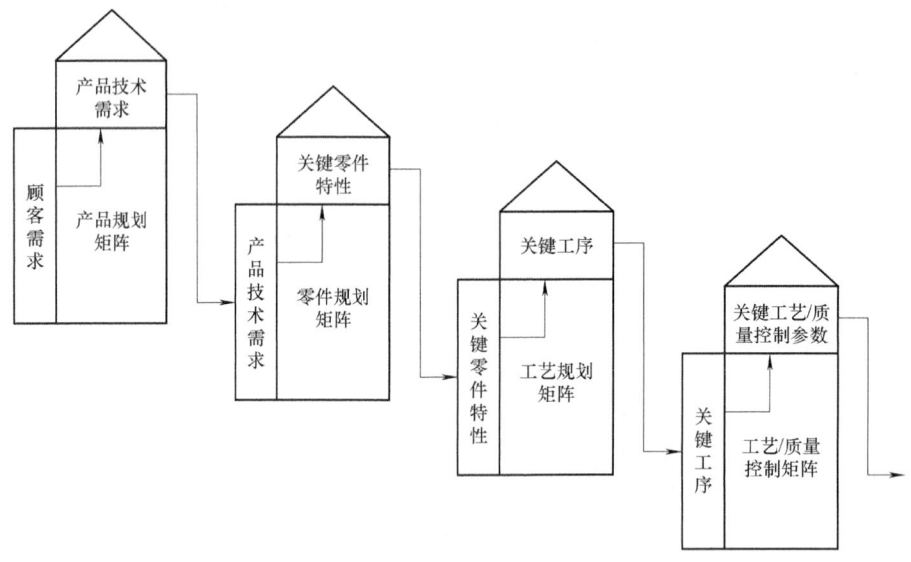

图2-1 质量功能展开瀑布式分解模型

质量功能展开利用质量屋和瀑布式分解模型，将顾客需求分解、配置到产品形成的各个过程，将顾客需求转换成产品开发过程具体的技术要求和质量控制要求，并通过对这些技术和质量控制要求的实现来满足顾客需求。在图2-1中，首先通过质量屋矩阵，把顾客需求转换成产品技术需求，将顾客需求反映、体现到指导产品设计的技术需求中；其次，依据产品技术需求，形成关键零件特性；再次，进一步由关键零件特性，配置形成关键工序；最后，针对各关键工序，配置、规划关键工艺/质量控制参数。采用四个质量屋，将顾客需求瀑布式分解到了整个产品开发过程。

在展开过程中，上一步的输出是下一步的输入，构成瀑布式分解过程。质量功能展开从顾客需求开始，用了四个质量屋矩阵，即产品规划矩阵、零件规划矩阵、工艺规划矩阵和工艺/质量控制矩阵。四个阶段分别为：

在产品规划阶段，通过产品规划矩阵，将顾客需求转换为产品设计要求，进而表述为产品对应的技术特征和需求。顾客需求与产品的技术特征之间的关系程度用关系矩阵来表示，而技术特征自相关矩阵用于标识工程特性之间的相关关系。该阶段的质量屋的输出是工程技术特性目标值（产品设计的具体要求），因此，还需要根据顾客竞争性评估、技术竞争性评估信息及企业资源约束来确定上述目标值。

在零件配置阶段，根据产品规划矩阵中所确定的产品工程技术特性，经过基本原理展开、比较和选择，确定产品的最佳设计方案，进行产品的结构设计，并将对产品的设计要求转换为对产品关键零件的技术特征要求（零件要求）。对于复杂的产品或系统，这一阶段可能会包含多个质量屋。

在工艺规划阶段，在确定工艺方案的基础上，通过工艺规划质量屋，确定为保证实现关键产品特征和零件特征所必须保证的关键工艺工序及其参数。

在工艺/质量控制阶段，通过工艺规划阶段的工艺/质量控制矩阵将关键工艺参数的控制转换为生产规划中具体的、可操作的生产质量要求（包括检验计划于质量控制计划等）为止。

2.2 质量功能展开的分解

2.2.1 顾客需求确定

顾客需求是质量功能展开方法的出发点，听取顾客意见，理解顾客需求，并将顾客需求转化为现实行动，这是质量功能展开的核心思想。调查和分析顾客需求是质量功能展开的最初输入，产品是最终的输出。这种输出依赖顾客需求和顾客满意度，并取决于形成及支持它们的过程的效果。正确理解顾客需求对于实施质量功能展开是十分重要的。顾客需求确定之后，采用科学、实用的工具和方法，将顾客需求一步步地分解展开，分别转换成产品的技术需求等，并最终确定出产品质量控制办法。

KANO 模型（卡诺模型）是东京理工大学教授狩野纪昭（Noriaki Kano）发明的对用户需求分类和优先排序的有用工具，以分析用户需求对用户满意的影响为基础，体现了产品性能和用户满意之间的非线性关系。KANO 模型是一个典型的定性分析模型，一般不直接用来测量用户的满意度，常用于识别用户对新功能的接受度，帮助企业了解不同层次的用户需求，找出顾客和企业的接触点，挖掘出让顾客满意的至关重要的因素。在 KANO 模型中，根据不同类型的需求与用户满意度之间的关系，可将影响用户满意度的因素分为五类：必备需求、期望需求、魅力需求、无差异需求、逆向需求，如图 2-2 所示。

（1）必备需求。必备需求也称为基本型需求、理所当然需求，是顾客对企业提供的产品或服务因素的基本要求，是顾客认为产品"必须有"的属性或功能。当其特性不充足（不满足顾客需求）时，顾客很不满意；当其特性充足（满足顾客需求）时，顾客也可能并不会表现出满意。

（2）期望需求。期望需求也称为意愿型需求，是指顾客的满意状况与需求的满足程度成比例关系的需求。此类需求得到满足或表现良好的话，客户满意度会显著提高，企业提供的产品和服务水平超出顾客期望越多，顾客的满意状况越好。当此类需求得不到满足或表现不好的话，客户的不满会显著增加，满意度会显著降低。

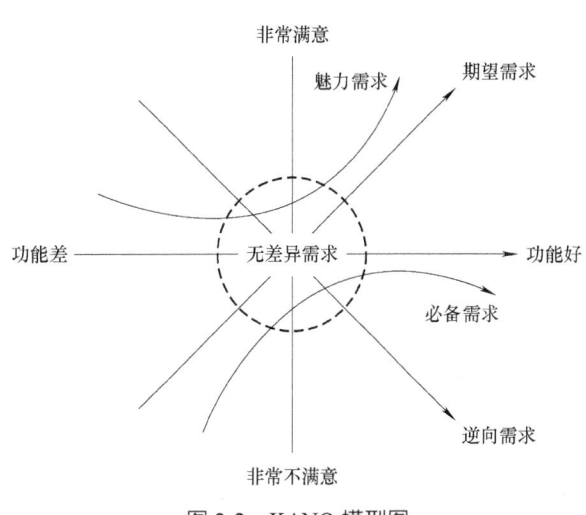

图 2-2　KANO 模型图

（3）魅力需求。魅力需求又称兴奋性需求，是指不会被顾客过分期望的需求。对于魅力需求，随着满足顾客期望程度的提高，顾客满意度也会急剧上升，但一旦魅力需求得到满足，即使表现并不完善，顾客表现出的满意状况也是非常高的。反之，即使期望未得到满足，顾客也不会因此表现出明显的不满意。

（4）无差异需求。无差异需求是指不论提供与否，对用户体验都无影响，是质量中既不好也不坏的方面，它们不会导致顾客满意或不满意。例如，航空公司为乘客提供的没有实用价值的赠品。

（5）逆向需求。逆向需求又称反向性需求，是指引起顾客强烈不满的质量特性和导致低水平满意的质量特性，因为并非所有顾客都有相似的喜好。许多顾客根本都没有此需求，提供后顾客满意度反而会下降，而且提供的程度与顾客满意程度成反比。

做产品设计时，需要尽量避免无差异需求、逆向需求，至少做好必备需求、期望需求，如果可以的话再努力挖掘魅力需求。由市场研究人员选择合理的顾客对象，利用各种方法和手段，通过市场调查，全面收集顾客对产品的种种需求，然后对其总结、整理并分类，得到正确、全面的顾客需求以及各种需求的权重（相对重要程度）。在确定顾客需求时，应避免主观想象，注意全面性和真实性。

满足顾客需求、达到或超越顾客需求是开展质量功能展开的最终目的。因此，顾客所需的产品特性往往是不严格、不定量的，例如安全、耐用、使用方便、美观等要求。通过多功能小组集体讨论，采用"头脑风暴法"，将顾客需求转化为系统的、有层次、有条理、有前瞻性的要求，这项工作是极其重要的。在此基础上，从技术的角度出发，对顾客需求，提出产品的质量特性（设计要求），即在工程上采取技术措施，满足顾客需求。

顾客需求重要度、技术措施和顾客需求间的关系度，既可以由小组负责人提出，也可由多功能小组组员集体评价（打分）综合而定，特别是在确定采取的关键技术时，要进行科学的分析，发挥集体智慧。

2.2.2 顾客需求分析

可以通过市场调查、集中小组讨论、访谈等获取顾客需求。不管采用什么方法，重要的都是倾听顾客精确的文字表达。这是质量功能展开的基本开始点，也是关键点。为了深入了解顾客需求，市场调查要从明确和隐含两个角度进行。通过上述方法和渠道获取顾客需求信息后，应采用新七种工具中的亲和法，对这些原始的顾客需求进行分类、整理和分析，形成系统的、有层次的、有条理的顾客需求表，并用合适的方法表示顾客需求的相对重要性。

收集、整理、加工、提炼，将形成系统的、有层次的、有条理的、有前瞻性的顾客需求填入"左墙"，评价每一种需求的重要性，加权评分，再填入质量屋中。针对这么多项需求，按照从小到大排序，数字越大表示重要度越高。

顾客需求重要度可取下列五个等级：第1级是指不影响功能实现的需求；第2级是指影响主要功能实现的需求；第3级是指比较重要的影响功能实现的需求；第4级是指重要的影响实现的需求；第5级是指基本的、涉及安全的、特别重要的需求。

从技术角度出发，针对顾客需求，提出产品改进的指标。技术需求也可采用简单的列表、分层调查表或系统图的方式描述。技术需求是用以满足顾客需求的手段，是由顾客需求推演出的，必须用标准化的形式表述。技术需求可以是一个产品的特性或技术指标，也可以是指产品的零件特性或技术指标，或者是一个零件的关键工序及属性等。技术需求根据质量屋用于描述的关系矩阵不同而不同。

根据调查获取的顾客需求，确定最终产品所应具有的工程特征（技术需求）。它们直接与顾客需求有关，并将有选择性地配置到设计、制造、装配和服务中去。技术需求应满足以下三个条件：

1）针对性，即技术需求是针对顾客需求而确定的。
2）可测量性，即为了控制技术需求，它们应是可测量的产品特征。
3）全局性，即技术需求不能涉及具体的设计方案。

上述三个条件中，尤其要注意技术需求的全局性。技术需求只是为了以后选择设计方案提供一些评价准则，而不涉及具体的产品设计方案。通常这是产品规划质量屋最难的部分，因为当顾客提出某项需求时，产品设计人员往往会想到具体的设计方案。

2.2.3 产品规划

质量功能展开既适用于产品开发，也适用于服务项目的开发设计；既适用于目标管理，也适用于某项质量保证。质量功能展开可能涉及公司的许多部门，也可能仅涉及技术部门及与技术部门有密切关系的几个部门。公司领导/各部门领导根据市场需要、产品开发需求、管理工作需要，确定质量功能展开的项目。

在确定顾客需求，确定顾客需求的重要度、关系度、工程措施重要度，并对市场竞争能力和技术竞争能力进行计算和评估之后，需要建立产品规划质量屋——"一级质量屋"。与产品规划阶段的质量屋一起，按"并行工程"原理，协调地、同步地建立零部件展开"二级质量屋"、工艺计划"三级质量屋"、生产计划"四级质量屋"。并行工程的另一个要求是所有的设计工作（一、二、三、四级质量屋）都要在生产加工开始前完成。

产品规划矩阵的构造在质量功能展开中非常重要。以顾客为中心、最大限度地满足顾客提出的各种需求是现代质量管理的基本原则。满足顾客需求的第一步是尽可能准确地将顾客需求转换成通过设计、制造满足这些需求的产品技术需求，如产品技术指标等。产品规划的主要任务就是将顾客需求转换成设计用的技术特性，即产品技术需求，并根据顾客需求的竞争性评估和技术需求的竞争性评估，确定各技术需求的目标值。在质量功能展开方法中，顾客需求及权重是矩阵最基本的输入，是通过广泛的市场调查得到的，在确定顾客需求时应避免主观想象，注意真实性和全面性。根据市场调查得到的顾客需求，来确定最终产品所应具有的技术需求，这些技术需求直接与顾客有关，并将有重点地被配置到设计、工艺、制造中去。在产品规划过程具体要完成下列任务：完成从顾客需求到技术需求的转换；从顾客的角度对市场上同类产品进行评估；从技术的角度对市场上同类产品进行评估；确定顾客需求和技术需求之间的关系及相关程度；分析并确定各技术需求相互之间的制约关系；确定各技术需求的目标值。

2.2.4 产品设计方案确定

依据上一步所确定的产品技术需求目标值，进行产品的概念设计和初步设计，并优选出一个最佳的产品整体设计方案。这些工作主要由产品设计部门负责，产品生命周期中其他各环节、各部门的人员共同参与，协同完成。因此，多功能小组的成立十分有必要。多功能小组是与质量功能展开项目有关的部门管理人员、专业技术人员等人员组成的临时性组织机构。小组负责人由具有权威性和协调能力的较高级别的负责人担任，例如，副总工程师担任多功能小组组长，组织项目实施，协调各专业技术及技术人员之间、各部门之间的关系，控制项目的质量、成本和进度。多功能小组的规模与项目规模及复杂程度有关。对产品开发设计而言，多功能小组一般可包括市场销售、产品设计、产品工艺、产品制造、计划管理、财务管理、质量管理、供应等部门的代表，有条件、必要时邀请顾客代表参加。

2.2.5 零件规划

基于优选出的产品整体设计方案，并按照在产品规划矩阵中确定的产品技术需求，确定对产品整体组成有重要影响的关键部件/子系统及零件的技术特性，这是零件规划矩阵的主要任务。在构造该零件规划矩阵时，可利用失效模型及效应分析（Failure Mode and Effect Analysis，FMEA）、故障树分析（Fault Tree Analysis，FTA）等方法对在产品及其零部件设计制造环节可能存在的质量故障及质量问题进行分析，以便采取预防措施。失效模式与影响分析即"潜在失效模式及后果分析"，是指在产品设计阶段和过程设计阶段，对构成产品的子系统、零件、以及对构成过程的各个工序逐一进行分析，找出所有潜在的失效模式，并分析其可能的后果，从而预先采取必要的措施，以提高产品的质量和可靠性的一种系统化活动。故障树分析是由上往下的演绎式失效分析法，利用布尔逻辑组合低阶事件，分析系统中不希望出现的状态。故障树分析主要用在安全工程以及可靠度工程的领域，用来了解系统失效的原因，并且找到最好的方式降低风险，或是确认某一安全事故、特定系统失效的发生率。故障树分析也用在航空航天、核动力、化工制程、制药、石化及其他高风险产业，还会用在其他领域的风险识别，例如社会服务系统的失效。故障树分析也可用在软件工程，或在侦错时使用，它和消除错误原因的技术很有关系。

2.2.6 零件设计、工艺过程设计与工艺规划

根据零件规划矩阵中确定的关键零件的特性及已完成的产品初步设计结果等，进行产品的详细设计，完成产品各部件/子系统及零件的设计工作，选择工艺实施方案，完成产品工艺过程设计，包括制造工艺和装配工艺。

工艺规划是指依据产品设计图与施工说明决定加工作业顺序。由于一般的设计图只标示了产品的最终尺寸、公差、形状与使用材料等信息，并没有说明加工的方法、使用的机器及加工工艺等，因此必须先制定出最经济有效的加工方法与顺序，以供所有操作人员遵循。换言之，工艺规划是用来规划自原料、加工至产品完成，期间所经过的、最经济有效的加工途径，使成本最低、效率最高、质量最适当的一项计划。工艺规划的影响因素包括生产形态、机器设备的性能、机器设备的负荷与产能、员工的安排、标准化作业的建立等。通过工艺规划矩阵，确定为保证实现关键产品特性和零部件特性所必须给以保证的关键工艺及其特性，即从产品及其零部件的全部工序中选择和确定出对实现零部件特性具有重要作用或影响的关键工序，并确定其关键程度。

2.2.7 质量控制规划

质量功能展开各阶段的关键技术、关键环节，都应采取相应的质量工程技术方法，如正交试

验设计、三次设计、FMEA、FTA、可靠性分配与预计、可靠性筛选及统计过程控制等技术方法。

正交试验设计是研究多因素多水平的一种试验设计方法。它根据正交性从全面试验中挑选出部分有代表性的点进行试验,这些有代表性的点具备均匀分散、齐整可比的特点。正交试验设计是分式析因设计的主要方法。当试验涉及的因素在三个或三个以上,而且因素间可能有交互作用时,试验工作量就会变得很大,甚至难以实施。针对这个困扰,正交试验设计无疑是一种更好的选择。正交试验设计的主要工具是正交表,试验者可根据试验的因素数、因素的水平数以及是否具有交互作用等需求查找相应的正交表,再依托正交表的正交性从全面试验中挑选出部分有代表性的点进行试验,可以实现以最少的试验次数达到与大量全面试验等效的结果,因此应用正交表的设计试验是一种高效、快速而经济的多因素试验设计方法。

三次设计是在20世纪70年代由日本质量管理专家田口玄一提出的,包括系统设计(第一次设计)、参数设计(第二次设计)和容差设计(第三次设计)。

利用FMEA和FTA方法确定风险,利用统计过程控制对生产过程进行分析评价,根据反馈信息及时发现系统性因素出现的征兆,并采取措施消除其影响,使过程维持在仅受随机性因素影响的受控状态,以达到控制质量的目的。通过工艺/质量控制矩阵,将关键零件特性所对应的关键工序及工艺参数转换为具体的工艺/质量控制方法,包括控制参数、控制点、样本容量及检验方法等,保证质量屋整体不断迭代与完善。

为了使产品最终满足顾客需求,要及时修改质量屋,使质量屋不断地得到迭代和完善。

2.3 质量功能展开的实施步骤

质量屋(HoQ)是驱动整个质量功能展开(QFD)过程的核心,它是一个大型的矩阵,由七个不同的部分组成。

1)顾客需求(VoC)。通常它们可用亲密度图和树图表示。不同的产品有不同的顾客需求。例如对于汽车来说,顾客需求可能是车门容易打开;对于银行来说,顾客需求可能是取款不用排队等。QFD就是用来部署VoC的,而不是用来收集VoC的。收集VoC则是另一个相对独立的过程。

2)产品特性。它们也可以用亲密度图和树图表示。产品特性是用以满足顾客需求的手段,产品特性也因产品不同而有差异。如对于车门,产品特性可能是关门所需的力量;对于割草机,产品特性可能是转动轴所需的推力。产品特性必须用标准化的表述。QFD中是利用顾客需求来产生产品特性的。

3)顾客需求的重要性。不仅需要知道顾客需求是什么,还要知道这些需求对于顾客的重要程度。

4)计划矩阵。该矩阵包含一个对主要竞争对手产品的竞争性分析。矩阵中包括三列,分别代表现有产品所需的改进(改进率)、改进后可能增加的销售量(销售点)以及每个顾客需求的得分。

5)顾客需求与产品特性之间的关系。这是矩阵的本体(中间部分),表示产品特性对各个顾客需求的贡献和影响程度。

6)特性与特性之间的关系。一般情况下,一个特性的改变往往影响另一个特性。通常这种影响是负向的，即一个特性的改进往往导致另一个特性变坏。特性关系图使辨别这些特性之间的影响，以求得折中方案。

7）目标值。这是上述各部分对产品特性影响的结果。质量屋一直是产品开发中连接用户需求与产品属性的经典工具。例如在一个相机产品开发中，市场研究得到了用户对产品的若干需求，如质量轻、使用方便、可靠、容易拿稳等。通过市场人员与设计人员共同工作，确定实现不同需求可行的方式。这个过程同时排除了一些目前技术无法实现的需求。一个完整的质量屋，还包括竞争对手表现、技术指标之间的关系、技术指标重要性得分等信息。

质量屋是一个经典工具，但也只是一个基础工具，对复杂产品设计体系的作用有限。例如质量屋对于住宅产品来说并不是一个完美的工具，因为住宅产品不是一个简单属性的叠加，而是一个综合的解决方案。人们对住宅产品的整体的需求感受，驱动着人们对住宅各空间需求及其权衡取舍。这样，在住宅需求与住宅产品之间包含两层映射关系：一方面是整体的映射；另一方面是每个空间属性之间的映射。

以顾客为中心的产品开发，建立在利用专业研究技术探求其心灵深处需求的基础上。这种需求是高度凝练的，是一定时期内产品需要的原始驱动力。如果说研究顾客的消费需求是对飘散的心灵电波的捕捉，那么只有建立营销语言和设计语言之间有效的对接，才能破译顾客心灵深处的密码，从而最终使需求信息在产品开发中发挥真正作用。

质量屋是一种直观的矩阵框架表达形式，建立质量屋的基本框架，给予输入信息，通过分析评价得到输出信息，从而实现一种需求转换。通常的质量屋结构框架如图2-3所示。

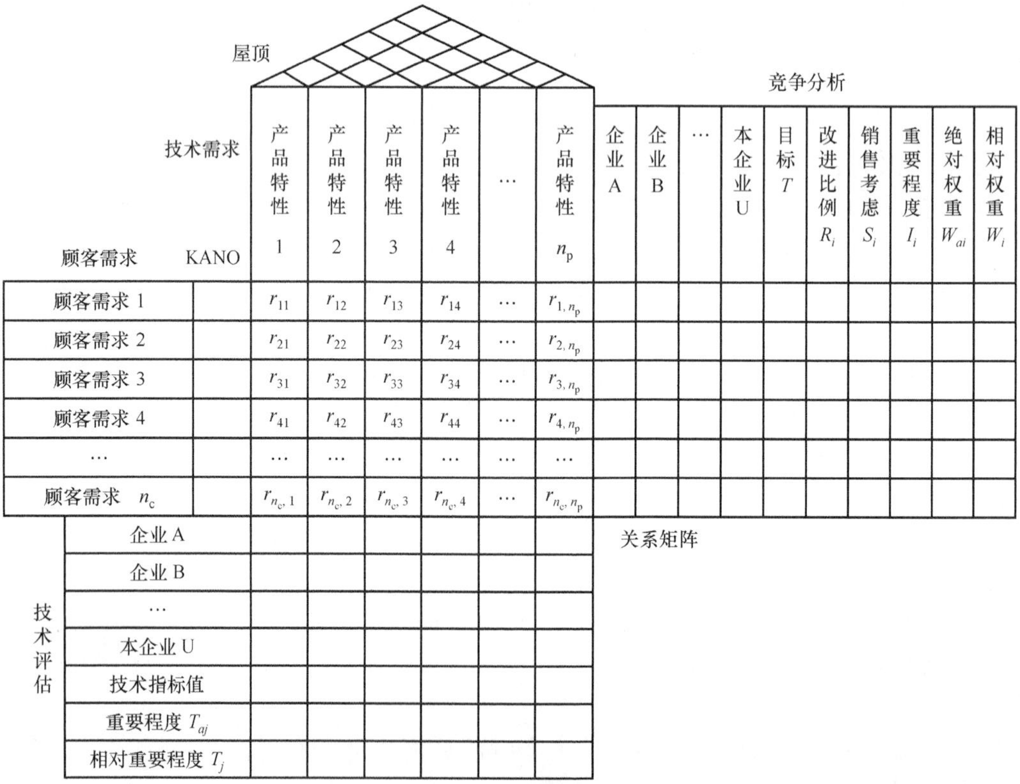

图2-3 质量屋结构框架

2.3.1 顾客需求分析

获取顾客需求可以通过市场调查、小组讨论、访谈等方法。不管采用什么方法，重要的是倾听顾客精确的文字表达，这是质量功能展开的基本开始点，也是关键点。为了深入了解顾客需求，在市场调查时要从明确和隐含两个角度获取顾客需求信息，采用"新七种"工具中的亲和法，对这些原始的顾客需求进行分类、整理和分析，形成系统的、有层次、有条理的顾客需求表，并用合适的方法表示顾客需求的相对重要性。

收集整理、加工、提炼，形成系统的、有层次、有条理、有前瞻性的顾客需求填入"左墙"，评价每一种需求的重要度，加权评分，再填入质量屋中。针对多项需求，按照从小到大的数字排序，数字越大表示重要度越高，加权评分值越大。

顾客需求重要度可取 5 个等级：1 级是指不影响功能实现的需求；2 级是指影响主要功能实现的需求；3 级是指比较重要的影响功能实现的需求；4 级是指重要的、影响功能实现的需求；5 级是指基本的、涉及安全的、特别重要的需求。

从技术角度出发，针对顾客需求，提出产品改进的指标。技术需求也可采用简单的列表、分层调查表或系统图的方式描述。技术需求是用以满足顾客需求的手段，是由顾客需求推演出的，必须用标准化的形式表述。技术需求可以是一个产品特性或技术指标，也可以是零件特性或技术指标，或者是一个零件的关键工序及属性等。

根据调查获取的顾客需求，确定最终产品所应具有的工程特征（技术需求），它们直接与顾客需求有关，并将有选择性地配置到设计、制造、装配和服务中去。技术需求应满足以下三个条件：

1）针对性，即技术需求是针对对应的顾客需求而确定的。
2）可测量性，即技术需求要可控，它们应是可测量的产品特性。
3）全局性，即技术需求不能涉及具体的设计方案。

上述三个条件中，尤其要注意的是技术需求的全局性。技术需求只是为了以后选择设计方案提供一些评价准则，而不涉及具体的产品设计方案。通常这是产品规划质量屋的最难的部分。因为当顾客提出某项需求时，产品设计人员往往就想到具体的设计方案。

2.3.2 竞争分析

顾客竞争性分析是指从顾客的角度对本公司产品和竞争者产品在满足顾客需求方面的评估，它反映了市场上现有产品的优势和劣势以及产品需要改进的地方。顾客竞争性评估数据是通过市场调查得到的：特别是从竞争对手的角度看，当前做了哪些满足顾客需求的工作；重点研究已有的产品，如本企业本厂家的、竞争对手的；现在的产品已经实现了哪些功能，还有哪些功能有改进的机会。

在图 2-3 质量屋的右边又填入了现在市场的竞争形势，分别对顾客的各个需求做调查，再定量分析目前的竞争能力。

市场竞争能力可取下列五个数值。1 级：无竞争能力可言，产品积压，无销路。2 级：竞争能力低下，市场占有份额递减。3 级：可以进入市场，但并不拥有优势。4 级：在国内市场竞争中拥有优势。5 级：在国内市场竞争中拥有优势，可以参与国际市场竞争，占有一定的国际市场份额。

对市场竞争能力进行加权平均计算后，可获得产品的市场竞争能力指数。

2.3.3 关系矩阵

对顾客需求进行评估，建立顾客需求与工程措施之间的相互关系，评出关系度 r_{ij}。

关系矩阵即关系度 r_{ij} 建议采用 1、3、5、7、9 等关系度等级。1 级：该交点所对应的技术措施对顾客需求有微弱影响。3 级：该交点所对应的技术措施对顾客需求有一定影响。5 级：该交点所对应的技术措施和顾客需求存在比较密切的关系。7 级：该交点所对应的技术措施和顾客需求存在比较密切的关系。9 级：该交点所对应的技术措施和顾客需求存在非常密切的关系。图 2-3 中明确标注了各项关系度 r_{ij}。

2.3.4 技术评估

确定技术需求后，质量功能展开小组就应安排对技术需求的测试过程。这里所说的测试就是通过试验、查阅有关文献等方式确定本公司产品和竞争者产品的技术需求指标。由于各项技术需求的测量标度不一定相同，为了便于评估，必须将它们转换成统一的规范标度。技术竞争能力一般用数字 1~5 来表示评估结果的好坏。已在工作任务书中确定了改进指标，并且了解了各项指标与顾客需求之间的关系后，需要做的实际上就是确定每个工作目标的值，用来评价经过产品改进之后，产品功能是否满足顾客的需要、满足需要的程度如何。一般有两个方面的举措：了解竞争对手是如何满足顾客需求的；确定新产品的指标。

2.3.5 技术需求之间的相关关系

技术需求之间存在相关关系，技术措施和技术措施之间也是有关系的。关系表现为三种形式：无关系、正相关和负相关。正相关和负相关又可分为强、弱两种，即强正相关和弱正相关、强负相关和弱负相关。采用符号表示为：○正相关，◎强正相关；×负相关，#强负相关。如果改善某一技术需求的措施有助于改善另一个技术需求，则定义这两个技术需求正相关；反之，如果改善某一技术需求，将对另一个技术需求产生负面影响，则定义这两个技术需求负相关。在根据各技术需求重要程度等信息确定产品具体技术参数时不能单独、片面地提高重要程度高的产品技术需求的技术参数，还要考虑各技术需求之间的相互影响或制约关系。特别要注意那些负相关的技术需求。负相关的技术需求之间存在着反向作用，提高某一技术需求的技术参数则意味着降低另一技术需求的技术参数或性能。此外，对于那些存在正相关的技术需求，可以只提高其中比较容易实现的技术需求的技术指标或参数。

2.4 质量功能展开的特点

综合看来，质量功能展开应用于产品设计的优点主要体现在以下方面：

1）质量功能展开将顾客需求贯穿产品开发的全过程，始终将顾客需求作为开发的目标，通过质量功能展开技术可以开发出顾客真正满意的产品。

2）质量功能展开以其特有的信息表示方式，如把顾客需求、制造及研究设计等职能部门自然地联系起来，加强了各职能部门之间的沟通。

3）缩短设计周期、减少工程变化、降低成本、提高生产率的同时，还可以提高产品设计质量，因而可以增强企业的竞争力。

4）质量功能展开可以降低产品开发风险，这主要是通过加速产品开发、缩短产品开发周期及围绕顾客需求调整产品开发战略来实现的。

5）质量功能展开为产品开发信息提供了"存储器"。质量功能展开的矩阵包含了大量关键的产品开发信息，如顾客需求、产品特征及这两者之间的相互关系，以及其他定量信息，因此，质量功能展开矩阵可以看成是产品开发信息的索引。

质量功能展开的实施和应用是一个 PDCA 循环的过程。为了有效地应用质量功能展开，必须按照 PDCA 循环的方法，认真解决好以下六方面的问题：

1）顾客需求的获得。是否能够及时地获取顾客需求以及所获取顾客需求是否全面、详尽、真实，是成功实施和应用质量功能展开的基础。如果不能及时地获取所需的顾客需求或所获取的顾客需求不够全面、详尽、真实，就很难想象采用质量功能展开进行质量管理的效果会好。必须采用科学的方法指导顾客需求的获取和信息分析。功能分析法（Function Analysis，FA）、KJ 法、因果图法、排列图法以及调查表等都是广泛用于顾客需求信息获取和分析的有效方法。获取顾客需求后，如存在矛盾和冲突，需要通过合理的分析与综合，对矛盾和冲突进行仲裁、解决。

2）确定瀑布分解模型。针对具体的产品，根据其质量控制要求，确定出质量功能展开的瀑布分解模型。质量功能展开瀑布分解模型是反映产品质量功能展开的整体规划，直接决定和指导着质量功能展开的实施方案，并影响着质量功能展开的应用效果。在设计和确定质量功能展开的瀑布分解模型时，必须从产品质量控制的整体出发，对于质量控制的关键或薄弱环节，可以考虑分解得细一些；反之，对于质量比较有保证的环节，在设计瀑布分解模型时，可以考虑分解得粗一些。具体分解为几个质量屋矩阵，视具体的产品及其对质量控制的要求而定，不能一概而论。

3）质量功能分解与展开。质量功能展开的各质量屋矩阵的配置，应该是在市场、设计、工艺、制造、质量和销售等部门人员的共同参与下协同完成的。基于质量功能展开的质量控制：首先进行质量功能的展开和分解，进行质量屋的配置；其次进行产品及其零部件的方案设计、工艺过程设计、质量计划的制订等工作。

这一点正与 PDCA 循环的方法相一致，质量功能展开是计划制订（即 P 环节）。在该环节，通过对产品质量要求及现状进行分析，找出质量保证与改进的关键及可能存在的问题；分析影响产品质量的因素，确定出主要原因，并制订相应的对策和执行计划。

4）应用质量功能展开及其质量屋配置，指导产品研制与开发工作。质量功能分解与展开完成之后，瀑布分解模型中涉及的所有环节和工作，都应该在质量功能展开及其质量屋配置结果的指导下，开展产品的研制与开发工作。对于一个具体产品的质量管理而言，其质量功能展开的分解及质量屋配置结果是指导该产品研制与开发工作的法规性文件和行动指南，该产品的一切设计、制造工作，应以它的质量功能展开分解及其质量屋的配置结果为依据。这种产品研制与开发工作是基于质量功能展开的质量控制 PDCA 循环中的 D 环节。

5）基于质量功能展开及其质量屋配置，监控产品研制与开发工作。依据质量功能展开的分解及其质量屋的配置，对产品研制与开发工作进行监控，是质量功能展开的质量控制 PDCA 循环的 C 环节。在该环节，检查工作是否按质量功能展开的分解及其质量屋的配置结果进行了实施。寻找并发现执行过程中的问题。问题可能涉及两个主要方面：一是产品的研制与开发人员，是否按质量功能展开的分解及其质量屋的配置开展工作；二是在产品的设计和制造过程中，由于对质量管理认识的提高，以及设计和制造能力的提高或者设计制造质量管理水平的变化等，使得当初所做的质量功能展开的分解及其质量屋的配置已不再适应企业的现状。这时，必须及时对质量功能展开的分解及其质量屋的配置进行适时优化、调整。

6）质量功能展开的分解及其质量屋配置结果的改进。这是质量功能展开质量控制 PDCA 循环的 A 环节。在该环节，对存在的问题进行深入剖析，确定原因，制定措施。在此基础上，对质量功能展开的分解及其质量屋的配置结果进行改进。通过改进，使质量控制水平不断提高，进而使产品质量得到不断提高。

2.5 质量功能展开在机载天线研制过程中的应用案例

机载天线是飞机上使用的天线系统，包括天线、传输线、天线罩，以及用于匹配、协调、隔离、安装、连接和防护等的所有零部件。一般来说，飞机的机载天线不仅要有良好的电性能，即在飞机上与所配套的电子设备有满意的工作特性，而且还要满足在使用环境条件下具有良好的气动性能、强度等要求。应用质量功能展开方法对其进行质量改进和质量控制，力求实现以最快的速度、最低的成本和优良的指令满足顾客的需求。

2.5.1 确定顾客需求

使用机载天线的顾客大概可以分为三类：一是军方顾客；二是飞机机载产品的配套场所；三是民用飞机使用者（民航）。通过信件和询问调查的方式以及面谈调查方式，获取大量顾客需求信息。采用亲和图等新七种质量控制方法，进一步对收集到的顾客需求信息进行分析、整理和概括。通过整理分析，把类似的需求归于同一列，得到四大类，即功能要求、经济性、维修性、可靠性，并进一步细化为外形尺寸小、良好的气动外形、结构坚固等 22 项顾客需求，见表 2-1。

表 2-1 机载天线顾客需求

功能要求	物理特性	外形尺寸小
		良好的气动外形
		结构坚固
		抗振动能力强
		抗弯曲能力强
		环境适应能力强
		抗气流和飞行冲击
		密封性好
		外表光洁、美观
	电性能	通信距离远
		通信频段宽
		防雷电、静电
		通信、罗盘天线组合
		电搭接、导电性好
		可承受电气过载
		抗电磁干扰能力强

(续)

经济性	价格	价格适中
	效率	电传输效率高
维修性	维修	维修简便
	互换性	互换性强
可靠性	安全性	安全可靠
	寿命	使用寿命长

2.5.2 产品规划

天线规划矩阵用于将顾客需求转化为技术需求，并分别从顾客的角度和技术角度对现有同类产品进行评估，配置关系矩阵的取值，确定各技术需求的目标值，计算各技术需求的重要度，以及确定零件配置阶段所需要的技术要求。

1. 顾客需求到产品技术需求的转换

综合考虑各方面的因素，进行合理的取舍。与各项顾客需求无关、相关或相关性很小的技术需求，不必都配置到质量屋中。所确定的技术需求要能覆盖顾客需求，也就是说，如果这些技术需求都能实现，全部顾客需求也就相应得到满足。机载天线技术需求见表2-2。

表2-2 机载天线技术需求

序号	1	2	3	4	5	6	7	8	9	10	11	12	13	14	15	16	17	18	19	20	21
技术需求	外形尺寸	气动特性	静载荷	抗振动能力	抗弯曲能力	环境适应能力	内密封性	外密封性	通信距离	通信频段	安装特性	传输电缆	电磁兼容性	表面光洁度	电搭接性	价格	可靠性	使用期限	拆装简便	标准化设计	有效高度

2. 关系矩阵的确定

在顾客需求和技术需求都确定下来以后，可以配置两者的关系矩阵。采用一组符号来表示顾客需求和技术需求之间的关系：用●表示两者之间有"强"关系，即改善某个技术需求与满足其对应的顾客需求强相关；用○表示两者之间有"中"关系；△表示两者之间有"弱"关系。例如，良好的气动外形与气动性能之间的关系为强关系；外表光洁美观与价格之间的关系为中关系；液封性能好与通信频段之间的关系为弱关系。

在确定顾客需求和技术需求之间关系的时候，应该注重将理论分析与实际经验相结合，并充分重视企业的质量保证现状和能力。以便准确地确定顾客需求和技术需求之间的关系是"强""中"还是"弱"。

3. 顾客竞争性评估

顾客竞争性评估主要是指与其他企业的机载天线在满足顾客需求方面进行评估，以反映本企业现有天线的优势和劣势以及需要改进的部分。用数字1~5表示顾客对各项技术需求的满意度，其中5表示非常满意，1表示非常不满意。确定顾客需求的重要程度是指经研究确定顾客对各个技术需求的重要程度，用数字1~9表示。其中，9表示非常重要，1表示非常不重要。

4. 技术评估

通过试验、调查和比较，评估和其他竞争者同类产品技术需求指标之间的差异（见表2-3）。

表 2-3　本企业与其他企业的机载天线在技术需求指标方面的比较

序号	技术指标	其他企业的机载天线	本企业的机载天线
1	外形尺寸	300mm×190mm	355mm×218mm
2	气动特性	对称流线型	对称流线型
3	静载荷	3000N	3000N
4	抗振动能力	固有频率：20～200MHz	固有频率：20～200MHz
5	抗弯曲能力	2000N	2000N
6	环境适应能力	满足相应的国家范围	满足相应的国家范围
7	内密封性	满足相应的国家范围	浸泡水中 2h
8	外密封性	满足相应的国家范围	防淋雨
9	通信距离	空-地≥140km	空-地≥150km
10	通信频段	30～88MHz、108～174MHz、225～400MHz	30～88MHz、100～174MHz、225～400MHz
11	安装特性	英制规范	满足相应的国家范围
12	传输电缆	满足相应的国家范围	本企业的损耗
13	电磁兼容性	满足相应的国家范围	MIL-6271C 隔离度>=45dB
14	表面光洁度	表面光洁，色泽均匀	表面光洁，色泽均匀
15	电搭接性	满足相应的国家范围	满足相应的国家范围
16	价格	昂贵	适中
17	可靠性	99.90%	99.90%
18	使用期限	5000h	5500h
19	拆装简便	可快卸	固定螺钉可快卸
20	标准化设计	满足相应的国家范围	依国产标准要求进行加工，电子元器件
21	有效期限	满足相应的国家范围	满足相应国家的标准范围

根据以上资料，对其他企业和本企业的相关指标进行打分，5 表示最佳，1 表示最差，其评估结果在质量屋的下半部分。

（1）确定技术需求的目标值。技术需求的目标值将作为机载天线设计的技术指标，直接指导着机载天线的整个设计，确定技术需求的目标值要从能否满足顾客需求、技术水平和生产能力，能否按时交货，或成本高低等因素方面综合考虑。各个技术指标的目标值将位于质量屋的下方。

（2）确定技术需求的重要度。技术需求的重要度是通过相关矩阵的运算而得到的，运算的主要依据是顾客需求重要度以及顾客需求与技术需求之间的相关程度。公式如下：

重要程度

$$T_{aj} = \sum r_{ij} I_i$$

相对重要程度

$$T_j = \frac{T_{aj}}{\sum T_{aj}} \times 100\%$$

式中，i 为顾客需求的编号；j 为技术需求的编号；r_{ij} 为关系矩阵值；I_i 是顾客需求的权重。

（3）确定各技术需求之间的关系。有些技术需求之间是相互关联的，有正相关也有负相关。这里用〇表示正相关，X 表示负相关，最后的结果就是质量屋的屋顶。

在空白的质量屋内填入所获得的信息，如图 2-4 所示。

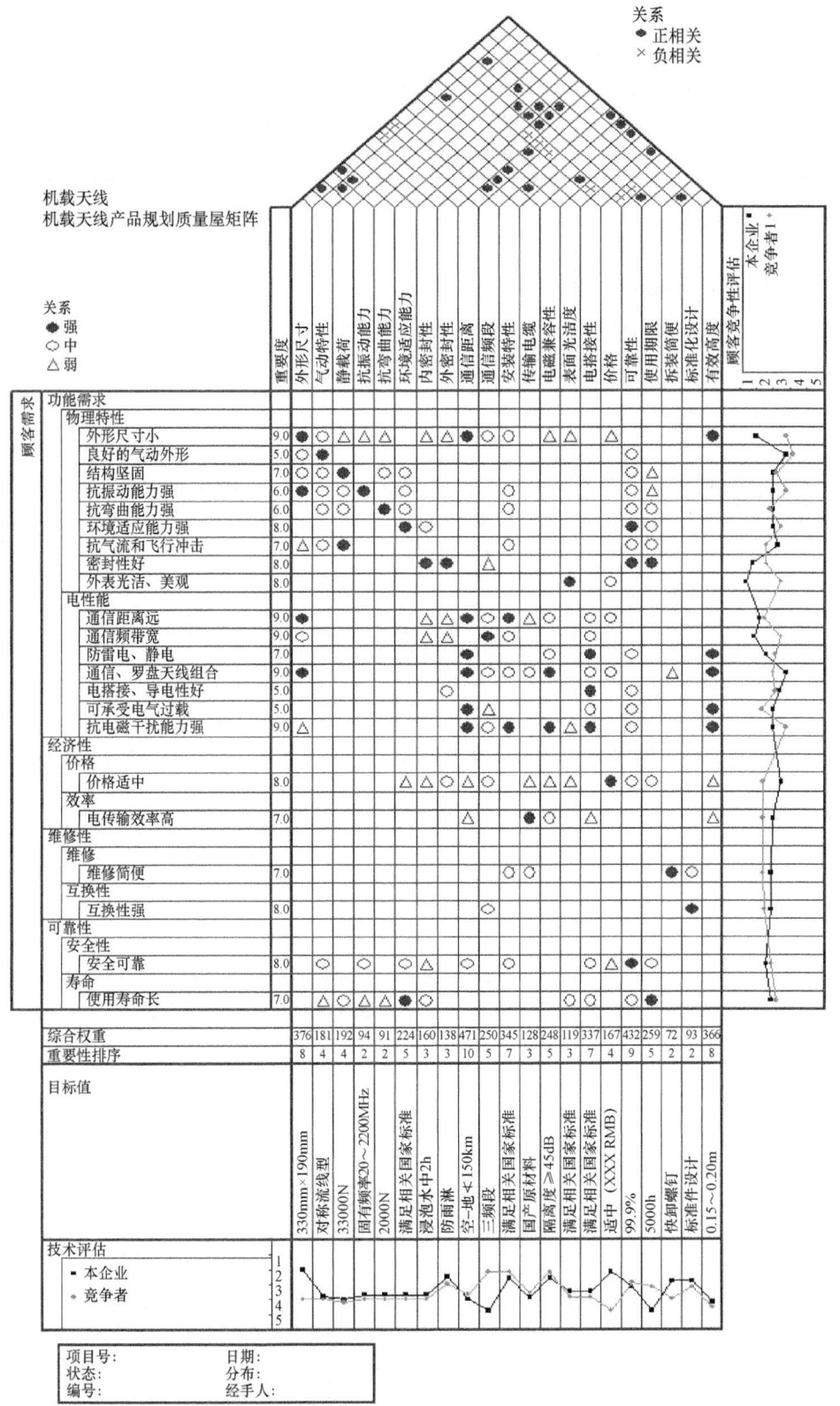

图 2-4 机载天线产品规划质量屋矩阵

（4）下一级展开的技术需求的选择。按照质量功能展开瀑布分解模型，机载天线产品规划矩阵质量屋中的技术需求要进一步转化为下一级质量屋，即零件规划矩阵的顾客需求。综合考虑后确定配置到下一阶段的技术需求为：外形尺寸、外密封性、静载荷、通信距离、有效高度、表面光洁度、安装特性、电搭接性、抗振动能力和电磁兼容性。

2.5.3 零件规划

1. 机载天线设计方案的选择

根据反复进行技术可行性论证，采取的方案中的主要零件有：用于辐射或接受电磁波的电路板、天线罩体、天线底板、导电橡胶、填充物。

2. 机载天线零件规划

上述五个主要零件有各自的关键技术特征即关键零件特征。所有这些主要零件的关键技术特征都与机载天线整体的技术性能有密切的关系，因此只有这些零件的关键技术特征都得到了保证，机载天线整体的技术性能才能得到实现。采用与机载天线产品规划质量屋类似的方法，可以得到机载天线零件规划质量屋。

2.5.4 工艺规划

按产品研制开发的程序，当零件设计完成之后，就是零件工艺过程设计。为了对零件工艺过程的设计给予指导、保证工艺过程的设计质量，进而保证零件的质量和产品的质量，需要进行质量功能展开工艺规划矩阵的配置。按照天线电路板、填充物和天线罩体的工艺流程所确定的工艺规划质量屋矩阵分别如图 2-5、图 2-6、图 2-7 所示。

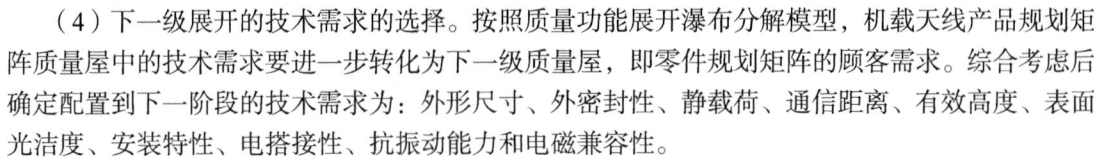

图 2-5 天线电路板工艺规划质量屋矩阵

第 2 章 质量功能展开

填充物工艺规划矩阵

关系: ●强 ○中 △弱	检查工作环境	温度	湿度	清洁度	零件准备	检查零件	罩体扣合	模具准备	配置填料	总量	比例	发泡	压紧力	固化温度	固化时间	铆空心铆钉	铆接精度	修整表面	表面平整度	间隙处理	底座与罩体结合面间隙检查	按检验规程
耐高温性 −50～+60℃		○						○		●		●										
透波性 >=85%				●						●										○	○	
综合权重	0	0	0	0	0	0	0	0	0	0	0	0	0	0	0	0	0	0	0	0	0	0
重要性排序	0	0	0	0	0	0	0	0	0	0	0	0	0	0	0	0	0	0	0	0	0	0
目标值		25±5℃	<70%	无浮尘	数量规格	垂直度90±10°		1～3mm		按要求	A:B	适中		15～25℃	15min		垂直度90±10°		光滑平整	三倍波大镜		8TDXJA文件

图 2-6　填充物工艺规划质量屋矩阵

天线罩体工艺规划矩阵

关系: ●强 ○中 △弱	工作环境	温度	湿度	模具准备	检查	涂抹脱模剂	布料剪裁	检查	剪裁尺寸	布料除潮	保温温度	保温时间	胶液配置	配料比例	搅拌时间	罩体裱糊	涂胶量	布料层数	气泡	模具对合	模具对合精度	螺栓拧紧顺序	螺栓紧度	脱模	脱模方式	脱模时间	固化	固化时间	机械加工	保温温度	修整毛边	清洗表面	检查	检查加工精度
罩体材料 FW208 (Q/JCW1381)						●		○										●																
罩体强度 >=3000N								○						●	●		●	●	●		○	○					●	●					
透波性 >=85%						●								○	○		●	○																
综合权重	0	0	0	0	0	0	0	0	0	0	0	0	0	0	0	0	0	0	0	0	0	0	0	0	0	0	0	0	0	0	0	0	0
重要性排序	0	0	0	0	0	0	0	0	0	0	0	0	0	0	0	0	0	0	0	0	0	0	0	0	0	0	0	0	0	0	0	0	0
目标值	25±5℃	<70%		精度均匀		布料牌号 罩体外形+30mm					80±12℃ 1h			牌号、有效期	各3min		每层40%	5层	无		阴阳模环间隙均匀	交叉拧紧	定力扳手		24h	无脱阴模		4h		60℃	光滑平整	消除附着物		按技术文件规定

图 2-7　天线罩体工艺规划质量屋矩阵

2.5.5 质量控制规划

为了保证最终生产出来的产品满足顾客需求,必须对由工艺规划质量屋矩阵得出的关键工艺步骤进行控制,保证这些关键工艺步骤即关键工序的质量。我们要找出那些关键的工艺参数、制造过程的控制点;制定出相关的检测、检验方法。依据制造过程的质量能力和现状以及工艺规划,对制造过程的质量进行优化控制,具体包括各制造过程、工序和参数是否需要控制,控制力度以及采取什么样的控制方式,等等。根据质量问题产生的原因,确定排除制造过程中异常因素的方法。以天线电路板为例对质量控制规划加以说明,见表2-4。

表 2-4 质量控制规划

序号	工艺步骤	工艺参数	控制点	控制方法	样本容量	检验方法
1	制作印刷版	尺寸	原材料购置	原材料合格证	按国家标准	按检验规程
		表面	下料	操作人员业务水平	按国家标准	按检验规程
		线形宽度	刻制	—	—	—
2	检查元器件	型号	合格证	检查合格证	按国家标准	按检验规程
		电性能测试	检测	检测	全部	按检验规程
3	钻孔	孔位	孔定位	钻孔精度	全部	按检验规程
		孔径	孔径偏差	钻孔精度	全部	按检验规程
4	铆接连接件	将连接件和电路板连接	垂直度	采用专用采具	全部	按检验规程
5	制作匹配网络	制作电路板	线路、元器件焊接质量	专业人员	全部	按检验规程
		焊接线路,元器件	焊接线路,元器件规格	按操作规程	全部	按检验规程
		电性能测试	电性能指标	按操作规程	全部	按检验规程
6	连接高频插头	检测插头	插头质量	铆钉规格	全部	按检验规程
		铆接	铆接质量	铆接力	全部	按检验规程
7	胶接罗盘接头	配置胶液	牢固性	配置比例	全部	按检验规程
		固化	平整度	固化时间	全部	按检验规程
8	固定电路板	将电路板与底盘连接	垂直度	螺钉紧度	全部	按检验规程
9	检测	机械性	机械、电性能满足要求	仪器精度	全部	按检验规程
		电性能	电性能公差	测试方法	全部	按检验规程

机载天线的质量控制规划矩阵与产品规划矩阵、零件规划矩阵、工艺规划矩阵在形式和结构上的差别很大,这主要是考虑了实际应用的方便性和有效性。

企业在应用质量功能展开进行质量控制规划时,应该结合本企业的实际,充分利用在长期生产中累积的行之有效的制造质量控制方法。

在制定目标值的时候,应该综合考虑各方面的因素,否则:太低了,有可能生产的产品不能满足顾客需求;太高了,也可能出现难以生产出所需要的产品的情况,或者即使能生产出来,但产品质量不稳定、废品率高的情况。针对每一个关键工序,都要规划出其质量控制方法。

通过机载天线案例,详细介绍了质量功能展开的应用步骤,对确定顾客需求、产品规划、零件规划、工艺规划、质量控制规划等做了具体讲解,还介绍了如何考虑各技术需求之间的相互影响或制约关系。

【案例分析讨论】
1. 针对机载天线的各项顾客需求,主要考虑哪些方面的因素来对其进行合理的取舍?
2. 类似于质量功能展开在机载天线中的应用,你还能想到质量功能展开在哪些行业中的应用?

2.6 质量功能展开在减速器研制中的应用案例

减速器是机械传动中很常用的一种装置,它的质量可以影响整个设备的工作情况。以减速器为例,说明质量功能展开在具体产品设计中的应用步骤。

2.6.1 减速器的产品规划

产品规划质量屋用于将顾客需求转换为技术需求,它分别从顾客的角度和技术的角度对市场上同类产品进行评估,在分析质量屋各部分信息的基础上,确定各技术需求的目标值以及在零件配置阶段所需的技术需求。图 2-8 为减速器产品规划质量屋矩阵。

1. 减速器的顾客需求及其权重

经过对减速器特性和其在使用过程中的常见问题的分析,以及和相关人员讨论后,拟定顾客需求如图 2-9 所示。该顾客需求采用类似系统图的树形结构,图中将顾客需求按减速器的功能、经济性、可靠性和维修性分成四大类,每一大类又有相应的要求指标。图中所示最后一级需求前的数字表示顾客需求的重要程度,即权重,它也是通过市场调查、分析而得到的,采用 1~9 标度进行量化。

将以上信息填入顾客需求分析部分。

2. 顾客需求到产品技术需求的转换

在将顾客需求转换为产品技术需求时,要注意所选的技术特性要具有针对性、可测量性和全局性。一般顾客需求和技术需求之间存在交叉性,转换后要进行整理综合,将相同的技术需求合并。该减速器的顾客需求转换成"外形尺寸""密封性"和"承载能力"等 11 项技术需求,见表 2-5。

3. 确定顾客需求和产品技术特征的关系矩阵

技术需求和顾客需求之间的关系程度是不同的,即某项技术需求对顾客需求的影响程度是不一样的,要将技术需求和顾客需求之间的关系密切程度用量化指标表示出来。简单的表示方法是用强、中、弱三种级表示,在图中分别用符号●、○和△表示,它们分别对应数字9、3和1,见表 2-6。

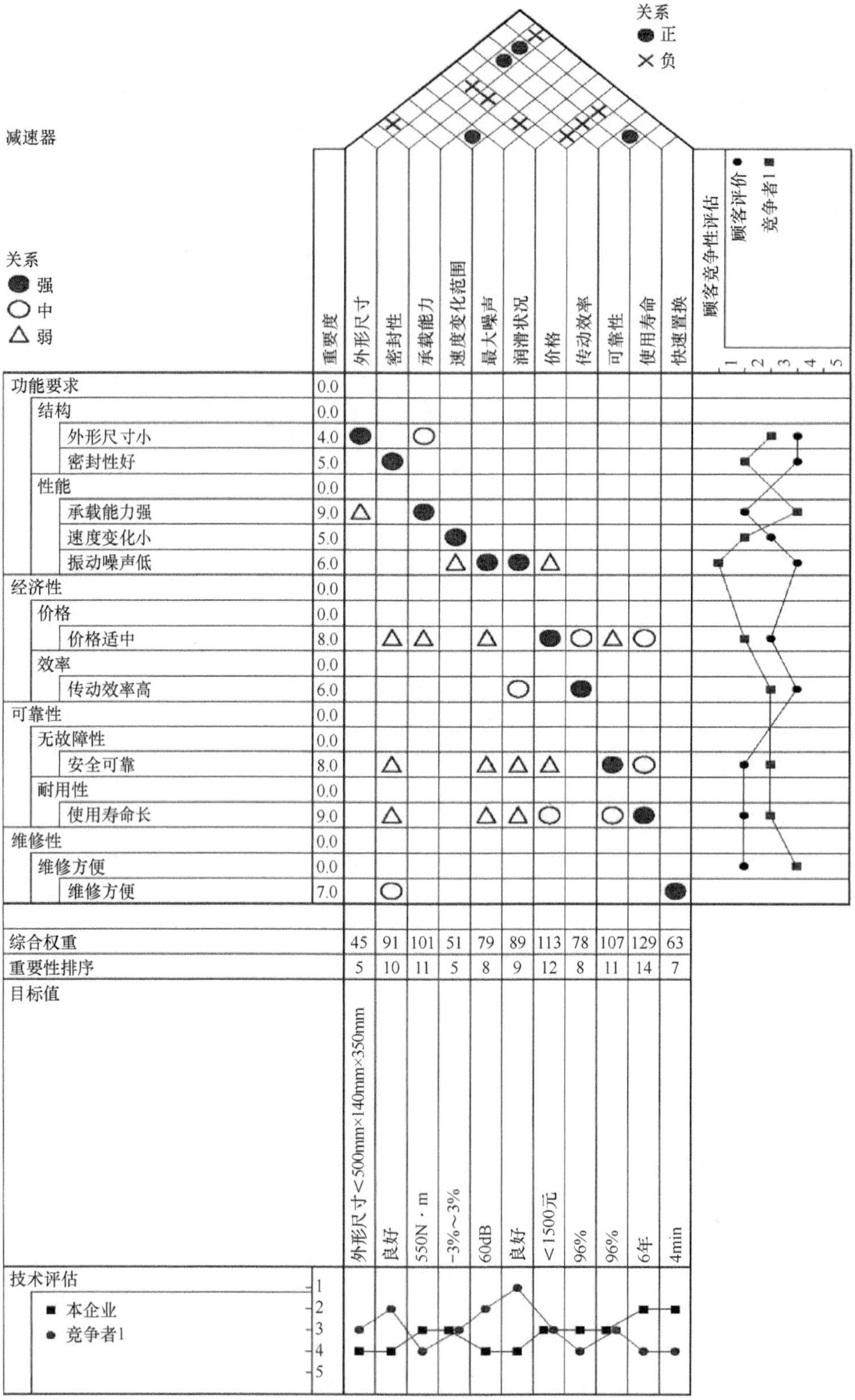

图 2-8 减速器产品规划质量屋矩阵

第 2 章 质量功能展开

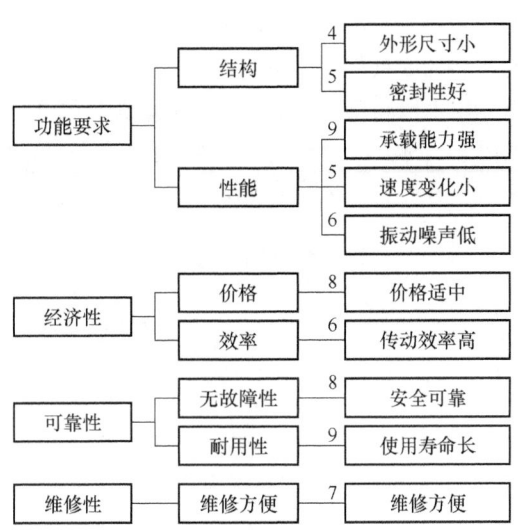

图 2-9 减速器和顾客需求展开树形图

表 2-5 减速器的技术需求

序号	1	2	3	4	5	6	7	8	9	10	11
技术需求	外形尺寸	密封性	承载能力	速度变化范围	最大噪声	润滑状况	价格	传动效率	可靠性	使用寿命	快速置换

表 2-6 各种技术需求与顾客需求之间的关系矩阵

技术需求序号 顾客需求序号	相关关系	1 外形尺寸	2 密封性	3 承载能力	4 速度变化范围	5 最大噪声	6 润滑状况	7 价格	8 传动效率	9 可靠性	10 使用寿命	11 快速置换
1	外形尺寸小	●		○								
2	密封性好		●									○
3	承载能力强	△		●								
4	速度变化小				●							
5	振动噪声低				△	●	●	△				
6	价格适中	△		△		△		●	○		○	
7	传动效率高						○		●	△		
8	安全可靠	△		△		△	△			●	○	
9	使用寿命长	△				△	△			○	●	
10	维修方便	○										●

以图中的技术特征"润滑状况"为例,如果采取措施改善润滑状况,对顾客需求"振动噪声低"有重大影响,同时润滑状况的改善有助于提高"传动效率",而且对"使用寿命长"和"安全可靠"也有一定的作用。

4. 顾客竞争性评估

顾客竞争性评估是从顾客的角度对本公司产品和竞争者产品在满足他们需求方面的评估。它反映了市场现有产品的优势和劣势以及产品需要改进的一部分。评估所需数据也是通过市场调查得到的。一般将顾客对某类产品的满意程度用量化指标表示，分为 5 个等级，分别用数字 1～5 表示。5 表示满意程度最高，1 表示满意程度最低。进行顾客竞争性评估的目的是为确定本公司产品的技术指标和对产品的改进目标，以便确定本公司产品的销售重点。

经过调查、分析和整理后，表 2-7 中和质量屋矩阵右侧是减速器的顾客竞争性评估结果。

表 2-7　减速器的顾客竞争性评估结果

序号	1	2	3	4	5	6	7	8	9	10
顾客需求	外形尺寸小	密封性好	承载能力强	速度变化小	振动噪声低	价格适中	传动效率高	安全可靠	使用寿命长	维修方便
本公司	4	4	2	2	4	3	4	2	2	2
竞争者	3	2	4	3	1	2	3	3	3	4

5. 技术竞争性评估

由于各技术需求采用的测量单位可能不同，为了便于评估，要将它们转化成统一的规范，用数字 1～5 作为技术竞争评估的级别，表示竞争者和本公司的产品在市场中的竞争能力的大小。5 表示最好，1 表示最差。通过市场调查和分析整理，得到技术竞争性评估资料见表 2-8。

表 2-8　减速器的技术竞争性评估资料

序号	1	2	3	4	5	6	7	8	9	10	11
技术需求	外形尺寸	密封性	承载能力	速度变化范围	最大噪声	润滑状况	价格	传动效率	可靠性	使用寿命	快速置换
本公司	4	4	3	3	4	4	3	3	3	2	2
竞争者	3	2	4	3	2	1	3	4	3	4	4

与顾客竞争性评估不同，技术竞争性评估是从技术角度对产品的市场竞争力进行评估的。

6. 技术需求之间关系的确定

确定技术需求的自相关矩阵，是由于技术需求之间常常是相互影响的。如果改善某一技术需求有助于改善另外一个技术需求，则这两个技术需求正相关，反之则为负相关。用●表示两个技术需求正相关，用×表示两个技术需求负相关，见表 2-9。

表 2-9　技术需求之间的相关性

序号		1	2	3	4	5	6	7	8	9	10	11
序号	相关关系	外形尺寸	密封性	承载能力	速度变化范围	最大噪声	润滑状况	价格	传动效率	可靠性	使用寿命	快速置换
1	外形尺寸			×								×
2	密封性							×		●	●	
3	承载能力	×						×				
4	速度变化范围					●						
5	最大噪声				●					×	×	
6	润滑状况							×				
7	价格		×	×			×					

(续)

序号	序号 相关关系	1 外形尺寸	2 密封性	3 承载能力	4 速度变化范围	5 最大噪声	6 润滑状况	7 价格	8 传动效率	9 可靠性	10 使用寿命	11 快速置换
8	传动效率							×				
9	可靠性		●								●	
10	使用寿命		●							●		
11	快速置换		×									

7. 技术需求目标值的确定

技术需求目标值通常根据顾客需求的权重、顾客需求与技术需求的关系矩阵以及当前产品的优势或劣势来确定。下面以减速器的技术需求"使用寿命"为例，说明如何确定技术需求的目标值。

顾客认为在减速器使用寿命方面，本公司产品比较差，竞争者优于它。技术评估数据与顾客评估结果一致。本公司处于"追赶"位置，必须采取有关措施。同时顾客需求中"使用寿命长"的权重很高，并且在该顾客需求和技术特征"使用寿命"之间存在"强"关系。这表明，如果本公司能够生产出比竞争者产品使用寿命更长的减速器，那么就可以在竞争中取胜。减速器使用时间过长，会导致各种其他问题，通常顾客对使用寿命为6年的产品较为满意，因此将减速器的使用寿命设置为6年。确定的技术需求的目标值见表2-10。

表2-10 减速器的技术需求目标值

序号	1	2	3	4	5	6	7	8	9	10	11
技术需求	外形尺寸	密封性	承载能力	速度变化范围	最大噪声	润滑状况	价格	传动效率	可靠性	使用寿命	快速置换
技术需求重要度	外形尺寸<500mm×140mm×350mm	良好	$550N/m^2$	±3%	60dB	良好	<1500元	96%	96%	6年	4min

8. 确定质量屋的其他项目

在质量功能展开中，顾客需求、技术需求、关系矩阵、竞争性评估和技术需求目标值是产品规划矩阵的基本部分。其他项目，如技术难度评估、技术需求重要度都是可选项。它们通常又处于产品规划决策过程中。

在上述列举的这些项目中，技术需求的重要度相关方法应用最广。技术需求重要度是通过矩阵运算得到的。

2.6.2 分析减速器产品规划质量屋

1. 关系矩阵的评审

当完成顾客需求与技术需求之间的关系矩阵后，应对其进行仔细的分析和评审，例如检查关系矩阵的每一行或每一列，看是否有空行或空列。如果某一行无关系符号或只有弱关系符号，则表示已有的技术需求没有充分地满足顾客需求，应补充新的技术需求；如果某一列无关系符号或只有弱关系符号，则意味着对应的技术需求是多余的，应予以剔除。另外，还要分析关系矩阵中关系符号的填充率，它表示技术需求是否足够覆盖顾客需求。一般要求关系符号的填充率在 25%～40%。

2. 校核顾客竞争性评估和技术竞争性评估

一般来说，顾客竞争性评估与技术竞争性评估的结果是一致的。但是，在某些情况下，两者也可能相互矛盾。当出现这种情况时，质量功能展开小组应认真调查和分析，找出原因。本案例中，顾客竞争性评估和技术竞争性评估的结果是一致的。

3. 选择应重点配置的技术需求

选择进入下一阶段展开的技术需求时，原则是根据以上所计算的技术需求的重要度进行，选择一些重要度高的技术需求进入下一阶段的展开。实际上要综合考虑多种因素，这些因素包括技术需求的重要度、顾客竞争性评估、技术竞争性评估、技术实施难度和成本以及技术需求相关矩阵等。这主要凭借质量功能展开小组成员的经验进行。

如果顾客竞争性评估和技术竞争性评估表明某公司产品的某项技术需求在现有的条件下就能使顾客较为满意，在此情况下就没有必要将该技术需求展开到下一阶段去。相反，当顾客对公司产品的某项技术需求不太满意时，质量功能展开小组成员应权衡利弊，综合考虑后决定是否将该技术需求展开到下一阶段。本案例中，选取"可靠性""使用寿命"和"价格"三项技术需求进入零件规划阶段去展开。

2.6.3　减速器的零件规划

与产品规划矩阵不同，零件规划矩阵要简单得多。它仅包含了矩阵的基本组成部分：技术需求、关键零件特征、关系矩阵和关键零件特征目标值。零件规划矩阵的开发过程与产品规划质量屋基本相同。值得注意的是，关键零件特征只有在产品设计方案确定后才能确定。因此，首先应选择能满足顾客需求的最佳设计方案。

1. 选择最佳设计方案

本案例的最佳设计方案为采用齿轮传动。

2. 建立减速器零件规划质量屋

零件规划质量屋的输入是产品规划阶段输出（产品技术特征），其输出为关键零件的技术特征。减速器的齿轮传动零件的规划质量屋如图 2-10 所示。

3. 分析减速器零件规划质量屋

首先，认真评审关系矩阵，关系矩阵应合格。其次，选择需要在工艺规划矩阵中配置的那些关键零件特征。该决策过程与产品规划质量屋中选择优先配置项目过程基本相同。在本案例中，选择"齿轮硬度""齿轮强度"和"齿轮精度"进入工艺规划阶段。

第 2 章　质量功能展开

		重要度	齿轮	齿轮1强度	齿轮1精度	齿轮1硬度	齿轮1材料	...	齿轮5强度	齿轮5精度	齿轮5硬度	齿轮5材料	轴	轴1强度	轴1材料	...	轴3强度	轴3材料
技术需求	可靠性 99%	7.5		●	○	●			●	○	●			●			●	
	使用寿命 6年	0.0		○		○			○		○			●			●	
	价格 <1500元	0.0		○	●	○	●		○	●	○	●		○			○	
综合权重			0	68	23	68	0		68	23	68	0		68	0		68	0
重要性排序			0	15	5	15	0		15	5	15	0		15	0		15	0
目标值				753MPa	877HK	332HBW	40CrNiMo		735MPa	877HK	332HBW	40CrNiMo		735MPa	40Cr		735MPa	40Cr

图 2-10　减速器齿轮传动零件规划质量屋

2.6.4　减速器的工艺规划

减速器在"下游"质量控制中继续质量功能展开过程主要也是为了提高顾客满意度，加深企业全体员工对产品开发必须面向顾客需求的切身体会。工艺规划矩阵的开发与零件配置矩阵基本类似。从零件规划矩阵中选择关键零件特征被配置到工艺规划矩阵中，成为工艺规划矩阵的输入。下一步是决定关键工艺特征，它们是保证满足待配置的零件特征和企业内部需求所必须控制的参数。接下来，决定相关关系和建立工艺规范。最后是分析工艺规划矩阵，决定应配置到控制规划阶段中的关键工艺特征。

1. 工艺方案选择过程的必要性

与零件规划矩阵类似，关键工艺特征的决定与具体工艺方案有关。因此，在确定关键工艺特征之前，必须先确定其工艺方案。在多数情况下都使用现有工艺过程，因此没有必要进行工艺方案选择。

2. 建立减速器工艺规划质量屋

减速器零件工艺规划阶段的质量屋，如图 2-11 所示。

减速器零件工艺规划质量屋的输入是零件规划矩阵所确定的关键零件及其特征，即"齿轮硬度""齿轮强度"和"齿轮精度"。

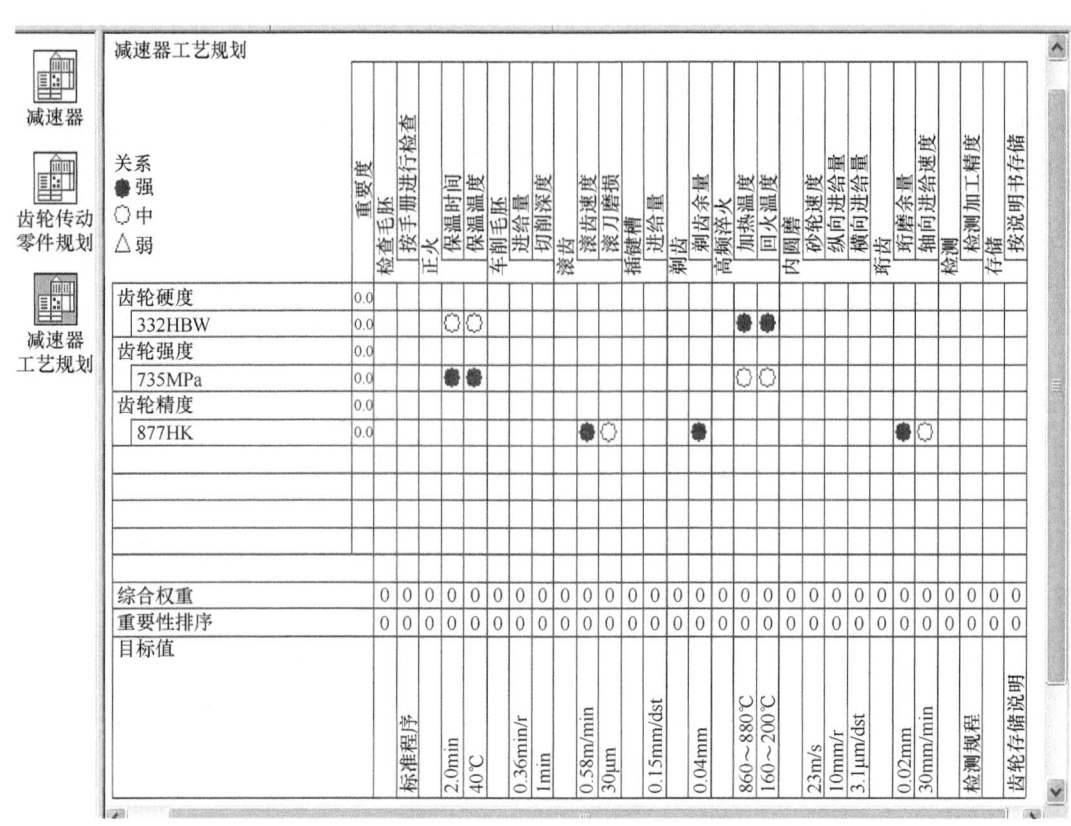

图 2-11 减速器零件工艺规划质量屋

2.6.5 减速器的质量控制规划

建立减速器控制规划的质量屋。从上面多个阶段的质量屋可以看出，它们的基本组成部分大致相同，分析方法也相差不多。但是，生产规划阶段的质量屋有很大的变化，而且从目前国内外应用质量功能展开的实践来看，各个企业在生产规划阶段所采用的质量功能展开矩阵之间有很大的差别，没有形成比较规范的格式。这种情况的出现是由于每个企业的产品类型、生产规模、技术力量、设备状况的不同。因此，生产规划阶段的质量屋的建立应充分结合本企业的实际。

通过减速器研制案例，详细介绍了质量功能展开的应用。对质量屋绘制、关系矩阵分析、顾客竞争性分析等做了具体讲解，还介绍了如何考虑各技术需求之间的相互影响或制约关系。

【案例分析讨论】
1. 在减速器研制过程中，生产规划阶段的质量屋的建立应该考虑哪些因素？
2. 减速器零件规划矩阵所确定的关键零件及其特征是什么？

2.7 基于 TRIZ 的创新方法

TRIZ 是 Teoriya Reshcniya Izobretatelskikh Zadatch 的缩略语，意为发明问题解决理论（Theory of Inventive Problems Solving）。"发明问题解决理论"有两层基本含义：表面的意思强调解决实际问题，特别是发明问题；隐含的意思是由解决发明问题而最终实现（技术或管理）创新，因为解决问题就是要实现发明的实用化，这符合"创新（Innovation）=发明（Invention）+商用（Commercialization）"的广泛认识。

TRIZ 是一套解决工程设计问题的工具。它成功地总结以往问题的解决方案，并指导如何系统地解决未来的问题。TRIZ 源于苏联，由一位著名的工程师和发明家根里奇·阿奇舒勒（Genrich S. Altshuler）所创立。阿奇舒勒被称为 20 世纪最伟大的工程师之一，他提出的理论和方法为其他工程师提供了有效的帮助。工程师通常面临确定和不确定两种情况：不确定是指在何种情况下可以找到下一个问题的解决方案，而确定则是指这样的方案一定会被找到。TRIZ 可以引导到多个解决方案，从中找到与问题相关的方案，并大大加快寻找过程。

TRIZ 是基于知识的、面向设计者的创新问题解决系统化方法学，包括以下含义：

1）基于知识。TRIZ 包括创新问题解决启发式方法的知识，这些知识来自对全世界范围内的专利的抽象。TRIZ 大量采用自然科学及工程中的效应知识，利用出现问题的领域知识；这些知识包括技术本身、相似或相反的技术或过程、环境、发展和进化等可见，TRIZ 属于基于产品进化趋势的启发式方法。

2）面向设计者而不是面向机器。TRIZ 理论本身是基于将系统分为子系统、区分有用功能及有害功能的实践，这些分解取决于问题及环境，本身具有随机性。计算机软件仅能起支持作用，而不能完全代替设计者，需要为处理这些随机问题的设计者提供方法与工具。

3）系统化的方法。在 TRIZ 中，问题的分析采用了通用及详细的模型，该模型中问题的系统化知识非常重要。解决问题的过程的系统化和结构化，可以方便应用已有的知识。

4）TRIZ 是创新问题解决理论。为获得创新解，必须解决工程技术系统中的矛盾，TRIZ 提供了结构化步骤，未知的解可以被虚构的"理想解"所替代，"理想解"可以通过已知的系统进化趋势推断，并通过环境或系统本身的资源获得。

阿奇舒勒在创立 TRIZ 理论时明确指出：一旦对大量的、好的专利进行分析，提炼出问题的解决模式，就能够学习这些模式，从而创造性地解决问题。正是基于这一思想，在阿奇舒勒的带领下，苏联的 1500 多名专家经过 50 多年对数以百万计的专利文献加以搜集、研究、整理、归纳、提炼和重组，建立起一整套体系化的、实用的解决发明问题的理论方法体系，这就是 TRIZ 的来源。TRIZ 的来源和主要内容如图 2-12 所示。

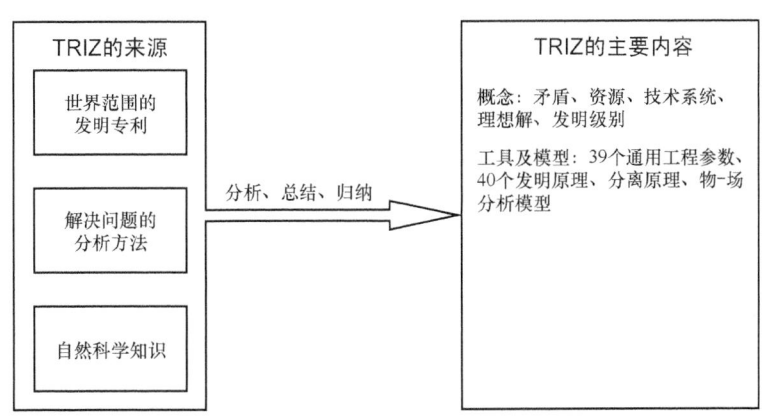

图 2-12　TRIZ 的来源和主要内容

TRIZ 理论包含着许多系统、科学并富有可操作性的创造性思维方法以及发明问题的分析方法。经过几十年的发展，TRIZ 理论已经成为一套成熟的解决技术系统问题的经典理论体系，TRIZ 理论体系框架如图 2-13 所示。

TRIZ 提供系统的解决方案，为创新和创造保驾护航。它能够帮助找到解决问题的新概念和方案，实现系统创新的目的。许多公司在学习和应用了 TRIZ 的原则后，无论是个人还是项目小组，它们解决问题的速度都得到了很大的提升。之所以获得这样大的进步，是因为这些鼓励应用 TRIZ 解决问题的公司吸收了全世界的知识和成功的经验，而并未局限于公司内个人或工程师团队的自发、随机和偶然的创造性。

TRIZ 帮助深入了解问题，并获得全部的解决方案。它能帮助以正确的方式提问，找到尽可

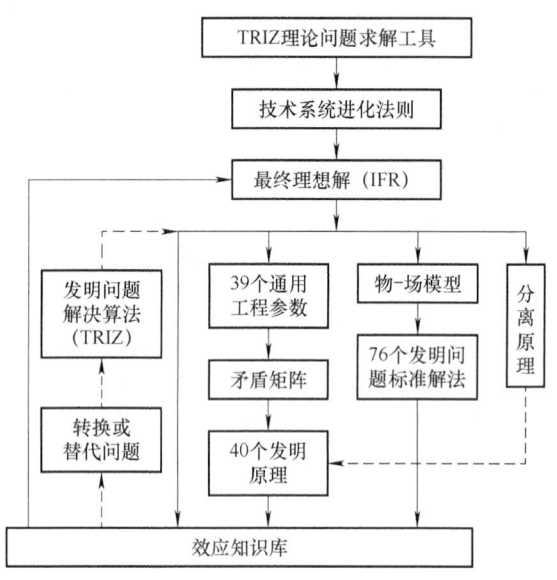

图 2-13　TRIZ 理论体系框架

能多的解决方案，包括那些在知识和经验范围内的方案，甚至包括超越范围、以前不曾知道的方案。许多公司发现 TRIZ 能够为它们提供许多新方案，并可以确信这些方案几乎穷尽了所可以找到的一切。在广阔的工业领域，从原子能清理到新的医疗设备，TRIZ 在帮助找到许多优秀解决方案的同时，还提升了专利获得率和抉择能力，更为重要的是使企业对未来发展的创新战略有了更大的自信。

TRIZ 帮助简化系统，实现在获得最大利益的同时减少成本和伤害。TRIZ 的基本出发点是，在谋取最大利益的同时，将伤害和成本减小到最低限度。从工程学演变的趋势看，为了追求更多的功能，系统设计变得越来越复杂，在后期又不得不对它进行简化。TRIZ 主张，以直接的方式，从一开始就围绕系统的理想度和功能要求，设计出一个简单的系统。在这种哲学思想的指导下，通过相应的工具，最终实现所需要的系统。TRIZ 有许多方法可以用来实现这一过程，其中的一个叫作"修剪"，即在保留所有功能的基础上，对系统进行不断简化。

TRIZ 帮助克服心理惰性。寻找优秀的解决方案是工程师的职责。TRIZ 为他们建立了一个系统的路径，指引他们达到能够获得目标方案的地方。更为重要的是，TRIZ 还为他们提供了一些独特的方式，以打破在实现目标过程中可能遇到的心理惯性、非理性思维，以及让他们陷入原有方案而不能自拔的种种束缚。这一切在 TRIZ 世界被定义为"打破心理惯性"，涉及的方法有时间与范围思考、理想度等。这些方式可以帮助树立自信心，对那些令人困扰的复杂问题进行系统分析，并找到相应的解决方案；培养良好习惯，以便在正确的时间提出正确的问题，把复杂问题尽可能地简化。即便在这个过程中遇到这样或那样的问题，TRIZ 也能让工程师始终保持清醒的头脑，消除各种偏见，在一个或多个新的领域找到新的想法和方案，让工程师更具创新和创造力。

2.7.1　TRIZ 的实施原理

1. 试错法

在科学技术发展过程中，比较广泛使用的是试错法（Trial-and-error Method）。

例如解决具体的一元二次方程 $3X^2+5X+2=0$。对于该方程中 X 有没有解、有多少解、解是多少等问题，常见的试错法思路是从 0 开始尝试，不行则尝试 1，更不行则尝试-1，此时方程成立，即找到问题的答案了。真的找到问题答案了吗？试错法没有办法确定是不是还有其他解。可能还要继续尝试下去……试错法通过不断尝试和试验，探索未知问题的解决方案，耗费大、效率低。

2．TRIZ 解决问题的过程

TRIZ 解决问题的基本过程分为三个步骤：

1）先了解具体问题的细节，将该具体问题抽象转化为范式问题。

2）按照 TRIZ 程序找到与问题相关的概念解决方案。

3）将概念解决方案结合问题的具体情形，进行落地，转化成实际问题的解决方案。

同样以一元二次方程 $3X^2+5X+2=0$ 为例，TRIZ 解决问题的过程为：

1）把具体问题抽象转化为范式问题，即 $aX^2+bX+c=0$

2）找到范式问题的概念解决方案，即 $X = \left(-b \pm \sqrt{b^2-4ac}\right)/2a$

3）将概念解决方案结合具体问题，进行落地。在这里 $a=3$，$b=5$，$c=2$，代入概念解决方案，得到问题的具体解 $x_1=-1$，$x_2=-2/3$。

从问题到方案，始终秉承的是类比思维，沿着 TRIZ 解决问题的程序，充分利用各类知识，走向最终的解决方案。

TRIZ 是解决问题的路径，指引如何发现和界定问题，并最终找到问题的解决方案。解决问题过程涉及的概念性方案，集中反映了以往专利成果中所隐含的解决问题的逻辑和效应、经验总结和提炼，可以形成 TRIZ 解决问题的矩阵。这个矩阵非常强大，提供了相关问题的一切被证明为行之有效的答案（概念性）。一旦把这些概念性方案应用到相应的问题中，工程师和科学家再利用自己的知识和经验对它们做进一步的扩展，就可以最终转化成实际的解决方案。这些概念性方案可以触发一个在认知范围内的实际方案（或者利用所拥有的知识和经验发明创造）；同时也提供一个寻访其他方案的路径，沿着该路径，就能找到那些超越知识和经验的、他人已发明的、存放在别处的专利方案。这样，那些生疏的技术概念就变得非常容易搜寻，工程师利用技术上的特长，就能知道如何找，并找到新的方案，将新方案加入到解决方案的清单中。

在 TRIZ 解决问题过程步骤的指导下，一位优秀的工程师可以大量减少解决问题过程中所造成的时间浪费，因为他可以直接指向有效的解决方案，把宝贵的时间用在问题的分析和准确定位上，快速找到与问题相关的方案，进而不断完善和发展。TRIZ 和其他方法都有助于了解和分析处于不同阶段的问题，但唯有 TRIZ 可以帮助找到与这些阶段相适应的解决方案。很多优秀的工程师喜欢解决复杂的问题，力求不断创新，找到最好的答案。在这方面，TRIZ 可以帮助提升创新的能力，减少无效试验，避免走进死胡同。所以，它能够帮助工程师以最好的方式做事、快速切入问题、减少时间上的浪费、简化复杂的事物、避开无关紧要的细节，在较短的时间内找到切实可行的答案。

3．技术参数的抽象转化

现实世界的各类问题千差万别，不像具体的一元二次方程那么简单，为了实现抽象转化，TRIZ 提供了 39 个通用工程参数（见表 2-11），帮助把现实世界的具体进行抽象、提炼并转化。运动物体是指物体自身或在外力的推动下可产生空间上的位移。车辆或其他类似的物体属于这一类。静止物体是指物体自身或在外力的推动下不会产生空间上的位移。

表2-11　39个通用工程参数表

序号	名称	描述
1	运动物体重量	重力场中物体的质量，支持或悬挂某个物体的力
2	静止物体重量	重力场中物体的质量，支持或悬挂某个物体的力，或物体表面的阻力
3	运动物体长度	任何线性距离
4	静止物体长度	任何线性距离
5	运动物体面积	一个线条围成的几何区域，上面有安置物，或者被测量物体的表面面积
6	静止物体面积	一个线条围成的几何区域，上面与安置物或者被测量物体的表面面积
7	移动物体体积	存放物体的空间容量，如长方体、圆柱体等
8	静止物体体积	存放物体的空间容量，如长方体、圆柱体等
9	速度	物体运动的速率、单位时间的作用率等
10	力	系统间相互作用的度量。在物理学中，力=质量×加速度。在TRIZ中，力是指物体在具体条件下的相互作用
11	压力/压强	单位面积的受力，各种张力等
12	形状	系统的外部轮廓或外貌
13	结构稳定性	系统的整体性、个别元素间的相互关系。摩擦或化学分解会或破坏物体的稳定性，增加熵也会降低物体的稳定性（熵是一种系统度量，表明物体在能量或力的作用下做功的大小）
14	强度/刚性	物体抵抗外力的程度，阻止外力引起的破坏等。
15	运动物体作用时间	一个物体作用持续的时间，寿命、失败的平均时间都是对物体持续时间的衡量
16	静止物体作用时间	一个物体作用持续的时间，寿命、失败的平均时间都是对物体持续时间的衡量
17	温度	物体或系统的受热程度，也指其他热量的指标，如热容量等
18	光照强度	光束穿过单位面的量，也表示一个系统的发光特征，如系统的亮度等
19	运动物体能量利用	物体做功的容量。在经典的机械体系中，能量是指力和距离的乘积。这里的能量利用具有更广泛的含义，包含做任何事情都需要的能量，甚至还包括了一个超级系统的能量利用
20	静止物体能量利用	物体做功的容量。在经典的机械体系中，能量是指力和距离的乘积。这里的能量利用具有更广泛的含义，包含做任何事情都需要的能量，甚至还包括了一个超级系统的能量利用
21	功率	单位时间做功过少，单位时间能量的利用率等
22	能量损失	缺少能量来完成既定的动作（参见第19条）。在很多情况下，需要借助一个技术手段来改善能量的使用，这也是为什么需要将这个参数在这里单列的原因
23	物质损失	系统中缺损了材料、物质、组件或部件等，包括局部缺损或全部缺损、临时性或长期缺损的情况
24	信息损失	系统缺损了某种信息或数据，包括局部或全部的情况、临时或长期缺损的情况，在很多情况下还包括感觉上的数据，如气味、本质等
25	时间损失	时间是指某项活动存续的时间，改善"时间损失"意味着要缩短某项活动耗用的时间
26	物体数量	系统中材料、物质、部件、子系统的数量，可以对它们进行局部或全部改变
27	可靠性	系统可以按照预期的方式和条件执行既定的功能
28	测试精度	衡量系统某个特性达到的程度，为了提升监测的准确性，必须减少测量过程中的错误
29	制造精度	系统或物体的实际特点符合详细要求
30	抗挠动性	一个系统对外部危害非常敏感

(续)

序号	名称	描述
31	物体产生的危害	有害的影响是指某个因素对系统或物体的运行效率或功能造成的不利影响,而且是在系统运行过程中产生的
32	可制造性	加工或装配过程非常有效
33	可操作性	系统的简化程度。一个系统如果有大量的人、步骤和工具,就会不容易操作。复杂操作意味着低产出,简单操作意味着高产出。简单操作容易把事情做正确
34	可修理性	一个系统发生的问题容易被解决
35	适应性/兼容性	系统或物体适应外部变化的能力和程度,或者能够以不同的方式应对外部环境的各种变化
36	复杂性	各种不同的元素在系统中交织在一起,有时使用者也是使系统复杂的一个因素。如果系统比较难操控,就说明它比较复杂
37	检测或测量困难	系统的复杂性造成了测量上的困难,或者需要投入更多的成本、时间才能完成。复杂的系统包含了大量的部件和元素,形成了比较复杂的关系,给安装、调试和检测带来了很多困难
38	自动程度	系统或物体在运行中人工干预的程度。低级别系统依赖人工操作;中级别系统通过人控制工具完成各种操作,必要时对控制做必要的调整;高级别系统基本上由机器代替各种活动
39	生产效率	系统在单位时间内完成运行、作用的数量,如单位时间的产出、单位产出的成本等

4. 技术参数矛盾的概念性解决方案和发明原理

阿奇舒勒通过对 250 万份发明专利的研究发现,只有 20% 左右的专利才称得上是真正的创新,许多宣称为专利的技术,其实早已经在其他产业中出现并被应用过。阿奇舒勒认为发明问题的原理一定是客观存在的,如果掌握了这些原理,那么就可将其应用于各个行业。为此,阿奇舒勒对大量专利进行研究、分析、总结,提炼出最重要、最具有通用性的 40 个发明原理(见表 2-12)。

表 2-12 TRIZ 的 40 个发明原理

序号	名称	描述
1	分割原理	将物体分成独立部分;将物体模块化,便于装配和拆装
2	抽取原理	抽取(或提取)从物体中排除烦扰的因素或特性;提取物体中必要的部分(特性)
3	局部质量原理	改变物体结构,从均匀到非均匀;改变一种行为或者外部环境等,使其从均匀变成非均匀
4	增加不对称性原理	改变物体的形状或特性使其从对称变为非对称;改变物体的形状以适应外部非对称环境
5	组合原理	把相同、相似物体或操作合并在一个空间内;使物体或操作连续或者并行,按照时间组合起来
6	多用性原理	让一个物体执行多重功能,减少对其他部件的需求
7	嵌套原理	将一个物体放在另一个物体之上,或者把一个物体按次序放在另一个物体的内部;把多种物体放在其他物体内;让一个物体动态地穿过另一个有洞眼的物体
8	重量补偿原理	借助一个物体的升力抵消另一个物体下降的重量;为了抵消物体下降的重量,可借助某些环境的作用力
9	预先反作用原理	当一个做法得到好的结果,但也会产生不良的效应时,可以采取反作用的做法控制不良效应的发生;预先施加某种力,以对抗不期而遇的情况(力)
10	预先作用原理	预设某种变化(全部或者部分);事先做出安排,使物体能在最方便的位置采取行动,以防止时间上的浪费

(续)

序号	名称	描述
11	事先防范原理	事先准备必要的措施,以便应对因物体性能不稳定而造成的麻烦
12	等势原理	如果一个物体需要上升或下降,就可以重新设计物体所处的环境,让环境来执行升降的功能
13	反向作用原理	采取相反的办法解决问题(加热物体,而非冷却);固化物体或外物环境中活动的部分,或者松动其固定的成分;把物体或程序颠倒过来
14	曲面化原理	从平面到球面,从立体结构到球体结构;使用滚筒、球体和螺旋结构;从直线运动到旋转运动;使用离心力
15	动态特性原理	改变物体或外部环境,使其在不同阶段的运行呈现最佳效果;将物体拆分成能移动的部分;从不动转为移动;增加自由移动的程度
16	未达到或过度的作用原理	当不能百分之百达成所期望的结果时,不妨追求更多,或者减少需求
17	空间维数变化原理	增加一个维度,从一个到两个,从两个到三个;从单层到多层;将物体倾斜或侧置;利用指定面的另一面
18	机械振动原理	引发物体振动;提高振动频率(至超声波频率);使用物体共振;使用压电振动器代替机械振动
19	周期性作用原理	采取周期性作用,而非连续性作用;在周期性作用的基础上,改变周期量级和频率;在两个动作的间歇执行另一个动作
20	有效作用的连续性原理	无间歇运转,物体的各个组成部分持续发挥出最大的能力;消除空转或间歇性运转
21	减少有害作用的时间原理	以最快的速度执行一个程序或者完成某个阶段的任务(例如,破坏性、有害性操作)
22	变害为利原理	利用有害因素(特别是对环境或周围条件的影响),使其向着好的方面转化;在一个有害因素之上添加另一个有害因素来解决问题
23	反馈原理	利用反馈改变一个程序或者某项操作;如果已经使用了反馈,可按照运行的具体情况改变它的量级或影响程度
24	借助中介物原理	使用媒介物或者中间程序;把一种物体临时与另一物体合并(且容易拆开)
25	自服务原理	物体在执行一项有益的辅助功能时必须实现自助服务;使用废弃资源、能源或其他物质
26	复制原理	用廉价的复制品代替不易得到、昂贵或易碎的材料;用光学成像替代一个物体或者程序;如果用了光学成像,就可进一步使用红外线或紫外线
27	廉价替代品原理	用各种廉价的物体代替昂贵的物体,甚至以牺牲局部质量为代价
28	机械系统替代原理	由一种传感系统代替机械系统;通过电场、磁场、电磁场与物体进行交互;变化场代替恒定场,结构化场代替非结构场;把场与场激活粒子结合起来
29	气压和液压结构原理	使用一个物体的气体或液体结构代替固体结构(如充气、充液、气垫、流体静力学、氢化反应)
30	柔性壳体或薄膜原理	用柔性壳体和薄膜代替三维结构;使用一种柔性薄膜将一个物体与环境分离
31	多孔材料原理	使用一种有孔的材料,或者在物体上增加孔元素(插入或者涂层);如果一个对象是孔状结构,就可利用小孔产生一种有用的物质或者功能
32	颜色改变原理	改变一种物体的颜色或外界环境;改变物体的透明度或者外部环境;为了观察一个难以辨认的物体,可以使用颜色增加剂或冷光元素;改变物体的散发特性,提升热辐射效果
33	均质性原理	相互作用的物体应当是同质材料(材料拥有相同的特性)

(续)

序号	名称	描述
34	抛弃或再生原理	一个物体（或者其组成部分）在完成了特定的功能后便消失，或者变得无用（采取溶解、蒸发等方法消除），或者在这个过程中发生了变化；恢复在运行过程消耗掉的物质或成分
35	物理或化学参数改变原理	改变物理状态（如气态、液态、固态）；改变浓度或密度；改变弹性；改变温度和体积；改变压力；改变其他参数
36	相变原理	使用相变中发生的现象（体积变化、热损失等）
37	热膨胀原理	使用材料的热膨胀（收缩）特性；使用热膨胀系数不同的材料
38	强氧化剂原理	用含氧成分高的空气代替一般空气；用纯氧代替氧浓度高的气体；将空气或氧气置于电离辐射中；使用离子化氧；使用硫酸氢钾代替臭氧
39	惰性环境原理	用惰性环境代替正常的环境；在一个物体中加入中性或者惰性添加剂
40	复合材料原理	用多层或者复杂结构代替单一结构

5．矛盾矩阵表

在阿奇舒勒针对最具创意专利的研究中，他发现其中仅有 39 个工程特性存在彼此相对的改善或恶化，因此，每一个问题都可以被描述为 39 个工程参数彼此之间的冲突。就过去诸多专利进行研究分析，可以发现它们都是在许多不同的领域上解决这些工程参数的冲突与矛盾的。这些冲突与矛盾一再出现，也一再被解决。阿奇舒勒从这些创新的专利案件中，归纳出解决这些冲突的 40 项发明原理。之后，阿奇舒勒更进一步地将这些最常发生的冲突与冲突解决原则，组织成一张由 39 个改善参数与 39 个恶化参数所构成的矩阵表，在彼此冲突参数的交叉字段里，放上解决此类冲突最常使用的 40 项发明原理，这张矩阵图表就是 TRIZ 最著名的矛盾矩阵表（Contradiction Matrix）。

TRIZ 所谓的矛盾出现在：试图改善一个产品或制程的工程特性，却导致另一个工程特性的恶化。面对这种技术上的矛盾，传统的做法都是采取妥协的方式来处理。但阿奇舒勒认为，一个具有创意的解决方案，应该是能够完整有效地消除这个矛盾的解决方案。

矛盾矩阵可以说是阿奇舒勒对 250 万份专利进行研究后所取得的成果，矩阵的构成非常紧密，而且自成体系。阿奇舒勒将 39 个通用工程参数与 40 条发明原理有机地联系起来，建立起对应关系，整理成 39×39 的矛盾矩阵表。纵行表示要改善的参数，横行表示会恶化的参数。

使用者可以根据系统中产生矛盾的两个通用工程参数，从矩阵表中直接查找出化解矛盾的发明原理，并使用这些原理来解决问题。矛盾矩阵的方格共 1521（39×39）个。在其中的 1263 个方格中，均列有数字，这些数字就是 TRIZ 所推荐的解决对应技术矛盾的发明原理的编码。

2.7.2 TRIZ 解决问题案例

1．问题背景

某公司多条新的生产线引进了大量先进设备，而这些设备也普遍采用进口刀具和刀片，造成刀具成本比较高。OP30 工位使用的是机体主轴孔半精镗专机，原来是采用德国进口的 KOMET 刀座，刀片同样采用 KOMET 品牌的三角形刀片，分粗镗和半精镗分层加工，使用寿命为 280 孔/

刀尖，每片刀片（3个刀尖）能加工840孔。此外，原刀具在加工时会出现孔口崩刃的现象，造成刀具损坏，零件加工的质量也不符合要求。

2．问题的抽象转化

该公司希望能提高刀片寿命、改善加工质量、消除孔口崩刃现象，但不希望刀具成本增加。针对这个问题，根据实际工作中识别的矛盾，结合TRIZ中的39个工程参数，基于效率提升、成本降低、提升质量的实际项目需求，找到了对应的技术参数，分别如下：

需要提升的参数是39（生产效率），即系统在单位时间内完成运行、作用的数量，如单位时间的产出、单位产出的成本等。这与加工效率提升的需要相一致。

可能恶化的参数是23（物质损失），即系统中缺损了材料、物质、组件或部件等，包括局部缺损或全部缺损，临时性或长期缺损的情况。这与实际工作中延长刀片寿命的需要相吻合。

3．查询矛盾矩阵

基于需要提升的参数（39，生产效率）、可能恶化的参数（23，物质损失），通过查阅矛盾矩阵得到发明原理，见表2-13。

表2-13 矛盾矩阵表（部分）

	23 物质损失
39 生产效率	28，10，35，23

查询TRIZ的40个发明原理表（见表2-12），可知解决此问题的发明原理为28（机械系统替代原理）、10（预先作用原理）、35（物理或化学参数改变原理）、23（反馈原理）。

4．落地解决方案

根据实际项目的可行性，发现其中35（物理或化学参数改变原理）可以借鉴。通过深入学习该发明原理的内涵，进行了新的参数设计和结构设计。新设计、新制造的刀座采用正方形刀片，可以使用4个刀尖，并改变了刀片的切削角度，从而有效地解决了刀片使用寿命的问题。自行设计、制造了刀座，对刀座做了较大的改进，这不仅大大降低了刀具费用，而且提高了加工质量，取得了显著的效果。

在刀座设计方面，采用了正方形刀片的方案。既增加一个刀尖，刀片的使用寿命也大大地得到了提高：原来使用的进口KOMET三角形刀片的单片使用寿命为280孔/刀尖×3刀尖/片=840孔/片，新设计制造的刀座是采用的矩形刀片的单片使用寿命为420孔/刀尖×4刀尖/片=1680孔/片，是原进口刀片使用寿命的两倍；而且刀片价格仅为原有进口刀片的1/3，单件刀具成本仅为原来的1/6。原先价值不菲的进口刀座也被替换为自行设计制造的刀座。

在加工质量改进方面，通过改变刀具切削角度和优化切削余量分配的措施，使得原先出现的孔口崩刃现象已基本消除，同时也保证了加工尺寸的稳定性，达到了预期效果。

2.7.3 TRIZ解决问题案例

1．问题背景

经常出差、旅行的人们，希望能自带一双合脚的拖鞋；但拖鞋由于形状的问题，放置于行李箱很占地方。尝试利用 TRIZ 找到更合适的解决方案。

2．问题的抽象转化

需要改善的技术参数是拖鞋的体积大小，即参数 8——静止物体体积，即存放物体的空间容量（静止物体的 3D 尺寸）。会损害的技术参数是 12——形状，即系统的外部轮廓或外貌。

3．查询矛盾矩阵

查询矛盾矩阵，可以得到概念性解决方案，即发明创新原理，见表 2-14。

表 2-14　矛盾矩阵表（部分）

	12 形状
8 静止物体体积	7, 2, 35

查询 TRIZ 的 40 个发明原理表（见表 2-12），分别对应的原理为 7（嵌套原理）、2（抽取原理）、35（物理或化学参数改变原理）。

4．落地解决方案

日本设计师 Genta 充分运用发明原理 7（嵌套原理），将一个物体放在另一个物体之上或者把一个物体叠放在另一个物体的内部。尝试将拖鞋的突出部分（即鞋面）嵌套入拖鞋的本体部分（即鞋底），设计出了"Pop Up Slippers"。在组装之前，拖鞋与普通鞋垫没什么区别，可以很方便地塞进旅行箱，带上几双也没有问题。在使用时，只要将两头微微翘起的环状边缘向内拉起、扣在一起，一双漂亮的拖鞋就瞬间现身了。

2.7.4　TRIZ、质量功能展开和田口设计方法综合运用

20 世纪 80 年代以后，许多跨国公司逐步认识到产品设计质量创新在产品全生命周期中的重要地位，相继把许多新技术、新理论和新方法，如质量功能展开、TRIZ 和田口设计方法，应用于产品的研发/设计阶段，合理有效地利用它们实现对产品设计质量的管理，从而使企业不断开发和生产出满足顾客需求，价格低、质量好、创新的产品。美国供应商协会（ASI）已经把质量功能展开、TRIZ 和田口设计方法三种方法的结合称为六西格玛设计（Design for Six Sigma, DFSS），并介绍给世界 500 强企业。企业将六西格玛设计方法用于产品设计创新中，取得了丰硕的成果，六西格玛设计也成为企业赢得竞争优势的核心技术之一。美国供应商协会（ASI）曾提出，企业仅通过采用 DMAIC 来实现六西格玛，所能取得的成果是有限的。如果一个组织希望自己的效率能更上一层楼，它就必须在产品设计开发阶段采取六西格玛设计方法。在六西格玛设计中，将顾客需求转化为可客观衡量的工程指标是一个稳健（Robustness）设计所必须具备的重要特征。在目前的设计理论中，质量功能展开可以解决做什么的问题，发明问题解决理论（TRIZ）可以解决怎么做的问题，田口设计方法可以解决怎么做到最优（Optimal Result）的问题。将三者有机结合，即成为六西格玛设计强有力的支持工具。在产品研发过程中，没有质量功能展开就会失去设计的方向和目标，即脱离了顾客和市场；但是，从质量功能展开中找不到瓶颈工程和最优化方案。瓶颈工程可以透过 TRIZ 所产生的各种矛盾、冲突的设计方案加以克服，更重要的是 TRIZ 能够实现产品设计创新。虽然 TRIZ 能提供创新性设计方案，但在具体的产品设计参数选择等方面仍存在

着不足,田口设计方法恰好能弥补 TRIZ 的不足。通过田口设计方法的应用,可以得到稳健的产品设计参数的最优组合。而通过 TRIZ 的应用,可以弥补田口设计方法不能消除矛盾/冲突的缺陷。因此,质量功能展开、TRIZ 和田口设计方法的结合,对达到设计要求具有重要的意义和指导作用。TRIZ、质量功能展开、田口设计方法在综合设计中的运用如图 2-14 所示。

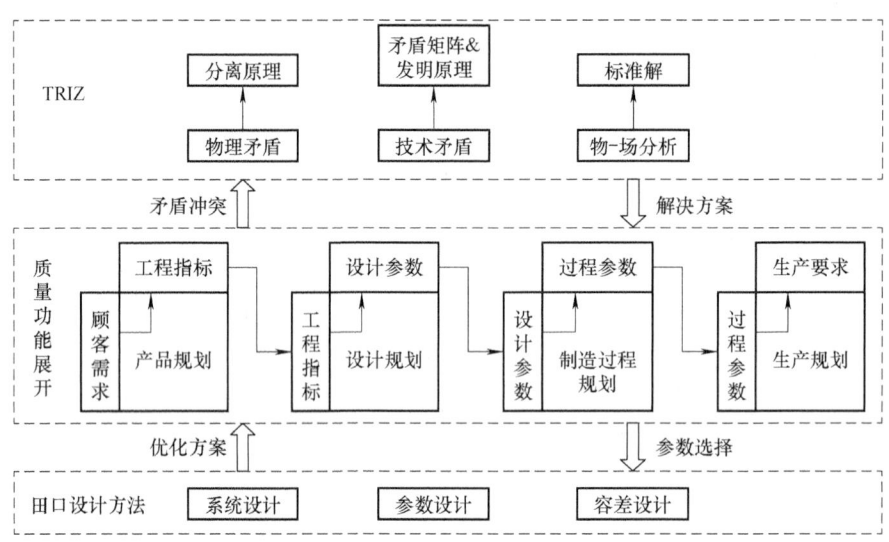

图 2-14 TRIZ、质量功能展开、田口设计方法在综合设计中的运用

在 21 世纪,无论是汽车行业还是其他行业,企业要满足顾客需求、开发创新产品、拥有足够的市场份额、获取更多的利润、保持竞争优势,就必须学习和掌握先进的技术、理论和方法,并应用于产品全生命周期的各个阶段,尤其是产品的研发设计阶段,这是因为大多数产品质量是在这个阶段决定的。质量功能展开、TRIZ 和田口设计方法组成了设计的重要部分,是一个强大的产品设计质量控制工具,因此企业、研发人员、工程师和管理人员等需要学习、了解和掌握这一工具,并将其应用于实际工作中,努力做到把它的思想和效果由一个成功的项目扩散到整个组织中去,使其成为企业工作方式的一部分。

【关键词】质量功能展开,TRIZ。

【思考题】质量功能展开能在哪些行业得到广泛应用?

第3章 质量控制工具

【本章要点】"老七种"质量控制工具,"新七种"质量控制工具。

 3.1 概述

质量控制(QC)是指为达到质量要求所采取的作业技术和活动,是通过监视质量形成过程,消除质量环上所有阶段中引起不合格或不满意效果的因素,以达到质量要求,获取经济效益,所采用的各种质量作业技术和活动。在企业领域,质量控制活动主要是指企业内部的生产现场管理,为达到和保持质量而用于控制的技术措施和管理措施等活动。质量检验从属于质量控制,是质量控制的重要活动之一。质量控制可以分为:选择控制对象;选择需要监测的质量特性值;确定规格标准,详细说明质量特性;选定能准确测量该特性值或对应过程参数的监测仪表或自制测试工具;进行实际测试并做好数据记录;分析实际与规格之间存在差异的原因;采取相应的纠正措施。采取相应的纠正措施后,仍然要对过程进行监测,将过程保持在新的控制水准上。一旦出现新的影响因素,就需要测量数据、分析原因以纠正,因此这些步骤形成了一个封闭式流程,称为"反馈环"。

3.1.1 质量控制常用工具

质量控制常用工具按照时间顺序和使用习惯可以分为质量控制"老七种"工具和质量控制"新七种"工具。质量控制"老七种"工具是指检查表、层别法、控制图、鱼骨图(也称因果图)、散布图、直方图、帕累托图(也称排列图)。"新七种"工具是指关联图、亲和图(KJ)、系统图、矩阵图、矩阵数据分析、过程决策程序图(PDPC)、箭头图。一般说来,"老七种"工具的特点是强调用数据说话,重视对制造过程的质量控制;"新七种"工具则基本是整理、分析语言文字资料的方法,着重用来解决全面质量管理中PDCA循环的P(计划)阶段的有关问题。质量控制"新七种""老七种"工具的逻辑关系如图3-1所示。

"新七种"工具有助于管理人员整理问题、展开方针目标和安排时间进度。整理问题,可以用关联图法和亲和图法;展开方针目标,可用系统图法、矩阵图法和矩阵数据分析法;安排时间进度,可用PDPC法和箭头图法。质量控制"新七种""老七种"工具的应用背景对比情况见表3-1。

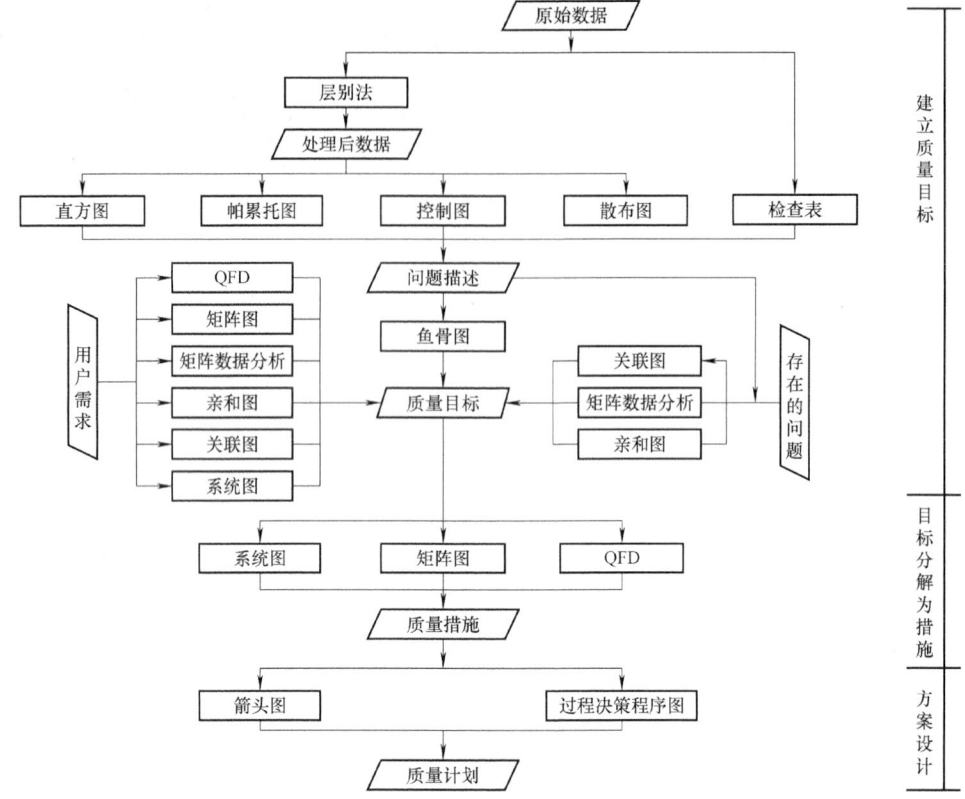

图 3-1　质量控制"新七种""老七种"工具的逻辑关系图

表 3-1　"新七种"与"老七种"工具的应用对照表

区分	各种工具	问题解决												工具区别
		1 定义问题	2 检讨问题	3 发掘问题	4 因果确认	5 目标指定	6 分析原因	7 制定对策	8 决策分析	9 实施改善	10 效果确认	11 标准化	12 持续改进	
质量控制"老七种"工具	检查表		●		●		●							行列法
	散布图				●									坐标法
	层别法		●		●									思考法
	直方图										●			图示法
	帕累托图						●				●			图示法
	鱼骨图			●			●							图示法
	控制图			●										图示法
质量控制"新七种"工具	关联图				●									思考法
	亲和图			●		●	●							思考法
	系统图			●			●						●	树形图法
	矩阵图								●				●	行列法
	矩阵数据分析法				●									坐标分析
	过程决策程序图									●			●	思考法
	箭头图									●				网状图法

3.1.2 质量控制常用工具与质量计划

质量控制常用工具和质量功能展开（QFD）共同作用于质量管理，QFD 在质量计划中可用于获取用户需求、分析竞争对手、建立质量目标、质量目标分解。实践证明，这些工具是行之有效的质量管理工具。每一种工具都适用于质量计划的一个或多个阶段（见表 3-2、表 3-3），但还没有一种能够支持质量计划的全过程，以这些工具在质量计划过程中的适用范围为基础将这些工具进行组合，并正确地定义其接口，就可形成一个支持质量计划全过程的系统。

表 3-2 "老七种"工具在质量计划中的适用范围

适用范围	质量工具						
	帕累托图	直方图	控制图	鱼骨图	散布图	层别法	检查表
预处理原始数据						●	
找出存在的问题	●	●	●		●		●
分析产生问题的原因				●			
找出影响最大的因素	●						

表 3-3 "新七种"工具在质量计划中的适用范围

适用范围		质量工具						
		关联图	亲和图	系统图	矩阵图	PDPC 法	箭头图	矩阵数据分析法
建立质量目标	调查、区别用户需求	●			●			●
	分析竞争对手情况				●			●
	进行需求预测			●				●
	开发新产品用途	●	●		●			●
	调查流通渠道			●	●			●
	分析问题、找出原因	●	●	●	●			●
方案设计	将质量目标展开成措施		●	●				
	方案优化					●	●	
	措施排序					●		
	制订实施计划					●	●	

3.2 "老七种"质量控制工具

3.2.1 直方图

直方图是一种几何形图表，它是根据从生产过程中收集的质量数据分布情况画成的，以组距为底边、以频数为高度的一系列连接起来的直方形矩形图。直方图可以把质量问题图表化，通过对收集到的、貌似无序的数据进行处理，以反映产品质量的分布状况，从而判断和预测产品质量与不合格率。制作直方图的目的就是通过观察图的形状，判断生产过程是否稳定，预测生产过程的质量，判断一批已加工完毕的产品的质量。它可以验证工序的稳定性，为计算工序能力收集有关的数据。正常型直方图如图 3-2 所示，中间高、两边低，有集中趋势，左右对称分布，显示过程运转正常。

缺齿型直方图如图 3-3 所示，高低不一，有缺齿情形。此图形是不正常的，是由于测定值或换算方法有偏差、次数分配不妥当而形成的。可能原因是检验员对测定值有偏好现象，如对 5、10 等数字有偏好，或有造假数据。测量仪器不精密或组数的宽度不是倍数时，也有此情况。

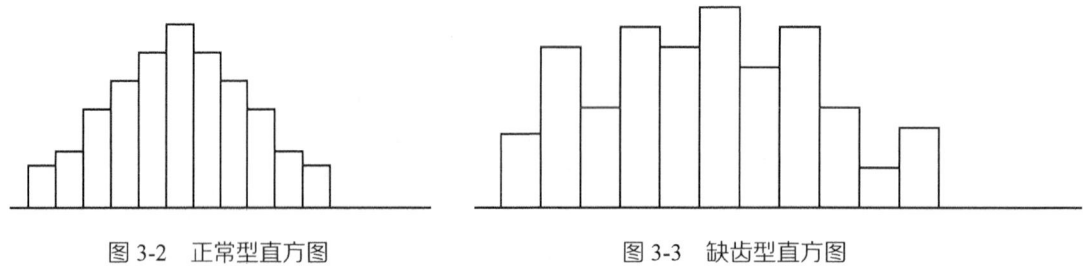

图 3-2　正常型直方图　　　　　　图 3-3　缺齿型直方图

切边型直方图如图 3-4 所示，有一端被切断。它是数据经过全检或过程本身经过全检时会出现的形状。

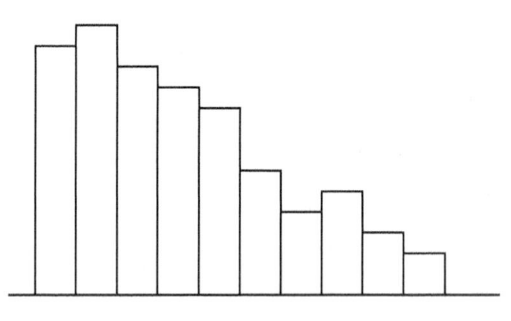

图 3-4　切边型直方图

离岛型直方图如图 3-5 所示，在右端或左端形成小岛。它是测量错误、工序调节错误或使用不同原料所引起的。它表明一定有异常原因存在，只要去除，就可满足过程要求，生产出符合规格的产品。

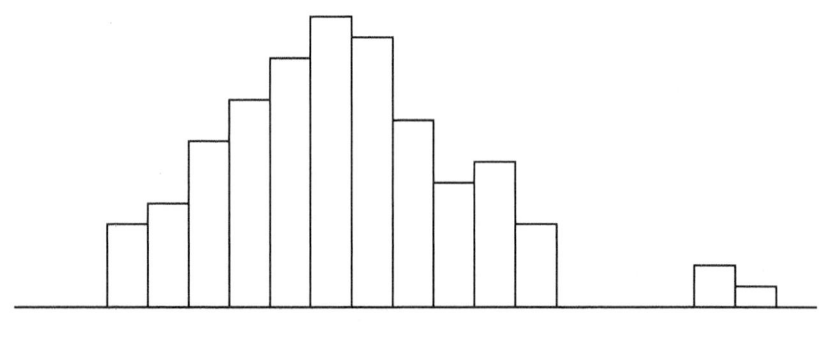

图 3-5　离岛型直方图

高原型直方图如图 3-6 所示，其形状似高原。它表明不同平均值的分配混在了一起，应分层后再做直方图比较。

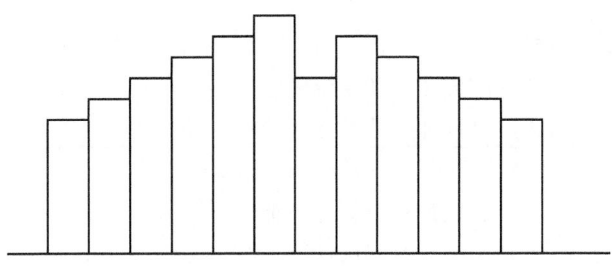

图 3-6　高原型直方图

双峰型直方图如图 3-7 所示，有两个高峰出现。它表明有两种分配相混合，例如两台机器或两家不同供应商有差异时，就会出现这种形状，原因是测量值不同，应先分层后再做直方图。

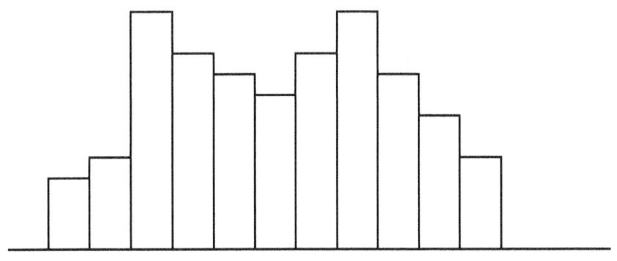

图 3-7　双峰型直方图

偏态型直方图如图 3-8 所示，高处偏向一边，另一边低，拖长尾巴。偏态型可分偏右型、偏左型。偏右型是指例如微量成分的含有率等，不能取到某值以下的值时，所出现的形状。偏左型是指例如成分含有高纯度的含有率等，不能取到某值以上的值时，就会出现的形状。当尾巴拖长时，应检查是否在技术上能够接受，例如工具磨损或松动时，也有此种现象发生。

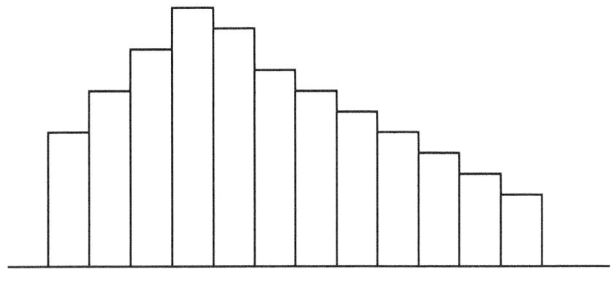

图 3-8　偏态型直方图

在使用直方图时，应去除异常值后再分组。要从样本测量值推测群体形态，直方图是最简单有效的方法。使用直方图法时，应取得详细的数据资料，例如时间、原料、测量者、设备和环境条件等。

3.2.2　层别法

产品发生质量变异的原因有很多，但影响产品质量的原因通常有原材料、机器设备、操作人员或操作方法等。要找出质量问题发生的原因，就有分别观察各种因素并搜集数据的必要。如果能找出是何种原料、哪一台机器或哪一位操作员有问题，加以改善，就可以杜绝不良品的发生。这种分别收集数据，以找出异常的方法，就叫层别法，运用层别法绘制的图表称为推移图。质量控制工具的各种图表均可运用层别法加以分类比对分析，例如针对ＡＢＣ生产线的情况绘制整体直方图，如图3-9所示，可见整体生产超出规格多，且非正态分布。

针对整体生产情况，运用层别法进行分析，分类绘制图形后（见图3-10）可以看出：B生产线值均在规格内；A、C生产线值落于规格外，因此改善时应以A、C两条生产线为改善重点；A生产线应提高其值，C生产应降低其值。

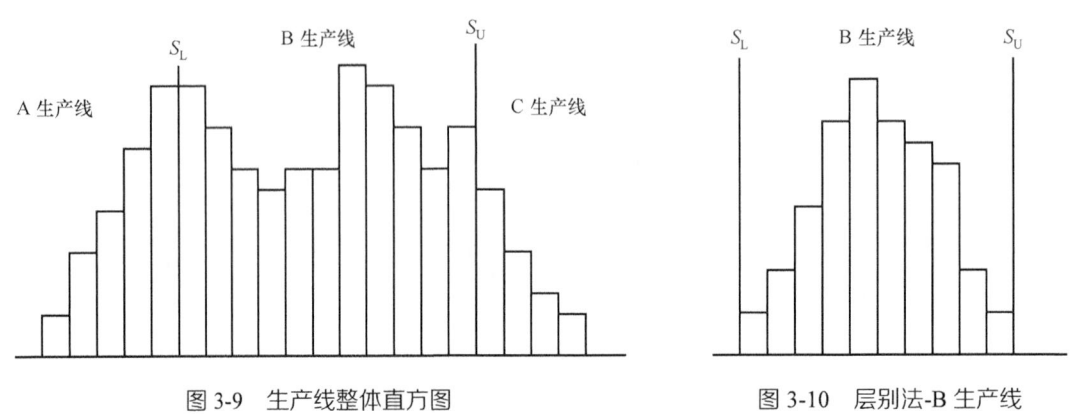

图3-9　生产线整体直方图　　　　　　图3-10　层别法-B生产线

人们在解决日常问题时经常会发现，对收集来的数据分类需耗费相当多的时间，所以在收集数据之前须认真考虑数据的条件背景，先把它们层别化，再开始收集。在质量控制工具中的帕累托图、检查表、散布图、直方图和控制图都必须对发现的问题或原因进行层别法分析。

3.2.3　帕累托图

帕累托图又称排列图或主次因素分析图，它是由意大利经济学家帕累托发明的，是根据收集的数据、项目，按其大小顺序自左而右排列的图表。从帕累托图中可看出有问题的项目，问题的影响程度如何，问题的症结点何在，针对症结点应采取何种改善对策。在生产过程中，影响产品质量的因素众多，帕累托图是迅速、准确地找出主要因素的最有效的工具，它有利于企业抓住关键因素，用有限的资源解决最大的问题。运用帕累托图可以确定某个特定产品的质量问题，还能在合理分层的基础上，分别找出各层的主要矛盾及其相互关系。例如从工厂来看，找出可能影响产品质量的主要工序是铸造和金属加工，而这两组工序内部又可以分为产品的主要部件、关键零件及关键工序等影响因素。可见，利用帕累托图可以步步深入，找出影响产品质量的根本原因。帕累托图依据"关键少数和次要多数"原理，先将影响产品质量的因素罗列出来，再按照某种质量特性值或出现频数从大到小进行排列，绘制出帕累托图，接着根据质量特征值的大小和因素的多少确定出关键因素，找到有效改进质量的着手点。

在表3-4的原因类别清单中，计算每一个变量（见表3-4中第二栏）及整个表中各项的总数（如频次、时间、成本等），以及每组原因占总数的百分比（见表3-4中第三栏）。将所有变量按由大到小的顺序排列，并按清单顺序计算累计百分比（见表3-4中第四栏）。接下来画条状图，纵坐标用来度量比较变量,横坐标将比较变量分散至原因类别组,由此可以看出哪一组原因类别最高。例如错误 A 总共 110 次,频次最高,在图 3-11 中用条块 A 表示。

表 3-4 原因类别清单

错误	频次(次)	占总数的百分比(%)	累计百分比(%)
A	110	40.2	40.2
B	63	23.1	63.3
C	47	17.2	80.5
D	28	10.3	90.8
E	19	7.0	97.8
F	6	2.2	100.0
合计	273	100.0	—

当横坐标上有很多种错误类别时,帕累托图可能变得很宽。比较 10 组以上的原因类别时,可以将小的错误并入"其他"组别中,将该组作为最靠右一栏,这样就可以将横坐标缩短。分析人员在选择确定帕累托图显示的因素时,始终要记住质量改进项目的原始目的。恰当地选择纵坐标变量及横坐标原因类别至关重要。选择正确才能引导企业注意最主要的问题,选择错误则可能起误导作用。一般情况下会将注意力集中于问题描述及分析项目的总体目标,若想缩短完工时间,则须将注意力集中于时间及耗费时间的步骤方面。错误 A 似乎应给予最优先的注意。如果考虑每种错误的成本,排列顺序就可能会发生变化。为了说明这一点,设所列六种错误的成本(见表 3-5)。

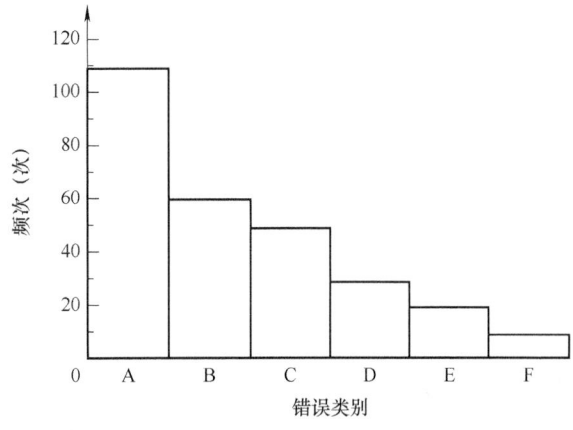

图 3-11 错误类别与频次关系帕累托图

表 3-5 六种错误的成本

类别	成本(千元)	类别	成本(千元)
A	0.45	D	1.07
B	1.11	E	7.89
C	6.38	F	2.00

利用这些信息,可重新计算排序,见表 3-6。

表 3-6 错误类别成本计算数据

错误类别	成本(千元)	频次(次)	总成本(千元)	顺序 原先	顺序 现在
A	0.45	110	49.50	1	4
B	1.11	63	69.93	2	3

（续）

错误类别	成本（千元）	频次（次）	总成本（千元）	顺序 原先	顺序 现在
C	6.38	47	299.86	3	1
D	1.07	28	29.96	4	5
E	7.89	19	149.91	5	2
F	2.00	6	12.00	6	6
合计	—	273	611.16	—	—

重复上述步骤，纵坐标用成本数据取代频次数据（见表3-7）。

表3-7 纵坐标用成本数据取代频次数据的原因类别清单

类别	成本（千元）	占总数的百分比（%）	累计百分比（%）
C	300	49.0	49.0
E	150	24.5	73.5
B	70	11.4	84.9
A	50	8.2	93.1
D	30	4.9	98.0
F	12	2.0	100.0
合计	612	100.0	—

用纵坐标表示成本，重新绘制排列图，结果如图3-12所示。

帕累托图可以通过绘出累计百分比曲线来加强。第一步是绘出百分比数据点；第一点是最大项本身，本例中为错误C；下一个累计百分比数据点表示错误C的百分比加上错误E的百分比，即C和E的百分比之和；依次类推，直至所有的数据点全部包括在内，如图3-13所示。

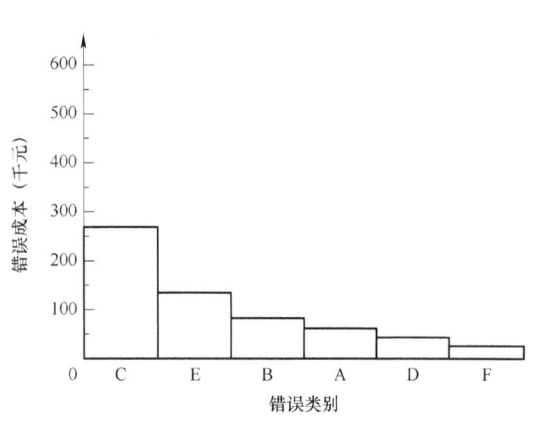

图3-12 重新绘制的帕累托图

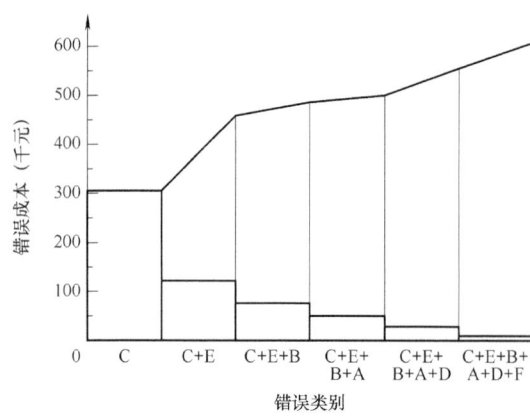

图3-13 累计百分比帕累托图

下一步画累计百分比曲线，将各个累计数据点连接起来。在帕累托图的右侧边缘画上第二条纵坐标，刻度由零开始，刻度100%正好与全部累计点的顶部对准。最后由刻度80%处画一条水平线直至与累计百分比曲线交叉，由此交叉点向下画一条垂直线，直到水平轴线。此垂直线左边的原因类别即是"关键的少数",如图 3-14 所示。

对帕累托图进行分析,也就是选择原因类别并对其做进一步处理。原因类别的选择原则是从"关键的少数"中选择。可以优先处理的原因类别即"关键的少数",也就是出现在垂直线左边的原因,如图 3-14 中 C 和 E。但是,问题分析仅需选择这些"关键的少数"中的一项。选择时需要进行一些说明和分析,最高的那一个条块未必总是最终被选中的原因类别。

企业的目标是改进过程,而在达成改进目标时,有些因素完全不能被控制,所以企业必须从那些能够加以控制的因素着手。帕累托图在评价解决方案方面作用也非常大,"错误类别类统计排列"就是一个很好的例子。对初始问题进行分解可显示各类错误的数量,如图 3-15 所示。

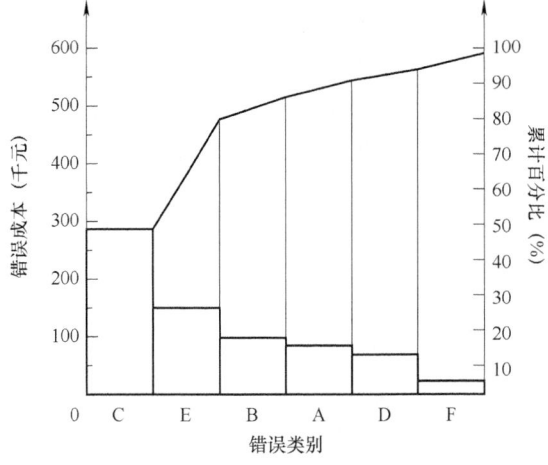

图 3-14　画好后的累计百分比帕累托图

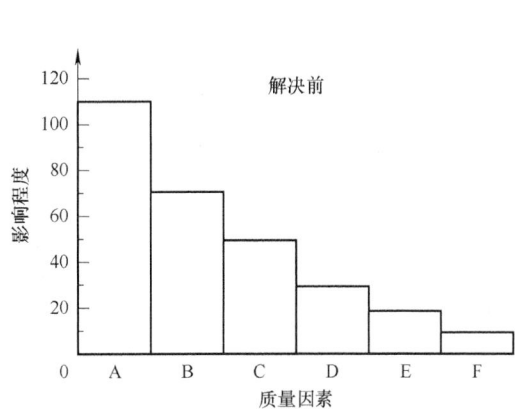

图 3-15　问题 A 解决前各类错误数量统计帕累托图

分析并解决了错误 A 之后,可以着手另一组错误的统计并绘制新的帕累托图,如图 3-16 所示。

从图 3-16 中可以发现,错误 A 的数量大幅度下降,而错误 C 的数量增加,其他未变。如果单独分析错误 A,就会得出改善已经获得成功的结论,但通过帕累托图分析可得知企业改善工作并不理想,因为它使错误 C 的数量大幅度增加了。

绘制问题解决前后的帕累托图非常有益,因为它能显示问题解决结果对整个问题领域的影响,这有助于增强企业对整个问题解决过程的理解。

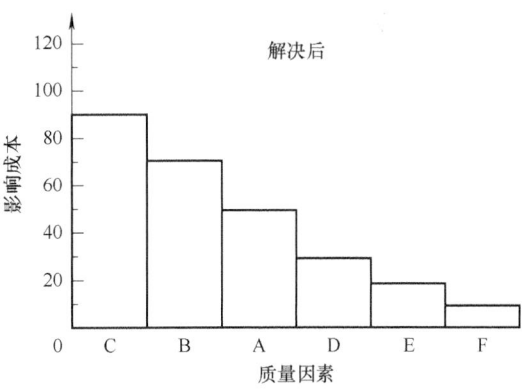

图 3-16　错误 A 解决后另一错误的统计帕累托图

3.2.4　鱼骨图

鱼骨图又称因果图、特性要因图,因是日本人石川馨所创,因此也称为石川图。它是表示原因与结果关系的图形。通过对此图的绘制来寻找影响结果的各种原因,鱼骨图可以用来改善解析、管制制造过程、制定操作标准，如图 3-17 所示。

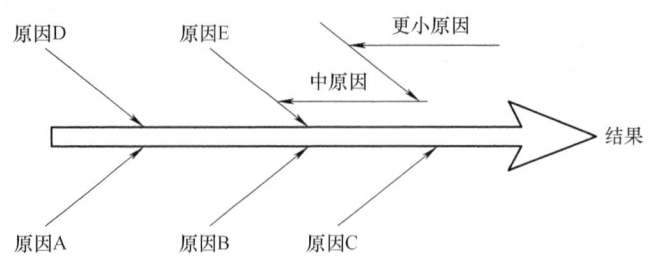

图 3-17 鱼骨图的模式

绘制鱼骨图时，首先确定要探讨的特性（原因）。理解真正原因的人员通常是涉及存在问题过程的员工，所以，企业在确定要探讨的特性或原因时，可由员工们来解释。准备适当的纸张，绘制鱼骨图的骨架，其画法是自左向右画一条带箭头的线，箭头指向造成特性的原因。大方向的原因通常是"5M1E"，包括材料（Material）、机器（Machine）、人（Man）、方法（Method）、测量（Measurement）、环境（Environment）。将大方向的原因（或对策）画在中骨上，大方向与主轴一般呈 45°。探讨大原因的来源，再将其细分为中小原因。逐步过滤，圈出主要原因。对原因进行再分析，找出解决对策，针对对策的执行进行排序。

在使用鱼骨图时，在确定结果步骤中不能使用含混不清或抽象的主题。收集多数人的意见，运用头脑风暴法，进行层别区分（原因区别、机种区别、设备区别、生产线区别等），无因果关系者不予归类，灵活使用过去收集的资料，重点应放在解决问题上，并依据结果提出对策。应考虑如下这些方面：有何必要、目的何在、在何处做、何时去做、由谁来做、方法如何、费用多少。以事实为依据，依据结果分别制作不同的因果图。

例如，某制造部门的生产效率偏低，连续三个月均在 65%～75%，试用鱼骨图法分析其要因，并采取改善对策。可以考虑将特性确定为生产效率低，从"5M1E"方向着手，找出大方向原因，找出形成大原因的小原因；找出主要原因，把它圈选出来；对主要原因进行再分析，依据提出的原因拟订改善计划，逐项进行，直至取得成果。

3.2.5 检查表

检查表用于对工作现场事物的观察、记录和数据收集，以及问题的改善。如作业前检查、设备操作检查、机器保养检查、生产状况查核等，这些都是检查表应用的典型示例。制作检查表，是由于要想将来能提出改善对策，就必须把握现状、进行解析。在解决检查项目时，通常依据鱼骨图圈选的 4～6 项来决定，决定抽检方式是全检还是抽检。检查方式包括检查基准、检查数量、检查时间与期间、检查对象、收集者和记录符号等，并设计表格实施检查。

3.2.6 散布图

散布图是指将两个可能相关的变量数据用点表示，画在坐标图上，用来表示成对的数据之间的相关性。这种成对的数据一般是特性-原因、特性-特性、原因-原因的关系。分析人员通过对其的观察分析，来判断两个变量之间的相关关系。散布图在企业的质量管理中经常被用到。例如棉纱的水分含量与伸长度之间的关系、热处理时钢的淬火湿度与硬度的关系、冶炼某种钢时钢液的含碳量与冶炼时间的关系、零件加工时切削用量与加工质量的关系等,都会用到散布图。

在制作散布图时,先收集两个变量间对应的相关数据,至少要 30 组以上(如硬度与抗张力、添加量与柔软度等)。找出数据中 x、y 的最大值与最小值。在横轴(x)与纵轴(y)上各列出质量特性,把对应数据画在坐标上。在图中填上附加信息,如品名、工程名、日期、制表人等。为了分析相关关系,两个坐标数值的最大值与最小值之间的范围应基本相等,如图 3-18 所示。

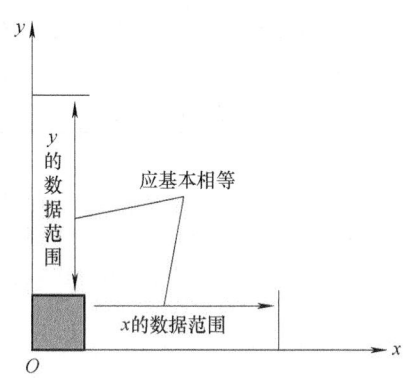

图 3-18　散布图的横、纵坐标的范围应基本相等

例 3-1

试用散布图探究电动自行车的工艺设计与人工时效(即人均每小时产能)之间的关系。已知由品质管理部工艺组提供的生产工艺的有关数据见表 3-8。总工时为 1880s,工位最短工时为 38s,工位最大工时为 57s,工位布置为 50 人,则人均工时为 37.6s(即理论上每 37.6s 下 1 台车),理论人工时效=3600/[37.6×50]=1.91(台/人),实际上计算人工时效是按工位最大工时(瓶颈工位工时)计算的,即实际人工时效=3600/[57×50]=1.26(台/人),那么实际工时效率=1.26/1.91=66%,也就是说,因瓶颈工位导致的人工时效损失为 34%。

表 3-8　原始数据

瓶颈工位工时时间（s）	38	39	40	41	42	43	44	45	46	47
人均每小时产能（台/人）	1.89	1.85	1.80	1.76	1.71	1.67	1.64	1.60	1.57	1.53
瓶颈工位工时时间（s）	48	49	50	51	52	53	54	55	56	57
人均每小时产能（台/人）	1.50	1.47	1.44	1.41	1.38	1.36	1.33	1.31	1.29	1.26

瓶颈工位工时与人工时效关联散布图如图 3-19 所示。

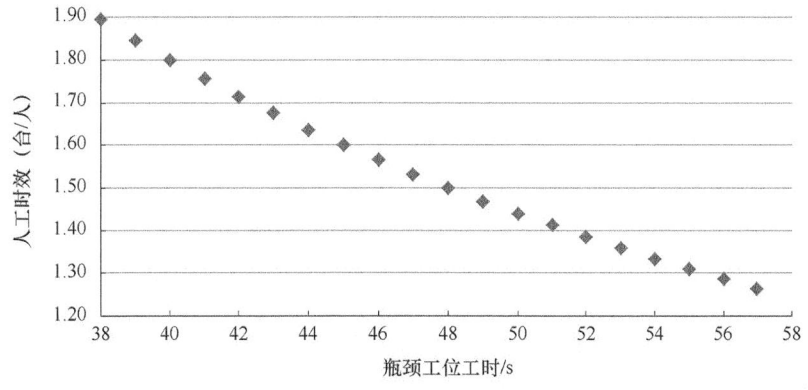

图 3-19　瓶颈工位工时与人工时效关联散布图

由图 3-19 可见，瓶颈工序工时的增加直接导致人工时效的降低，两者呈强负相关。

在制作和观察散布图时，要注意对数据进行正确的分层，否则可能做出错误的判断。有时，不分层、从整体上观察不到两个因素间的相关性，但分层后却出现相关关系；反之，也可能在不正确的过细的分层情况下看不出因素的相关性，但从整体上观察却发现它们存在相关关系。对于异常点，应查明发生的原因，如果调查结果表明异常点是由不正常的条件或错误所造成的，就应将它剔除；对于那些找不出明显原因的异常点，应慎重处理，它们很可能包含着还没有发现的其他规律。

对于由相关分析所得出的结论，应注重数据的取值范围，一般不能任意更改数据的适用范围，当取值范围不同时，应再进行相应的试验与分析。

3.2.7 控制图

控制图是指直角坐标系内画有控制界限，用于描述生产过程中产品质量波动状态的图形。利用控制图，可以区分质量波动原因，判明生产过程是否处于稳定状态，见图 3-20。

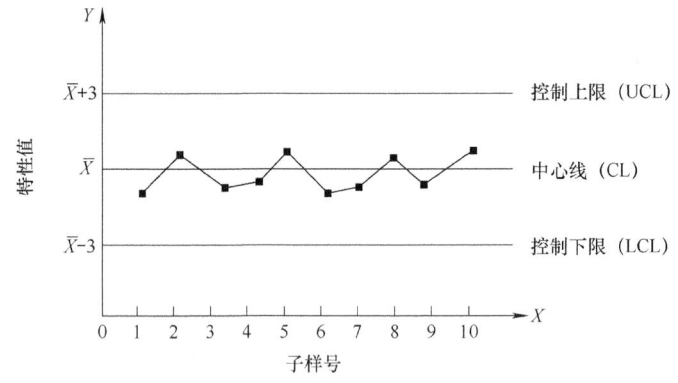

图 3-20 控制图的基本模式

控制图采用平均值加减三个标准差（$\pm\sigma$）作为管制界限，如图 3-21 所示，以判断生产过程中是否有问题发生，这是休哈特博士（W. A. Shewhart）的研究结果，被认为是符合经济原则的。

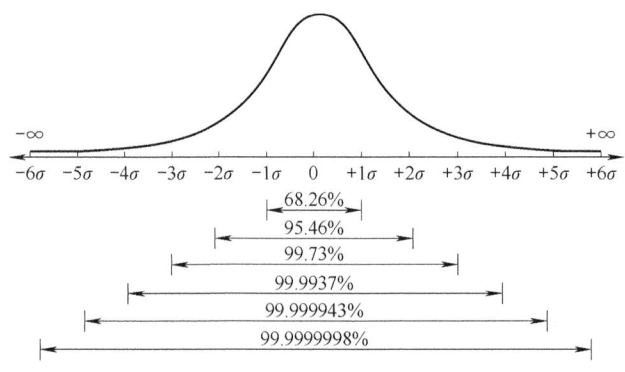

图 3-21 三个标准差的管制界限

过程处于统计控制状态时，产品总体质量特性数据的分布一般服从正态分布，即 $x \sim N(\mu, \sigma^2)$（μ 为均值，σ 为标准差）。质量特性值落在 $\mu \pm 3\sigma$ 范围内的概率约为 99.73%，落在 $\mu \pm 3\sigma$ 以外的概率只有 0.27%，因此用 $\mu\pm3\sigma$ 作为上下控制界限，以质量特性数据是否超越这一控制界限以及数据的排列情况来判断过程是否处于受控状态。控制图中设置：中心线为 CL（Central Line），上控制线为 UCL（Upper Control Limit），下控制线为 LCL（Lower Control Limit）；$CL=\mu$，$UCL=\mu+3\sigma$，$LCL=\mu-3\sigma$。

控制图主要用于过程分析和过程控制。过程分析即分析生产过程是否稳定。分析人员应随机连续收集数据，绘制控制图，然后观察数据点的分布情况，判定生产过程状态。过程控制即控制生产过程的质量状态。分析人员要定时抽样取得数据，并将其转化为点并描在图上，及时消除生产过程中的失调现象，预防不良品的产生。

3.3 "新七种"质量控制工具

3.3.1 亲和图

亲和图是全面质量管理的"新七种"工具之一，又称 KJ 法，它是将处于混乱状态中的语言文字资料，利用其内在相互关系（亲和性）加以归纳整理，找出解决问题新途径的方法。在讨论问题时，充分吸取参加者的经验、知识和想法等，并用文字或语言加以归类整理，以便采取协同行动、求得问题的解决。亲和图是就未知或未经检验过的（包括未来）领域中的混乱问题，搜集其事实、意见及设想等方面的语言文字资料，利用资料间的相互亲和性进行归类合并，从中找到要解决的问题和解决问题的办法。亲和图是 1953 年日本人川喜田二郎在探险尼泊尔时将野外的调查结果资料进行整理而研究开发出来的。"KJ"二字取的是川喜（Kawa Ji）英文名字的字母缩写。川喜田二郎在多年的考察中总结出一套科学发现的方法，即把乍看上去根本不想收集的大量事实如实地捕捉下来，通过对这些事实进行有机组合和归纳，发现问题的全貌，建立假说或创立新学说。后来他把这套方法与头脑风暴法相结合，发展成包括提出设想和整理设想两种功能的方法，这就是 KJ 法。这一方法自 1964 年发表以来，作为一种有效的创造技法很快得以推广，成为日本最流行的一种方法。KJ 法的主要特点是在比较分类的基础上由综合求创新。综合整理资料的工作，既可由个人进行，也可以集体讨论。亲和图主要用于：掌握各种问题重点，提出改善对策；用于研究开发、提高效率，例如在现有资源条件下提升产能；讨论未来问题时，用以获得整体性架构；讨论未曾经历的问题时，用以吸收全体人员的看法，并获知全貌；针对以往不太注意的问题，用以从新的角度来重新评估。亲和图有利于从混沌的事件或状态中，采集各种资料，将其整合并理顺关系，以便发现问题的根源；打破现状，让所有相关人员产生新的统一；掌握问题本质，让相关人员明确认识；团体活动中，采纳所有人的意见，提高全员参与意识。

亲和图与统计方法的不同点见表 3-9。

表 3-9 亲和图与统计方法的不同点

	统计方法	亲和图
1	验证假设型	发现问题型
2	现象数量化，收集数值性资料（数据）	不需数量化、收集语言和文字类的资料（现象、意见、思想）
3	侧重于分析和分层	侧重于综合

（续）

	统计方法	亲和图
4	用理论分析	凭"灵感"归纳问题
5	西欧的思想方法	东方的思维方式

亲和图适用于复杂问题，以及起初情况混淆不清、牵涉部门众多、检讨起来各说各话等情况。亲和图的优点：可以认识新事物（新问题、新办法）；整理归纳思想；从现实出发，采取措施，打破现状；提出新理论，进行根本改造；促进协调，统一思想；贯彻上级方针，使上级的方针变成下属的主动行为。

在实施亲和图时，主持人和与会者共 4～7 人。准备好黑板、粉笔、卡片、大张白纸、文具。采用头脑风暴法的方式，主持人请与会者提出 30～50 条设想，将设想依次写到黑板上。主持人和与会者商量，将提出的设想概括为 2～3 行的短句，写到卡片上。每人写一套卡片，这些卡片被称为"基础卡片"；让与会者按自己的思路各自进行卡片分组，把内容在某点上相同的卡片归在一起，并加一个适当的标题，将标题用绿色笔写在一张卡片上，这张卡片被称为"小组标题卡"。不能归类的卡片，每张自成一组。将每个人所写的小组标题卡和自成一组的卡片都放在一起。经与会者共同讨论，将内容相似的小组卡片归在一起，再给一个适当的标题，将标题用黄色笔写在一张卡片上，这张卡片被称为"中组标题卡"，不能归类的自成一组。经讨论，再把中组标题卡和自成一组的卡片中内容相似的归纳成大组，加一个适当的标题，将标题用红色笔写在一张卡片上，这张卡片被称为"大组标题卡"。将所有分门别类的卡片，以其隶属关系，按适当的空间位置贴到事先准备好的大张白纸上，并用线条把彼此有联系的卡片连接起来。如编排后发现不了有何联系，可以重新分组和排列，直到找到联系。将卡片分类后，就能分别地暗示出解决问题的方案或显示出最佳设想。经会上讨论或会后专家评判，确定方案或最佳设想。

例 3-2

某公司经常发生交期不准事件，屡次受到外部顾客的抱怨，现绘制亲和图如图 3-22 所示。

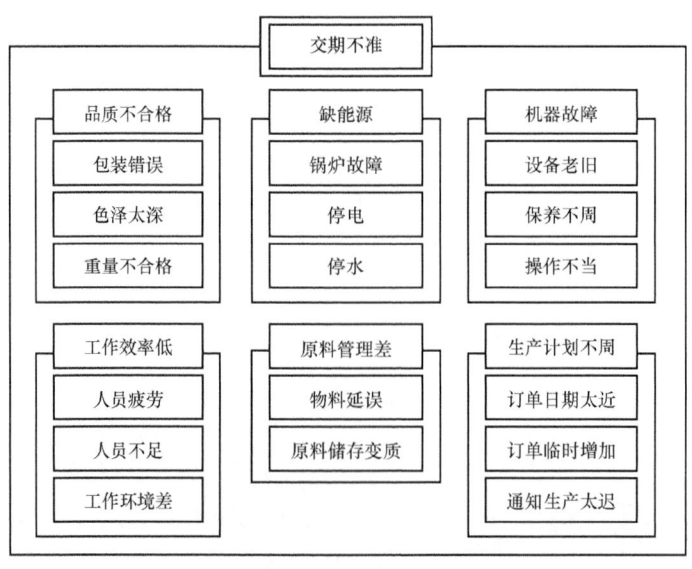

图 3-22 关于交期不准事件的亲和图

第 3 章 质量控制工具

例 3-3

该公司的员工士气一直不高，员工对公司已失去信心。绘制其亲和图如图 3-23 所示。

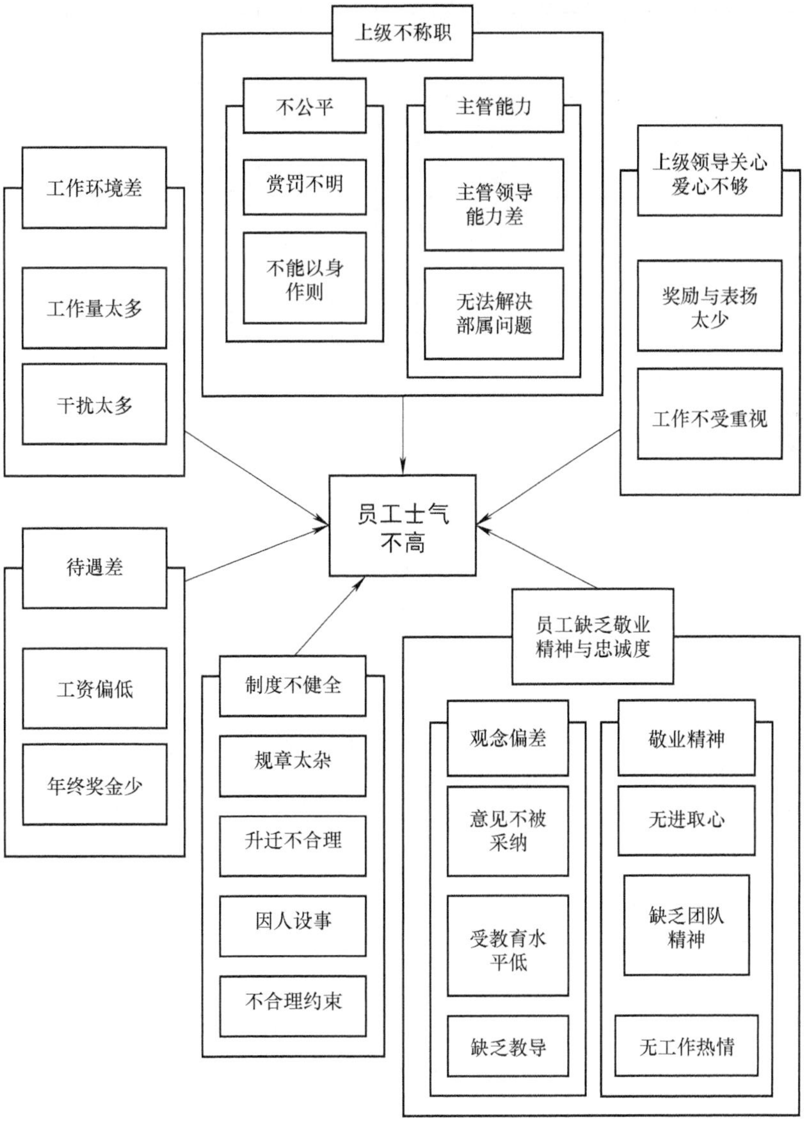

图 3-23 影响士气的亲和图

例 3-4

为分析某服饰产品滞销原因，绘制其亲和图如图 3-24 所示。

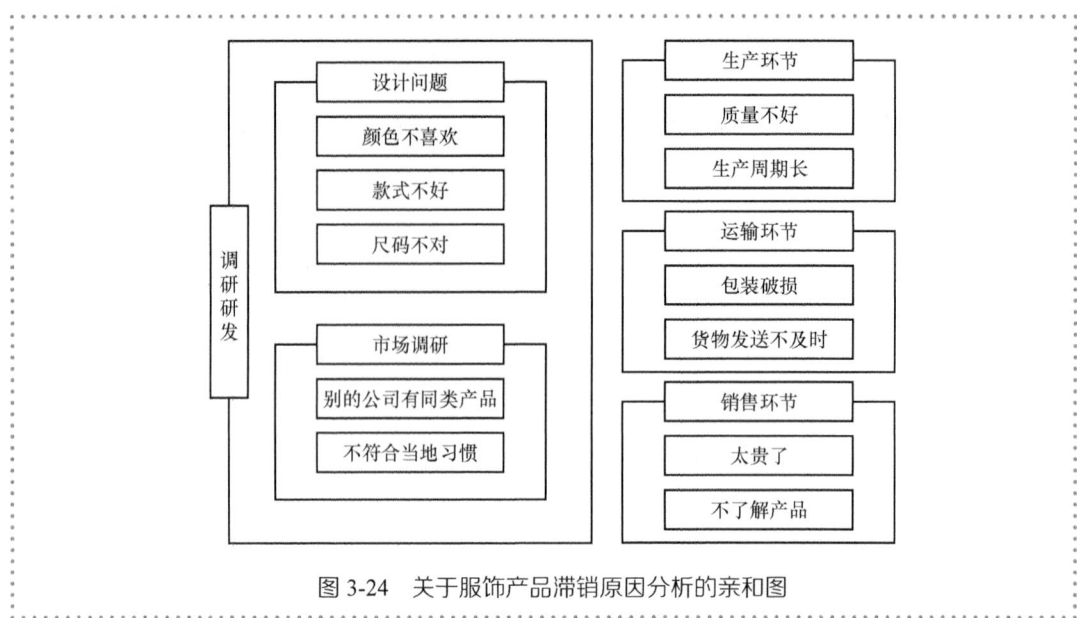

图 3-24　关于服饰产品滞销原因分析的亲和图

3.3.2　关联图

自然科学告诉人们，任何自然现象都不是孤立的，都与它周围的事物有一定的联系。社会现象同样遵循这一定律，在目前的企业质量管理活动中，存在着大量的多种因素相互纠缠的棘手问题，而且往往找不出问题的根源，无法对症下药。因此，企业管理人员在观察和分析质量问题时，必须注意其他事物与该问题的联系以及影响。关联图就是这样一种用于分析影响因素之间复杂关系的有效工具。关联图法是指用连线图来表示事物相互关系的一种方法。它把现象和与问题有关系的各种因素串联起来，找出与此问题有关系的一切要因，从而进一步抓出或找出重点并寻求改善对策。如图 3-25 所示，图中有 A、B、C、D、E、F、G 七个因素；箭头只进不出是问题；箭头只出不进是主因，也叫末端因素，是解决问题的关键；箭头有进有出是中间因素；出多于进的中间因素是关键中间因素，一般也可作为主因对待。因素之间的关系一般有两种，其箭头指向为：对于各因素的关系是原因-结果型的，箭头从原因指向结果（原因→结果）；对于各因素间的关系是目的-手段型的，箭头从手段指向目的（手段→目的）。由图 3-25 可知，因素 B 受到因素 A、C、E 的影响，它本身又影响到因素 F，而因素 F 又影响着因素 C 和 G，等等。实际工作中遇到的问题要比这个例子更为具体、复杂，但只要掌握了关联图法，就能找出因素之间的因果关系，统筹全局，分析研究，进而拟定出解决问题的措施和计划。

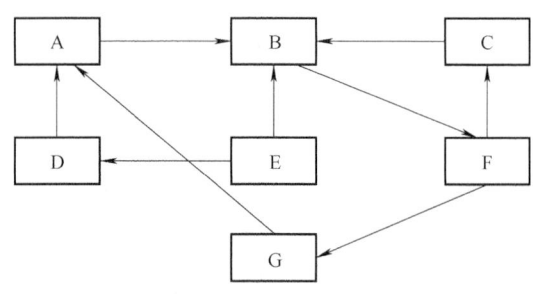

图 3-25　关联图示例

关联图法的应用范围：确定推行全面质量控制工作从何处入手、怎样深入；制定和实施质量保证的方针、目标；研究提高产品质量和减少不良品的措施；促进质量管理小组活动的深入开展；从大量质量问题中，找出主要问题和重点项目；

研究满足用户需求的质量、交货期、价格及减少索赔的要求和措施;研究如何用工作质量来保证产品质量。

关联图的应用在于整理,运用语言资料,分析逻辑关系,而实现问题的层层展开。主要特征表现为:分析复杂交织的因素,使人们容易掌握关联关系,从而有效地掌握重点;有利于发动全部参加者,使参加者各抒己见、畅所欲言,集思广益;有利于打破固有成见,提出对问题的新认识,不断增添新内容;有利于明确各部门的协作关系,便于协同合作,促进整体工作的完成。

关联图和鱼骨图的主要区别在于:鱼骨图以研究因素与质量之间纵向的关系为主,以质量问题为主干,逐项整理出各影响因素之间的因果关系;而关联图是以分析因素间的横向关系为主,找出各因素间的关联程度,达到解决质量问题的目的。关联图与鱼骨图对比见表3-10。

表3-10 关联图与鱼骨图对比表

鱼骨图	关联图
只限因果关系,从因果关系入手	一切关系,整体部署,全局观点
只限一个问题,箭头方向一致	多个问题,箭头方向不变,并可扩散
箭头不可逆,一因素一箭头	箭头可逆,一因素可有多箭头
短期基本不变	动态,不断变化
一般采取措施前后各绘制一次	多次分析研究绘制
措施不绘入	多考虑措施及后果

关联图法适用于多因素交织在一起的复杂问题的分析和整理。它将众多影响因素以一种较简单的图形来表示,易于抓住主要矛盾、找到核心问题,也有益于集思广益,迅速解决问题。关联图的绘制方法:提出认为与问题有关的所有因素,用灵活的语言简明概要地表达它们,把因素之间的因果关系用箭头符号做出逻辑上的连接,抓住全貌,找出重点。

关联图法使用简单,它先把存在的问题和因素转化为短文或语言的形式,再用圆圈或方框将它们圈选起来,然后再用箭头符号表示其因果关系,借此来进行决策、解决问题。

关联图的主要形式如下。

1)中央集中型的关联图,尽量把重要的项目或要解决的问题安排在中央位置,把关系最密切的因素尽量排在它的周围。

2)单向汇集型的关联图,把重要的项目或要解决的问题安排在右边(或左边),把各种因素按主要因果关系,尽可能地从左(从右)向右(或左)排列。

3)关系表示型的关联图是以各项目间或各因素间的因果关系为主体的关联图。

4)应用型的关联图是以上述三种图形为基础而使用的图形。

例3-5

日本科技联盟曾就公司开展全面质量管理应从何入手的问题做了调查并得到13条意见:①确定方针、目标、计划;②思想上重视质量和质量管理;③开展质量管理教育;④定期监督检查质量与开展质量管理活动的情况;⑤明确管理项目和管理点;⑥明确领导的指导思想;⑦建立质量保证体系;⑧开展标准化工作;⑨明确评价标准尺度;⑩明确责任和权限;⑪加强信息工作;⑫全员参与;⑬研究质量管理的统计方法。

根据以上 13 项意见之间的因果关系，绘制出关联图（见图 3-26）。根据此图综观全局，进行分析，确定了应首先从第 1 项和第 6 项入手，以解决进一步开展全面质量管理的问题。

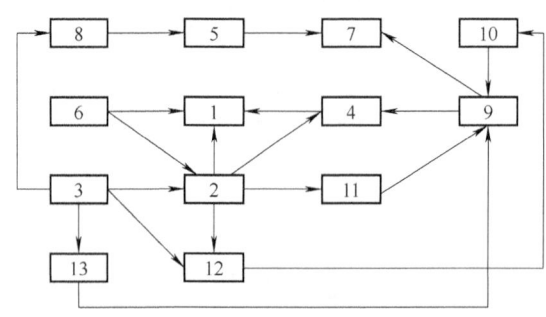

图 3-26　13 项意见的关联图

例 3-6

某公司发现报表发出到结案的时间太长，往往延误处理问题的时效，造成作业上的困扰。用关联图法寻找原因，绘制的关联图如图 3-27 所示。

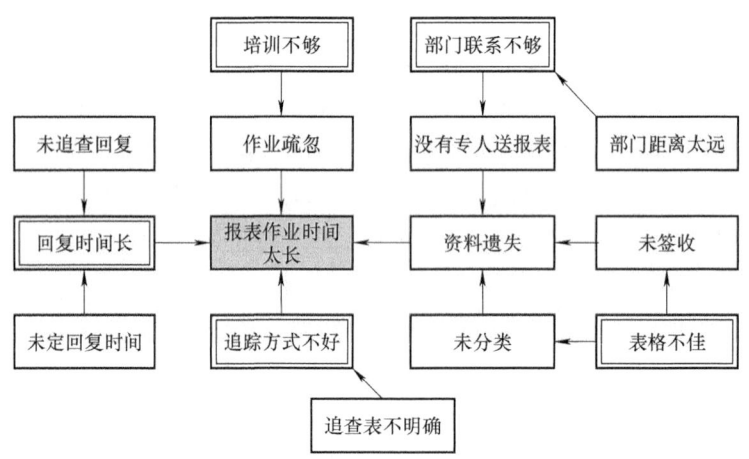

图 3-27　报表发出到结案的时间太长问题的关联图

例 3-7

为了便于找出方案库管理特征及主次关系、确定建档标准和文档内容，可运用关联图法将方案分解为 11 个管理项目，如图 3-28 所示。综合分析方案分解的关联图可以看出：A、B、C 项目影响 E 项目计算，B 项目影响 D 项目制定，D、K 项目影响 H 项目申报，E、C 项目影响 F 项目选用，J 项目影响 K、D 项目评估，D、F 项目影响 G 项目说明，11 个项目之间有着直接或间接的上下工序联系。

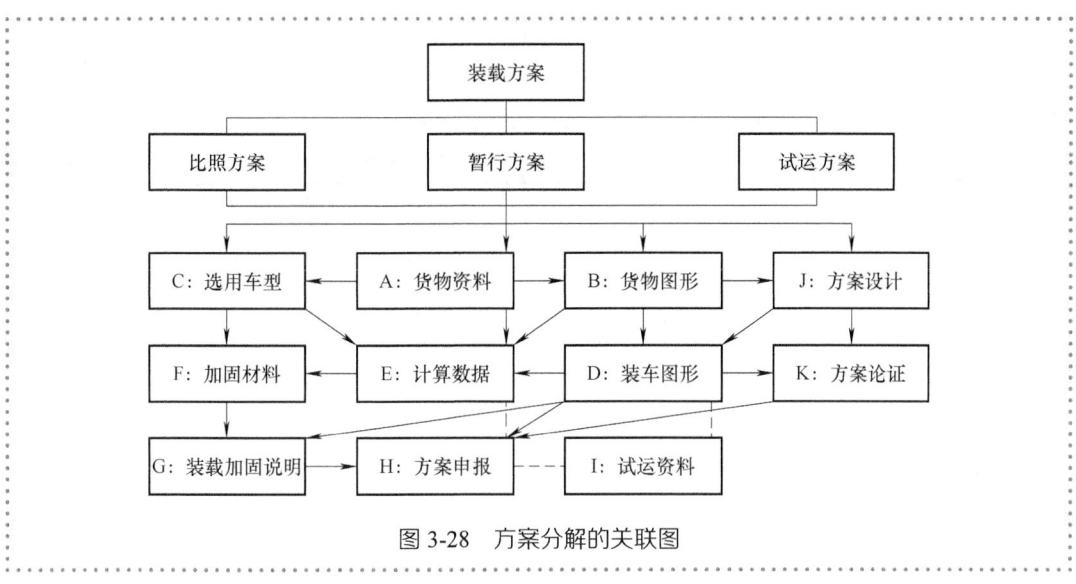

图 3-28　方案分解的关联图

3.3.3 系统图

系统图就是为了达成目标或解决问题，以"目的-方法"或"结果-原因"层层展开分析，以寻找最恰当的方法和最根本的原因的工具。当某目的较难达成，一时又想不出较好的方法，或当某一结果令人失望，却又找不到根本原因，在这些情况下，建议应用系统图。系统图可以使原来复杂的问题简单化，找不到原因的问题找到原因之所在。系统图一般可分为对策型系统图、原因型系统图。

对策型系统图以"目的-方法"方式展开。例如，目的是"提升品质"，则开始发问"如何达成此目的，方法有哪些"，经研究发现有推行零缺点运动、推行品质绩效奖励制度等方法，这是一次方法；以"推行零缺点行动"为目的，提问"推行零缺点运动有哪些方法"，这是二次方法；后续同样将方法转换成目的，寻求方法，最后建立对策系统图。

原因型系统图以"结果-原因"方式展开。例如结果是"品质降低"，则开始发问"为何形成此结果，原因有哪些"，经研究发现原因是人力不足、新进人员多，这是一次原因；以"人力不足、新进人员多"为结果，分别追问"为何形成此结果，原因有哪些"，其中"人力不足"的原因有招聘困难、人员素质不高等，这是二次原因；后续同样将每项原因作为结果，寻求原因，最后建立原因型系统图。

在企业管理中或日常的学习生活中，都会碰到一些复杂的事情，这些复杂的事情可以通过系统图得到分析和解决。系统图一般的使用范围：新产品研制过程中设计质量的展开；制订质量保证计划，展开质量活动；可当作鱼骨图使用；目标、方针、实施事项的展开；任何重大问题解决的展开；明确部门职能、管理职能；对解决企业有关质量、成本、交货期等问题的创意进行展开。

在应用系统图时，对使用的方法和工具应做具体规定，并且提出实施对策和行动计划；需要有效评估改善对策，确保改善对策的有效性。系统图对较为复杂或涉及面较广的项目或目标，效果更易突出，很容易对事项进行展开；有利于协调、归纳、统一成员的各种意见，把问题看得更全面，方法和工具可能选得更恰当有效，容易整理，观看时简洁、直观、明了。

实施系统图时，要成立制作小组，选择有相同经验或知识的人员。将希望解决的问题或想达成的目标，以粗体字写在卡片上；必要的时候，以简洁精练的文句来表示，要让相关人员能够了解文句的含意。记入所设定目标的限制条件，如此可使问题更明朗，也更能依循此条件找出对策，此限制条件可依据人、事、时、地、物、费用、方法等分开表示。第一次展开，讨论出达成目标的方法，将可能的方法写在卡片上，此方法如同对策型鱼骨图中的大要因；第二次展开，把第一次展开所讨论出来的方法当作目标，为了达成目标，寻求该目标的方法，讨论后将这些方法写在卡片上，这些方法则称为第二次方法。以同样的要领，将第二次方法当成目标，展开第三次方法，如此不断地往下展开，直到大家认为可以具体展开行动，而且可以在日常管理活动中加以考核为止。制作实施方法的评价表，经过全体人员讨论并同意后，将最后一次展开的各种方法依重要性、可行性、急迫性、经济性进行评价，评价结果最好用分数表示。将卡片与评价表贴在白板上，经过一段时间后，再集合小组成员检查一次，看是否有遗漏或需要修正。系统图制作完毕后，须填入完成的年、月、日、地点、小组成员及其他必要事项。

例 3-8

某公司"5S"管理不良系统，利用系统图法进行原因分析和对策制定，原因分析的系统图如图 3-29 所示。

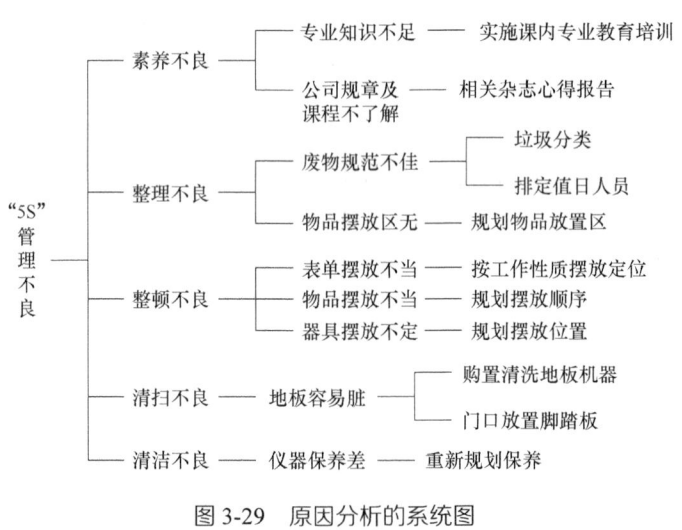

图 3-29　原因分析的系统图

例 3-9

通信公司的 M13 产品的单位缺点率为 17×10^{-5}，顾客常抱怨品质不佳，于是进行要因分析。分析结果表明设备效益差、材料有问题、相同问题一再发生、疏忽等为主要原因，于是直接利用系统图（见图 3-30）来寻找对策。实施后，M13 产品的单位缺点降至 8×10^{-5}。

第 3 章　质量控制工具

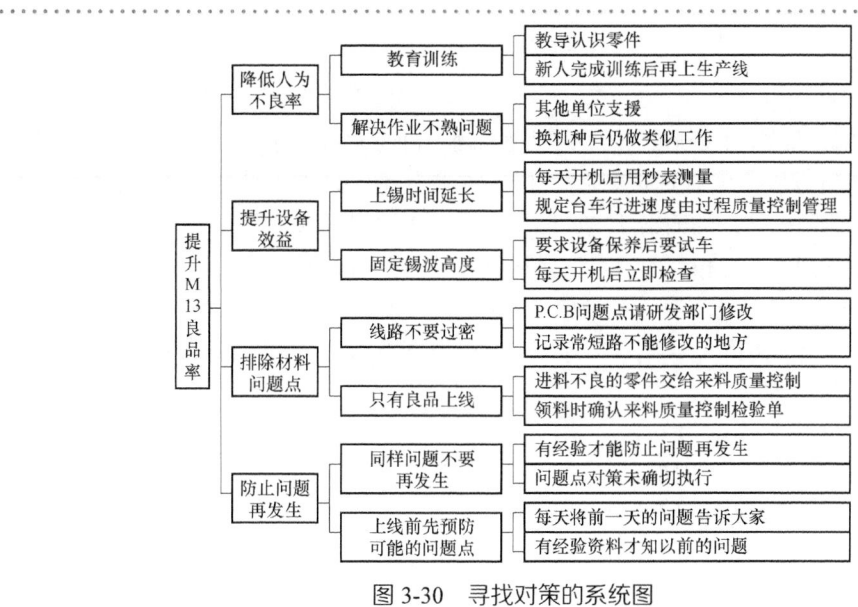

图 3-30　寻找对策的系统图

例 3-10

基于多案例的项目盈利模式系统图如图 3-31 所示。

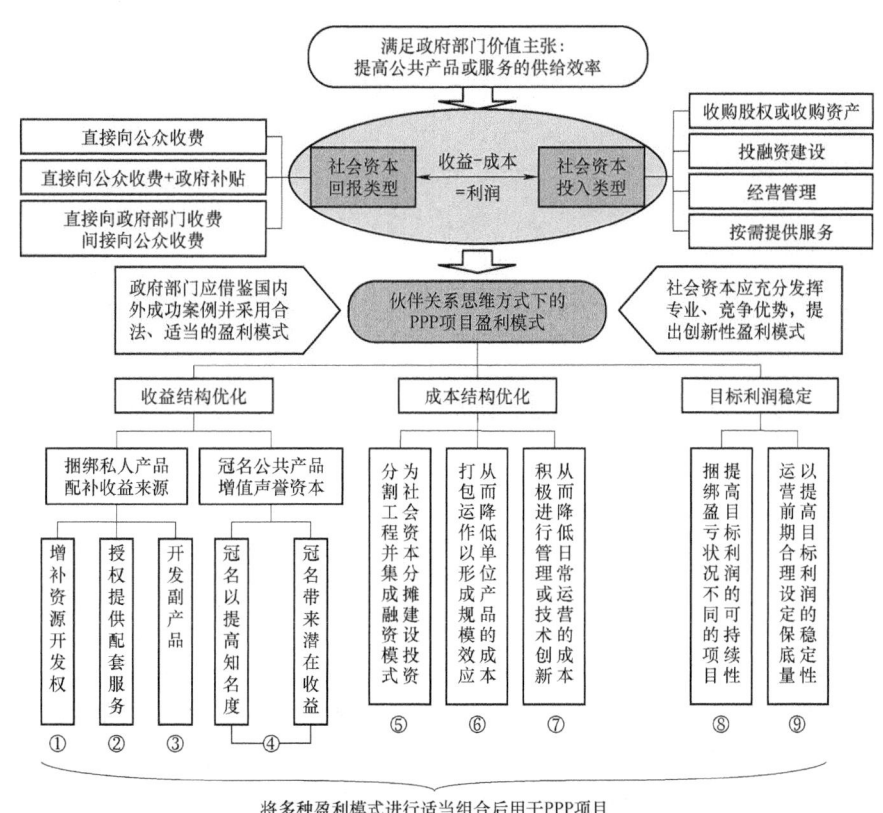

图 3-31　项目盈利模式系统图

3.3.4 矩阵图

矩阵图法是指借助数学上矩阵的形式，把与问题有对应关系的各个因素列成一个矩阵图，根据矩阵图的特点进行分析，从中确定关键点的方法。首先把要分析问题的因素分为两大群（如 R 群和 L 群），把属于因素群 R 的因素（R_1, R_2, …, R_m）和属于因素群 L 的因素（L_1, L_2, …, L_n）分别排列成行和列。在行和列的交点上标示着 R 和 L 的各因素之间的关系，这种关系可用不同记号来表示（如用"○"表示有关系等），如图 3-32 所示。按照交点上表示行和列的因素有无关联或关联的程度，可以做到：①从二元排列中，探索问题的所在和问题的形态；②从二元关系中得到解决问题的启示等。

在复杂的质量问题中，往往存在许多成对的质量因素，将这些成对的质量因素找出来，分别排列成行和列，在交点上可以标示相互关联的程度，在此基础上再找出存在的问题及问题的形态，找到解决问题的思路。矩阵图法就是从多维问题的事件中，找出成对的因素，排列成矩阵图，利用矩阵图来分析问题，确定关键点的方法；它是一种通过多因素综合思考去探索问题的好方法。质量管理中所使用的矩阵图，其成对因素往往是要着重分析的质量问题的两个侧面，如生产过程中出现了不合格品时，需要着重分析不合格的现象和不合格的原因之间的关系，需要把所有缺陷形式和造成这些缺陷的原因都罗列出来，逐一分析具体现象与具体原因之间的关系，这些具体现象和具体原因分别构成矩阵图中的行元素和列元素。

		R					
		R_1	R_2	R_3	…	R_i	R_m
L	L_1		○				
	L_2			◎			
	L_3	△					
	…						
	L_i					○	
	…						
	L_n	△					

符号说明：◎密切关系；○有关系；△有弱关系。

图 3-32 矩阵图法示意图

矩阵图主要用于：确定系统产品的研制或改进的着眼点，将产品的软件功能与硬件功能相对应，从中找出新产品研制或旧产品改进的构思要点；对于原材料性的产品，一个代用特性和若干质量要求对应，如果以系统图展开时连线交错复杂，则可采用矩阵图法；明确应保证的产品质量特性及其管理机能，或保证承担部门的关系，进一步落实质量体系；明确产品的保证质量特性与实验测定项目、实验测定器具之间的关系，力求强化质量评价体系或使之提高效率；分析产品制造过程中质量问题产生的原因，并消除不良现象；进行多变量分析，研究从哪里搜集数据，以及以什么样的方式搜集怎样的数据；分析市场与产品的联系，制定产品竞争的策略。

矩阵图的特点在于：透过矩阵图的制作与使用，可以累积众人的经验，在短时间内整理出问题的头绪或决策的重点，可以发挥像数据般的效果；各种要素之间的关系非常明确，能够掌握到全体要素的关系；矩阵图可根据多次元方程式的观察，将潜伏在内的各项因素显示出来；矩阵图依列行要素进行分析，可避免一边表现得太抽象而另一边又太详细的情形发生。矩阵图法在应用上的一个重要特征，就是把应该分析的对象表示在适当的矩阵图上。因此，可以把若干种矩阵图进行分类，按对象选择并灵活运用适当的矩阵图形。常见的矩阵图有以下几种：

L形矩阵图。L形矩阵图是最基本的矩阵图，它是把一对现象用以矩阵的行和列排列的二元表的形式来表达的一种矩阵图。它适用于若干目的与手段的对应关系，或若干结果和原因之间的关系。L形矩阵图如图3-33所示。

T形矩阵图。T形矩阵图是A、B两因素的L形矩阵和A、C两因素的L形矩阵图的组合矩阵图。这种矩阵图可以用于分析质量问题中"不良现象-原因-工序"之间的关系，也可以用于分析和探索材料新用途的"材料成分-特性-用途"之间的关系等。T形矩阵图如图3-34所示。

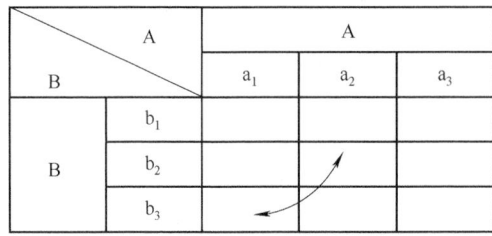

图3-33　L形矩阵图

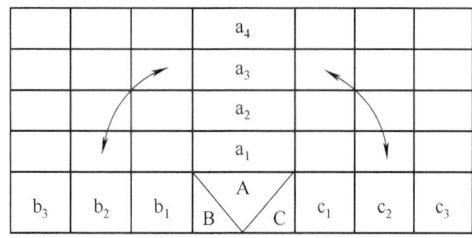

图3-34　T形矩阵图

X形矩阵图是把A因素与B因素、B因素与C因素、C因素与D因素、D因素与A因素四个L形矩阵图组合而形成的矩阵图。这种矩阵图表示A和B、D，B和A、C，C和B、D，D和A、C这四对因素间的相互关系，如"管理机能-管理项目-输入信息-输出信息"就属于这种类型。X形矩阵图如图3-35所示。

在实施矩阵图时，首先确定需组合哪些事项、解决什么问题。一般说来，对于对象的单一目的或结果，其手段或原因能够逐步展开时，可用系统图法。但如果有两种以上目的或结果，把它们的手段和原因对应起来展开时，采用矩阵图较为适宜。其次，选择对应的因素群，例如质量问题现象与原因、质量特征与质量因素、成分-特性-用途、测试项目-工序-测试仪器、质量现象-原因-工序等，找出与问题有关的属于同一水平的对应因素，这是绘制矩阵图的关键。选择合适的矩阵图：若是两个因素群，则选用L形矩阵图；三个对应因素群，则选用

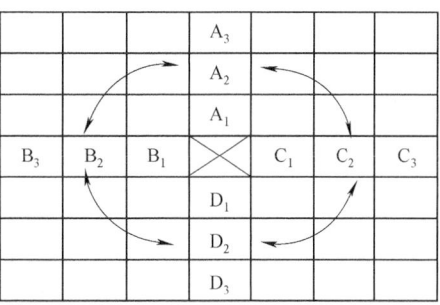

图3-35　X形矩阵图

T形矩阵图；四个对应因素群，则选用X形矩阵图。根据经验、集思广益、征求意见、展开讨论，用理性分析和经验分析结合的方法分析成对因素的关系程度，一般可分为三种，即关系密切、关系较密切、关系一般（或可能有关系），并用不同符号在对应的因素群交点上标示。在行和列的终端，对表示关系程度的符号做出数据统计，以明确解决问题的着眼点和重点，针对重点因素做对策表。

例3-11

某公司的制品常发生不良现象，消费者抱怨不断，于是制作了T形矩阵图（见图3-36）。由图中可看出，不良现象B是由原因1与原因3所导致的，而其作业工程在②与③。

质量管理学

作业工程					原因	不良现象				
⑤	④	③	②	①		A	B	C	D	E
				○	1		○			○
	○		○		2	○		○		
		○			3		○		○	
○		○	○		4				○	○

图 3-36　某公司不良现象 T 形矩阵图

例 3-12

某成型加工厂的制品特性为满足顾客要求而需经常改变，所以该成型加工厂常为要选择适合的原料而倍感困扰，有时甚至因选到不适用的原材料而产生废品，造成重大的损失。该成型加工厂的有关人员组成了小组，收集各种有关标准，并利用过去的有关原材料特性与制品特性之间的相关性数据，采用矩阵图法加以整理（见图 3-37），为日后原材料选择提供依据。

特性项目		成型材料 特性比较表								
		A	B	C	D	E	F	G	H	I
成型性		○	○	●	◎	○	△	○	×	●
机械的性质	刚性	◎	◎	◎	◎	◎	◎	◎	◎	◎
	强度	◎	◎	○	△	◎	◎	△	○	○
	耐冲击性	○	×	×	○	◎	◎	×	○	×
电的性质	绝缘性	○	○	△	○	○	◎	◎	△	×
	导电特性	△	△	×	×	△	△	○	◎	○
耐热性		○	○	△	○	◎	◎	△	○	×
耐湿性		○	◎	△	○	○	○	○	○	×
尺寸安定性		◎	◎	○	△	○	○	○	○	○
耐药品性		●	○	△	○	○	○	△	○	×
耐溶剂性		◎	◎	○	△	◎	◎	○	△	○
耐候性		●	△	△	○	○	○	○	○	○
腐蚀性		○	△	△	×	○	○	○	◎	○
耐染性	未	×	×	△	○	×	◎	○	×	△
	有	△	△	○	-	○	-	○	-	△
机械加工性		△	△	△	△	△	△	△	◎	○
透明性		×	×	×	×	×	○	×	△	△
相对价格		3	5	2	1	8	2	8	5	0.5

● 最佳　　◎ 良好　　○ 好　　△ 稍差　　× 差　　- 很差

图 3-37　矩阵图

3.3.5 矩阵数据分析法

矩阵数据分析法是将矩阵图中各因素之间的关系用一定量表示，即在其交点上标出数值资料，把多种质量因素或多个变量之间的关系定量地加以表示，从而对大量数据进行预测、计算、整理、分析的方法。矩阵图上各元素间的关系用数据进行量化，使整理和分析结果更加精确，这种用数据表示的矩阵图法，叫作矩阵数据分析法。矩阵数据分析法的主要方法为主成分分析法（Principal Component Analysis），利用此方法可从原始数据获得许多有益的信息。主成分分析法是一种将多个变量化为少数综合变量的多元统计方法。矩阵数据分析法与矩阵图法类似，它与矩阵图法的区别在于：不是在矩阵图上填符号，而是填数据，形成一个分析数据的矩阵。它是一种定量分析问题的方法。矩阵数据分析法常用于复杂因素组成的工序分析，包含大量数据的、复杂的质量问题因素分析、市场调查数据分析、掌握用户对产品质量的要求、对感官检验特性进行分类与系统化。

例 3-13

某企业对其 14 个协作厂进行评价，评价数据见表 3-11。评价项目包括财力、商品开发能力、企业形象、人才、销售能力等 7 项。评价采用 5 分制，最高分为 5 分，最低分为 1 分。评价结果是，在 14 家企业中，企业 1 和企业 3 为比较优秀的企业，但从 98 个数据并不能立即看出哪个企业比较优秀。为解决这个问题，可以采用矩阵数据分析法，其分析、计算步骤如下。

（1）将数据整理成矩阵形式，见表 3-11。

表 3-11 企业的评价数据

企业	财力	商品开发能力	企业形象	市场扩大可能性	人才	销售能力	独自经营路线
1	3	5	5	2	5	4	3
2	4	4	2	2	3	2	3
3	3	4	1	5	5	4	5
4	3	2	2	1	3	5	4
5	1	3	5	3	4	3	3
6	4	3	4.5	2	3	2	2
7	2	2	3	2	3	2	2
8	2	2	4	2	2	1	1
9	4	3	4	3	2	2	2
10	3	1	2	1	1	3	2
11	5	2	2	2	1	3	2
12	2	2	3	2	4	1	3
13	3	1	2	5	2	2	3
14	2	1	1	1	1	4	5

（2）就各评价项目计算均值和标准差，结果见表 3-12。

表 3-12 均值和标准差

评价项目	均值	标准差
财力	2.93	1.07
商品开发能力	2.50	1.23
企业形象	2.86	1.35
市场扩大可能性	2.36	1.28
人才	2.64	1.31
销售能力	2.71	1.20
独自经营路线	2.79	1.25

（3）数据标准化。为使量值与单位不同的评价项目间能进行比较，须将各项原始数据减去评价项目的均值，然后除以该项目的标准差，即标准化。标准化后的各项（数据）均值为0，标准差为1，标准化后的数据见表3-13。

表 3-13 标准化后的数据

企业	财力	商品开发能力	企业形象	市场扩大可能性	人才	销售能力	独自经营路线
1	0.07	2.04	1.59	−0.28	1.76	1.07	0.17
2	1.00	1.22	−0.83	−0.28	0.27	−0.59	0.17
3	0.07	1.22	−1.38	2.07	1.76	1.07	0.77
4	0.07	−0.41	−0.63	−1.06	0.27	1.90	0.97
5	−1.08	0.41	1.59	0.50	1.02	0.24	0.17
6	1.00	0.41	0.85	−0.28	0.27	−0.59	−0.63
7	−0.87	−0.41	0.11	−0.28	0.27	−0.59	−0.63
8	−0.87	−0.41	0.85	−0.28	−0.48	−1.42	−1.43
9	1.00	0.41	0.85	0.50	−0.48	0.59	−0.63
10	0.07	−1.22	−0.63	−1.06	−1.22	0.24	−1.43
11	1.93	−0.41	−0.63	−0.28	0.27	0.24	−0.63
12	−0.87	−0.41	0.11	−0.28	−0.48	−1.42	0.17
13	0.07	−1.22	−0.63	2.07	−1.23	−0.59	0.17
14	−0.87	−1.22	−1.38	−1.00	−1.23	1.00	0.17

（4）计算相关系数。根据两个变量之间的相关程度，利用相关系数r的计算公式，计算各个评价项目间的相关系数，其结果见表3-14。就同一评价项目而言，相关系数为1，而且以1值为界，对角元素将取相同值，故可省略。

表 3-14 相关系数一览表

评价项目	财力	商品开发能力	企业形象	市场扩大可能性	人才	销售能力	独自经营路线
财力	1.000						
商品开发能力	0.205	1.000					
企业形象	−0.220	0.419	1.000				
市场扩大可能性	0.020	0.221	−0.057	1.000			

（续）

评价项目	财力	商品开发能力	企业形象	市场扩大可能性	人才	销售能力	独自经营路线
人才	−0.073	0.870	0.353	0.261	1.000		
销售能力	0.043	0.158	−0.311	−0.129	0.362	1.000	
独自经营路线	−0.184	0.175	−0.475	0.244	0.319	0.620	1.000

（5）计算特征值和特征向量。根据表3-14的矩阵的相关行和列，求特征值、特征向量，结果见表3-15和表3-16。

表3-15 特征值

主成分	特征值	百分比（%）	累计百分比（%）
第一主成分	2.358	33.69	33.69
第二主成分	1.901	27.16	60.85
第三主成分	1.149	16.42	77.27
第四主成分	1.063	15.19	92.46
第五主成分	0.309	4.41	96.87
第六主成分	0.177	2.53	99.40
第七主成分	0.042	0.60	100.00

表3-16 特征向量

评价项目	第一主成分	第二主成分	第三主成分	第四主成分	第五主成分	第六主成分	第七主成分
财力	−0.004	0.019	0.907	−0.189	−0.073	0.236	0.282
商品开发能力	0.547	−0.304	0.207	−0.098	0.370	0.048	−0.646
企业形象	0.103	−0.642	−0.247	−0.138	−0.361	0.582	0.167
市场扩大可能性	0.235	−0.014	0.179	0.858	−0.411	−0.004	−0.102
人才	0.605	−0.190	−0.057	−0.067	0.049	0.495	0.585
销售能力	0.352	0.446	−0.063	−0.422	−0.658	0.034	−0.247
独自经营路线	0.380	0.510	−0.183	0.142	0.351	0.597	0.247

（6）计算因子负荷量。在表3-17中，计算出各主成分与评价项目的相关系数，该系数被称为因子负荷量（即将特征向量乘以各主成分的特征平方根）。它同特征向量一样，也表示主成分具有的意义。

表3-17 因子负荷量

评价项目	第一主成分	第二主成分	第三主成分	第四主成分	第五主成分	第六主成分	第七主成分
财力	−0.006	0.027	0.973	−0.194	−0.041	0.099	0.058
商品开发能力	0.840	−0.419	0.222	−0.101	0.205	0.020	−0.133
企业形象	0.159	−0.885	−0.265	−0.142	−0.200	0.245	0.034
市场扩大可能性	0.362	−0.019	0.192	0.883	−0.228	−0.002	−0.021
人才	0.930	−0.262	−0.061	−0.099	0.027	0.208	0.120
销售能力	0.540	0.615	−0.068	−0.435	−0.366	0.014	−0.051
独自经营路线	0.584	0.704	−0.197	0.147	0.195	0.251	0.051

（7）计算主成分得分。计算在主成分上的新的得分（见表 3-18）。例如表 3-18 中的第一主成分上，企业 1 的主成分得分是 2.72，这是将表 3-18 中的第一行的数据与表 3-18 中第一列的数据对应相乘，然后再相加而得到的，其他也是一一对应相乘，然后相加而得。

表 3-18 主成分得分

企业	第一主成分	第二主成分	第三主成分	第四主成分	第五主成分	第六主成分	第七主成分
1	2.72	−1.40	−0.16	−1.21	−0.26	0.23	−0.20
2	0.55	−0.17	1.26	−0.20	1.19	−0.08	−0.24
3	3.13	1.53	0.53	1.51	0.10	−0.59	−0.01
4	0.66	1.84	−0.37	−1.48	−0.39	0.01	0.21
5	1.28	−1.18	−1.95	0.37	−0.54	0.11	0.02
6	−0.04	−1.28	0.87	−0.44	0.07	0.26	0.34
7	−0.56	−0.59	−0.81	0.09	0.17	−0.65	0.21
8	−1.53	−1.70	0.75	0.28	0.13	−0.30	−0.09
9	−0.31	−1.15	1.05	0.28	−0.29	0.63	−0.18
10	−2.19	0.41	0.09	−0.94	−0.51	−0.66	−0.32
11	−0.81	0.45	1.00	0.63	−0.35	0.08	0.18
12	−1.00	−0.41	−0.86	0.61	0.96	0.23	0.18
13	−1.14	0.81	0.41	2.32	−0.98	0.31	−0.04
14	−0.76	2.86	−1.21	−0.55	0.40	0.57	−0.12

（8）用坐标图表示主成分的分布状态。将特征值大的主成分组合画出因子得分坐标图。图 3-38 为第一与第二主成分组合做出的坐标图。

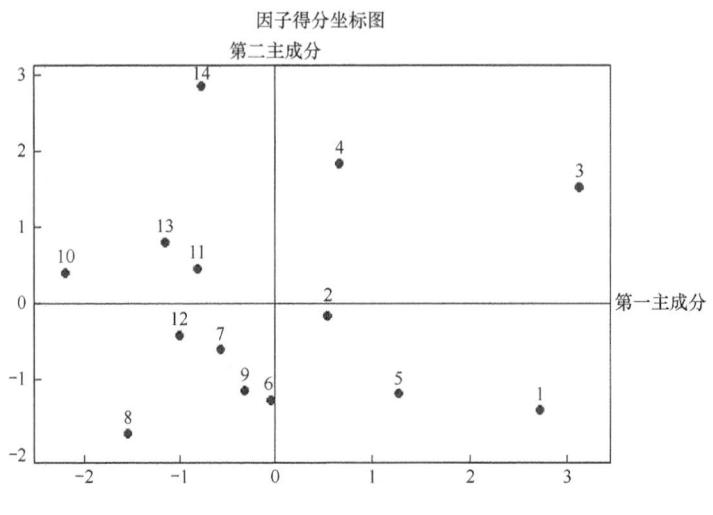

图 3-38 因子得分坐标图

（9）考察结果，从表 3-17 和表 3-18 可知，评价项目集中于以下四类主成分：①企业内部活力（商品开发能力，人才）；②外部形象（企业形象、独自经营路线）；③财力；④市场扩大的可能性。从图 3-38 中还可以看出，优秀企业 1、3 与其他企业相比在企业活力方面显示出很高的数值。因此，成为优秀企业的秘诀是增强企业内部的活力。

3.3.6 过程决策程序图法

过程决策程序图（Process Decision Program Chart，PDPC）法又称 PDPC 法，它是为了实现研究开发目标，在制订计划或进行系统设计时，对计划执行过程中可能出现的各种障碍及结果做出预测，并相应地提出多种应变措施，把结果的特性尽可能地引向理想方向的方法。此外，PDPC 法也被有效地用于过程进行中，当发生没有预测到的问题时，应该以最终目标为标准，不断地、尽可能地修正计划和措施。这样，在计划执行过程中遇到不利情况时，仍能有条不紊地按第二、第三或其他计划方案执行。

PDPC 法兼有预见性和随机应变性，它以事件或现象为中心，掌握系统输入和输出的关系，因此可以较为准确地提出可能产生的不良状态，找到其发生的原因，事先予以消除。而且它所采取的是沿多方向发展的方式，便于指出意料之外的重要问题。过程决策程序图如图 3-39 所示，假定 A_0 表示不合格品率较高，计划通过采取各种措施，把不合格品率降低到 Z 水平。

先制定出从 A_0 到 Z 的措施是 A_1，A_2，A_3，…，A_p 的一系列活动计划。在讨论中，考虑到技术上或管理上的原因，要实现措施 A_3 有不少困难。于是，从 A_2 开始制订出应变计划（即第二方案）经 A_1，A_2，B_1，B_2，…，

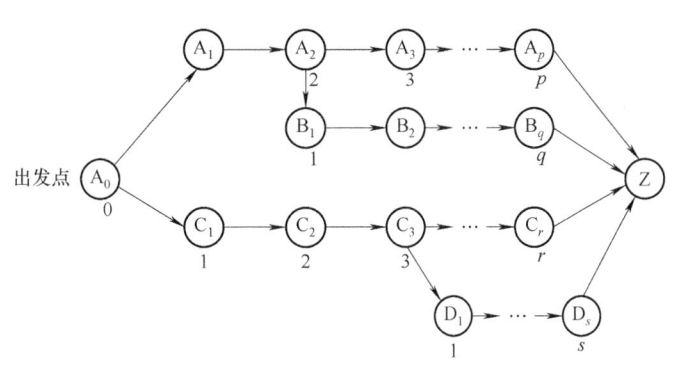

图 3-39 过程决策程序图

B_q 到达 Z 目标。同时，还可以考虑同样能达到目标 Z 的 C_1，C_2，C_3，…，C_r 或者 C_1，C_2，C_3，D_1，…，D_s 的另外两处系列活动计划。这样，当前面的活动计划遇到问题、难以实现 Z 水平时，仍能及时采用后面的活动计划，以达到 Z 的水平。当在某点碰到事先没有预料到的问题时，就以此点为起点，根据新情况，重新考虑和制订新的 E、F 系列的活动计划，付诸实施，以求达到最终目标 Z。

一般情况下 PDPC 法可分为以下两种制作方法：

（1）依次展开型。依次展开型即一边进行问题解决作业，一边收集信息，一旦遇上新情况或新作业之前，即刻在图表上标示。

（2）强制连接型。强制连接型即在进行作业前，为达成目标，事先提出在所有过程中被认为有阻碍的因素，并制定出对策或回避对策，将它标示于图表上。

PDPC 法的用处是：制订目标管理中的实施计划，在实施过程中解决各种困难和问题；制订科研项目的实施计划；对整个系统的重大事故进行预测；制定工序控制的一些措施；能从整体上掌握系统的动态并依此判断全局；具有动态管理的特点；具有可追踪性；能预测那些通常很少发生的重大事故，并在设计阶段预先考虑应对事故的措施；使参与人员的构想、创意得以充分发挥；提高目标的达成率。

例 3-14

某维修质量控制小组制定保证减少设备停机影响、均衡生产的 PDPC 图,用以指导小组工作,如图 3-40 所示。

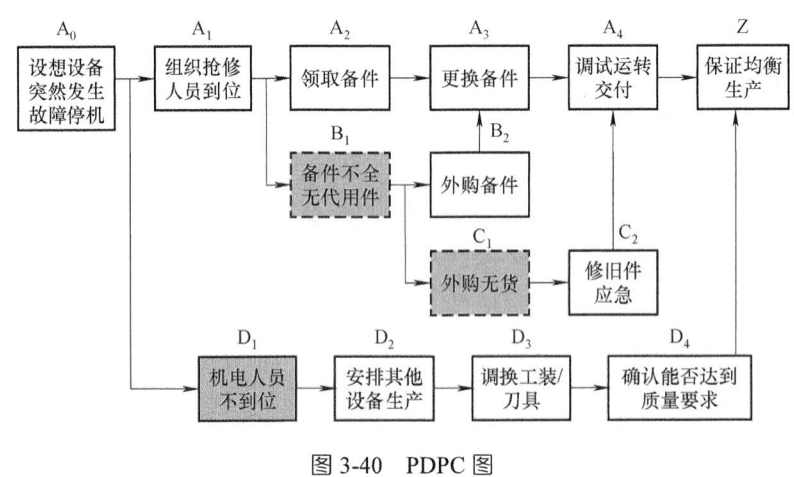

图 3-40　PDPC 图

例 3-15

上海某公司某质量控制小组,以公司设定的目标(CO_2 排放量为 0.35kg/台)为活动目标,虽感到只有 60% 可行性,但还是马上行动。通过调查,首先找到能耗最大的是涂装,其中腔体的干燥炉、固化炉的能耗又最高,占 86%。用鱼骨图分析出七个末端因素,确认了其中三个为要因,分别为组员涂装方面的节能知识不足、隔热材料效果差、涂料固化温度高。在设定目标和达成的日期后,该小组创新地运用了 PDPC 方法,如图 3-41 所示。

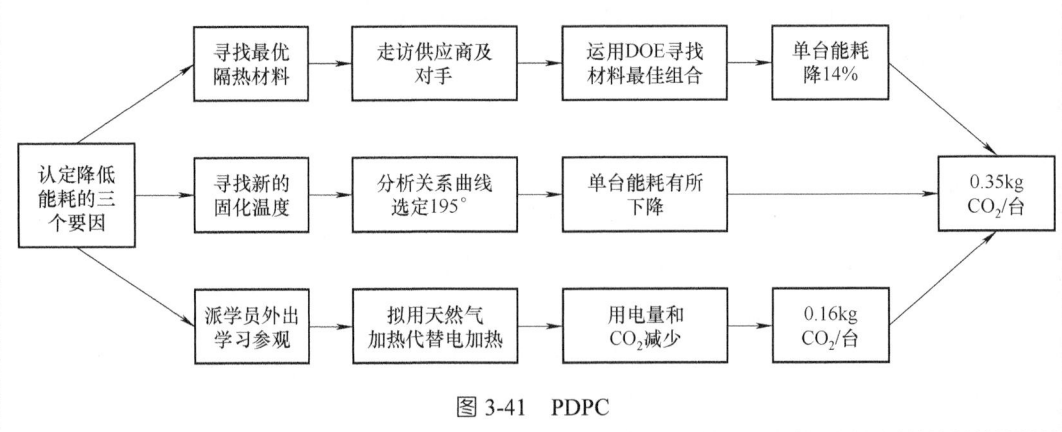

图 3-41　PDPC

3.3.7　箭头图

箭头图即带有箭头的图形,就是以许多箭头依据其相关必要性,连接成图形,并以这种图形来做出管理的手段。它是计划评审法在质量管理中的具体运用,是使质量管理的计划安排具有时间进度内容的一种方法。它有利于从全局出发、统筹安排、抓住关键线路,集中力量,按时和提前完成计划。箭头图法用来计划和表示项目或流程中工作所要求的顺序、整个项目的最优时间表、潜在的时间进度、资源配置问题及其解决方法。箭头图是项目关键步骤的过程图解,这些关键步骤的延迟将影响整个项目的时间进度。由于箭头图法将计划实施所需的作业按其从属关系,以网络表示出来,以制订最适合的日程计划,并在该计划进行过程中用来做进度管理,因此它是很有效的一种管理工具。

箭头图法的应用广泛,在企业界常用于需要多人参与的长期计划,以及繁杂的作业上。其主要用途为:新产品开发或产品改善的推进计划及其进度管理;各种生产计划和质量控制活动的协调,以及质量控制诊断的准备计划与进度管理;各种会议、发表会、展示活动的准备计划及进度管理;为求缩短工时的工程解析、作业步骤与时间的合理化;当条件或资源改变时,重新计划正在进展中的项目。

箭头图法是一种展开计划并进行进度管理的方法,它的主要特点是:对各项工作能否如期完成、各项工作对整个计划能否如期完成的影响关系等,都表示得相当清楚;可以量化各项工作提前或延后完工对整体计划的最终完工日期的影响。

箭头图的实施步骤主要有以下 10 步:

1)列出项目或过程中所有必需的工作。在卡片或商务贴的上半部分写明各项工作,在卡片或商务贴的中部画水平指向右端的箭头线。

2)通过询问每项工作三个问题来确定工作的正确顺序:哪些工作在这项工作开始之前必须完成;哪些工作可以和这项工作同时发生;哪些工作应该在这项工作完成之后立即发生。然后创建一个含有四列(紧前工作、当前工作、并行工作和紧后工作)的表。

3)画工作网络图。如果使用便签或卡片,就在一张大纸上按顺序排列它们,并行工作应该垂直派留。时间从左到右流动,在便签或卡片之间留下一定的空间。

4)在两项工作之间画上圆圈来代表事件。事件表示工作的开始或结束,还表示项目的转折,因此事件是把工作分开的节点。

5)找出三个普遍的问题状况,使用虚箭头线或在额外的时间把它们重新画下来。其中,虚箭头线表示一项虚工作,并不是实际的具体工作,它仅用于表示工作与工作之间的关联关系。虚工作不需要时间、费用和资源。

6)日程估算。一般采用三时估计法估算时间,即估算乐观时间、悲观时间、最可能时间,然后以统计方法求平均值。乐观时间是指工作能很顺利完成所需的最短时间,用 a 表示;悲观时间是指工作条件不佳、很难在正常状态下进行,所需要的最长工作时间,用 b 表示;最可能时间是指在同一条件下,如该作业反复做许多次,出现最多的时间,用 m 表示。利用三时估计法估算的作业时间 $t=(a+4m+b)/6$。例如,对某一作业过程的时间估计,a 为 2 天,b 为 9 天,m 为 4 天,则用三点估计法求得的作业时间为(2+4×4+9)天/6=4.5 天

7)画出箭头图。某项目箭头图如图 3-42 所示。

8)计算每个节点上的最早开工时间。某节点上的最早开工时间,是指从始点开始沿箭头方向到该节点的各条路线中,时间最长一条路线的时间之和。例如,在图 3-43 的节点④上就有三条路线:

这三条路线的时间之和,分别为 9、8、7。所以,节点④的最早开工时间为 9,通常可写在方框内。其他各节点最早开工时间的计算同理。

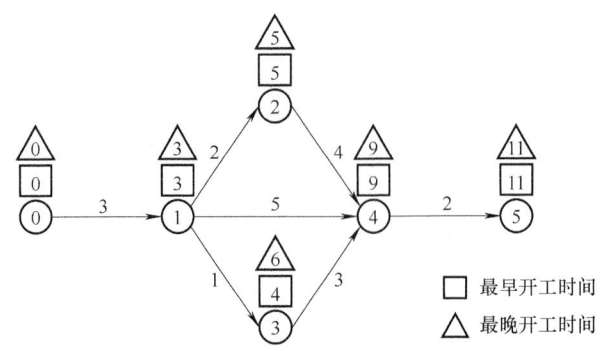

图 3-42 某项目箭头图

9）计算每个节点上的最晚开工时间。某节点上的最晚开工时间，是指从终点逆箭头方向到该节点的各条路线中时间差最小的时间，如图 3-44 中的节点①，从终点到①有三条路线。

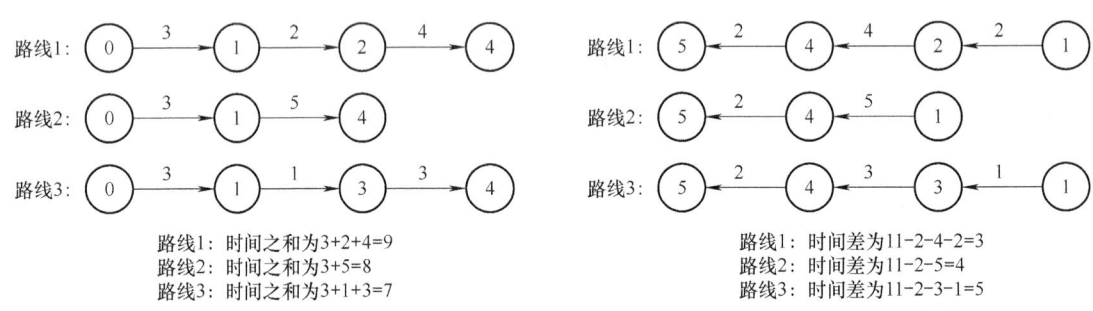

路线1：时间之和为3+2+4=9
路线2：时间之和为3+5=8
路线3：时间之和为3+1+3=7

图 3-43 最早开工时间

路线1：时间差为11-2-4-2=3
路线2：时间差为11-2-5=4
路线3：时间差为11-2-3-1=5

图 3-44 最晚开工时间

这三条路线的时间差，分别为 3、4、5。所以，节点①的最晚开工时间为 3。通常可将此数写在三角形内。其他各节点最迟开工时间的计算同理。

10）计算富余时间，找出关键线路。富余时间，是指在同一节点上最早开工时间与最晚开工时间之间的时差。有富余时间的节点，对工程的进度影响不大，属于非关键工序。无富余时间或富余时间最少的节点，就是关键工序。把所有的关键工序按照工艺流程的顺序连接起来，就是这项工程的关键路线。如图 3-42 中◎→①→②→④→⑤就是关键路线。

例 3-16

某工程项目需要统筹施工计划，其中各作业见表 3-19，请画出箭头图。

表 3-19 某工程项目的作业

作业名称	先行作业	时间	作业名称	先行作业	时间
A. 基础工程	—	2个月	G. 内壁作业	B	2个月
B. 骨架组合	A	4个月	H. 电路配线	B	1个月
C. 建具装设	B	3个月	I. 内壁油漆	F、G、H	2个月
D. 外壁工程	B	2个月	J. 内壁粉饰	C	2个月
E. 外壁粉饰	D	1个月	K. 验收交房	E、I、J	1个月
F. 管配作业	B	2个月			

解：图示分析如图3-45所示。

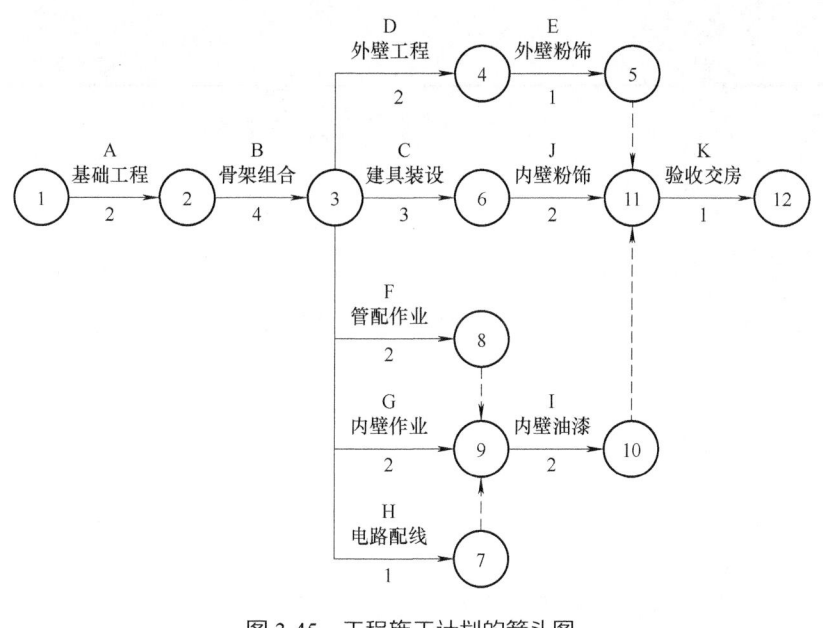

图3-45 工程施工计划的箭头图

【关键词】"新七种"质量控制工具，"老七种"质量控制工具。

【思考题】请思考"新七种""老七种"质量控制工具的方法、特点及其应用场景。

第4章 统计过程控制

【本章要点】统计过程控制原理，控制图类型，工序能力，工序能力分析。

4.1 概述

统计过程控制（Statistical Process Control，SPC）是持续过程改进的基本工具，是应用数理统计方法进行过程控制的工具，根据反馈信息及时发现系统性因素出现的征兆，并及时采取措施消除其影响，使过程维持在仅受随机性因素影响的受控状态下，以达到质量控制的目的。产品生产一般都需要经过多道工序，每道工序都受到人、机器、材料、方法、环境、测量等因素的影响，导致产品质量波动。这些波动分为正常波动和异常波动。正常波动是由不可避免的偶然性因素造成的，它对产品质量的影响较小，在技术上很难消除，在经济上消除它也不值得，因此可把它看作噪声而忽略它。异常波动是由系统原因造成的，它对产品质量的影响很大，但能够采取措施加以避免或消除，因此在过程中异常波动及造成其发生的原因是注意对象。

SPC 通过恰当地选择产品生产过程中的控制点，及时采集生产过程中的质量特征值，能够实时地监控生产过程，发现质量隐患，及时调整生产过程，达到控制产品生产和提高产品质量的目的。SPC 是制造企业常用的质量管理方法之一。当生产过程仅受偶然性因素影响时，过程处于统计控制状态，简称受控状态；当生产过程中存在系统因素的影响时，过程处于统计失控状态，简称失控状态。由于过程波动具有统计规律性，因而：当生产过程受控时，过程特性一般服从稳定的随机分布；失控时，过程分布参数将发生改变。SPC 正是利用过程波动的统计性规律对过程进行分析控制的。它强调过程在受控和有能力的状态下运行，从而使产品和服务稳定地满足顾客的要求。

实施 SPC 分为分析阶段和控制阶段，在这两个阶段所使用的控制图分别被称为分析用控制图和控制用控制图。

分析阶段的主要目的有两个：一是使过程处于统计稳态，二是使工序能力满足生产要求。分析阶段首先要进行的工作是生产准备，即把生产过程所需的原料、劳动力、设备、测量系统等按照标准要求准备好，确保生产是在影响生产的各要素无异常的情况下进行的；其次，可以用生产过程中收集的数据计算控制限，做成分析用控制图，检验生产过程是否处于统计稳态以及工序能力是否足够。如果没有处于统计稳态及工序能力不足，则必须寻找原因，进行改进，并重新准备生产及分析，只有达到了分析阶段的两个目的，分析阶段才可以宣告结束，进入 SPC 控制阶段。

第 4 章 统计过程控制

控制阶段的主要工作是使用控制用控制图进行监控,此时控制图的控制限已经根据分析阶段的结果而确定。将生产过程的数据及时绘制到控制图上,并密切观察控制图。控制图中点的波动情况可以显示出生产过程受控或失控。监控可以充分体现出 SPC 预防控制的作用。

SPC 有利于对生产过程做出可靠的评估;确定生产过程的统计控制限,判断生产过程是否失控和生产过程是否有能力;为生产过程提供一个早期报警系统,及时监控产品的生产情况,防止废品的产生;减少对常规检验的依赖性,用定时的观察以及系统的测量替代大量检验工作。

4.2 控制图

过程质量控制的任务是要把质量特性值控制在规定的波动范围内,使过程处于受控状态,能稳定地生产合格品。控制图就是用来判断和预报生产过程中质量状况是否发生波动的一种有效方法,也是统计过程质量控制的重要工具之一。

4.2.1 控制图的基本原理

1. 三西格玛准则

如果生产过程处于稳定的受控状态,那么仅有随机因素造成产品特性值 x 的波动,且可以知道产品特性值 x 服从某种分布,如正态分布;当生产中出现非随机因素时,则产品特性值 x 就会改变。可以用假设检验判断产品特性值 x 的偏离,确定系统中是否有非随机因素存在。设 x 服从正态分布 $N(\mu,\sigma^2)$,当工序不存在非随机因素时,可知 $P(\mu-3\sigma<x<\mu+3\sigma)=0.9973$,$x$ 落在上、下控制限外的概率为 0.27%。如果从处于受控状态的工序中抽取一个样品,那么可以认为 x 以 99.73%的概率落在 $\mu\pm3\sigma$ 中,以 0.27%的概率落在 $\pm3\sigma$ 之外;0.27%是小概率,小概率事件是不可能发生的,这就是三西格玛准则。

控制图的基本形式如图 4-1 所示。控制图的纵坐标为样本统计量数值,横坐标为样本号,在具有统计意义的三条线段中,中间一条称为中心线,记作 CL(Central Line),上面一条虚线称为上控制限,记作 UCL(Upper Control Limit),下面一条虚线称为下控制限,记作 LCL(Lower Control Limit)。控制图的基本思想就是把要控制的质量特性值用点描于图上,若点全部落在上、下控制限内,且界限内的点的排列是随机的,无系统因素引起的异常波动,就可判断生产过程是处于受控状态。否则,就应该判断生产过程是处于失控状态,应立即查明原因,设法调整,使其重新处于受控状态。

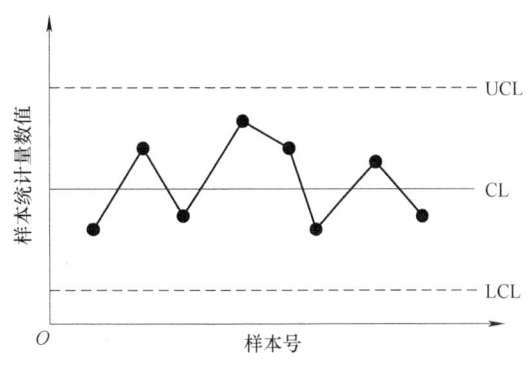

图 4-1 控制图的基本形式

2. 两类错误

控制图对过程的监控是通过抽样检验来进行的,抽样检验存在着两类错误:第一类错误是将正常判为异常，虚发警报，记为 α，这一类错误将导致寻找根本不存在的异常因素的损失；第二类错误是将异常判为正常，漏发警报，记为 β，第二类错误将造成废次品增加的损失。

如何减少两种错误所造成的损失？由于控制图上的三条线中，CL 居中不动，UCL 与 LCL 互相平行，因而只能改动它们之间的间隔距离。若间隔距离增加，则 α 减少、β 增加；反之，距离减少，则 α 增加、β 减小。可见，同时减少 α 和 β 是不可能的。通常的解决办法是以使两种错误造成的总损失最小为原则来确定 UCL 与 LCL 两者之间的最优间隔距离。经验表明，休哈特提出的 3σ 方式较好，控制图以 3σ 为界限，即考虑了上述经验，又考虑了经济因素。

4.2.2 控制图的判断准则

工序处于统计控制状态或稳定状态的判断条件有两个：一是点落在控制限之内；二是在控制限内的点的排列无缺陷。否则，判定过程异常。只有以上两个条件同时满足，才可判定生产处于受控状态。

1. **点落在控制限之内**

点落在控制限之内，包含：
① 连续 25 个点没有一个点在控制限以外。
② 连续 35 个点中最多有一个点在控制限以外。
③ 连续 100 个点中最多有两个点在控制限以外。

由于采用随机抽样，因此认为抽样数据是相互独立的。连续 n 次抽样中，随机事件 x 发生 k 次的概率应为 $P = C_n^k p^k (1-p)^{n-k}$，其中 p 表示单次试验时随机事件 x 发生的概率。

连续 35 个点中至少有一个点在控制限以外的概率为

$$P = C_{35}^0 p_{x>\pm 3\sigma}^0 (1-p_{x>\pm 3\sigma})^{35} + C_{35}^1 p_{x>\pm 3\sigma}^1 (1-p_{x>\pm 3\sigma})^{34} = 0.9959$$

在这里，$p_{x>\pm 3\sigma} = 0.27\%$。可见，在过程正常的情况下，连续 35 个点中至少有一个点在控制限以外是小概率事件，在一次试验中它实际上不发生，若发生，即判断过程失控。

这三条判别准则的判断可靠性依次递增，所需要的样品个数也依次递增，即成本越来越高。在进行判断时，应从准则①开始，若不能判断是否稳定，则进行准则②，若仍不能判断是否稳定，则进行准则③，若准则③依旧不能判断是否稳定，则不能继续再应用此准则，而应尽力查找出该过程的异常因素。统计软件 JMP 提供的相关测试标准，默认存在点超过 3 倍标准差就判为工序不稳定。显然这个测试标准要比上述三个准则严格，使用者在实际操作中，可以根据实际要求在 JMP 中进行修改。

2. **点排列的缺陷**

如果控制图的点排列分布有缺陷，就不能判定生产过程或工序处于受控状态，控制图的缺陷状态有过"偏离""倾向""周期""接近"等情况。

（1）偏离。较多的点出现在中心线一侧时，称为偏离。如出现下列情况就可判定失控：连续 9 个点在中心线一侧；连续 11 个点中至少有 10 个点在中心线一侧；连续 14 个点中至少有 12 个点在中心线一侧；连续 17 个点中至少有 14 个点在中心线一侧；连续 20 个点中至少有 16 个点在中心线一侧。在 JMP 中，默认连续 9 个点出现在中心线的一侧，便可判为异常。点出现在中心线

一侧的概率为 $p = 0.5$，则连续 9 个点出现在中心线一侧的概率为 $P = C_9^9 p^9 (1-p)^0 = 0.001953$，小概率事件的发生可断定异常。

（2）倾向。观察点有连续上升或下降趋向，称为倾向。JMP 中默认连续 6 个点递增或递减，便可判为异常。

（3）接近。观察点连续出现在控制限附近（$\pm 2\sigma \sim \pm 3\sigma$ 的范围），称为接近。

JMP 中默认 3 个连续的点中，有 2 个点在离中心线的一侧，且距离中心线超过 2 个标准差。常用的判断标准有：连续 3 个点中有 2 个点出现在控制限附近；连续 7 个点中有 3 个点出现在控制限附近；连续 10 个点中有 4 个点出现在控制限附近。若生产过程正常，则观察点落在中心线同一侧 2σ 界限与 3σ 界限之间的概率为 $\Phi(3) - \Phi(2) = 0.998650 - 0.977250 = 0.0214$。3 点中有 2 个点在中心线同一侧的 2σ 界限与 3σ 界限之间，另一个点在控制限内的任何处，发生这种情况的概率为 $2 \times C_3^2 \times 0.0214^2 \times (0.9973 - 0.0214) = 0.00268$。

JMP 提供的默认判断标准有：①连续 5 个点中，有 4 个点出现在中心线一侧，且距离中心线超过 1 个标准差；②连续 15 个点在距离中心线 1 个标准差的范围内；③连续 8 个点距离中心线超过 1 个标准差的距离。

（4）周期。虽然点均落在控制限内，但是如果出现周期性的变动情况，同样表明生产过程有系统性因素发生。JMP 中提供的相关标准是：连续 14 个点上下交替，便可判为异常。

JMP 中默认提供的标准都是一些常用的参考标准，实际过程中，可以根据生产特性，在 JMP 中对标准加严、放宽，也可以增加新的检测标准。

4.2.3 控制图的分类及应用范围

常用的控制图可分为计量值控制图和计数值控制图两大类。

1．计量值控制图

计量值控制图适用于以计量值为控制对象的场合。计量值表现为数轴上的所有点是连续的数值，如长度、强度等，只要能够达到测量精度，那么特征值能以任意精度表示。计量值控制图对工序中存在的系统性因素反应敏感，具有及时查明并消除异常的作用，其效果比计数值控制图显著。常用的计量值控制图简述如下：

（1）单值控制图（X 控制图）。X 控制图常应用于下列场合：从工序中只能获得一个测定值，如每日水力消耗；一批内的数据是均一的，无须取多个计量值，如某溶液的浓度；因费用或时间的关系，只允许得到一个计量值，如高压容器的破坏性试验；希望尽快发现并消除异常原因的；计量值间隔时间长的情况。

（2）均值-极差控制图（$\bar{X} - R$ 控制图）。这是最常用、最基本的控制图，可以同时控制质量特性值的集中趋势，即均值 $\bar{X}$，以及其离散趋势，即极差 R 的变化。$\bar{X} - R$ 图常用于控制尺寸、重量、时间、强度、成分等计量值。

（3）中位数-极差控制图（$Me - R$ 控制图）。$Me - R$ 控制图与 $\bar{X} - R$ 图很相似，只是用中位数图（Me 图）代替均值图（$\bar{X}$ 图）。由于中位数比平均值的计算简单，且中位数受到异常数据的影响较小，所以多用于现场需要把测定数据直接记入控制图进行控制的场合，一般每组数据规定为奇数个。

（4）单值-移动极差控制图（$X-R_s$ 控制图）。$X-R_s$ 控制图多用于下列场合：对每一个产品都进行检验、采用自动化检查和测量的场合；取样费时、昂贵的场合；化工气体与液体流程式过程等，产品均匀、多抽样也无太大意义的场合。它判断过程变化的检出力也要差一些。

（5）均值-标准差控制图（$\bar{X}-s$ 控制图）。$\bar{X}-s$ 控制图与 $\bar{X}-R$ 图很相似，只是用标准差 s 图代替极差 R 图而已。由于极差计算简便，因而 R 图得到广泛应用，但当样本量 $n>10$ 时，应用极差估计总体标准差 σ 的效率降低，需要应用 s 图来代替 R 图。

2. 计数值控制图

计数值控制图用于以计数值为控制对象的场合。计数值表现为数轴上的整数形式，是离散型数值，如一个产品批的不合格品件数。常用的计数值控制图有以下几种：

（1）不合格品数控制图（Pn 控制图）。该控制图用于控制对象为不合格品数的场合。设 n 为样本大小，P 为不合格品率，则 Pn 为不合格品数。如某家具装配公司对供应商送来的某一型号的螺钉进行抽查，从每一包装袋物料内随机抽取一定数量的螺钉做检查，并记录下每一包装袋抽查的不合格品数，此时便可以使用 Pn 控制图来记录并监控物料的质量。

（2）不合格品率控制图（P 控制图）。P 控制图用于控制对象为不合格品率或合格品率等计数质量指标的场合。需要注意的是，在根据多种检查项目综合起来确定不合格品率的情况下，当控制图显示异常后却难以找出异常的原因。因此，使用 P 图时应选择重要的检查项目作为判断不合格品的依据。

（3）缺陷数控制图（C 控制图）。C 控制图用于控制一部机器、一个部件、一定的长度、一定的面积或任何一定的单位中所出现的不合格数目。如布匹上的疵点数、铸件上的砂眼数、机器设备的不合格数或故障次数、电子设备的焊接不合格数、传票的误记数、每页印刷错误数、办公室的差错次数等。

（4）单位缺陷数控制图（U 控制图）。当样本量保持不变时，可以应用 C 控制图；当样本量变化时，则应换算为平均每单位的不合格数后再使用 U 控制图。如在制造厚度为 2mm 的钢板的生产过程中，一批样品的面积是 $2m^2$ 的，下一批样品的面积是 $3m^2$ 的，这时就应都换算为平均每平方米的不合格数，然后再对它进行控制。

4.2.4 计量值控制图

1. 单值控制图

单值控制图（X 控制图）是将所测各点的值直接在图上打点。它具有判定迅速、处理及时的特点，但不能发现离散程度的变化。

（1）X 控制图的中心线和上、下控制限的确定。

1）如果生产条件与过去基本相同、生产过程相当稳定，即有一个较可靠的 μ 值和 σ 值时，则可遵照以往经验数据按照 $\pm 3\sigma$ 方式建立控制图的控制限，得出上、下控制限。

$$\begin{cases} CL = \mu \\ UCL = \mu + 3\sigma \\ LCL = \mu - 3\sigma \end{cases} \quad (4-1)$$

2）如无经验数据，则应进行随机抽样，并估计出样本平均值 $\bar{X}$ 和样本标准差 S，得到上、下控制限。

$$\begin{cases} CL = \bar{X} \\ UCL = \bar{X} + 3S \\ LCL = \bar{X} - 3S \end{cases} \tag{4-2}$$

（2）利用 JMP 绘制控制图。现以一个实例介绍如何使用 JMP Pro15 绘制单值控制图。

例 4-1

已知零件的标准尺寸要求为 50.0 ± 2.0mm，通过随机抽样的方法测得 30 组数据，见表 4-1，试绘制其 X 控制图。

表 4-1 零件尺寸数据表

50.1	51.0	50.4	49.3	50.1	50.1
50.6	49.7	49.6	49.6	49.4	50.6
50.3	49.8	49.3	49.8	49.9	49.5
49.7	50.6	50.4	50.4	50.0	49.9
50.2	49.5	48.1	49.9	50.2	50.3

绘图步骤：

打开 JMP Pro15，在数据表内将上述数据输入同一列数据栏中；依次单击"分析（A）"→"质量和过程"→"控制图生成器"，将要检测的项目拖入"Y"，将生成如图 4-2 所示的控制图。JMP 软件的"控制图生成器"将会根据输入项目的类型自动匹配并生成控制图。

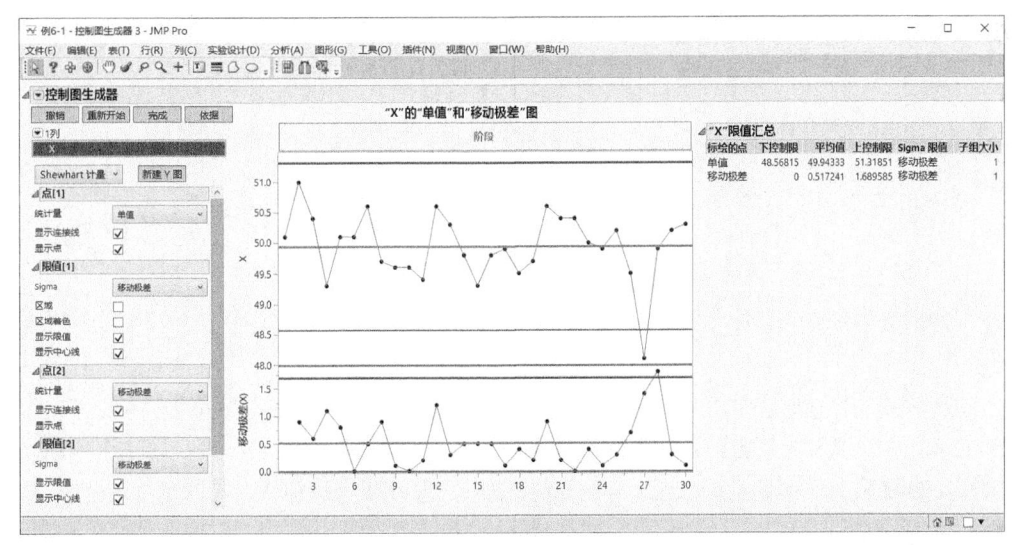

图 4-2 "控制图生成器"窗口

在此案例中，仅需要"单值控制图"，因此将鼠标光标放置在"移动极差"旁，单击右键，选择"删除"→"移动极差"，如图 4-3 所示。在控制图上单击右键，选择"警告"→"检验"→"所有检验",若要根据实际情况更改检测标准,可单击"定制检验"进行更改。在左侧"控制图生成器"下面单击"完成"按钮,得到控制图如图 4-4 所示。

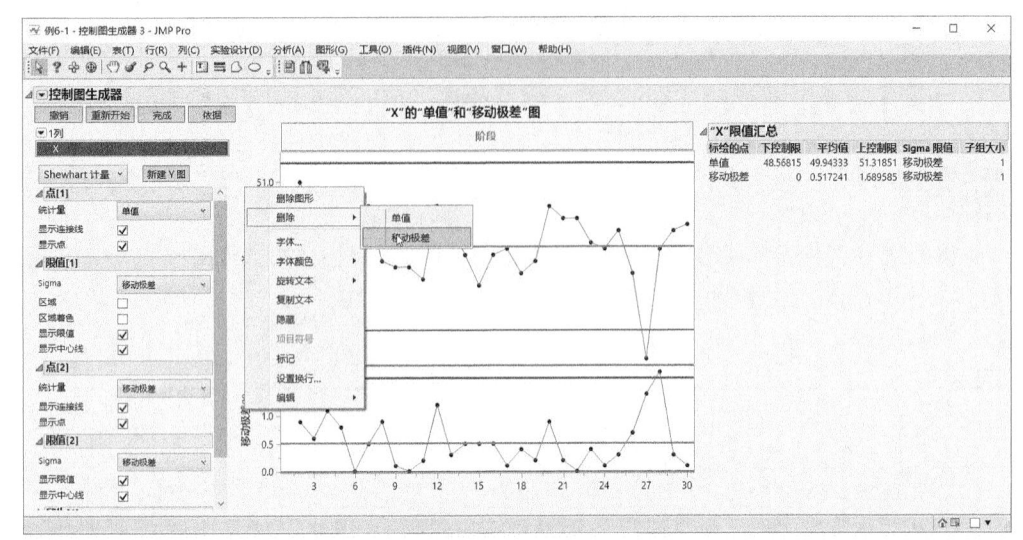

图 4-3　选择"单值控制图"

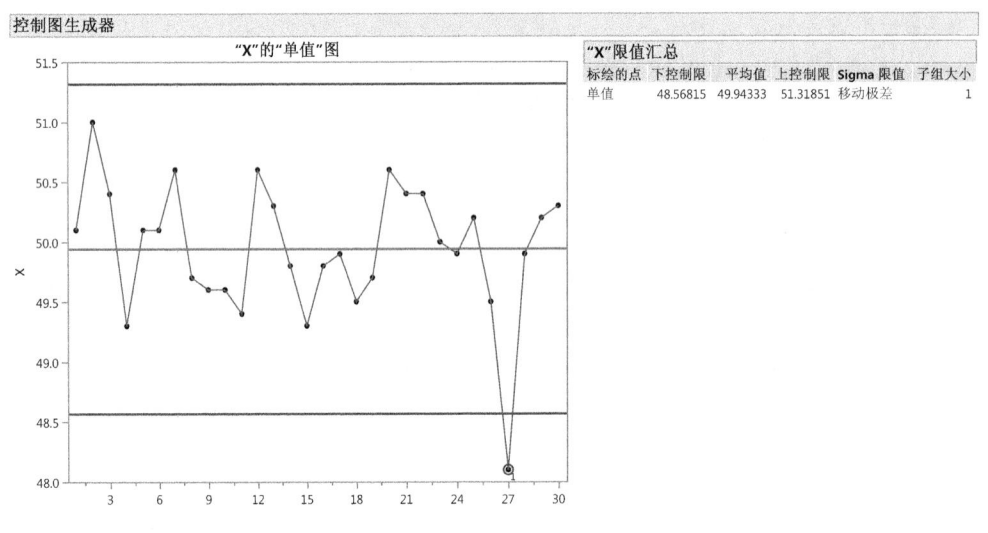

图 4-4　单值控制图

从"X"限值汇总中可见,样本均值 $\bar{X}$=49.943,上、下控制限分别为 UCL=51.319 和 LCL=48.568。第 27 个数据点被圈出,下方有"1"标识,说明该点不符合第 1 个测试要求,即超出控制限,认为该生产失控,应当查明原因,并寻找解决措施。

2. 均值与极差控制图

平均值与极差控制图($\bar{X}-R$ 控制图)是使用范围最广的计量值控制图,用以观察和分析均值 $\bar{X}$ 以及离散程度 R 的变化。

(1) $\bar{X}$ 图的控制限。设生产过程正常,$X \sim N(\mu,\sigma^2)$,则 $\bar{X} \sim N(\mu,\sigma^2/n)$,这里,$\mu$ 为 X 的总体平均值,σ 为 X 的总体标准差,n 为样本量。

若 μ、σ 已知,则 $\bar{X}$ 图的控制限为

$$\text{UCL}_{\bar{X}} = \mu_{\bar{X}} + 3\sigma_{\bar{X}} = \mu + \frac{3\sigma}{\sqrt{n}}$$

$$\text{CL}_{\bar{X}} = \mu_{\bar{X}} = \mu$$

$$\text{UCL}_{\bar{X}} = \mu_{\bar{X}} - 3\sigma_{\bar{X}} = \mu - \frac{3\sigma}{\sqrt{n}}$$

若 μ、σ 未知,则需对其进行估计,则

$$\text{UCL}_{\bar{X}} = \mu_{\bar{X}} + 3\sigma_{\bar{X}} \approx \hat{\mu} + \frac{3\hat{\sigma}}{\sqrt{n}}$$

$$\text{CL}_{\bar{X}} = \mu_{\bar{X}} \approx \hat{\mu}$$

$$\text{UCL}_{\bar{X}} = \mu_{\bar{X}} - 3\sigma_{\bar{X}} \approx \hat{\mu} - \frac{3\hat{\sigma}}{\sqrt{n}}。$$

由数理统计可知:$\hat{\mu} = \bar{\bar{X}}$,$\hat{\sigma} = \bar{R}/d_2$。$\bar{R}$ 为样本极差的平均值,d_2 为与样本量 n 有关的常数。将 $\hat{\mu} = \bar{\bar{X}}$、$\hat{\sigma} = \bar{R}/d_2$ 代入,得到 μ、σ 未知时的 $\bar{X}$ 图的控制限为

$$\text{UCL}_{\bar{X}} = \mu_{\bar{X}} + 3\sigma_{\bar{X}} \approx \hat{\mu} + \frac{3\hat{\sigma}}{\sqrt{n}} = \bar{\bar{X}} + \frac{3\bar{R}}{d_2\sqrt{n}} = \bar{\bar{X}} + A_2\bar{R}$$

$$\text{CL}_{\bar{X}} = \mu \approx \hat{\mu} = \bar{\bar{X}}$$

$$\text{UCL}_{\bar{X}} = \mu_{\bar{X}} - 3\sigma_{\bar{X}} \approx \hat{\mu} - \frac{3\hat{\sigma}}{\sqrt{n}} = \bar{\bar{X}} - \frac{3\bar{R}}{d_2\sqrt{n}} = \bar{\bar{X}} - A_2\bar{R}$$

式中,$A_2 = 3/(d_2\sqrt{n})$,也是与样本量 n 有关的常数。

(2) R 图的控制限。若 μ_R、σ_R 已知,按照 3σ 方式可求得 R 图的控制限。

$$\text{UCL}_R = \mu_R + 3\sigma_R,\quad \text{CL}_R = \mu_R,\quad \text{LCL}_R = \mu_R - 3\sigma_R$$

若 μ_R、σ_R 未知,则需对其进行估计,求出估计值 $\hat{\mu}_R$、$\hat{\sigma}_R$。

$$\begin{cases} \text{UCL}_R = \mu_R + 3\sigma_R \approx \hat{\mu}_R + 3\hat{\sigma}_R \\ \text{CL}_R = \mu_R \approx \hat{\mu}_R \\ \text{LCL}_R = \mu_R - 3\sigma_R \approx \hat{\mu}_R - 3\hat{\sigma}_R \end{cases} \quad (4\text{-}3)$$

由数理统计可知:$\hat{\mu}_R = \bar{R}$,$\hat{\sigma}_R = d_3\hat{\sigma} = d_3\bar{R}/d_2$,$d_3$ 为与变量 n 有关的常数。将其代入式(4-3)即可得到 R 图的控制限为

$$\text{UCL}_R = D_4\bar{R},\quad \text{CL}_R = \bar{R},\quad \text{LCL}_R = D_3\bar{R}$$

式中,$D_4 = 1 + 3d_3/d_2$,$D_3 = 1 - 3d_3/d_2$。D_3、D_4 分别为与样本量 n 有关的常数。

(3) $\bar{X}-R$ 图的作图顺序。如果先做 $\bar{X}$ 图,则由于这时 R 图还未判稳,$\bar{R}$ 的数据不可用,因而不可行。如果先做 R 图,由于 R 图中只有 $\bar{R}$ 一个数据,因而可行。当 R 图判稳后,再做 $\bar{X}$ 图。若 R 图未判稳,则不能开始做 $\bar{X}$ 图。

(4) 利用 JMP 绘制控制图

例 4-2

某厂生产一种零件,其长度要求为 49.50±0.10mm,试叙述均值-极差控制图的作图步骤。

1)收集数据。本例每隔一段固定时间,就从生产过程中抽取 5 个零件,测量其长度值,组成大小为 5 的样本,一共收集 25 个样本。

2)数据分组。按数据测量顺序或批次进行分组。样本大小为 n,通常取 3~5,这里 $n=5$。组数用 k 表示,这里 $k=25$。将分组后的数据填入抽样数据表 4-2 中。

表 4-2 抽样数据表

样本号	测量值					均值	极差
	X_1	X_2	X_3	X_4	X_5	$\overline{x_i}$	R_i
1	49.50	49.46	49.51	49.46	49.52	49.490	0.06
2	49.49	49.56	49.52	49.5	49.52	49.518	0.07
3	49.47	49.49	49.51	49.5	49.53	49.500	0.06
4	49.49	49.52	49.46	49.53	49.5	49.500	0.07
5	49.47	49.52	49.54	49.53	49.58	49.528	0.11
6	49.57	49.45	49.49	49.52	49.52	49.510	0.12
7	49.5	49.45	49.55	49.52	49.48	49.500	0.10
8	49.53	49.47	49.50	49.51	49.49	49.500	0.06
9	49.51	49.53	49.45	49.57	49.49	49.510	0.12
10	49.49	49.52	49.58	49.53	49.53	49.530	0.09
11	49.55	49.44	49.51	49.52	49.47	49.498	0.11
12	49.48	49.50	49.52	49.51	49.54	49.510	0.06
13	49.44	49.51	49.51	49.49	49.5	49.490	0.07
14	49.58	49.48	49.52	49.51	49.56	49.530	0.10
15	49.49	49.45	49.54	49.5	49.47	49.490	0.09
16	49.5	49.49	49.48	49.50	49.53	49.500	0.05
17	49.55	49.51	49.51	49.50	49.48	49.510	0.07
18	49.54	49.48	49.51	49.50	49.52	49.510	0.06
19	49.51	49.54	49.49	49.49	49.52	49.510	0.05
20	49.46	49.50	49.54	49.48	49.52	49.500	0.08
21	49.49	49.55	49.57	49.47	49.52	49.520	0.10
22	49.50	49.47	49.52	49.53	49.48	49.500	0.06
23	49.46	49.49	49.50	49.7	49.50	49.498	0.08
24	49.47	49.52	49.51	49.51	49.49	49.500	0.05
25	49.57	49.46	49.51	49.51	49.53	49.516	0.11
平均						$\overline{\overline{X}}=49.507$	$\overline{R}=0.08$

3)绘图步骤。

① 将测量值与序列号存入 JMP Pro15 的工作表前 6 列。

② 依次单击"表(R)"→"堆叠",将 X1~X5 拖至"堆叠列",将输出表的名称改为"均值图",单击"确定",如图 4-5 所示。

第 4 章　统计过程控制

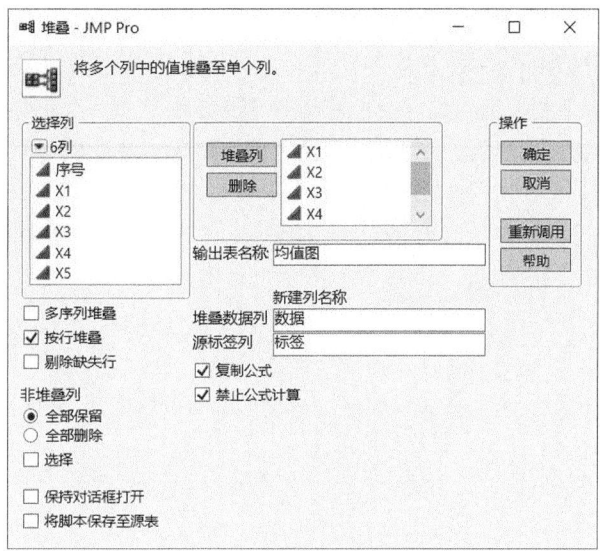

图 4-5　"堆叠"对话框

③ 在"均值图"数据表中依次单击"分析（A）"→"质量和过程"→"控制图生成器"，将"序号"放入"子组"，"数据"拖入"Y"。在控制图上单击右键，选择"警告"→"检验"→"所有检验"。在左侧"控制图生成器"下面单击"完成"，得到的控制图如图 4-6 所示。

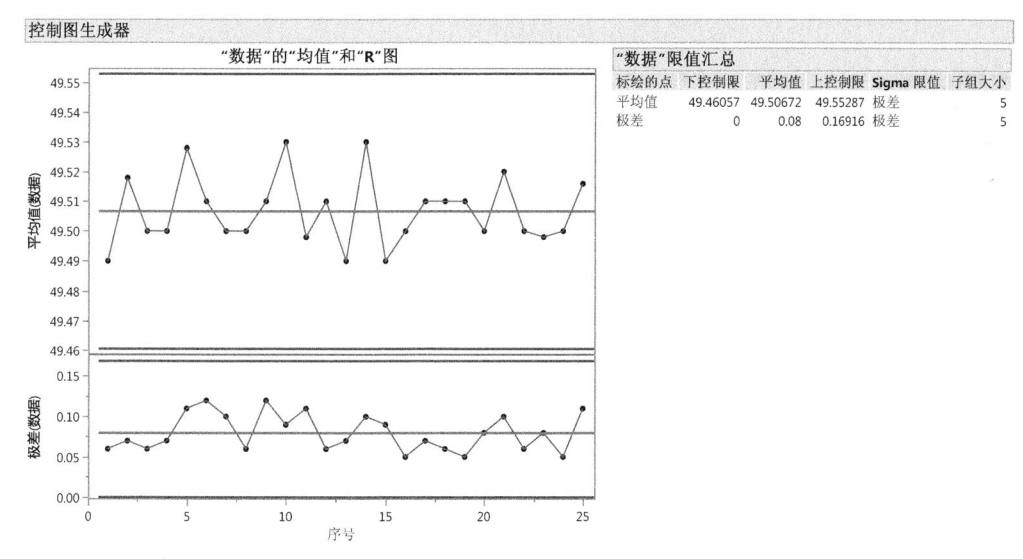

图 4-6　均值与极差控制图

④ 单击"控制图生成器"左侧的下拉标记，选择"保存汇总"，即可将汇总结果保存至新表。

通过观察 $\bar{X} - R$ 图发现，所有的点都落在了上、下控制限之间，极差 R 的均值为 0.08，$\bar{X}$ 的均值为 49.5067。利用分析用控制图的判断规则，分析生产过程是否处于统计受控状态。经分析，认为本例的生产过程处于统计受控状态。

3. 单值与移动极差控制图

单值与移动极差控制图($X-R_s$ 控制图)与 $\bar{X}-R$ 控制图作用类似。它一般用在以下场合：工序内部均一，不需要多个测量值；工序只能获得一个测量值，如一次化学反应的收率等；因费用或时间的关系，只能取一个测量值，如高压容器的破坏试验、复杂的化学分析等。$X-R_s$ 控制图的敏感性不强。

（1）移动极差。设从过程抽取的样本为 $x_i, i=1,2,\cdots,n$，则移动极差为 $R_{si}=|x_i - x_{i+1}|$，$i=1,2,\cdots,n-1$；平均移动极差为

$$\bar{R}_s = \frac{1}{n-1}\sum_{i=1}^{n-1}R_{si}$$

（2）计算控制限。用 $\bar{X}$ 作为 μ 的估计，$\bar{R}_s/d_2$ 作为 σ 的估计，根据 $\pm 3\sigma$ 原理得到 X 图的控制限为

$$\text{CL}=\bar{X},\ \text{UCL}=\bar{X}+\frac{3\bar{R}_s}{d_2}=\bar{X}+E_2\bar{R}_s,\ \text{LCL}=\bar{X}-\frac{3\bar{R}_s}{d_2}=\bar{X}-E_2\bar{R}_s$$

式中，$E_2=3/d_2$，当 $n=2$ 时，$E_2=2.66$，将 E_2 代入，得到

$$\text{CL}=\bar{X},\ \text{UCL}=\bar{X}+2.66\bar{R}_s,\ \text{LCL}=\bar{X}-2.66\bar{R}_s$$

移动极差控制图（R_s 控制图）的控制限相当于 $n=2$ 时的极差控制图（R 控制图）的控制限。R_s 的控制限为

$$\text{CL}=\bar{R}_s,\ \text{UCL}=3.267\bar{R}_s$$

（3）利用 JMP 绘制 $X-R_s$ 控制图。

例 4-3

某制药厂某种药品碱的单耗数据见表 4-3，做 $X-R_s$ 控制图。

表 4-3　$X-R_s$ 控制图数据表　　（单位：kg/万支）

样号	测量值	移动极差	样号	测量值	移动极差
1	2.52	—	14	2.51	0.09
2	2.48	0.04	15	2.54	0.03
3	2.54	0.06	16	2.47	0.07
4	2.58	0.04	17	2.44	0.03
5	2.49	0.09	18	2.53	0.09
6	2.51	0.02	19	2.46	0.07
7	2.55	0.04	20	2.57	0.11
8	2.50	0.05	21	2.49	0.08
9	2.41	0.09	22	2.56	0.07
10	2.44	0.03	23	2.48	0.08
11	2.43	0.01	24	2.52	0.04
12	2.46	0.03	25	2.51	0.01
13	2.60	0.14	26	2.48	0.03

绘图步骤：

1）将数据表中的测量值输入 JMP 的工作表中。

2）依次单击"分析（A）"→"质量和过程"→"控制图生成器"，将测量值拖入"Y"，将生成如图 4-7 所示的控制图。JMP 软件的"控制图生成器"将会根据输入项目的类型自动匹配并生成控制图。

3）在控制图上单击右键，依次选择"警告"→"检验"→"所有检验"。在左侧"控制图生成器"下面点击"完成"，得到控制图如图 4-7 所示。

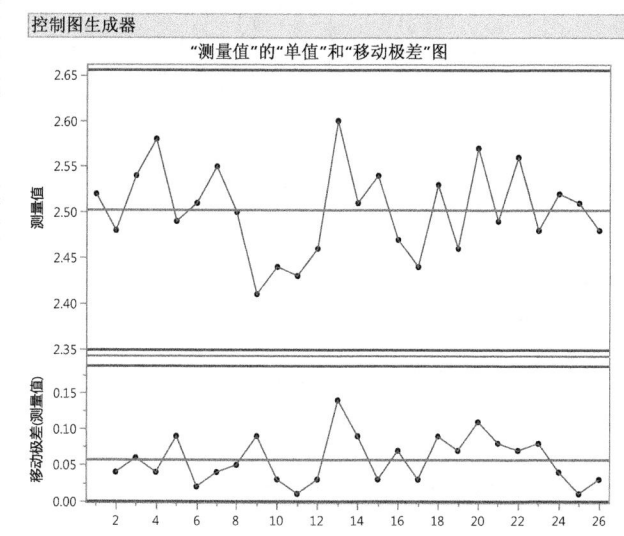

图 4-7 药品碱的 X-R_s 控制图

从上面的控制图中可以看出，该药品碱的单耗量稳定，没有异常情况。

4. 均值-标准差控制图

极差计算简便，因此 R 图得到广泛应用，但当样本量 $n>10$ 时，应用极差估计总体标准差 σ 的效率降低，需要应用 s 图来代替 R 图。因此，当样本量 $5 \geqslant n \geqslant 2$ 时，可采用控制图 Me-R 或 $\bar{X}$-R 控制图；当样本量 $n>5$，建议采用均值-标准差 ($\bar{X}$-s) 控制图，其中 s_i 表示第 i 组的样本标准差

$$s_i = \sqrt{\frac{1}{n-1}\sum_{j=1}^{n}(X_{ij}-\bar{X}_i)^2}$$

在大批量生产中，如芯片制造，常用 $\bar{X}$-s 控制图来对生产过程进行监控。

（1）$\bar{X}$ 图的控制限。$\bar{X}$ 图的控制限为

$$\text{CL}_{\bar{X}} = \bar{\bar{X}}, \quad \text{UCL}_{\bar{X}} = \bar{\bar{X}} + A_3\bar{s}, \quad \text{LCL}_{\bar{X}} = \bar{\bar{X}} - A_3\bar{s}$$

式中，$\bar{s}$ 表示样本标准差的均值，即

$$\bar{s} = \frac{1}{k}\sum_{i=1}^{k}s_i$$

（2）s 图的控制限。s 图的控制限为

$$CL_s = \bar{s},\quad UCL_s = B_4\bar{s},\quad LCL_s = B_3\bar{s}$$

式中，A_3、B_3、B_4 是系数，与样本容量有关，可以查表获得。

（3）利用 JMP 绘制 $\bar{X}-s$ 控制图。在 JMP 中可以很容易地绘制出 $\bar{X}-s$ 控制图工具，绘制过程与 $\bar{X}-R$ 类似："分析（A）"→"质量和过程"→"控制图生成器"，将序号放入"子组"，要分析的项目拖入"Y"，在左侧控制栏的"点[2]"与"限值[2]"中，将统计量由"极差"改为"标准差"，如图 4-8 所示。

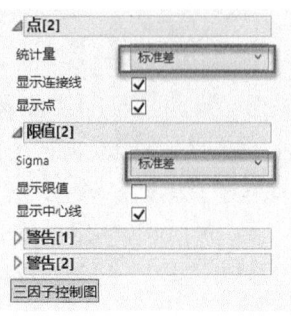

图 4-8　选择 $\bar{X}-s$ 控制图

4.2.5　计数值控制图

1. 不合格品数控制图

在生产过程稳定时，产品不合格率 P 有一个比较固定的数值。设样本大小为 n，则 nP 为样本的不合格品数。如果在生产过程中没有发生工序变化或失控，则样本中的不合格品数或不合格品率变动不大。若发现不合格品数或不合格品率发生大的变化，说明生产处于异常状态，需要调整，这就是不合格品数控制图（nP 控制图）的基本思想。nP 控制图一般在样本大小 n 固定的情况下使用，使用这种控制图时，应使每个样本中含有 $1\sim 5$ 个不合格品，n 通常取 50 以上的数。不合格品率太小时，不适合采用这种控制图。

（1）nP 控制图界限的确定。由概率分布理论可知，大小为 n 的样本中的实际不合格品数，不一定恰好为平均不合格品数，而是服从二项分布的随机变量。而且 P 较小而 n 足够大时，不合格品数近似地服从正态分布，即 $nP \sim N[nP, nP(1-P)]$，按照 3σ 原理，nP 控制图中的中心线为 nP，上、下控制限为 $nP \pm 3\sqrt{nP(1-P)}$。但通常不知道 P，因此一般用 K 个样本的不合格品数的均值 $(\Sigma nP)/K$ 来估计 nP，用 $\bar{P}$ 来估计 P，则不合格品数 nP 的中心线和上、下控制限为

$$CL = n\bar{P},\quad UCL = n\bar{P} + 3\sqrt{n\bar{P}(1-\bar{P})},\quad LCL = n\bar{P} - 3\sqrt{n\bar{P}(1-\bar{P})}$$

式中，$n\bar{P} = (\Sigma nP)/K$ 为平均不合格品数；$\bar{P} = \Sigma nP/\Sigma n$ 为平均不合格品率。

（2）利用 JMP 绘制控制图。

例 4-4

某厂产品不合格品数统计资料见表 4-4。

表 4-4　nP 控制图数据表

组号	样本大小 n	不合格品数	组号	样本大小 n	不合格品数
1	100	2	6	100	3
2	100	2	7	100	4
3	100	4	8	100	5
4	100	0	9	100	6
5	100	0	10	100	2

(续)

组号	样本大小 n	不合格品数	组号	样本大小 n	不合格品数
11	100	1	19	100	1
12	100	4	20	100	3
13	100	3	21	100	3
14	100	0	22	100	7
15	100	4	23	100	2
16	100	1	24	100	0
17	100	6	25	100	3
18	100	2	总计	$\sum n = 2500$	$\sum nP = 68$

绘图步骤：

1）将上述不合格品数输入 JMP 工作表。

2）依次单击"分析（A）"→"质量和过程"→"控制图生成器"，将不合格品数输入"Y"，随即显示"单值"和"移动极差"图。从下拉列表中选择"Shewhart 计数"，将该图改为计数图。将"统计量"改为"计数"，"Sigma"改为"二项（P, nP）"以便将该图改为 nP 控制图，在底部"n 次试验"中填入"100"，如图 4-9 所示。

3）单击"完成"，得到控制图，如图 4-10 所示。

从控制图可以看出，所有的点都在上下界限范围内，且波动随机，因此认为生产属于受控状态。

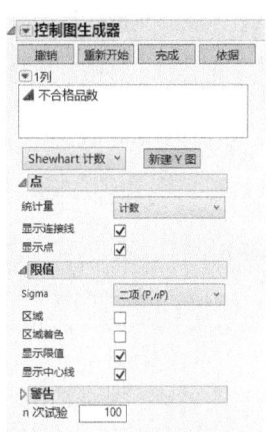

图 4-9 nP 控制图对话框

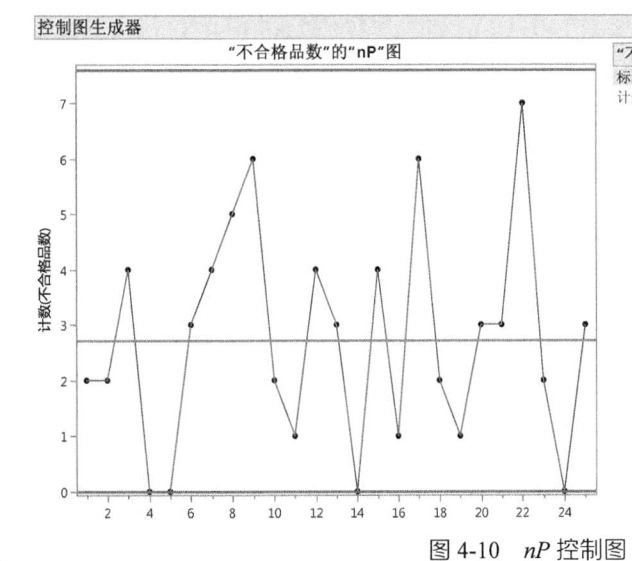

图 4-10 nP 控制图

2. 不合格品率控制图

不合格品率控制图（P 控制图）通过产品的不合格品率来监测、控制生产过程和产品质量。若生产中产品不合格品率发生较大的波动，则认为生产处于异常状态，这就是 P 控制图的基本思想。P 控制图常用于极限量规检查零件外形尺寸或用目测检查零件外观从而确定不合格频率的场合，也用于对光学组件和电子组件的检查。除了不合格品率外，对合格率、材料利用率、缺勤率、出勤率等也可以采用类似的控制方法。

（1）P 控制图界限的确定。由于样本中的不合格品数 nP 与不合格品率有关系，$nP/n = P$，$\bar{P} = n\bar{P}/n$，因而将 nP 控制图的控制限除以 n，得到 P 控制图的中心线和上、下控制限为

$$\text{UCL} = \bar{P} + 3\sqrt{\frac{\bar{P}(1-\bar{P})}{n}}, \quad \text{CL} = \bar{P}, \quad \text{LCL} = \bar{P} - 3\sqrt{\frac{\bar{P}(1-\bar{P})}{n}}$$

（2）利用 JMP 绘制控制图。在 JMP 工作表中输入表 4-4 中的数据，依次单击"分析（A）"→"质量和过程"→"控制图生成器"，将不合格品数放入"Y"，随即显示"单值"和"移动极差"图。从下拉列表中选择"Shewhart 计数"，将该图改为计数图。将"Sigma"改为"二项（P，nP）"以便将该图改为 P 控制图，在底部"n 次试验"中填入"100"。单击"完成"后，得到 P 控制图，如图 4-11 所示。从控制图中可以看出，不合格品数波动正常，因此推断生产处于受控状态。

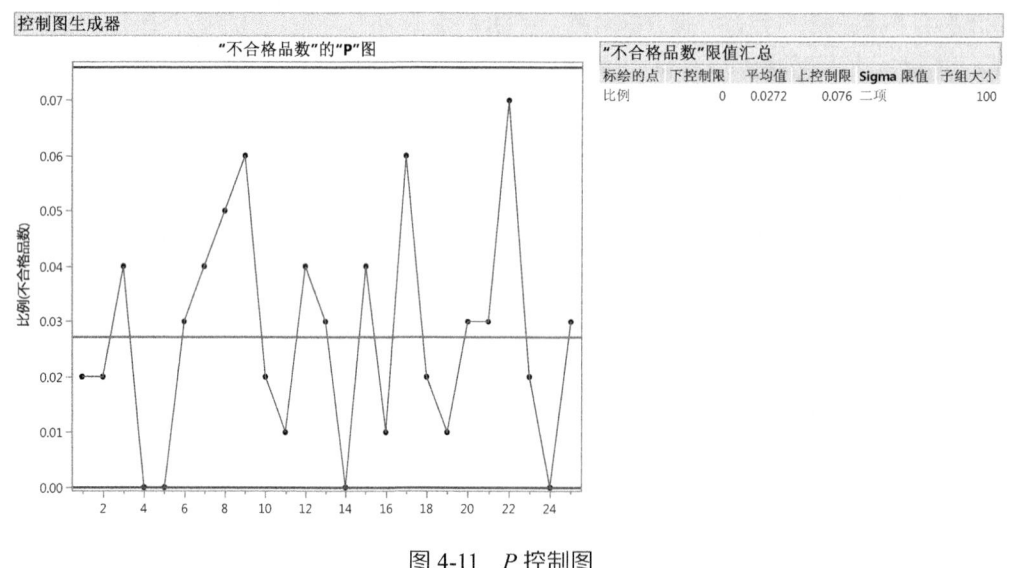

图 4-11 P 控制图

（3）关于 n 值的讨论。

1）由于样本中的样品数 $n = nP/P$（nP 一般取 1~5），当不合格品率 P 减小时，n 增大，但实际中不可能为了减小 P 而无限制地增大 n。

2）根据控制限公式

$$\text{UCL} = \bar{P} + 3\sqrt{\frac{\bar{P}(1-\bar{P})}{n}}, \quad \text{LCL} = \bar{P} - 3\sqrt{\frac{\bar{P}(1-\bar{P})}{n}}$$

可知，当 n 增大时，控制限变窄；这时，生产过程稍有变化就会超出控制限，成为不必要的严格控制。反之，当 n 过小时，生产异常就不容易发现。因此，当实际 P 很小，又不能增大 n 时，可以采用严格控制的方法解决。

3）如果所取的样本大小 n 不同，那么控制限就会随之发生变化，出现凹凸形。为了避免 P 控制图的凹凸，一般尽量使 n 固定不变，也可采用样本大小 n 的平均值 $\bar{n}$ 替代，以此影响控制限。

例 4-5

某螺钉生产商对不同批次螺钉抽样的结果数据见表 4-5。请用 JMP 绘制控制图。

表 4-5　不同批次螺钉抽样的结果数据

组号	样本大小 n	不合格品数 nP	不合格品率 P（%）	$3 \times \sqrt{\dfrac{\bar{P}(1-\bar{P})}{n}}$	UCL	LCL
1	835	8	0.958	1.177	2.135	0.219
2	679	12	1.767	1.306	3.073	0.000
3	698	6	0.860	1.288	2.147	0.428
4	783	6	0.766	1.216	1.982	0.450
5	483	7	1.449	1.548	2.997	0.099
6	539	5	0.928	1.465	2.393	0.538
7	430	11	2.558	1.641	4.199	0.000
8	600	8	1.333	1.389	2.722	0.056
9	824	6	0.728	1.185	1.913	0.457
10	206	9	4.369	2.370	6.739	0.000
11	703	6	0.853	1.283	2.137	0.430
12	850	8	0.941	1.167	2.108	0.226
13	378	19	5.026	1.750	6.776	0.000
14	670	11	1.642	1.314	2.956	0.000
15	766	5	0.653	1.229	1.882	0.576
16	480	8	1.667	1.553	3.219	0.000
17	870	14	1.609	1.153	2.763	0.000
18	794	7	0.882	1.207	2.089	0.326
19	769	9	1.170	1.227	2.397	0.056
20	655	8	1.221	1.329	2.551	0.108
21	465	4	0.860	1.578	2.438	0.717
22	529	2	0.378	1.479	1.857	1.101
23	310	11	3.548	1.932	5.481	0.000
24	766	7	0.914	1.229	2.143	0.315
25	654	8	1.223	1.330	2.554	0.107
合计	15736	205				

绘图步骤：

1）将表 4-5 中的样本大小 n 和不合格品数输入 JMP 工作表中。

2）依次单击"分析（A）"→"质量和过程"→"控制图生成器"，将不合格品数放入"Y"，随即显示"单值"和"移动极差"图。从下拉列表中选择"Shewhart 计数"，将该图改为计数图。将"Sigma"改为"二项（P, nP）"以便将该图改为 P 控制图。将"样本大小"拖入控制图右下角的"n次试验"。

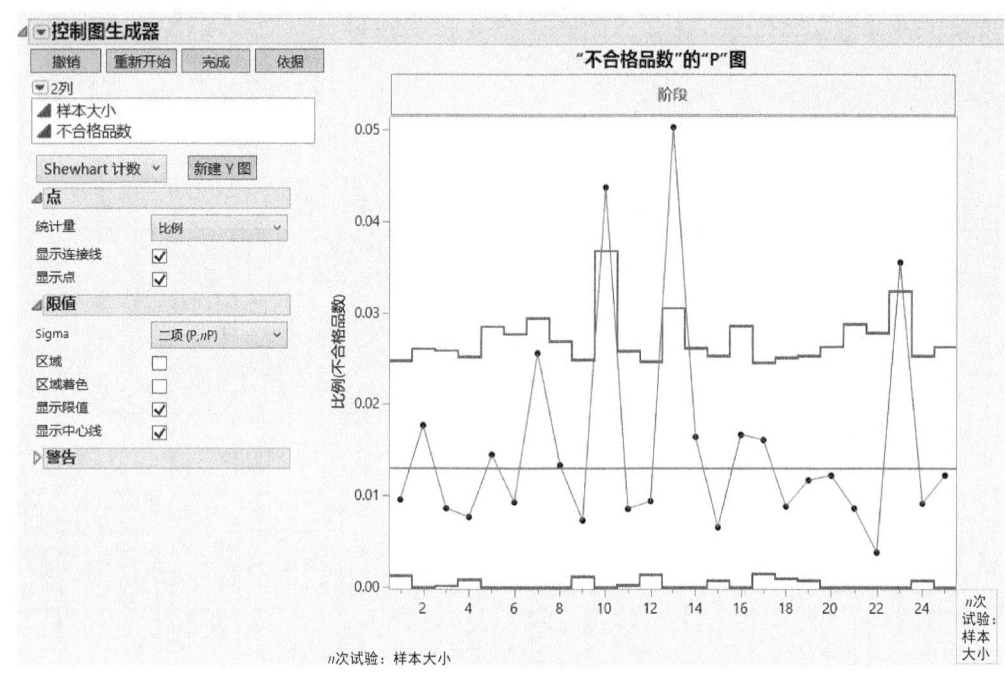

图 4-12　样本大小不同的 P 控制图对话框

3）在控制图上单击右键，依次选择"警告"→"检验"→"所有检验"。在左侧"控制图生成器"下面单击"完成"，得到控制图如图 4-13 所示。

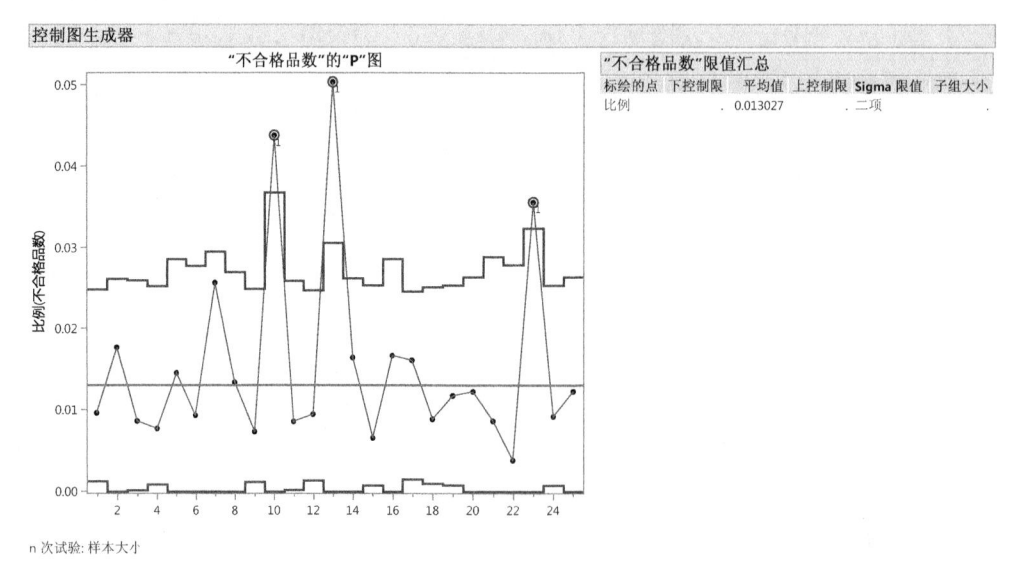

图 4-13　螺钉不合格品率控制图

从上面的控制图可以看出，有三组数据违反了第一个检测项目，即超出了控制限，因此判定生产处于失控状态。

3. 缺陷控制图

缺陷控制图（C 控制图）的控制对象是一定单位（如长度、面积等）上的缺陷数。如一块瓷砖上的气孔数、一段金属线上的瑕疵数、一部机器装配完成后发现的故障数等。C 控制图就是通过监测控制产品上面的缺陷数来控制质量的。

（1）C 控制图界限的确定。产品上的缺陷分布常常服从泊松分布。

$$P(x) = e^{-\mu} \frac{\mu^x}{x!}$$

式中，x 为 0, 1, 2, $\cdots$，μ 为分布均值。当 μ 足够大时，泊松分布近似正态分布处理，这时标准差为 $\sqrt{\mu}$。从一批稳定生产的产品中随机抽取样本，若以 $C_1, C_2, C_3, \cdots, C_n$ 表示各个样本缺陷数，则可得平均缺陷数 $\bar{C}$ 和标准差 $\sqrt{\bar{C}}$；当 $\bar{C}$ 具有一定大小时，可以认为缺陷的分布为正态分布，即 $N \sim N(\bar{C}, \bar{C})$，根据 3σ 原理得到 C 控制图的中心线和上、下控制限为

$$\text{UCL} = \bar{C} + 3\sqrt{\bar{C}}, \quad \text{CL} = \bar{C}, \quad \text{LCL} = \bar{C} - 3\sqrt{\bar{C}}$$

（2）利用 JMP 绘制缺陷数控制图。

例 4-6

已知某铸件（20cm²）表面的缺陷数统计数据见表 4-6。

表 4-6 缺陷数统计数据表

样本号	缺陷数	样本号	缺陷数
1	3	14	3
2	5	15	5
3	3	16	6
4	6	17	7
5	6	18	9
6	8	19	10
7	4	20	6
8	7	21	7
9	5	22	3
10	4	23	2
11	5	24	5
12	5	25	1
13	2	合计	127

绘图步骤：

1）将表 4-6 中的缺陷数输入 JMP 工作表中。

2）依次单击"分析（A）"→"质量和过程"→"控制图生成器"，将缺陷数放入"Y"，随即显示"单值"和"移动极差"图。从下拉列表中选择"Shewhart 计数"，将该图改为计数图，将统计量改为"计数"，以便将该图改为 C 控制图。

3）在控制图上单击右键，依次选择"警告"→"检验"→"所有检验"。在左侧"控制图生成器"下面单击"完成"，得到控制图如图 4-14 所示。

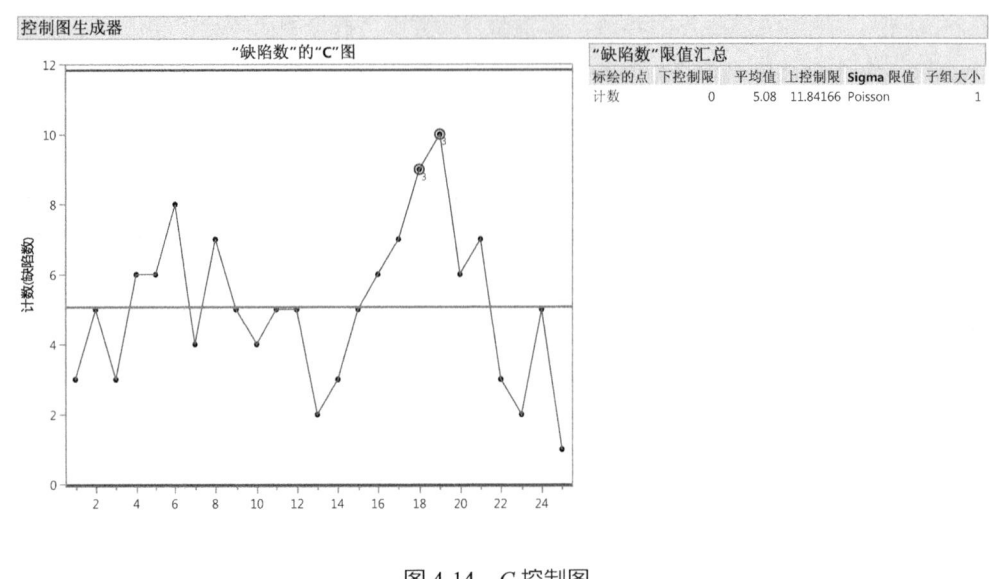

图 4-14　C 控制图

从控制图中可以看出，第 18、19 个数据违反第三条检测要求，即连续 6 个点递增，因此可以推断该生产受到非随机因素的影响。

4．单位缺陷数控制图

单位缺陷数控制图（U 控制图）主要用于对单位缺陷数进行控制的场合，是通过测定样本上单位数量（如面积、时间、长度等）内的缺陷数来控制产品质量的。另外它也用于单位时间内的事故、灾害的发生次数等。

（1）U 控制图界限的确定。缺陷数 C 与单位缺陷数 U 存在如下的关系：$U = C/n$，n 为样本大小。平均缺陷数 $\bar{C}$ 与单位平均缺陷数 $\bar{U}$ 的关系：$\bar{U} = \bar{C}/n$，$\bar{C} = n\bar{U}$。

将 $\bar{C}$ 带入 C 控制图的控制限，两边同时除以 n，可得到 U 控制图的控制限

$$\mathrm{CL} = \bar{U} = \frac{\sum_{i=1}^{n} C_i}{n}, \quad \mathrm{UCL} = \bar{U} + 3\sqrt{\frac{\bar{U}}{n}}, \quad \mathrm{LCL} = \bar{U} - 3\sqrt{\frac{\bar{U}}{n}}$$

（2）利用 JMP 绘制 U 控制图。JMP 中同样带有 U 控制图的绘制功能，与前面几个控制图操作类似，此处不再举例示范。

应用控制图时需要注意，只有控制图的控制对象能够定量，才能应用计量值控制图。如果只有定性的描述而不能够定量，那只能应用计数控制图。所控制的过程必须具有重复性，即具有统计规律。对于只有一次或少数几次的过程，显然难于应用控制图进行控制。一个过程往往具有各种各样的特性，在使用控制图时应选择真正代表过程的主要指标作为控制对象。应根据所控制质量指标的数据性质来进行选择控制图：如数据为计量值，应选择 $\bar{X} - R$ 控制图、$\bar{X} - s$ 控制图、$X - R_s$ 控制图等；如数据为计件值，应选择 P 或 nP 控制图；数据为计点值，应选择 C 控制或 U 控制图。若为单指标可选择单指标控制图，若为多指标则须选择多指标控制图。除此之外，还需

要考虑其他要求，如检出力大小、抽取样品、取得数据的难易和是否经济等。

控制图是根据稳态下的"5M1E"条件（人员，Man；机器，Machine；材料，Material；方法，Method；测量，Measure；环境，Enviroment 来制定的。如果上述条件变化，如更换了操作人员或通过学习操作水平显著提高、设备更新、采用新型原材料或更换其他原材料、改变工艺参数或采用新工艺、测量仪表或方法改变、环境改变等，这时，控制图也必须重新制定。控制图的计算以及日常的记录都应作为技术资料加以妥善保管。对于点出界或界内点排列非随机的异常情况以及当时的处理情况都应予以记录，因为这些都是以后出现异常时查找原因的重要参考资料。

4.3 工序能力与工序能力分析

4.3.1 工序能力

1．工序能力的概念

工序能力表示一种工序固有的实际加工能力，是在人员、机器、材料、方法、检量、环境等质量因素（通常称"5M1E"）处于稳定状态下所表现出来的保证工序质量的能力，是描述加工过程客观存在的分散程度的一个量值。工序能力的测定一般是在成批生产状态下进行的。工序满足产品质量要求的能力主要表现在产品质量是否稳定以及产品质量精度是否足够。在确认工序能力可以满足精度要求的条件下，工序能力是以该工序产品质量特性值的变异或波动来表示的。

2．影响工序能力的因素

在加工过程中影响工序能力的因素，主要有如下方面：在设备方面，如设备精度的稳定性、性能的可靠性、定位装置和传动装置的准确性、设备的冷却润滑的保护情况、动力的供应稳定程度等；在工艺方面，如工艺流程的安排，工序之间的衔接，工艺方法、工艺装配、工艺参数、测量方法的选择，工序加工的指导文件，工艺卡、操作规范、作业指导书、工序质量分析表等；在材料方面，如材料的成分，物理性能、化学性能处理方法，配套件元器件的质量等；在操作者方面，如操作人员的技术水平熟练程度、质量意识、责任心以及管理程度等；在环境方面，如生产线上的温度、湿度、噪声干扰、振动、照明室内净化、现场污染程度等；在检测方面，如检测方法、检测工具、检测人员等。工序能力是"5M1E"的综合反映，"5M1E"对不同行业、不同企业、不同过程及其对质量的影响程度有明显差别，起主要作用的因素称为主导性因素。例如：对化工企业来说，一般设备、装置、工艺是主导性因素；对机械加工的铸造过程来说，主导性因素是工艺过程和操作人员的技术水平；在手工操作较多的冷加工、热处理及装配调试中，操作人员的水平是主导性因素；环境条件则是精密设备和电子产品的主导性因素；等等。

3．工序能力分析的作用

工序能力分析是保证产品质量的基础工作。这是因为只有掌握了工序能力，才能控制制造过程的符合性质量。如果工序能力不能满足产品设计的要求，那么质量控制就无从谈起，因此工序能力调查、测试分析是保证产品质量的基础。

工序能力分析是提高工序能力的有效手段。因为工序能力受各种因素影响，所以通过工序能力的测试分析，可以找到影响工序能力的主导性因素；从而通过改进工艺、改进设备、提高操作水平、改善环境条件、制定有效的工艺方法和操作规程、严格工艺纪律等来提高工序能力。工序能力分析为质量改进找到方向。因为工序能力显示加工的实际质量状态，它是产品质量保证的客观依据，所以工序能力的测试既可以为设计人员和工艺提供关键的工序能力数据，也可以作为产品设计供签订合同参考，并为提高加工能力、改进产品质量找到改进方向。

4.3.2 工序能力指数

1. 工序能力指数的概念

工序能力指数表示工序能力对产品设计质量要求的保证程度，它与产品的标准、公差或允许范围有关，通常记作 C_p。工序能力指数的大小，一般用产品质量标准规格的要求（记作 T）与制造时工序所具有的满足要求的能力（记作 B）的比值来衡量。

$$C_p = \frac{产品质量标准规格的要求}{工序所具有的满足要求的能力} = \frac{T}{B} = \frac{T}{6\sigma}$$

式中，T 表示公差范围，即对产品质量的要求或标准；σ 表示工序的标准差，反映了经过该工序加工过程后，产品质量特性值分布的情况。

工序能力指数值越大，说明工序能力越能满足技术要求，甚至有一定的能力储备。但不能认为工序能力指数值越大越好，C_p 值越大，表明加工精度越高，但对设备和操作人员的要求也高，加工成本也高，所以对其的选择应根据技术要求与经济性综合考虑来决定。

2. 工序能力指数的计算

1）当计量值为双侧公差，且分布中心 μ 与标准中心 M 重合时，工序能力指数为

$$C_p = \frac{T}{6\sigma} = \frac{T_U - T_L}{6\sigma}$$

如果 σ 未知，则可以根据抽样实测值计算出的样本标准差 S 来估计。此时，工序能力指数为

$$C_p = \frac{T}{6\sigma} = \frac{T_U - T_L}{6S}$$

式中，T_U 为质量标准上限；T_L 为质量标准下限；$T = T_U - T_L$。分布情况如图 4-15 所示。

2）当计量值为双侧公差，且分布中心 μ 与标准中心 M 不重合时，如图 4-16 所示。令 $\varepsilon = |M - \mu|$，ε 为分布中心对标准中心的绝对偏移量。把 ε 对 $T/2$ 的比值称为偏移系数，记作 K，则

$$K = \frac{\varepsilon}{T/2} = \frac{|M - \mu|}{T/2}$$

从图 4-16 可见，分布中心 μ 与标准中心 M 不重合，导致实际有效的标准范围不能完全被利用。分布中心右侧的工序能力指数 C_{PU} 为

$$C_{PU} = \frac{T/2 - \varepsilon}{3\sigma}$$

分布中心左侧的工序能力指数 C_{PL} 为

$$C_{PL} = \frac{T/2 + \varepsilon}{3\sigma}$$

由于左侧工序能力的增加弥补不了右侧工序能力的损失，因此，在出现偏移时，取两者较小的作为工序能力指数，并记作 C_{pk}。

$$C_{pk} = \frac{T/2 - \varepsilon}{3\sigma} = C_p(1-K)$$

式中，$K = 2\varepsilon/T$；$C_p = T/6\sigma$。当 $K = 0$，即偏移量为 0 时，$C_{pk} = C_p$。当 $K \geq 1$ 时，$C_{pk} = 0$。

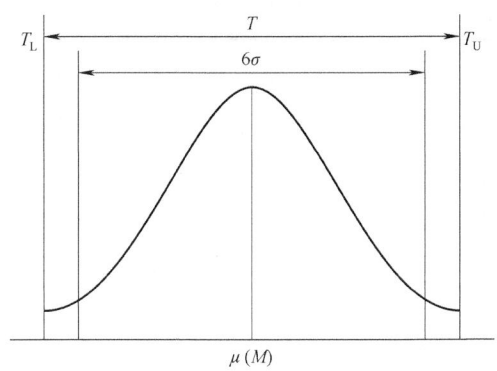

图 4-15 计量值为双侧公差，且分布中心与
　　　　 标准中心重合

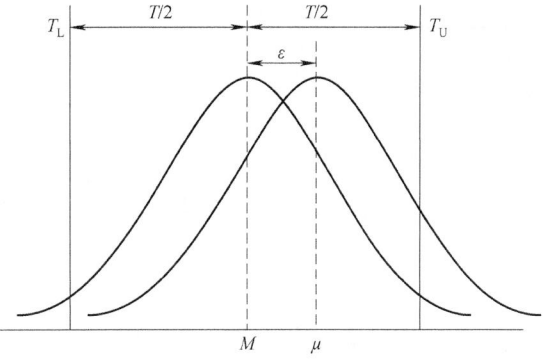

图 4-16 计量值为双侧公差，且分布中心与
　　　　 标准中心不重合

3）计量值在单侧公差情况下的工序能力指数。只对产品设立不大于或不小于的单侧标准，叫作单侧公差。如总是希望产品强度、寿命的值越大越好，为此设立了最小标准；对于类似单位面积上的瑕疵、缺陷等情况，则希望值越小越好，为此设立了最大标准。

对于这种只给定单侧标准的情况，特征值的分布中心 μ 与标准的距离就决定了工序能力指数值的大小。此时，同样依照 3σ 的原理来计算工序能力指数的值。

① 当只规定了上标准界限时，如图 4-17 所示，工序能力指数为

$$C_{PU} = \frac{T_U - \mu}{3\sigma} \approx \frac{T_U - \overline{X}}{3S}$$

当 $\mu \geq T_U$ 时，$C_p = 0$，这时，可能出现的不合格品率大于 50%。

② 当只规定了下标准界限时，如图 4-18 所示，工序能力指数为

$$C_{PL} = \frac{\mu - T_L}{3\sigma} \approx \frac{\overline{X} - T_L}{3S}$$

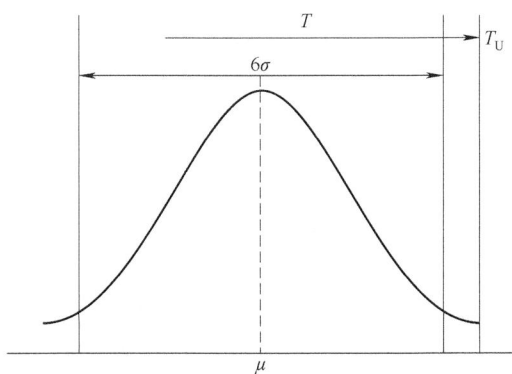

图 4-17 计量值为上单侧公差

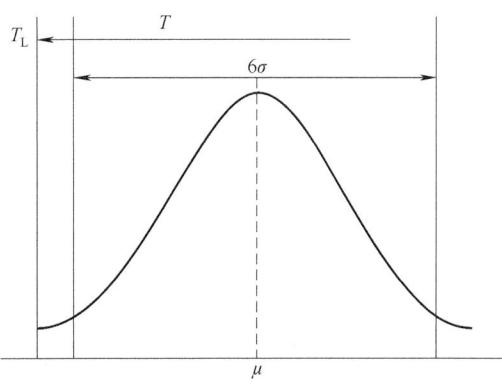

图 4-18 计量值为下单侧公差

当 $\mu \leq T_L$ 时，$C_p = 0$，这时，可能出现的不合格品率大于 50%。

4）计件值情况下的工序能力指数。这属于单侧公差检验的情况。如取不合格品数 nP 作为检验产品的质量指标，设最大不合格品数 $(nP)_U$ 为产品标准要求；然后进行抽样检验，取样本 k 个，每个样本大小为 n，其中不合格品数分别为 $(nP)_1, (nP)_2, \cdots, (nP)_k$，则样本平均不合格品数为 $n\bar{P}$，其中

$$\bar{P} = \frac{(nP)_1 + (nP)_2 + \cdots + (nP)_k}{kn} = \frac{\sum_{i=1}^{k}(nP)_i}{kn}$$

利用二项分布性质及中心极限定理可知，不合格品数近似地服从 $\mu = n\bar{P}$，$\sigma = \sqrt{n\bar{P}(1-\bar{P})}$ 的正态分布，即有 $\mu = n\bar{P}$，$\sigma = \sqrt{n\bar{P}(1-\bar{P})}$，则工序能力指数为

$$C_p = \frac{T_U - \mu}{3\mu\sigma} = \frac{(nP)_U - n\bar{P}}{3\sqrt{n\bar{P}(1-\bar{P})}}$$

式中，$(nP)_U$ 表示最大允许不合格品数，它是根据经验、综合生产各方面因素制定的一个检测标准。

5）计点值情况下的工序能力指数。计点值情况与计件值的情况相同，也属于单侧公差。如果以缺陷数 C 作为检验产品的标准，并以 C_U 作为标准规定的上限，抽取 k 个样本，每个样本大小为 n，其中缺陷数分别为 $C_1, C_2, \cdots, C_k$，则样本平均缺陷数为

$$\bar{C} = \frac{C_1 + C_2 + \cdots + C_k}{k} = \frac{\sum_{i=1}^{k}C_i}{k}$$

利用泊松分布的性质及中心极限定理可得 $\mu = \bar{C}$，$\sigma = \sqrt{\bar{C}}$，则工序能力指数为

$$C_p = \frac{C_U - \bar{C}}{3\sqrt{\bar{C}}}$$

4.3.3 工序能力分析

当工序能力指数被求出后，即可依据它对工序能力进行分析和判定，即工序能力分析。对工序能力指数制定了以下准则：

当 $C_p \geq 1.67$ 时，由 $C_p = T/6\sigma \geq 1.67$ 可知，$T \geq 10\sigma$，属于特级能力的工序。即使由于各种因素的影响，工序能力有一定的波动也不必担心超差，这时可考虑降低成本的措施，适当放宽控制和检验。

当 $1.33 < C_p < 1.67$ 时，$8\sigma < T < 10\sigma$，工序能力充分满足要求，但应考虑经济性，可适当放宽控制和检验。

当 $C_p = 1.33$ 时，由 $C_p = T/6\sigma = 1.33$ 可知，$T = 8\sigma$，这时，工序能力较理想。

当 $1 \leq C_p \leq 1.33$ 时，$6\sigma < T < 8\sigma$，工序能力尚可；当接近 1 时，$T = 6\sigma$，应注意发生超差，需严格控制，检验不可放宽，否则会产生较多的不合格品。

当 $0.67 \leq C_p < 1$ 时，$4\sigma < T < 6\sigma$，工序能力不足，应采取措施提高工序能力。如已出现一些不合格品，则需严加检验，必要时进行全检。

当 $C_p \leq 0.67$ 时，$T = 4\sigma$，工序能力严重不足，必须追查原因，采取果断措施。

当工序能力过于充分时，可以采用降低工序能力的办法，可改用效率较高而精度较低的设备、工艺、原材料和技术，以提高经济效果；也可以采用更改设计、提高技术要求等措施，在保证一定经济性的基础上使产品质量得到提高。

当工序能力不足时，应制订和执行改善计划和措施，提高设备、工艺、原材料和技术的水平，严加控制和检验，从而使工序能力得到提高。

通过分析工序能力，可以对制造过程进行诊断，验证设计的合理性，并为技术经济分析提供可靠的资料和依据，为有效地提高生产活动的经济效果和产品质量而发挥重要作用。

4.3.4 用 JMP 进行工序能力分析

JMP Pro15 提供了许多工序能力分析命令。下面以正态分布、威布尔（Weibull）分布以及二项分布为例，利用 JMP Pro15 进行工序能力分析。

1．正态分布的工序能力分析

例 4-7

一个汽车制造厂的机器组装部门生产的某个零件，凸轮轴的长度的工程规范为 600±2mm，每 2h 抽取 5 个样品测量，数据见表 4-7。

表 4-7　样品数据

598.1	599.6	600	599.8	599.4	599.9	599.7	599.5	599.3	600.5
598.9	600.7	599.9	600.3	598.9	601.1	599.4	599.5	601.2	598.8
599.3	598.8	600.2	600.5	598.6	599.9	599.6	600.4	600.1	599.7
600.2	600.7	598.8	599.6	599.5	599.4	600.2	599.7	599.6	599.9

绘图步骤：

1）首先将数据输入工作表，然后在列名上单击右键并依次选择"列属性"→"规格限"，在"规格限"的"下规格限"中输入 598，"上规格限"中输入 602，"目标"填入 600，单击"确定"，如图 4-19 所示。

2）依次单击"分析（A）"→"质量和过程"→"过程能力"，"选择列"的"1 列"为"长度"，在"为选定列指定角色"中放入"Y, 过程"，在"过程子组"中选择"常数子组大小"，填入 5，单击"确定"，如图 4-20 所示。

3）单击"过程能力"左侧 ，选择"单项详细报表"，可以看到如图 4-21 所示的输出结果。

首先应注意 JMP 中表述的差别。在 JMP 中有两套计算工序能力的数值：①组内 Sigma 能力，计算该能力使用短期工序能力指数 C_p、C_{pL}、C_{pU}、C_{pk}；②总 Sigma 能力，计算该能力使用长期工序能力指数 P_p、P_{pL}、P_{pU}、P_{pk}。所谓组内 Sigma 能力，是指在任一时刻工序都处于稳态的工序能力；而总 Sigma 能力则考虑了工具磨耗的影响、各批材料之间的变化及其他类似的可预期的微小波动。换言之，组内 Sigma 能力表示了组内变异，而总 Sigma 能力则表示了组内变异和组间变异之和。

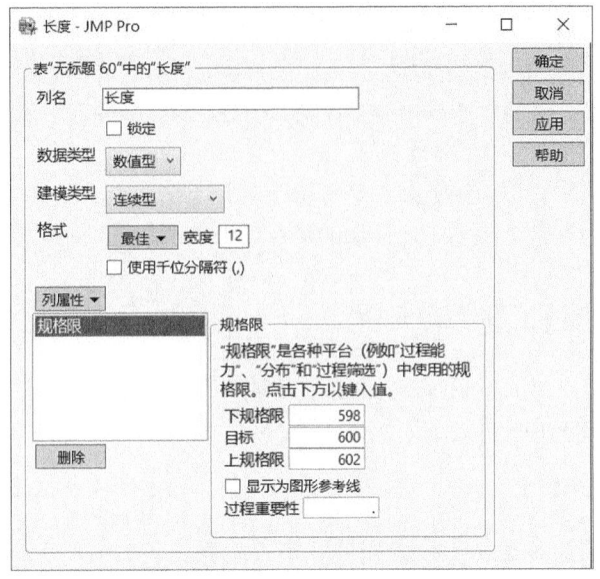

图 4-19　更改规格限

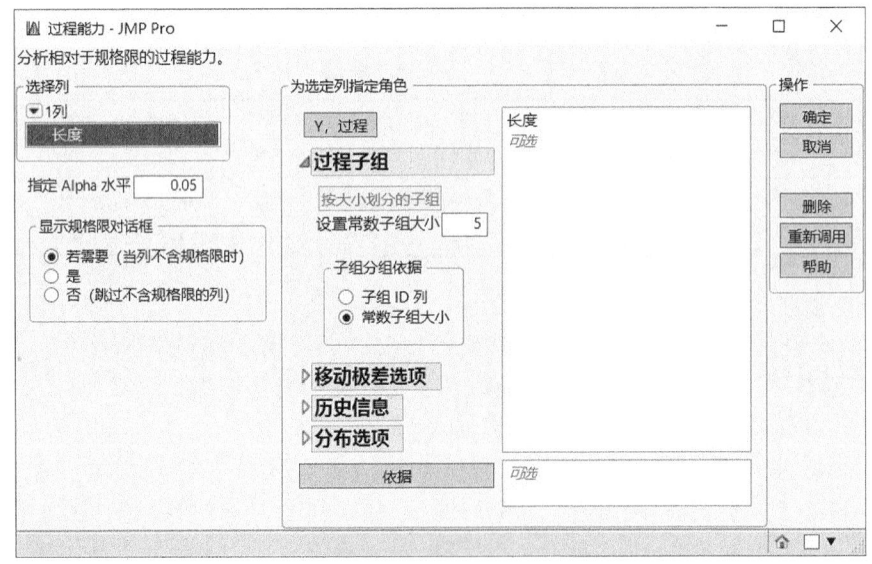

图 4-20　"过程能力"对话框

两套工序能力指数的计算公式很类似。以无偏移长期工序能力指数为例，当给定标准范围和总体标准差 σ 时，无偏移长期工序能力指数的计算公式为 $P_p = T/6\sigma$，它与无偏移短期工序能力指数的差别主要在标准差 σ 的估计上。如果把短期和长期的标准差分别记为 σ_{ST} 和 σ_{LT}，那么 σ_{ST} 可用样本标准差 S 或者样本极差 R 经过修正而得到，即 $\sigma_{ST} = S/c_4$ 或 $\sigma_{ST} = R/d_2$，其中 c_4 和 d_2 均为修正系数。但 σ_{LT} 只能通过样本标准差 S 而获得，并不需要做任何修正。因此无偏移长期工序能力指数的计算公式为 $P_p = T/6S$。

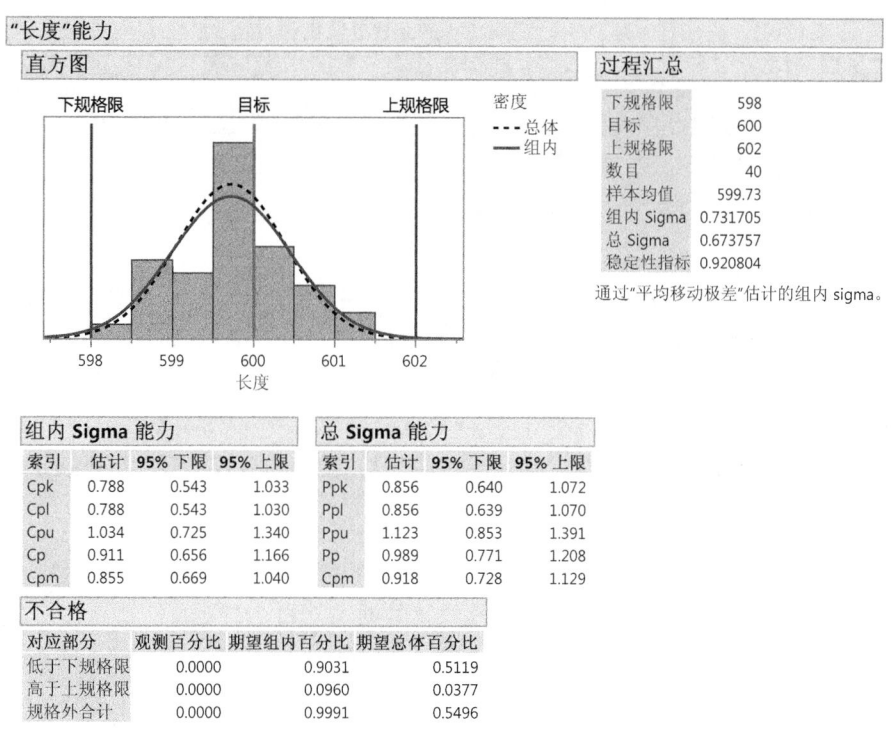

图 4-21 基于正态分布的过程能力详细报表

从图 4-21 的统计数据中可以看出:样本均值(599.73)比目标(600)低,即有偏差;分布的左边落在了下规格限(598)之外,意味着会存在不符合最低规范的零件。C_p 为 0.911,C_{pk} 指数为 0.788,表明工序能力过低,需要通过改良工序来提高工序能力指数,另外还可以通过减少变差和向目标值靠拢来改善其过程能力。在图 4-21 中,"期望组内百分比"的"低于下规格限"为 0.9031,表示每百万零件中质量特性值低于下规格限的零件数约为 9031。

2. Weibull 分布的工序能力分析

对于服从 Weibull 分布的数据用 JMP 进行工序能力分析,其分析报告包括带有 Weibull 曲线的条形图、一张长期能力统计表。Weibull 曲线是根据过程形状和规模(大小)而构造的。分析报告还包括过程数据的统计量,如均值、形状、目标、过程规范、实际的长期能力,以及观察到的和期望的长期能力。在 Weibull 模型中,JMP 计算长期过程统计量 P_p、P_{pL}、P_{pU}、P_{pk},计算是基于形状的最大可能估计和规模参数,而不是正态分布中的均值和变差的。当数据不服从正态分布时,可以用 Box-Cox 转换后再应用工序能力(正态分布)命令来计算组内统计量 C_p 和 C_{pk}。

例 4-8

某生产地板瓷砖的公司,对所生产瓷砖的强度进行检测。为保证产品质量,规格应≤6,并连续测量了 10 天,数据见表 4-8。

表 4-8 产品强度数据

0.3772	1.1558	0.8081	1.3425	3.6904	4.5458	1.1290
1.1235	0.2874	3.3864	2.3706	3.5720	0.25085	4.1501
1.5144	0.5755	0.3382	1.6974	4.6556	0.4811	0.1272
0.8288	1.1799	0.2984	1.2162	0.5787	2.8197	2.7225

绘图步骤：

1）依次单击"分析（A）"→"质量和过程"→"过程能力"，"选择列"的"1 列"为"强度"，在"为选定列指定角色"中放入"Y，过程"，在"分布选项"的"分布"的下拉列表中选择"Weibull"，单击"确定"。在跳出的"规格限"对话框的"上规格限"中输入"6"，单击"确定"。

2）单击"过程能力"左侧红三角，选择"单项详细报表"，可以看到如图 4-22 所示的输出结果。

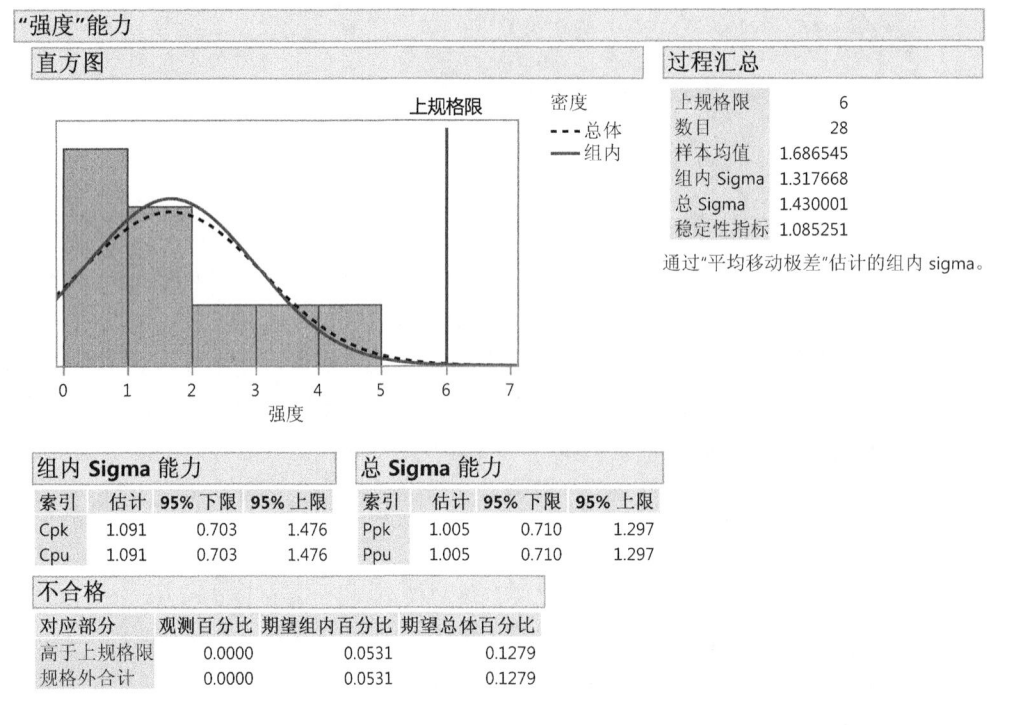

图 4-22 基于 Weibull 分布模型的工序能力分析详细报表

P_{pk} 和 P_{pU} 两个指数均为 1.005，均在 1.33 之下，这表明工序能力还是不够的。不合格"高于上规格限"部分的"期望总体百分比"为 0.1297，这意味着每百万个瓷砖中有 129700 个将超出上规格限。

3. 二项分布的工序能力分析

对于服从二项分布的数据也可以用 JMP 进行工序能力分析，通过拟合"二项分布"获得该数据的上下控制限。

例 4-9

某公司要了解其新产品的合格率状况,连续 18 天记录了该产品的检验数和不合格品数,数据见表 4-9。

表 4-9 数据记录表

不合格数	440	390	500	460	430	420	470	445	407
样本数	1900	1910	1940	1900	1920	1960	1954	1899	1900
不合格数	420	400	376	480	424	415	430	401	465
样本数	1850	1900	1808	2000	1878	1854	1950	1888	1902

绘图步骤:

首先将数据输入工作表,然后依次单击"分析(A)"→"分布",将"不合格数"放入"Y,列"中,单击"确定",生成不合格数的分布情况。单击"分布"旁边▼,选择"堆叠",可以更清晰地看到不合格品数的分布情况。依次单击"不合格品数"旁边▼→"离散拟合"→"拟合二项",在弹出的对话窗中,选择"包含样本大小的列。",在列中选择"样本数",如图 4-23 所示,单击"确定"后,会生成该二项分布的上下规格限,如图 4-24 所示。

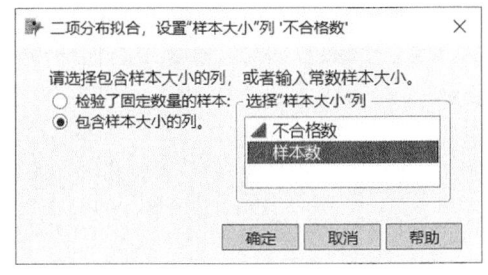

图 4-23 选择"样本大小"列   图 4-24 基于二项分布模型的工序能力分析

从该统计结果可以看出,不合格品率趋于 22.65%,其 95%的置信区间上下限分别为 23.10%及 22.21%。

4.3.5 统计过程控制应用案例

某机械制造公司计划在公司内部实施成本核算时发现:其下属的锻造分厂在生产其代表性副轴产品时(约占该分厂生产价值总量的 80%),钢材利用率与理论计算差距较大;进一步调查发现,锻件报废是制造过程中严重浪费的主要问题。那么,有哪些环节出现报废?是什么原因造成的?又该如何进行整改控制?

1. 现场调查

为了提高产品合格率及钢材在副轴生产中的利用率,成立了质量控制小组,调研相关的生产流程,对整个副轴生产加工工艺进行了全面的分析。副轴加工工艺流程如图 4-25 所示。

（1）寻找主要报废因素。为了找出报废产生的原因，质量控制小组对 1000 件副轴产品做了锻件报废项目调查，以分析哪些加工工序是产生浪费的主要因素或次要因素，调查结果见表 4-10。

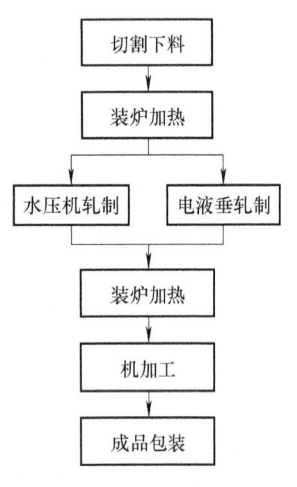

图 4-25　副轴加工工艺流程

表 4-10　副轴加工报废表

项目	频次
过烧	2
裂纹	5
表面缺陷	8
错差大	10
局部填充不足	20
残留飞边过大	109
压伤	1
机械损伤	1
其他	2
合计	158

利用 JMP 软件，在 JMP 工作表中输入"副轴加工报废表"中的项目、频次等数据。依次单击"分析（A）"→"质量和过程"→"Pareto 图"，弹出如图 4-26 所示的对话框。在"为选定列指定角色"中，将"项目"对应"Y，原因"，"频次"对应"频数"，单击"确定"。单击"Pareto 图"旁边的 ，依次选择"计数分析"→"每单位比率"，可得到如图 4-27 所示的结果。根据图 4-27 的结果可以看出，在 9 类问题中，"残留飞边过大"和"局部填充不足"是导致产品报废的两大主要缺陷，分别占了总缺陷的 69.0%和 12.7%，它们就是需要重点解决的两个关键问题。

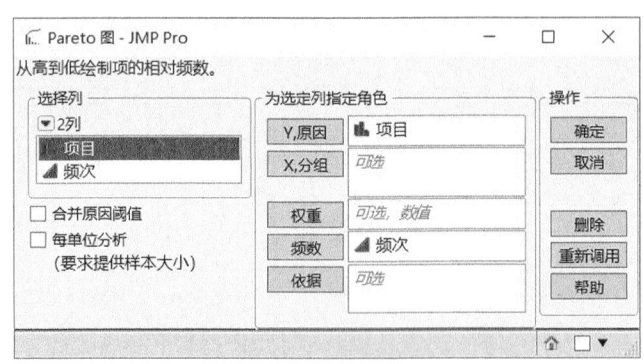

图 4-26　帕累托图主对话框

（2）寻找产生关键问题的根本原因。"残留飞边过大"和"局部填充不足"是报废的主要因素。那么是什么导致了这两个问题的形成？又是什么原因导致了其他问题的形成？经分析发现，"残留飞边过大"是由于坯料超重而导致的报废，"局部填充不足"是由于坯料不充足而引起的报废，导致这两个问题的根本原因是下料环节出现了问题。下料的过多或过少，都会导致产品在后续生产中暴露出质量缺陷。同样地，对其他各项质量问题进行分析，寻找到它们的工艺原因（见表 4-11）。

第4章 统计过程控制

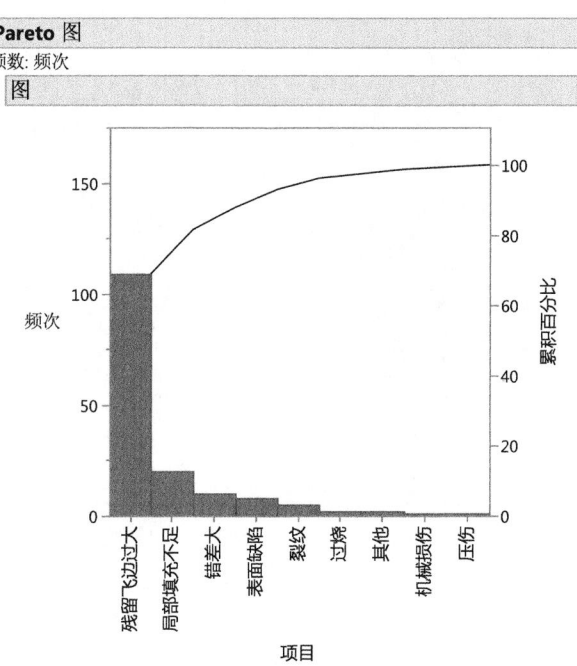

图 4-27 产品报废的帕累托图

表 4-11 质量问题与工艺原因关系表

工序	报废项目及件数									量化报废程度
	残留飞边过大	局部填充不足	错差大	表面缺陷	裂纹	过烧	机械损伤	压伤	其他	
	109	20	10	8	5	2	1	1	2	
下料	◎	◎								(109+20)×5=645
锻压			◎	○		◎	△	△		(10+2)×5+2×8+1×2=78
热处理					◎					5×5=25
机加工							◎			1×5=5
检验					○				△	2×5+1×2=12

注：◎表示强相关性，5分/件；○表示弱相关性，2分/件；△表示弱相关性，1分/件。

根据表 4-11 的数据，做出以"工序"作为项目、"量化报废程度"代替频次的 Pareto 图，如图 4-28 所示。

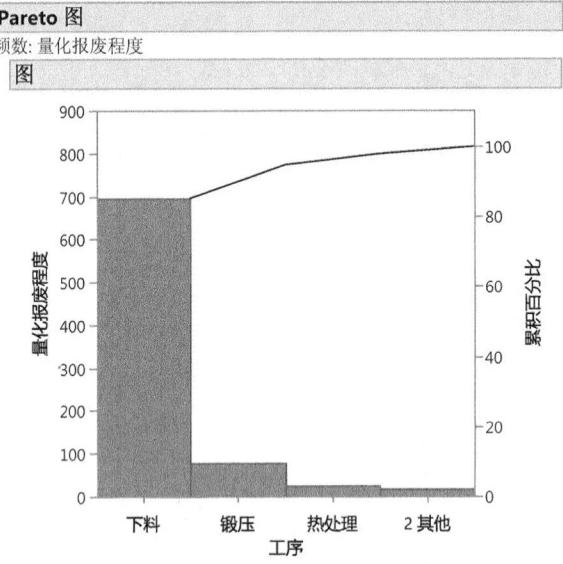

图 4-28　工序报废程度的帕累托图

从图 4-28 可知，下料一道工序造成了 85.3%的质量缺陷，下料工序是主要调查和改善的对象。同时 JMP 可以合并计数不多的项目，只需要在对话框中，选择"合并原因阈值"，并根据实际情况填入要求阈值即可。

（3）工序稳定性和工序能力分析。通过以上一系列对锻件报废现象的调查、分析，得出产生报废的主要工序是下料，主要原因是坯料重量规范没有受到有效管制。因此，对下料过程实施 SPC 控制，对下料量进行工序稳定性判断和工序能力分析，在工序处于稳定的情况下，判断工序能力指数是否满足要求，以确定是否需要改进。因为坯料重量具有计量特性值，又容易采集到样本，所以采用 $\bar{X}-R$ 控制图来纠正、预防下料过程坯料轻重失控的缺陷。

对坯料的规格要求是 6600±50g。根据抽样规则，在连续生产状态下，分批次、按间隔抽取 33 组样本，每组样本有 5 个测量值。坯料测量值见表 4-12。

表 4-12　坯料测量值

组号	X_{i1}	X_{i2}	X_{i3}	X_{i4}	X_{i5}	$\bar{X}$	R
1	−9	5	−5	−2	20	1.8	29
2	15	20	−3	−10	−8	2.8	30
3	−7	5	2	15	42	11.4	49
4	6	10	4	2	−38	−3.2	48
5	−5	6	8	12	21	8.4	26

（续）

组号	X_{i1}	X_{i2}	X_{i3}	X_{i4}	X_{i5}	$\bar{X}$	R
6	3	7	9	30	−1	9.6	31
7	1	8	20	4	−19	2.8	39
8	5	7	10	−3	−20	−0.2	30
9	2	5	9	−2	−24	−2	33
10	3	11	−25	6	9	0.8	36
11	1	7	0	−6	−18	−3.2	25
12	0	3	9	11	−30	−1.4	41
13	5	7	21	9	−5	7.4	26
14	−2	−25	−7	−9	41	−0.4	66
15	8	9	6	−7	2	3.6	16
16	−4	9	7	−8	29	6.6	37
17	10	13	6	−12	31	9.6	43
18	4	5	−9	−1	29	5.6	38
19	11	7	3	15	−25	2.2	40
20	47	13	5	−3	9	14.2	50
21	12	8	9	−8	25	9.2	33
22	−1	−9	−5	11	6	0.4	20
23	14	19	25	−6	−12	8	37
24	−2	7	10	30	9	10.8	32
25	−9	−46	0	5	9	−8.2	55
26	−1	7	8	26	−3	7.4	29
27	50	37	−45	−5	8	9	95
28	6	3	20	5	−9	5	29
29	48	24	50	40	49	42.2	26
30	4	5	19	−1	−5	4.4	24
31	7	−1	18	−7	7	4.8	25
32	−3	8	20	−3	9	6.2	23
33	18	15	−9	−5	10	5.8	27

将组号与测量值输入 JMP 数据表中，参照例 4-2 将数据进行堆叠。在堆叠后的数据表中，依次单击"分析（A）"→"质量和过程"→"控制图生成器"，将"组号"放入"子组"、"数据"拖入"Y"。在控制图上单击右键，选择"警告"→"检验"→"所有检验"。在左侧"控制图生成器"下面单击"完成"，得到控制图如图 4-29 所示。

从图 4-29 中可以看出，第 27 和 29 组数据分别在 $\bar{X}$ 和 R 控制图上超出界限，由此判断该生产过程失控。调查两组数据异常原因时发现，在测量第 27 组数据时，发生了支承圆钢的滑动托架下滑的事故，锯条与圆钢不垂直导致了较大偏差；根据现场处理记录来看，在发现问题后立即做了处理，因此后面的生产没有受到影响，可认为是正常生产。在追查第 29 组数据误差的原因时发现，由于现场灯泡坏了，是光线不足导致了操作者误读游标卡尺刻度；在发现问题后立即更换了灯泡，因此后面几组测量数据仍认为是准确的。在剔除了两组误差数据后，测得的数据能够反映真实的生产能力情况。对筛选后的数据重新制作控制图如图 4-30 所示。

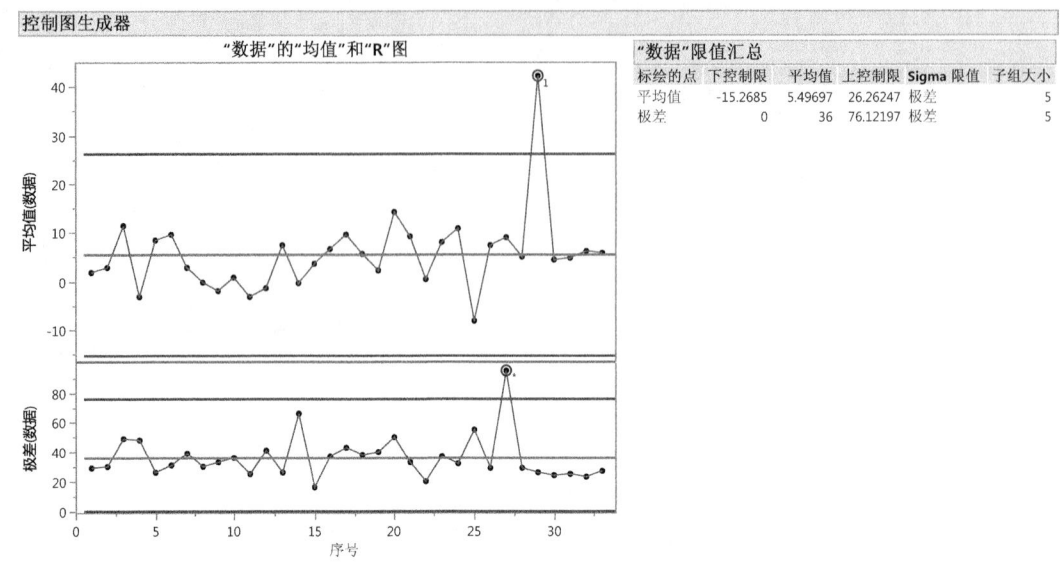

图 4-29　下料坯料质量的 $\bar{X} - R$ 控制图

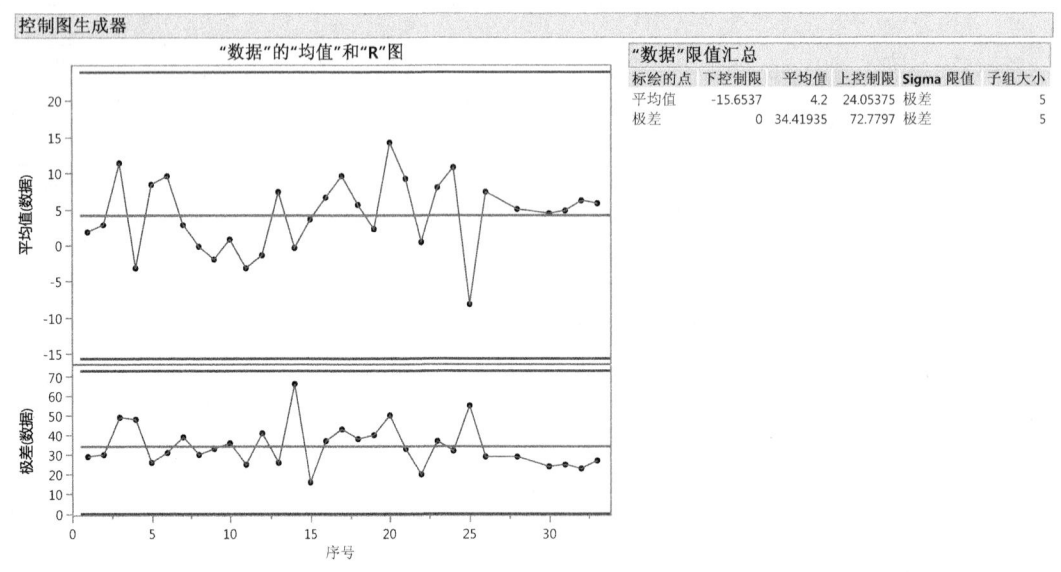

图 4-30　剔除误差数据后的 $\bar{X} - R$ 控制图

由图 4-30 可知，生产处于稳定状态。对稳定状态下的生产进行工序能力分析。依次单击"分析（A）"→"质量和过程"→"过程能力"，将数据放入"Y，过程"，在"过程子组"中选择"常数子组大小"，填入"5"，单击"确定"。在"规格限"的下规格限键入"-50"，上规格限输入"50"，单击"确定"。单击"过程能力"左侧 ，选择"单项详细报表"，可以看到如图 4-31 所示的输出结果。

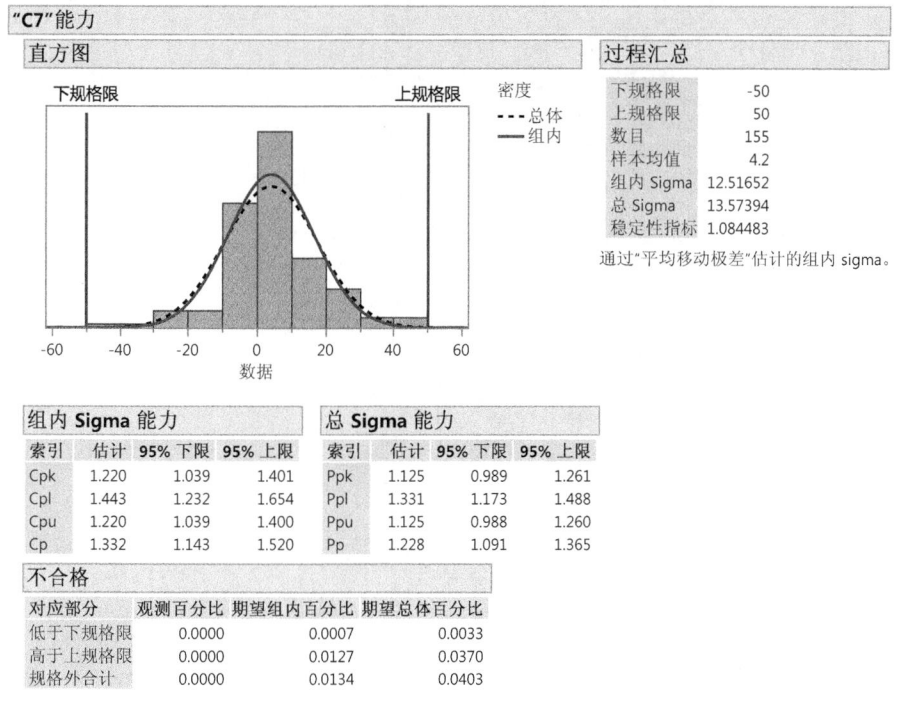

图 4-31 工序能力分析图

从直方图看，顶峰处于图的中间，顶峰左右两边分布大致对称，基本符合正态分布，因此采用正态分布分析工序能力是合理的。

Pp=1.228、Ppk=1.125，表明工序能力欠缺，因此需要采取措施，提高工序能力，使 Pp 尽可能达到合理的 1.33 以上，且减小偏移。

2．因果分析

为了找出影响造成下料问题的原因，根据"5M1E"原理，质量控制小组从人、机、料、法、测、环 6 个方面做出讨论和分析，并用 JMP 画出因果图。将原因与原因归类整理，数据如图 4-32 所示，注意最终要将这 6 个方面全部归入"下料不准确、产生废品"。

依次单击"分析（A）"→"质量和过程"→"关系图"，将"原因归类"放入"X，父级项"，将"原因"放入"Y，子级项"，单击"确定"后，会生成如图 4-33 所示的因果图。

基于图 4-33 的鱼骨图，对造成下料不准确的诸多原因逐项进行分析。

（1）切削长度不准确。锻件下料时是利用长度来控制下料量的，在切削时，进刀太快、来料密度变化、切削的锯条弯曲，或是切削的托架过高或过低导致的切削不准确，都很容易产生下料不准确。

（2）下料环境影响下料员下料的准确性。如下料场地光线不足会导致测量料长的误差，噪声过大影响下料员状态。

（3）下料员主观问题。例如责任心不强、未经过 SPC 训练、成本意识不强。

（4）生产缺乏监控。由于下料环节繁多，且下料环节受到人员、环境等诸多因素的影响，因此在该环节容易产生生产不稳定或生产能力不够的问题。

	原因归类	原因
1	人员	成本意识不强
2	人员	未经过SPC培训
3	人员	责任心不强
4	机器	锯床未调整
5	机器	量具失准
6	机器	工、夹、模具偏差
7	机器	锯条变形
8	材料	料长不准确
9	方法	未对下料采取SPC
10	方法	胚料称重过轻或过重
11	方法	下料进刀太快
12	方法	托架偏高或偏低
13	环境	下料场地采光不足
14	环境	现场物品堆放杂乱
15	环境	下料场地噪声过大
16	测量	
17	下料不准确、产生废品	人员
18	下料不准确、产生废品	机器
19	下料不准确、产生废品	材料
20	下料不准确、产生废品	方法
21	下料不准确、产生废品	环境
22	下料不准确、产生废品	测量

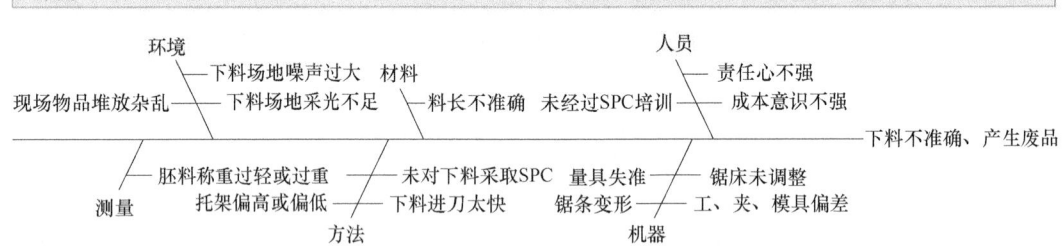

图 4-32　整理的数据

图 4-33　因果图

针对以上问题给出对应建议措施。首先，由于下料环节的不稳定性较高，因而必须采用有效的 SPC 监控措施，对下料员进行适当的培训，增强其对 SPC 的认识，并提高其成本意识。其次，追查生产现场环境，如噪声、光线等因素，是否存在影响生产的可能。再次，调研生产设备是否存在潜在不稳定因素，特别针对锯条变形问题，制订合理的锯条更换计划；对锯床等设备应用合理的检测手段，对操作工人做基本的日常维护、检查的培训。最后，对上道工序来料可采取抽样检验，监控其单位长度的质量，防止密度问题所引起的下料不准确问题。

【关键词】统计过程控制，工序能力，工序能力指数。

【思考题】

1. 正常波动和异常波动的含义分别是什么？统计控制状态和非统计控制状态的含义分别又是什么？

2. 分析用控制图和控制用控制图的作用分别是什么？

3. 在控制图的应用过程中是否可以同时避免两种错误？为什么？

4. 常规计量值控制图和常规计数值控制图的主要特点分别有哪些？

5. 某车间加工某轴的键槽。槽深的尺寸要求为 $10^{+0.50}_{-0.05}$ mm。现从铣床加工过程中按时间顺序随机抽取 $n=4$ 的 25 组样本。具体测量值见表 4-13。试根据这些资料绘制出该过程的 $\overline{X}-R$ 控制

图,判断该过程是否处于统计控制状态,并用 JMP 软件进行验证。

表 4-13 $\bar{X}-R$ 控制图数据表

样本号	X_1	X_2	X_3	X_4	样本号	X_1	X_2	X_3	X_4
1	10.35	10.40	10.32	10.33	14	10.38	10.39	10.45	10.42
2	10.45	10.38	10.36	10.40	15	10.50	10.42	10.43	10.45
3	10.34	10.40	10.35	10.36	16	10.33	10.35	10.29	10.39
4	10.68	10.63	10.68	10.60	17	10.41	10.40	10.29	10.34
5	10.38	10.34	10.45	10.41	18	10.38	10.44	10.28	10.58
6	10.43	10.40	10.42	10.35	19	10.33	10.32	10.37	10.38
7	10.45	10.42	10.40	10.46	20	10.56	10.55	10.45	10.48
8	10.33	10.41	10.38	10.36	21	10.38	10.40	10.45	10.37
9	10.48	10.52	10.49	10.51	22	10.39	10.42	10.35	10.40
10	10.47	10.43	10.36	10.42	23	10.42	10.39	10.39	10.36
11	10.38	10.41	10.39	10.38	24	10.43	10.36	10.35	10.38
12	10.37	10.37	10.41	10.37	25	10.39	10.38	10.43	10.44
13	10.40	10.38	10.47	10.35					

6. 已知某零件不合格品率的统计资料,见表 4-14。试用 P 控制图和 nP 控制图分析过程是否处于统计控制状态,将 P 控制图和 nP 控制图进行比较,并用 JMP 软件进行验证。

表 4-14 P 控制图和 nP 控制图数据表

样本号	样本量 n	不合格品率 P(%)	样本号	样本量 n	不合格品率 P(%)
1	835	1.0	14	250	3.2
2	808	1.5	15	830	1.7
3	780	0.8	16	798	0.9
4	252	2.4	17	813	1.1
5	430	1.6	18	818	0.9
6	600	0.8	19	581	1.4
7	822	1.3	20	464	0.9
8	814	1.0	21	807	1.4
9	206	2.9	22	595	1.2
10	703	1.1	23	500	2.4
11	850	2.2	24	760	0.9
12	709	1.6	25	420	1.9
13	350	1.4			

第5章 测量系统分析

【本章要点】稳定性分析，偏倚分析，线性分析，重复性，再现性。

5.1 概述

测量是指对某具体事物赋予数值。赋值过程即为测量过程，而赋予的数值为测量值，用来获得测量结果的装置称为量具。测量系统是指用于测量的仪器、量具、标准、操作、方法、夹具、软件、人员、环境和假设等的集合。测量系统分析（Measurement System Analysis，MSA）是指用统计学方法来研究测量系统中的变差源以及它们对测量结果的影响，并根据可接受的原则来判断测量系统的符合性。

5.2 测量系统分析的相关术语

（1）标准。标准（Standard）是指由权威机构设定或建立的某种物品，或是由仪器、程序等组成的一个整体，如用来度量数量、重量、长度或质量的规则。

（2）真值。真值（True Value）是指被测零件的"实际值"。尽管该值未知且无法知道，但它是测量系统的目标，测量值应该尽可能经济地与该值接近。

（3）参考值。参考值（Reference Value）是指某个被用作参考比较的零件值，也被称为基准值。

（4）变差。变差（Variation）是指零件之间的差异，其产生原因可分为普通原因和特殊原因。仅由随机原因造成的变差称为过程固有变差（Inherent Variation）或随机变差（Random Variation）。

（5）分辨力。分辨力（Discrimination）是指测量仪器能够检测出并准确地显示相对于参考值变化量的能力。产品的分辨力一般规范为 1/10，即测量设备要能分辨出至少 1/10 的过程变差。

5.3 测量系统变差的类型

测量系统变差总的来说可以分为两类：准确度和精确度。

准确度是指"接近"真值或可接受基准值的能力。准确度通过位置变差评估，包括偏倚、稳定性和线性。

精确度是指重复读数彼此之间的"接近度"，精确度包括重复性和再现性。

因此，测量系统变差可以分为五类：偏倚、稳定性、线性、重复性和再现性。测量系统的准确度和精确度示意如图 5-1 所示。

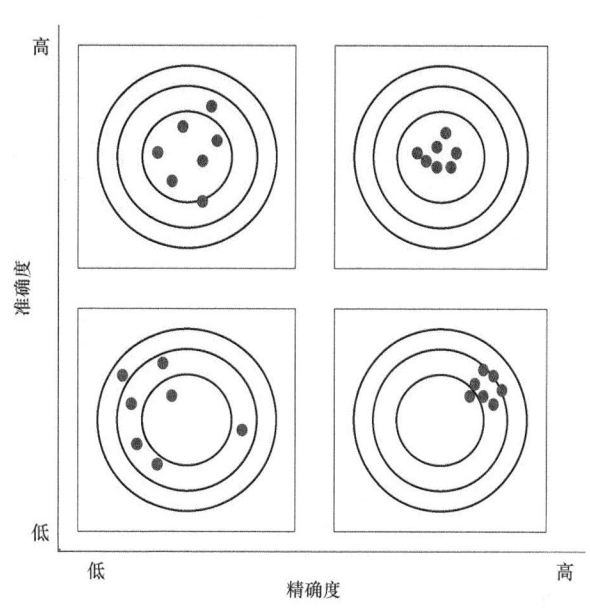

图 5-1　准确度和精确度示意图

1. 偏倚

偏倚是指测量结果的期望值与真值的差值，可以用多次测量的平均值与参考值之差来计算，如图 5-2 所示。

对测量仪器而言，偏倚等同于系统误差。造成偏倚过大的原因主要有评价人操作不当、仪器磨损、仪器校准不正确、标准或基准值误差等。

2. 稳定性

稳定性是指一个测量系统在一段时间内获得对同一标准件或零件单一特性的测量总变差，如图 5-3 所示。常用均值-极差控制图或均值-标准差控制图来进行测量系统稳定性分析。如果稳定性有问题，均值和极差控制图会出现漂移或失控状态。

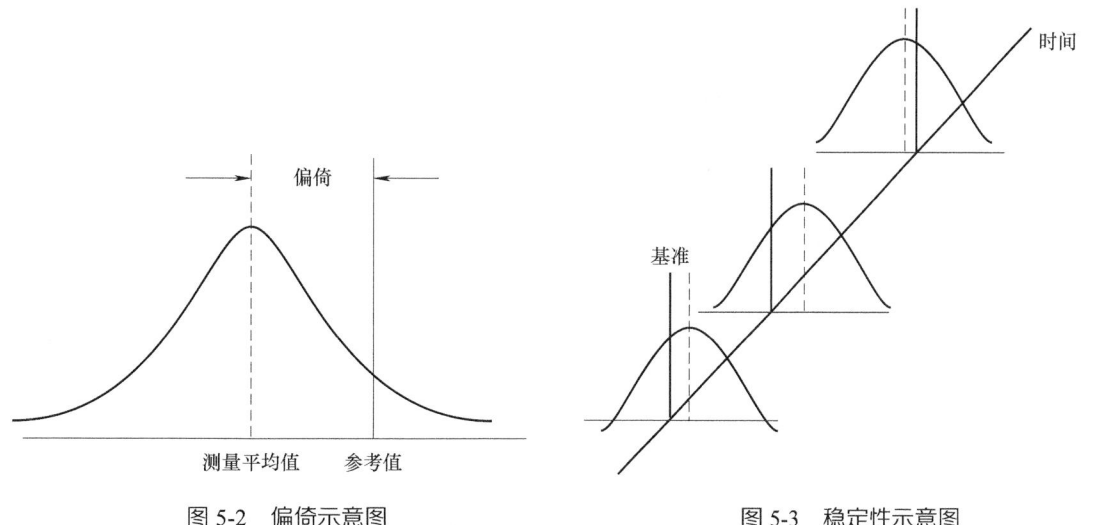

图 5-2　偏倚示意图　　　　图 5-3　稳定性示意图

3. 线性

线性是指在测量设备预期工作量程内各偏倚值的差异。测量系统的线性示意图如图 5-4 所示。

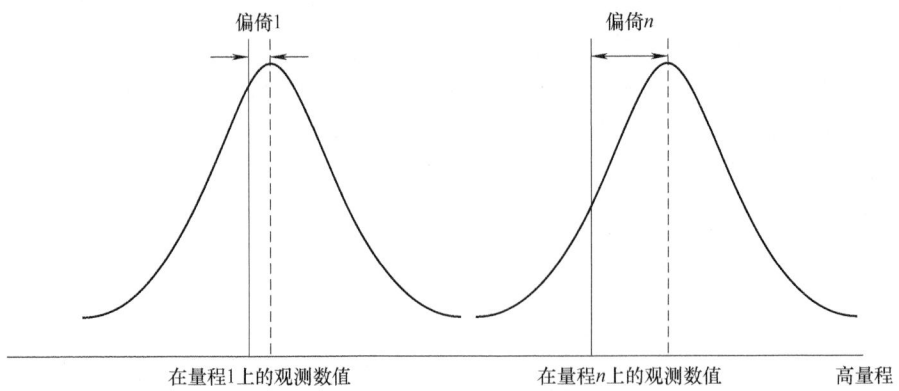

图 5-4　线性示意图

量具的线性通过对量具作业范围内偏倚的分析而确定，并且至少要做两次分析，即在量具作业范围的开端和末端各做一次，量具作业范围的中部也应考虑。通常希望在整个量程上偏倚不随量程的增长而呈线性变化，即在各个量程范围内偏倚均为 0 是理想状态。

4．重复性

重复性是指由同一位操作人员、采用同种量具、对同一零件的同一特性进行多次测量时所获得的测量值变差，是用来评价"人的内部变异"的。测量系统的重复性示意图如图 5-5 所示。

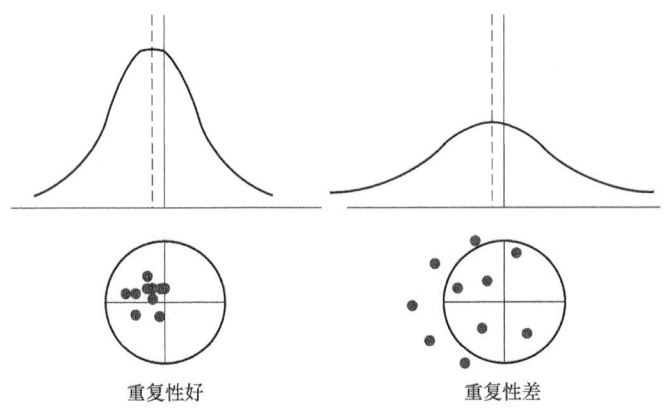

图 5-5　重复性示意图

5．再现性

再现性是指不同操作人员、采用相同的测量仪器、对测量同一零件的同一特性的平均值进行测量时的变差（三同一异），是用来评价"人之间的变异"的。测量系统的再现性示意图如图 5-6 所示。

从图 5-6 可以看出，评价人 A 的测量值均值与评价人 B、C 的测量值均值相差较大，因此评价人 A 的测量值再现性要比评价人 B、C 的差，即评价人 B 和 C 的测量值之间有较好的再现性。从图 5-6 中还能看出，评价人 A 的测量值具有较好的重复性，而评价人 B、C 的重复性较差。因此，不能判断评价人 B、C 的测量值是否是准确的。

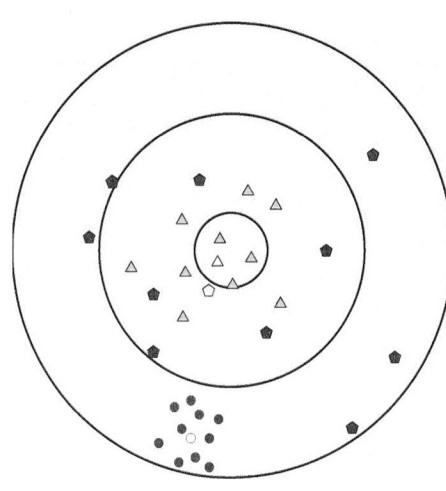

图 5-6 再现性示意图

5.4 测量系统分析的实施

测量系统能力的确定是许多过程和质量改进的基础。实施测量系统分析的主要目的是观察总变差中量具变差所占的比例，分离系统中的变差源以及评估量具是否可以广泛应用于项目和其他测量。实施计量型测量系统的研究，主要从稳定性、偏倚、线性、重复性和再现性这 5 个方面进行。

5.4.1 稳定性分析

在进行测量系统分析前，首先应该使测量系统处于稳定工作状态，即测量系统不能失控，这是测量系统分析的前提。稳定性分析的基本步骤如下。

1）取得一个样件，并建立参考值。样件可以由有资格的外部实验室进行检测，也可以选择一件落在工作测量范围中间的生产件，并将它指定为偏倚分析的基准件。在实验室内测量该样件，测量次数必须多于 10 次，并计算读数的平均值，将平均值视为"参考值"。

2）每天测量样件 3~5 次。将数据按时间顺序画在均值-极差控制图（$\bar{X} - R$）图上。观察是否有不受控的情况，其中，极差控制图反映了测量系统重复性随时间的变化。"极差受控"表明该测量系统的重复性处于统计受控状态；均值控制图反映了测量系统的偏倚随时间的变化情况，"均值受控"表明该测量系统的偏倚也稳定地处于受控状态，可以接受。

例 5-1

质量控制小组需要对硬度测量系统进行检查，为此必须先确定硬度测量系统工作的稳定状态，已知标准为 190HC。质量控制小组每周测量一次，每次 3 个子样，总共记录了 25 周，其记录数据见表 5-1。

表 5-1 测量数据记录表

用 $\bar{x}-R$ 控制图监视测量系统并确定其稳定性						
产品：热处理坯条			时间：2006 年 10 月—2007 年 9 月			
特性：硬度			部门：车间			
单位：HC			量具号：L1823			
月−日	序列号	测量值			计算值		参考值 X
		x_1	x_2	x_3	$\bar{x}$	R	
10−16	1	184.901	195.920	194.830	191.884	11.019	190
10−22	2	189.960	196.852	194.135	193.649	6.892	190
10−29	3	181.681	193.579	189.439	188.233	11.898	190
11−06	4	184.682	174.581	190.973	183.412	16.392	190
11−14	5	207.856	182.416	189.944	193.405	25.440	190
11−22	6	182.439	192.681	189.014	188.045	10.242	190
11−30	7	194.895	182.774	186.683	188.117	12.121	190
12−07	8	192.774	204.658	174.928	190.787	29.730	190
12−14	9	194.226	184.054	196.389	191.556	12.335	190
12−21	10	189.557	203.361	184.723	192.547	18.638	190
12−29	11	185.454	205.015	211.913	200.794	26.459	190
01−06	12	195.374	180.870	174.930	183.725	20.444	190
01−13	13	191.583	183.875	183.907	186.455	7.708	190
01−28	14	199.919	201.081	182.127	194.376	18.954	190
02−29	15	184.908	201.094	197.044	194.349	16.186	190
03−07	16	192.501	179.839	188.732	187.024	12.662	190
03−21	17	191.385	176.905	199.431	189.241	22.526	190
04−08	18	181.638	187.176	194.470	187.761	12.832	190
04−23	19	186.449	189.988	190.691	189.043	4.242	190
05−07	20	184.108	207.793	199.583	197.161	23.685	190
06−08	21	197.333	188.071	191.205	192.203	9.262	190
07−09	22	194.015	187.194	192.744	191.318	6.821	190
08−07	23	197.310	179.132	185.410	187.284	18.178	190
09−15	24	191.067	192.608	191.776	191.817	1.541	190
09−28	25	177.806	203.571	192.913	191.430	25.765	190

绘图步骤：

测量值与序列号存入 JMP Pro15 的工作表中，依次单击"表（R）"→"堆叠"，将 X_1∼X_3 拖至"堆叠列"，单击"确定"。在堆叠后的数据表中依次单击"分析（A）"→"质量和过程"→"控制图生成器"，将"序号"放入"子组"，"数据"拖入"Y"。在控制图上单击右键，选择"警告"→"检验"→"所有检验"。在"控制图生成器"下面单击"完成"，得到控制图如图 5-7 所示。

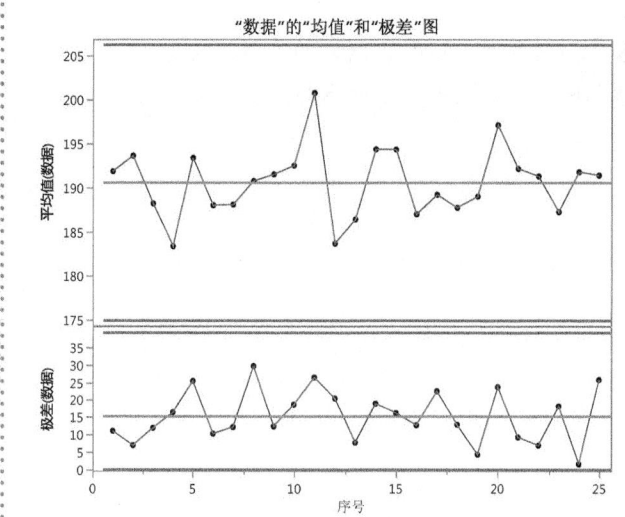

图 5-7 均值-极差控制图

从图 5-7 可以看出,该测量过程受控,测量系统处于稳态工作模式,可以进行下一步测量系统分析。另外,对测量系统稳定性的研究应该是一个持续的过程,不仅要进行短期研究,还要进行长期的监视。

5.4.2 偏倚分析

量具的偏倚分析是通过对可获得基准值的样本进行测量来完成的。偏倚分析通常采用独立样本法,即让同一位评价人以同样的方法测量样件 $n \geqslant 10$ 次,并通过数值分析确定偏倚量及检验偏倚的显著性。在取得样件并建立参考值的基础上进行偏倚分析,其实施步骤如下。

1)让一位评价者以正常方式测量样件。记录测量值,并画出这些测量值的直方图。评审直方图以确定是否存在特殊原因,若有特殊原因或异常点,应重新进行测量;若无,则继续分析。

2)计算测量值的平均值。计算公式为

$$\bar{x} = \frac{1}{n} \sum_{i=1}^{n} x_i \tag{5-1}$$

式中,n 为测量值的个数,也称为子组容量。

3)计算重复性标准差。计算公式为

$$\sigma_{重复性} = \frac{R}{d_2} \tag{5-2}$$

式中,R 表示测量值的极差;常用的 d_2 值可以查到,查表时子组的数量 $g=1$,且子组的大小 $m=n$。

4)确定偏倚的 t 统计值。偏倚为测量值的平均值 $\bar{x}$ 与参考值 μ 之差。由于 $\sigma_b = \sigma_{重复性}/\sqrt{n}$,因而构造统计量为

$$t = \frac{偏倚}{\sigma_b} = \frac{\bar{x} - \mu}{\sigma_{重复性}/\sqrt{n}} \tag{5-3}$$

式中，$n = m$。

当由 t 分布计算出来的 P 值小于给定的显著性水平 α 时，认为偏倚不可接受。

5）如果 $\bar{x}$ 落在偏倚值附近的 $1-\alpha$ 置信区间内，则偏倚在 α 水平上是可接受的。置信度界限的计算公式为

$$\begin{cases} 上限 = 偏倚 + \sigma_b(t_{v,1-\alpha/2}) \\ 下限 = 偏倚 - \sigma_b(t_{v,1-\alpha/2}) \end{cases} \quad (5-4)$$

式中，v 表示自由度，且 $v = n-1$；$t_{v,1-\alpha/2}$ 可以利用标准 t 分布表查到；置信度 α 通常取 0.05。

例 5-2

质量控制小组让一位操作员对一件样品连续测量 15 次，得到经过坯条热处理后的硬度值，见表 5-2。

表 5-2 坯条热处理后的硬度值

测量序号	1	2	3	4	5	6	7	8	9	10	11	12	13	14	15
硬度值	189.96	190.78	190.18	190.61	191.77	191.93	187.29	189.81	190.94	192.40	189.25	190.72	189.28	189.07	189.76

绘图步骤：

将数据输入 JMP 工作表，依次选择"分析（A）"→"分布"，将硬度值放入"Y，列"，单击"确定"。单击"分布"旁 ▼，选择"堆叠"，得到测量数据的直方图以及统计量汇总，如图 5-8 所示。

从图 5-8 可见，数据呈正态分布，硬度值 95% 的置信区间为（189.533, 190.967），由于基准值为 190，因而落在了此区间内。单击"硬度值"旁 ▼，选择"检验均值"，在对话框中指定假设值为 190，单击"确定"，可得 t 检验分析结果，如图 5-9 所示。

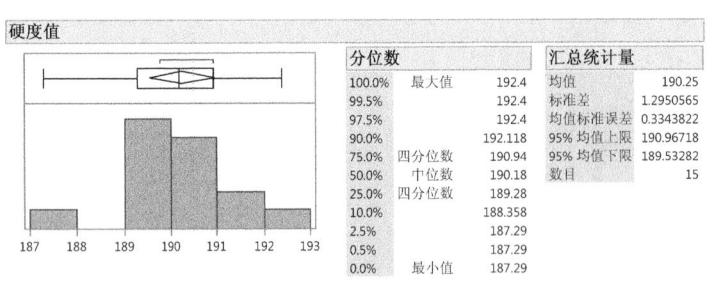

图 5-8 硬度值分布

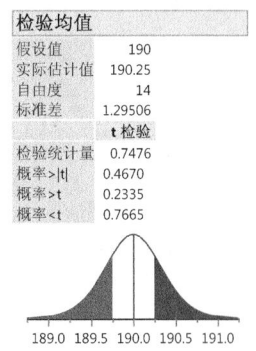

图 5-9 t 检验分析结果

由图 5-9 的输出结果可知，"概率>|t|"为 0.467，远大于 0.05，因此无法拒绝总体均值为 190 的假设，即 $H_0: \mu = 190$ 的假设是成立的，也就是说这个测量过程的偏倚不显著，可以接受。

5.4.3 线性分析

线性分析是指分析偏倚在规定量程范围内的变化，量具在测量范围内的变化保持线性关系是度量测量系统状态的重要指标之一。线性分析步骤如下：

1) 选择至少 5 个零件（$g \geq 5$），以覆盖被研究量具的整个工作量程。

2) 对每个零件进行更高精度的全尺寸测量，以确定每个零件的参考值，并确定是否覆盖了被研究量具的整个工作量程。

3) 让经常使用该量具的操作者按正常程序测量每个零件至少 10 次（$m \geq 10$）。在测量时，尽量随机选择零件，以减少评价人员对测量中偏倚的"记忆"，提高分析的可信度。

4) 计算每次测量零件的偏倚以及每个零件的偏倚平均值。设 $i(i=1,2,\cdots,g)$ 为零件序号，$j(j=1,2,\cdots,m)$ 为测量次数的序号，x_i 为零件基准值，x_{ij} 表示第 i 个零件第 j 次的测量值，y_{ij} 为测量值 x_{ij} 的偏倚值，$\bar{y}_i$ 为对应基准值 x_i 的偏倚均值，则有

$$\begin{cases} y_{ij} = x_{ij} - x_i \\ \bar{y}_i = \frac{1}{m}\sum_{j=1}^{m} y_{ij} \end{cases} \tag{5-5}$$

5) 在线性图上画出相对于零件基准值的每个偏倚值及偏倚均值。

6) 计算并画出拟合直线及该直线的置信区间。

拟合直线的方程为

$$\bar{y}_i = ax_i + b \tag{5-6}$$

式中，$a = \dfrac{\sum\limits_{i=1}^{g} x_i \bar{y}_i - \left(\dfrac{1}{g}\sum\limits_{i=1}^{g} x_i \sum\limits_{i=1}^{g} \bar{y}_i\right)}{\sum\limits_{i=1}^{g} x_i^2 - \dfrac{1}{g}\left(\sum\limits_{i=1}^{g} x_i\right)^2} = \dfrac{\dfrac{1}{m}\sum\limits_{i=1}^{g}\sum\limits_{j=1}^{m} x_i y_{ij} - \left(\dfrac{1}{gm}\sum\limits_{i=1}^{g} x_i \sum\limits_{i=1}^{g}\sum\limits_{j=1}^{m} y_{ij}\right)}{\sum\limits_{i=1}^{g} x_i^2 - \dfrac{1}{g}\left(\sum\limits_{i=1}^{g} x_i\right)^2}$；$b = \bar{\bar{y}} - a\bar{x}$；$\bar{\bar{y}} = \dfrac{1}{g}\sum\limits_{i=1}^{g} \bar{y}_i$；$\bar{x} = \dfrac{1}{g}\sum\limits_{i=1}^{g} x_i$。

回归直线的斜率 a 越小，表示测量系统的线性越好。

7) 计算拟合直线的拟合优度。

$$R^2 = 1 - \frac{\sum\limits_{i=1}^{g}\sum\limits_{j=1}^{m}(y_{ij} - \hat{\bar{y}})^2}{\sum\limits_{i=1}^{g}\sum\limits_{j=1}^{m}(y_{ij} - \bar{\bar{y}})^2} = \frac{\sum\limits_{i=1}^{g}(\hat{\bar{y}} - \bar{\bar{y}})^2}{\sum\limits_{i=1}^{g}\sum\limits_{j=1}^{m}(y_{ij} - \bar{\bar{y}})^2} \tag{5-7}$$

式中，$\hat{\bar{y}}$ 为 $\bar{y}$ 的拟合值；R^2 表征了偏倚随基准变化的相关性，当其大于 0.8 时，为强相关，R^2 值越大说明测量系统的线性越好。

8) 计算并画出拟合直线的置信区间。对于一个已知的 x_0，其显著性水平 α 下的置信区间为

$$\begin{cases} \text{上限：} b + ax_0 + t_{1-\alpha/2}(gm-2)\sqrt{\hat{\sigma}^2\left[1+\dfrac{1}{gm}+\dfrac{(x_0-\bar{x})^2}{\sum\limits_{i=1}^{g}(x_i-\bar{x})^2}\right]} \\ \text{下限：} b + ax_0 - t_{1-\alpha/2}(gm-2)\sqrt{\hat{\sigma}^2\left[1+\dfrac{1}{gm}+\dfrac{(x_0-\bar{x})^2}{\sum\limits_{i=1}^{g}(x_i-\bar{x})^2}\right]} \end{cases} \quad (5\text{-}8)$$

式中，$\hat{\sigma}^2 = \sqrt{\dfrac{\sum\limits_{i=1}^{g}\sum\limits_{j=1}^{m}(y_{ij}-\hat{\bar{y}})^2}{gm-2}}$。

9）在线性图上画出"偏倚=0"的直线。如果"偏倚=0"的整个直线都位于置信区间内，则该测量系统的线性是可接受的。另外，如果图示法分析表明该测量系统的线性是可接受的，则斜率 $a=0$、截距 $b=0$ 的假设应为真。因此，分别对回归系数 a、b 进行假设检验，且下式均成立。

$$|t_a| = \dfrac{|a|}{\dfrac{s}{\sqrt{\sum(x_i-\bar{x})^2}}} \leqslant t_{1-\alpha/2}(gm-2) \quad (5\text{-}9)$$

$$|t_b| = \dfrac{|b|}{\left(\sqrt{\dfrac{1}{g}+\dfrac{\bar{x}^2}{\sum(x_i-\bar{x})^2}}\right)s} \leqslant t_{1-\alpha/2}(gm-2) \quad (5\text{-}10)$$

式（5-9）、式（5-10）均成立，说明对应的 t 检验得出的 P 值均大于显著性水平 α，即无法拒绝对回归系数 $a=0$、$b=0$ 的假设，所以测量系统的线性不显著，线性可以接受。反之，式（5-9）、式（5-10）均不成立，则系统的线性不可接受。

例 5-3

质量控制小组要确定硬度测量系统的线性，选定 5 个零件和 1 位评价人，对每个零件测量 12 次，测量数据见表 5-3。

表 5-3 硬度测量数据

零件号		1	2	3	4	5
试验次数	1	152.065	176.301	200.714	222.828	247.847
	2	152.021	176.578	200.299	223.593	248.063
	3	151.279	175.630	200.562	223.857	248.449
	4	151.244	176.070	199.349	224.332	248.209
	5	152.431	176.569	199.882	222.991	247.546
	6	152.266	176.266	199.883	225.192	248.364
	7	151.662	176.693	199.725	224.587	248.356
	8	151.612	175.803	199.220	224.511	249.052

(续)

零件号		1	2	3	4	5
试验次数	9	153.161	175.560	199.432	224.601	248.046
	10	152.046	176.230	200.235	224.446	247.756
	11	151.275	175.780	200.288	223.913	248.181
	12	151.622	176.408	200.292	224.339	247.904
零件号（基准值）		1（150）	2（175）	3（200）	4（225）	5（250）
零件平均值		151.890	176.157	199.990	224.099	248.148
基准值 x		150	175	200	225	250
偏倚		1.890	1.157	−0.010	−0.901	−1.852

绘图步骤：

用 JMP 进行偏倚分析，首先将零件号、标准值和测量值输入 JMP 的工作表中，部分数值如图 5-10 所示。

用 JMP 做出偏倚-基准值的线性拟合。选择依次单击"分析（A）"→"质量和过程"→"变异性/计数量具图"，在对话框中，将"测量值"拖入"Y，响应"，将"标准值"拖入"标准"，"零件号"放入"X，分组"，如图 5-11 所示，单击"确定"。

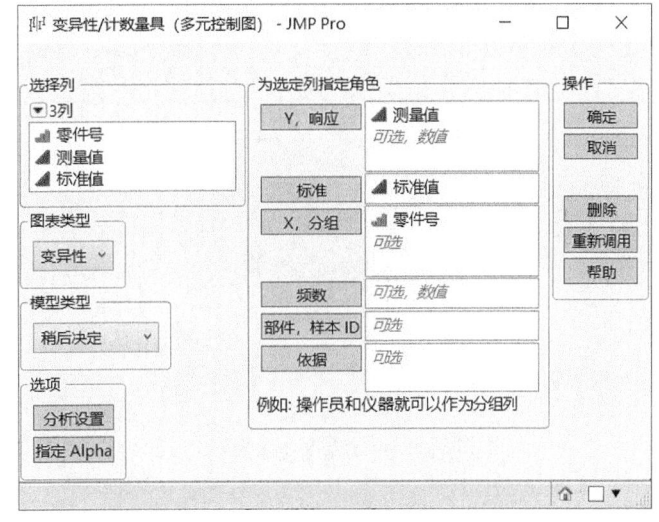

图 5-10　录入 JMP 的数据　　　图 5-11　变异性/计数量具图对话窗口

在"变异性量具"报表中，单击"变异性量具"旁，依次选择"量具研究"→"线性研究"。对于弹出的"线性研究"对话框，由于本例没有提供过程变异，所以直接单击"确定"，输出结果如图 5-12 所示。

从图 5-12 中观察可知，该测量系统存在线性问题。"偏倚=0"的直线与置信区间带交叉而不是被包含其中；另外，从对拟合直线斜率和截距的假设检验中可知，P 值"概率>|t|"均小于显著性水平 0.05，说明测量值线性显著，该测量系统的线性是不可接受的，待进一步分析改进。再次单击"变异性量具"旁，依次选择"量具研究"→"偏倚报表"，进一步查看设备的偏倚情况。

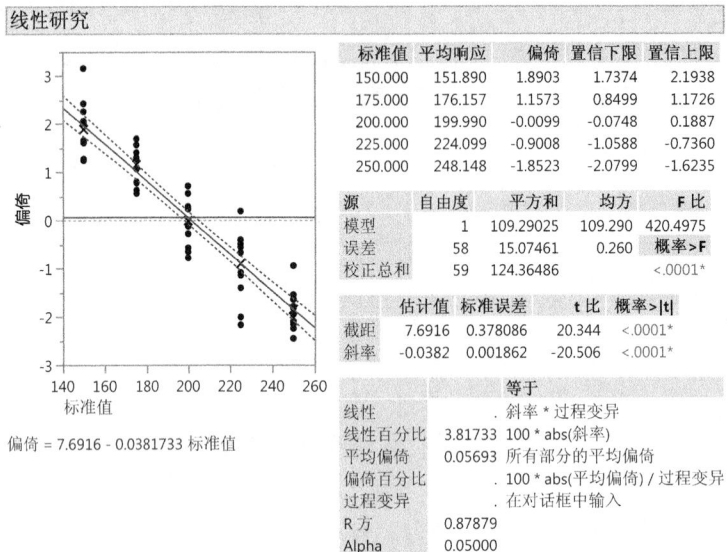

图 5-12 量具线性和偏倚报表

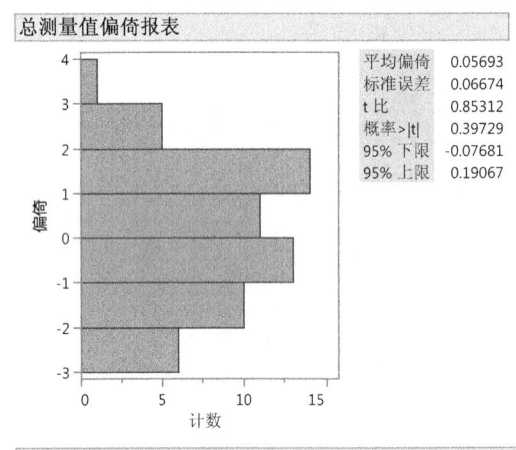

图 5-13 量具分析做出的平均偏倚

从图 5-13 的 "总测量值偏倚报表"中可知，量具研究做出的平均偏倚为 0.05693，在量程的中程值 200 处，偏倚不显著，但在小量程 150 和大量程 250 处偏倚均显著。可知，该测量系统存在着一定的线性偏倚。质量控制小组应该改良测量设备，使拟合直线的斜率尽可能小，从而减少线性所带来的测量误差。

5.4.4 双性

双性（Gage Repeatability & Reproducibility，GRR；Repeatability & Reproducibility，R&R）是指重复性与再现性。测量系统必须同时满足以下情况才能认为该测量系统可以被接收。

1）通过均值-极差控制图没有发现特殊原因。
2）数据分级 NDC（Number of Distinct Categories）经四舍五入取整后，必须大于或等于 5。
3）双性占总变差的百分比 R&R（%）的接收准则。
① 小于 10%：测量系统可以接收。
② 介于 10%~30%：基于应用的重要性、经济性等原因，该量具可能会被接收。此时应该计算风险参数（BreakPoint）的值，当该值小于 37.8 时，该量具才能被接收。
③ 大于 30%：该量具需要改进，不可接收。
风险参数的计算公式为

$$\text{BreakPoint} = \text{RPN} \times \frac{R\&R}{100} \tag{5-11}$$

式中，RPN 表示风险顺序数，该值来自 FMEA 小组或 FMEA 文件；R&R 以百分数表示。

对于计量型量具，进行双性研究有如下三种不同的方法：极差法、均值极差法和方差分析法。

1. 极差法

极差法能够快速地检查以验证 GRR 是否有变化。这方法只能为测量系统提供变差的整体情况，不能将变差分解成重复性和再现性。用极差法进行研究时通常选用两位评价人和 5 个零件，两位评价人分别测量每个零件一次。评价人 A 测量的每个零件数值与评价人 B 测量的每个零件数值通常是不同的。设 R_i 为对于第 $i(i=1,2,\cdots,n)$ 个零件不同评价人测量值的极差，$\overline{R}$ 为这些测量值极差的平均值，则 GRR 占总过程变差百分比的计算公式为

$$\overline{R} = \frac{1}{n}\sum_{i=1}^{n} R_i \tag{5-12}$$

$$\text{GRR} = \left(\frac{\overline{R}}{d_2}\right) \tag{5-13}$$

$$\text{GRR}(\%) = 100\% \times \left(\frac{\text{GRR}}{\text{过程标准差}}\right) \tag{5-14}$$

式（5-13）中的 d_2 可查到，且这里取 $m=2, g=n$。

计算出 GRR 占总过程变差百分比后，再按照相应的接收准则快速判断量具是否可以被接收。

例 5-4

两位评价人分别测量 5 个零件，所得测量结果见表 5-4，若已知过程标准差为 0.0777，试用极差法对该测量系统进行分析，并讨论该系统是否需要改进。

表 5-4 测量结果数据

零件	评价人 A	评价人 B	极差（A，B）
1	0.85	0.80	0.05
2	0.75	0.70	0.05
3	1.00	0.95	0.05
4	0.45	0.55	0.10
5	0.50	0.60	0.10

解：

由 $m=2$、$g=5$，可得 $d_2=1.19105$。

极差的平均值

$$\bar{R} = \frac{1}{n}\sum_{i=1}^{n} R_i = \frac{0.35}{5} = 0.07$$

$$\text{GRR} = \left(\frac{\bar{R}}{d_2}\right) = \left(\frac{\bar{R}}{1.19105}\right) = 0.0588$$

$$\text{GRR}(\%) = 100\% \times \left(\frac{\text{GRR}}{\text{过程标准差}}\right) = 75.7\%$$

GRR（%）被确定为 75.7%，该值大于 30%，根据接收准则，得出的结论是需要对测量系统进行改进。

2．均值极差法

均值极差法是一种可同时对测量系统提供重复性和再现性估计值的研究方法。该方法允许将测量系统变差分解成重复性和再现性两个独立的部分，不足之处在于其不能确定两者之间的相互作用。均值极差法的研究步骤如下：

1）取得一个能够代表过程变差实际情况或预期范围的样本，该样本容量 n 必须大于 5。

2）选择 3 名平时使用该量具的操作人员，并给其编号为 A、B、C，对零件按从 1 到 n 进行编号。

3）让每位评价人按正常测量程序以随机顺序对零件进行测量，并记录测量结果。

4）计算每位评价人对每个零件的测量数的平均值。

$$\bar{X}_{M_j} = \frac{1}{n}\sum_{i=1}^{n} X_{M_{ji}} \tag{5-15}$$

式中，M 表示评价人，$i(i=1,2,\cdots,n)$ 表示测量的次序，$j(j=1,2,\cdots,m)$ 表示零件号。

5）计算每位评价人对每个零件的测量数的极差值。

$$R_{M_j} = \text{Max}(X_{M_{ji}}) - \text{Min}(X_{M_{ji}}) \tag{5-16}$$

6）计算所有零件每次测量数的平均值，此值称为评价人每次测量均值，分别记录到评价人 A、评价人 B、评价人 C 中所对应的表格中。

$$M_i = \frac{1}{m}\sum_{j=1}^{m} X_{M_{ji}} \tag{5-17}$$

7）计算出每位评价人测量数的平均值并进行记录，记为 $\bar{X}_A$、$\bar{X}_B$、$\bar{X}_C$。

$$\overline{X}_M = \frac{\sum_{i=1}^{n} M_i}{n} \tag{5-18}$$

8)分别将 A、B、C 测量各个零件的极差相加再除以件个数,得到每位评价人极差的平均数,结果记为 $\overline{R}_A$、$\overline{R}_B$、$\overline{R}_C$。

$$\overline{R}_M = \frac{\sum_{j=1}^{m} R_{M_j}}{m} \tag{5-19}$$

9)将上面所求的极差平均值的和除以评价人数,结果记为 $\overline{\overline{R}}$。

$$\overline{\overline{R}} = \frac{\sum \overline{R}_M}{\text{评价人数}} \tag{5-20}$$

10)根据零件编号顺序画出由每位评价人对每个零件的多次测量值的平均值,且多位评价人的均值图重叠画出,以便于观察评价人之间的变差。如果多位评价人的均值图的趋势都一致,就说明评价人之间是一致的。

11)计算并绘制均值图的控制限,并计作 $\mathrm{UCL}_{\overline{X}}$ 和 $\mathrm{LCL}_{\overline{X}}$。控制限以内的区域表示零件之间的变差(代表了过程变差)。因此,应该有一半或一半以上的平均值落在控制限外;否则,说明测量系统的有效分辨率不足或者这样的样本不能代表预期的过程变差。

$$\begin{cases} \mathrm{UCL}_{\overline{X}} = \overline{\overline{X}} + A_2 \overline{\overline{R}} \\ \mathrm{LCL}_{\overline{X}} = \overline{\overline{X}} - A_2 \overline{\overline{R}} \end{cases} \tag{5-21}$$

式中,A_2 与样本子组容量有关。以零件编号顺序画出由每位评价人对每个零件多次测量值的极差,多位评价人之间的极差图重叠画出,以便于观察。

12)计算并绘制极差图的控制限,并将其记作 UCL_R 和 LCL_R。极差图中不允许出现超出控制限的点,这是因为极差图是用来确定测量过程是否受控的,所以不管测量误差有多大,控制限都将包含该误差。如果某位评价人的测量值在控制限之外,则说明他使用的方法与其他人不一致。如果所有的评价人均有一些超出控制限范围的点,则说明该测量系统对评价人的技巧较敏感,需要进行改进。

$$\begin{cases} \mathrm{UCL}_R = D_4 \overline{\overline{R}} \\ \mathrm{LCL}_R = D_3 \overline{\overline{R}} \end{cases} \tag{5-22}$$

式中,D_3、D_4 与样本子组容量有关。

13)对于极差图中反映的任何超出控制限的点,让其评价人对对应的零件重新进行测量;或剔除那些测量值,然后根据修改后的抽样数量重新平均并计算。

14)计算每位评价人对每个零件测量数的平均值之和,然后除以评价人数,可得每个零件的平均值。

$$\overline{X}_j = \frac{\sum_{M=A}^{C} \overline{X}_{M_j}}{\text{评价人数}} \tag{5-23}$$

15)将零件平均值的最大值减去零件平均值的最小值,并将结果记作 R_{Part},它表示零件平均值的极差。

$$R_{\text{Part}} = \text{Max}(\bar{X}_j) - \text{Min}(\bar{X}_j) \tag{5-24}$$

16）找出 $\bar{X}_A$、$\bar{X}_B$、$\bar{X}_C$ 中的最大值和最小值，并计算它们的差，将结果记作 $\bar{X}_{\text{Diff}}$。

$$\bar{X}_{\text{Diff}} = \text{Max}(\bar{X}_M) - \text{Min}(\bar{X}_M) \tag{5-25}$$

17）计算设备变差（EV）、人员变差（AV）、双性（R&R）、零件间变差（PV）、总变差（TV）。

① 设备变差（EV）的计算公式为

$$\text{EV} = \bar{\bar{R}} K_1 \tag{5-26}$$

式中，K_1 为重复性常数，其计算公式为 $K_1 = 1/d_2$，决定 d_2 的两个参数分别为 m=重复测量次数、g=零件数×评价人数。当试验次数为 2 时，$K_1 = 0.8862$；当试验次数为 3 时，$K_1 = 0.5908$。

② 人员变差（AV）的计算公式为

$$\text{AV} = \sqrt{(\bar{X}_{\text{Diff}} K_2)^2 - (\text{EV}^2 /(n \times r))} \tag{5-27}$$

式中，n 表示零件数；r 表示测量次数；K_2 为再现性常数。

K_2 计算公式为 $K_2 = 1/d_2$，决定 d_2 的两个参数分别为 m=评价人数、$g=1$。当评价人数为 2 时，$K_2 = 0.7071$；当评价人数为 3 时，$K_2 = 0.5231$。

注意：如果根号下所得的数值为负数，则认为该评价人的变差（AV）为零。

③ 双性（R&R）的计算公式为

$$\text{R\&R} = \sqrt{\text{AV}^2 + \text{EV}^2} \tag{5-28}$$

④ 基于研究变差或产品公差时，零件间的变差（PV）计算公式为

$$\text{PV} = R_{\text{Part}} K_3 \tag{5-29}$$

式中，K_3 为零件变差常数，其计算公式为 $K_3 = 1/d_2$，决定 d_2 的两个参数分别为 m=零件数、$g=1$。K_3 取值见表 5-5。

表 5-5 K_3 取值

零件数	6	7	8	9	10
K_3	0.3742	0.3534	0.3375	0.3249	0.3146

⑤ 总变差（TV）的计算公式为

$$\text{TV} = \sqrt{\text{R\&R}^2 + \text{PV}^2} \tag{5-30}$$

这里需要指出的是，测量系统的变差应该是由普通原因而不是特殊原因造成的，即具有统计稳定性。因此，测量系统的精确度应高于过程变差和公差这两者中的精确度较高者，即测量系统的变差应小于过程变差和公差两者中的较小者。所以在测量系统分析中，如果已知过程变差和公差，可以用过程变差或公差来计算研究总变差。

如果基于过程变差，且它的值是以 6σ 为基础，则可用过程变差计算研究总变差 TV，相应的 TV 和 PV 可按以下公式进行计算：

$$\text{TV} = \frac{\text{过程变差}(6\sigma)}{6} \tag{5-31}$$

$$\text{PV} = \sqrt{\text{TV}^2 - \text{R\&R}^2} \tag{5-32}$$

如果基于公差，计算 TV 时应该用公差除以 6，同时计算出相应的公差百分比。

⑥ 计算各变差占总变差的百分比：

$$\begin{cases} EV(\%) = 100\% \times (EV/TV) \\ AV(\%) = 100\% \times (AV/TV) \\ R\&R(\%) = 100\% \times (R\&R/TV) \\ PV(\%) = 100\% \times (PV/TV) \end{cases} \quad (5\text{-}33)$$

数据分级数 NDC 的计算公式为 $NDC = 1.41(PV/R\&R)$，它是对过程变差做出有效判断的一个标准，应四舍五入到整数，并且要能大于或等于 5 才符合标准。

例 5-5

在研究硬度测量系统的双性前，质量控制小组首先应该直观地给出不同的评价者测量不同零件所得的结果，即评价者之间的误差与评价者-零件交互所造成的误差。为此，采用 JMP 中的"测量系统分析"功能来对本例进行直观的分析。质量控制小组选择了 3 名评价者和若干具有不同硬度且经过热处理的坯条，其具体数据见表 5-6。

表 5-6 R&R 分析数据记录表

评价者与测量次数	重复性与再现性分析数据记录表										均值
	1	2	3	4	5	6	7	8	9	10	
A.1	198.2	198.1	187.5	177.5	181.3	187.3	176.2	187.9	197.6	201.2	189.28
A.2	198.1	198.6	187.3	176.9	180.6	186.8	177.9	188.3	198.2	200.1	189.28
A.3	197.9	198.4	187.9	177.2	180.3	187.1	176.7	188.6	197.8	200.8	189.27
均值 $\bar{X}_{Aj}$	198.07	198.37	187.57	177.20	180.73	187.07	176.93	188.27	197.87	200.70	$\bar{X}_A = 189.277$
极差 R_{Aj}	0.3	0.5	0.6	0.6	1.0	0.5	1.7	0.7	0.6	1.1	$\bar{R}_A = 0.76$
B.1	199.6	199.9	189.5	178.6	183.4	188.3	178.2	189.2	198.6	203.3	190.86
B.2	199.3	200.6	188.9	179.3	182.6	187.9	177.9	188.6	199.2	202.9	190.72
B.3	199.5	200.2	189.6	179.5	182.9	188.4	177.6	188.9	198.9	203.4	190.89
均值 $\bar{X}_{Bj}$	199.47	200.23	189.33	179.13	182.97	188.20	177.90	188.90	198.90	203.20	$\bar{X}_B = 190.823$
极差 R_{Bj}	0.3	0.7	0.7	0.9	0.8	0.5	0.6	0.6	0.6	0.5	$\bar{R}_B = 0.62$
C.1	197.2	196.1	186.5	176.5	180.5	186.3	175.2	185.9	195.6	200.2	188.01
C.2	196.9	197.6	185.3	174.9	179.5	185.8	176.3	186.3	197.2	199.9	187.97
C.3	197.3	197.2	185.9	175.5	179.8	186.1	176.5	186.4	196.5	199.6	188.08
$\bar{X}_{Cj}$	197.13	196.97	185.90	175.63	179.97	186.07	176.00	186.20	196.43	199.90	$\bar{X}_C = 188.020$
极差 R_{Cj}	0.4	1.5	1.2	1.6	1.1	0.5	1.3	0.5	1.6	0.6	$\bar{R}_C = 1.03$
部件均值	198.22	198.52	187.60	177.32	181.22	187.11	176.94	187.79	197.73	201.27	$\bar{\bar{X}} = 189.373$ $R_P = 24.32$ $\bar{X}_{\text{Diff}} = 2.803$
$\bar{\bar{R}} = \{[\bar{R}_A = 0.76] + [\bar{R}_B = 0.62] + [\bar{R}_C = 1.03]\}/[\text{评价人数}=3]$											0.803
$UCL_R = D_4 \bar{\bar{R}} = 2.58 \times 0.8$											2.064
$LCL_R = D_3 \bar{\bar{R}} = 0.00 \times 0.8$											0
$UCL_X = \bar{\bar{X}} + A_2 \bar{\bar{R}} = 189.37 + 1.02 \times 0.8$											190.19
$LCL_X = \bar{\bar{X}} - A_2 \bar{\bar{R}} = 189.37 - 1.02 \times 0.8$											188.55

绘图步骤：

通过 JMP 画出统计控制图，如图 5-14 所示。

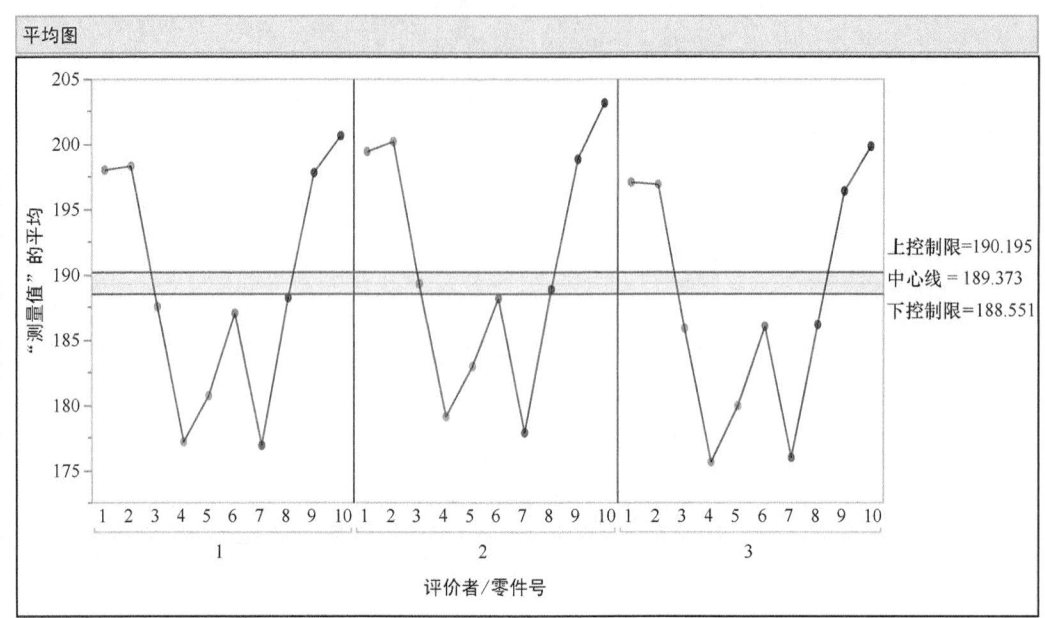

图 5-14　零件评价者均值控制图

从图 5-14 可以看出，大部分点都落在控制限外，说明测量系统能反映出零件间的变差，分辨能力满足要求。

得到的重复性极差控制图如图 5-15 所示。

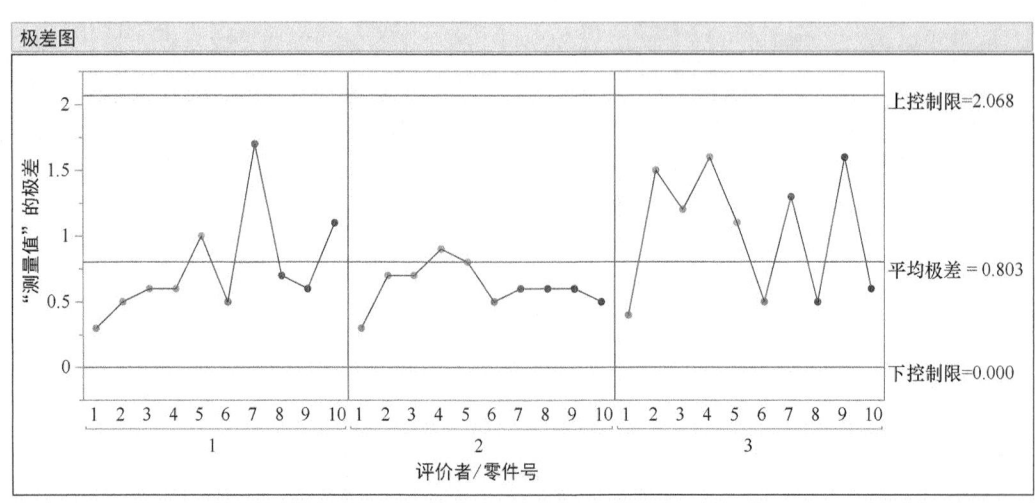

图 5-15　重复性极差控制图

从图 5-15 可以看出，点都在控制限内，说明测量过程受控。接下来计算变差。

（1）设备变差（EV）的计算：

$$EV = \overline{R}K_1 = 0.803 \times 0.591 = 0.475$$

（2）人员变差（AV）的计算：

$$AV = \sqrt{(\bar{X}_{\text{Diff}} K_2)^2 - (EV^2/(nr))}$$
$$= \sqrt{(2.803 \times 0.5231)^2 - (0.475^2/(10 \times 3))} = 1.464$$

（3）双性（R&R）的计算：

$$R\&R = \sqrt{EV^2 + AV^2} = \sqrt{0.475^2 + 1.464^2} = 1.539$$

（4）基于研究变差时，零件间变差（PV）的计算：

$$PV = R_{\text{Part}} K_3 = 24.32 \times 0.3146 = 7.651$$

（5）基于研究变差时，总变差（TV）的计算：

$$TV = \sqrt{R\&R^2 + PV^2} = \sqrt{1.539^2 + 7.651^2} = 7.804$$

将计算得到的各变差汇总，并计算出占总变差的百分比和贡献率，所得结果见表5-7。

表 5-7 测量变差分析

变差类	占总变差百分比
重复性-设备变差 EV=0.475	EV（％）=6.09%
再现性-评价人变差 AV=1.464	AV（％）=18.76%
重复性和再现性 R&R=1.539	R&R（％）=19.72%
零件间变差 PV=7.651	PV（％）=98.04%

由于均值极差法步骤比较烦琐，在实际操作中，通常使用表 5-8 的数据搜集表和表 5-9 的 R&R 报告来完成此类研究。

表 5-8 重复性和再现性数据收集表

量具重复性和再现性数据收集表											
评价者与测量次数	零件										均值
	1	2	3	4	5	6	7	8	9	10	
A.1											
A.2											
A.3											
均值											$\bar{X}_A =$
极差											$\bar{R}_A =$
B.1											
B.2											
B.3											
均值											$\bar{X}_B =$
极差											$\bar{R}_B =$
C.1											
C.2											
C.3											
均值											$\bar{X}_C =$
极差											$\bar{R}_C =$

（续）

量具重复性和再现性数据收集表											
评价者与测量次数	零件										均值
	1	2	3	4	5	6	7	8	9	10	
零件均值											$\bar{\bar{X}}$ $R_P=$
$\{[\bar{R}_A=\quad]+[\bar{R}_B=\quad]+[\bar{R}_C=\quad]\}/[$评价人数$=\quad]=$											$\bar{\bar{R}}$
$\bar{X}_{Diff}=[$最大值$\bar{X}_{MAX}\quad]-[$最小值$\bar{X}_{MIN}\quad]$											$\bar{X}_{Diff}$
$UCL_R^{①}=[\bar{\bar{R}}=\quad]\times[D_4=\quad]$											

① 两次测量时 D_4=3.27，3 次测量时 D_4=2.58。UCL_R 代表个别 R 值的控制限。圈出那些超过控制限的点，查明其原因并采取纠正措施。重复以相同的评价者使用相同的量具读取这些值；或剔除这些数值，并从其余的测量值中重新计算 $\bar{\bar{R}}$。

表 5-9 量具重复性和再现性报告

量具重复性和再现性报告			
零件编号和名称：	量具名称：		日期：
特性：	量具编号：		执行者：
规范：	量具型式：		
从数据表：$\bar{\bar{R}}=$	$\bar{X}_{Diff}=$		$R_P=$
测量单元分析			总变差 TV（%）
重复性-设备变差（EV） EV $=\bar{\bar{R}}K_1$ =___×___ =___	测量次数	K_1	EV（%）=100%×（EV/TV） =100%×（___/___） =___%
	2	0.8862	
	3	0.5908	
再现性-评价者变差（AV） AV $=\sqrt{(\bar{X}_{Diff}K_2)^2-(EV^2/(nr))}$ $=\sqrt{(\_\_\_\times\_\_\_)^2-(\_\_\_^2/(\_\_\_\times\_\_\_))}$ =___ $n=$零件数 $r=$测量次数	评价人数	2 3	AV（%）=100%×（AV/TV） =100%×（___/___） =___%
	K_2	0.7071 0.5231	
重复性和再现性（GRR） GRR $=\sqrt{EV^2+AV^2}$ $=\sqrt{\_\_\_^2+\_\_\_^2}$ =___	零件数量	K_3	GRR（%）=100%×（GRR/TV） =100%×（___/___） =___%
	2	0.7071	
零件变差（PV） PV $=R_pK_3$ =___×___ =___	3	0.5231	PV（%）=100%×（PV/TV） =100%×（___/___） =___%
	4	0.4467	
	5	0.4030	
	6	0.3742	
总变差（TV） TV $=\sqrt{GRR^2+PV^2}$ $=\sqrt{\_\_\_^2+\_\_\_^2}$ =___	7	0.3534	NDC $=1.41(PV/GRR)$ $=1.41(\_\_\_/\_\_\_)$ =___
	8	0.3375	
	9	0.3249	
	10	0.3146	

例 5-6

3 位评价者分别对 10 组弹簧的压缩长度进行了测量，数据见表 5-10，试进行量具数据搜集以及重复性和再现性报告实例及分析。

表 5-10 量具重复性与再现性数据搜集表数据实例

		1	2	3	4	5	6	7	8	9	10	
A	1	9.281	9.279	9.272	9.282	9.278	9.273	9.281	9.271	9.382	9.270	9.2869
	2	9.281	9.279	9.271	9.283	9.279	9.273	9.279	9.271	9.378	9.268	9.2862
	3	9.279	9.281	9.271	9.282	9.280	9.272	9.278	9.272	9.381	9.269	9.2865
	均值	9.280	9.280	9.271	9.282	9.279	9.273	9.279	9.271	9.380	9.269	$\overline{X}_A = 9.2865$
	极差	0.002	0.002	0.001	0.001	0.002	0.001	0.003	0.001	0.004	0.002	$\overline{R}_A = 0.0019$
B	1	9.281	9.279	9.272	9.282	9.278	9.274	9.281	9.273	9.382	9.270	9.2872
	2	9.281	9.279	9.271	9.283	9.279	9.274	9.281	9.273	9.378	9.268	9.2867
	3	9.279	9.281	9.271	9.282	9.280	9.272	9.280	9.272	9.381	9.269	9.2867
	均值	9.280	9.280	9.271	9.282	9.279	9.273	9.281	9.273	9.380	9.269	$\overline{X}_B = 9.2869$
	极差	0.002	0.002	0.001	0.001	0.002	0.002	0.001	0.001	0.004	0.002	$\overline{R}_B = 0.0018$
C	1	9.283	9.280	9.272	9.284	9.279	9.273	9.281	9.272	9.382	9.271	9.2877
	2	9.281	9.279	9.272	9.283	9.279	9.273	9.279	9.272	9.378	9.270	9.2866
	3	9.281	9.282	9.273	9.282	9.283	9.272	9.278	9.273	9.381	9.269	9.2874
	均值	9.282	9.280	9.272	9.283	9.280	9.273	9.279	9.272	9.380	9.270	$\overline{X}_C = 9.2872$
	极差	0.002	0.003	0.001	0.002	0.004	0.001	0.003	0.001	0.004	0.002	$\overline{R}_C = 0.0023$
零件均值		9.281	9.280	9.272	9.283	9.279	9.273	9.280	9.272	9.380	9.269	$\overline{\overline{X}} = 9.2869$ $R_P = 0.1110$
	$\overline{\overline{R}} = \{[\overline{R}_A = 0.0019] + [\overline{R}_B = 0.0018] + [\overline{R}_C = 0.0023]\}/[\text{评价人数}=3] =$											0.0020
	$\overline{X}_{Diff} = [\text{最大值}\overline{X}_C = 9.2872] - [\text{最小值}\overline{X}_A = 9.2865] =$											0.0007
	$UCL_R = [\overline{\overline{R}} = 0.002] \times [D_4 = 2.58] =$											0.00516

解：

进行量具的重复性与再现性分析的步骤如下：

1）分别计算 A、B、C 对每个样品 3 次测试结果的均值和极差，填入表中对应的行。

2）计算 A 测得所有样品的总均值及总均值的均值 $\overline{X}_A$ 与极差的 $\overline{R}_A$，同理得到 $\overline{X}_B$、$\overline{X}_C$ 以及 $\overline{R}_B$、$\overline{R}_C$。

3）最后求出 $\overline{\overline{R}}$、$\overline{X}_{Diff}$、$\overline{R}_p$，将数值填入表 5-11，并完成数据分析。

表 5-11 量具重复性和再现性报告实例

量具重复性和再现性报告				
零件编号和名称：		量具名称：	日期：	
特性：		量具编号：	执行者：	
规范：		量具型式：		
从数据表：$\overline{\overline{R}} = 0.002$		$\overline{X}_{\text{Diff}} = 0.0007$	$R_P = 0.111$	
测量单元分析				总变差 TV（%）
重复性-设备变差（EV） $EV = \overline{\overline{R}}K_1$ $=0.002 \times 0.59$ $=0.001$	测量次数		K_1	EV（%）= 100%×（EV/TV） = 100%×（0.001/0.035） = 2.9%
	2		0.8862	
	3		0.5908	
再现性—评价人变差（AV） $AV = \sqrt{\left(\overline{X}_{\text{Diff}}K_2\right)^2 - \left(EV^2/(nr)\right)}$ $= \sqrt{(0.0007 \times 0.52)^2 - (0.001^2/(10 \times 3))}$ $=0.0004$ n=零件数=10 r=测量次数=3	评价人数	2	3	AV（%）=100%×（AV/TV） =100%×（0.0004/0.035） = 1.1%
	K_2	0.7071	0.5231	
重复性和再现性（GRR） $GRR = \sqrt{EV^2 + AV^2}$ $= \sqrt{0.001^2 + 0.0004^2}$ $=0.001$	零件数量		K_3	GRR（%）=100%×（GRR/TV） =100%×（0.001/0.035） =2.9%
	2		0.7071	
零件变差（PV） $PV = R_P K_3$ $= 0.111 \times 0.31$ $= 0.034$	3		0.5231	PV（%）= 100%×（PV/TV） =100%×（0.035/0.035） = 100%
	4		0.4467	
	5		0.4030	
	6		0.3742	
总变差（TV） $TV = \sqrt{GRR^2 + PV^2}$ $= \sqrt{0.001^2 + 0.035^2}$ $= 0.035$	7		0.3534	ndc=1.41(PV/GRR) =1.41(0.035/0.001) =49.35
	8		0.3375	
	9		0.3249	
	10		0.3146	

3. 方差分析法

方差分析法（Analysis of Variance，ANOVA）是一种标准的统计技术，可以用它来分析测量误差和测量系统研究中的其他变差来源。在变差分析中，可将变差分成四类：零件、评价人、零件与评价人之间的交互作用以及因量具所造成的重复误差。方差分析法有利于更好地估计变差，从实验数据中得到更多信息（如零件与评价人之间交互作用所产生的影响）；但方差分析法中的数值计算更加复杂，而且要求运用一定程度的统计学知识来解释它的结果。为了在测量系统分析的研究中对试验设计模型中的方差组成进行估计，这里采用二因素随机效应模型来描述测量过程的重复性和再现性。

$$X_{ijk} = \mu + O_i + P_j + (OP)_{ij} + R_{k(ij)} \tag{5-34}$$

式中，X_{ijk} 表示第 i 个操作者对第 j 个零件进行第 k 次测量的值；μ 为未知常数（总均值）；O_i、P_j、$(OP)_{ij}$、$R_{k(ij)}$ 分别表示操作者、零件、操作者与零件间交互作用以及重复测量效应的随机变量，且假设 $O_i \sim N(0, \sigma_o^2)$，$P_j \sim N(0, \sigma_p^2)$，$(OP)_{ij} \sim N(0, \sigma_{op}^2)$，$R_{k(ij)} \sim N(0, \sigma^2)$，其中 O_i、P_j、$(OP)_{ij}$、$R_{k(ij)}$ 相互独立。

在二因素随机效应模型中，观测值 X_{ijk} 的总波动（方差）等于各随机波动之和。

$$\sigma_X^2 = \sigma_O^2 + \sigma_P^2 + \sigma_{OP}^2 + \sigma_R^2 \tag{5-35}$$

测量系统分析就是要估计这些方差成分，并与各准则进行比较，以确定测量系统是否满足要求。

方差分析法依赖所有观测值平方和的正交分解。设总偏差平方和为 SS_T；操作者的偏差平方和为 SS_O，均方和为 MS_O；零件的偏差平方和为 SS_P，均方和为 MS_P；零件和操作者交互作用的偏差平方和为 SS_{OP}，均方和为 MS_{OP}；重复测量效应的偏差平方和为 SS_R，均方和为 MS_R，则

$$\begin{cases} X = \sum_{i=1}^{I}\sum_{j=1}^{J}\sum_{k=1}^{K} X_{ijk}, & \bar{X} = \dfrac{X}{IJK} \\[6pt] X_i = \sum_{j=1}^{J}\sum_{k=1}^{K} X_{ijk}, & \bar{X}_i = \dfrac{X_i}{JK} \\[6pt] X_j = \sum_{i=1}^{I}\sum_{k=1}^{K} X_{ijk}, & \bar{X}_j = \dfrac{X_j}{IK} \\[6pt] X_{ij} = \sum_{k=1}^{K} X_{ijk}, & \bar{X}_{ij} = \dfrac{X_{ij}}{K} \end{cases} \tag{5-36}$$

计算各偏差平方和。

$$\begin{cases} \mathrm{SS}_O = JK\sum_{i=1}^{I}(\bar{X}_i - \bar{X})^2 = \dfrac{1}{JK}\sum_{i=1}^{I} X_i^2 - \dfrac{X^2}{IJK} \\[6pt] \mathrm{SS}_P = IK\sum_{j=1}^{J}(\bar{X}_j - \bar{X})^2 = \dfrac{1}{IK}\sum_{j=1}^{J} X_j^2 - \dfrac{X^2}{IJK} \\[6pt] \mathrm{SS}_{OP} = K\sum_{i=1}^{I}\sum_{j=1}^{J}(\bar{X}_{ij} - \bar{X}_i - \bar{X}_j + \bar{X})^2 = \left(\dfrac{1}{K}\sum_{i=1}^{I}\sum_{j=1}^{J} X_{ij}^2 - \dfrac{X^2}{IJK}\right) - \mathrm{SS}_O - \mathrm{SS}_P \\[6pt] \mathrm{SS}_R = \sum_{i=1}^{I}\sum_{j=1}^{J}\sum_{k=1}^{K}(X_{ijk} - \bar{X}_{ij})^2 = \sum_{i=1}^{I}\sum_{j=1}^{J}\sum_{k=1}^{K} X_{ijk}^2 - \dfrac{1}{K}\sum_{i=1}^{I}\sum_{j=1}^{J} X_{ij}^2 \\[6pt] \mathrm{SS}_T = \sum_{i=1}^{I}\sum_{j=1}^{J}\sum_{k=1}^{K}(X_{ijk} - \bar{X})^2 = \sum_{i=1}^{I}\sum_{j=1}^{J}\sum_{k=1}^{K} X_{ijk}^2 - \dfrac{X^2}{IJK} \end{cases} \tag{5-37}$$

同时有

$$\mathrm{SS}_T = \mathrm{SS}_O + \mathrm{SS}_P + \mathrm{SS}_{OP} + \mathrm{SS}_R \tag{5-38}$$

将得到的各项平方和除以相应的自由度，得到各均方和，即

$$\begin{cases} \mathrm{MS}_O = \dfrac{\mathrm{SS}_O}{I-1} \\[6pt] \mathrm{MS}_P = \dfrac{\mathrm{SS}_P}{J-1} \\[6pt] \mathrm{MS}_{OP} = \dfrac{\mathrm{SS}_{OP}}{(I-1)(J-1)} \\[6pt] \mathrm{MS}_R = \dfrac{\mathrm{SS}_R}{IJ(K-1)} \end{cases} \tag{5-39}$$

基于均方和的结果，可以通过下列各式得到方差成分估计值。

$$\begin{cases} \sigma_O^2 = \dfrac{\mathrm{MS}_O - \mathrm{MS}_{OP}}{JK} \\ \sigma_P^2 = \dfrac{\mathrm{MS}_P - \mathrm{MS}_{OP}}{IK} \\ \sigma_{OP}^2 = \dfrac{\mathrm{MS}_{OP} - \mathrm{MS}_R}{K} \\ \sigma_R^2 = \mathrm{MS}_R \end{cases} \quad (5\text{-}40)$$

并且

$$\sigma_X^2 = \sigma_O^2 + \sigma_P^2 + \sigma_{OP}^2 + \sigma_R^2 \quad (5\text{-}41)$$

在式（5-41）和式（5-42）中，方差成分 σ_R^2 表示测量系统重复性的波动度量，它反映了测量过程中量具本身的波动水平；方差成分的平方和 $\sigma_O^2 + \sigma_{OP}^2$ 表示测量系统再现性波动的度量，反映了测量过程中操作者之间的波动。

零件测量方差分析见表 5-12。

表 5-12　零件测量方差分析表

波动源	自由度	均方
操作者	$I-1$	MS_O
零件	$J-1$	MS_P
操作者×零件	$(I-1)(J-1)$	MS_{OP}
重复性	$IJ(K-1)$	MS_R

因此，仿照方差分析原理，构造出相应的 F 统计量，并估计各种方差成分占总波动的百分比大小。

1）下面采用 JMP 中的 R&R 方差分析法来进行案例分析。JMP 中的量具研究采用的是方差分析法，现采用 JMP 对例 5-5 用方差分析法来进行分析。首先将如图 5-16 所示的数据输入工作表。

再进行量具分析。依次单击"分析（A）"→"质量和过程"→"变异性/计数量具图"，在对话框中，将"测量值"拖入"Y, 响应"，"操作人员"匹配给"X, 分组"，将"零件号"拖入"部件, 样本 ID"，"图表类型"选择"变异性"，单击"确定"后，即可得到变异性图。继续使用 JMP 对此测量系统的 R&R 性能进行研究，分析步骤为单击"变异性量具"旁，选择"方差分量"，得到的结果如图 5-17 所示。

2）数据分析。

首先，考察一下零件和操作者之间的互动水平，即操作者对测量的零件是否有交互作用，这对后续的分析是非常重要的。单击"变异性量具"旁，依次选择"量具研究"→"量具 R&R 图"→"均值图"，可得到如图 5-18 所示的结果。

从图 5-18 的第一张图中可以很直观地看出不同操作者对应的测量值分布，其中 2 号操作者的测量数总是比其他两人略微高一些，3 号操作者总是比其他两位操作者的测量数略低；从第二张图中也可以观察到不同零件的测量值偏离均值的程度也不同，零件间变差较大；第三张图可以反映出三位操作者测量每个零件的均值基本一致，但不同的零件测量均值差异较大，因此，可以推测出操作者和零件号这两个因素可能存在显著交互作用。

	零件号	操作人员	测量值
1	1	1	198.2
2	2	1	198.1
3	3	1	187.5
4	4	1	177.5
5	5	1	181.3
6	6	1	187.3
7	7	1	176.2
8	8	1	187.9
9	9	1	197.6
10	10	1	201.2
11	1	1	198.1
12	2	1	198.6
13	3	1	187.3
14	4	1	176.9
15	5	1	180.6
16	6	1	186.8
17	7	1	177.9
18	8	1	188.3
19	9	1	198.2
20	10	1	200.1
21	1	1	197.9
22	2	1	198.4
23	3	1	187.9
24	4	1	177.2
25	5	1	180.3

图 5-16　在 JMP 中录入数据

方差分析

源	自由度	平方和	均方	F 比	概率>F
操作人员	2	118.3007	59.1503	133.17	<.0001*
零件号	9	6752.394	750.266	1689.18	<.0001*
操作人员*零件号	18	7.994889	0.44416	2.11	0.0162*
组内	60	12.62667	0.21044		
合计	89	6891.316	77.4305		

方差分量

成分	方差分量	占合计的百分比	20 40 60 80	平方根（方差分量）
操作人员	1.956872	2.3		1.3989
零件号	83.313535	97.4		9.1276
操作人员*零件号	0.077905	0.0911		0.2791
组内	0.210444	0.246		0.4587
合计	85.558757	100.0		9.2498

图 5-17　方差分析结果

图 5-18　量具 R&R 均值图

又从图 5-17 的方差分析表中得到交互（“操作者*零件号”）项的 P 值（“概率>F”）为 0.0162<0.05，说明在显著性水平为 0.05 情况下，交互作用显著，由于均值–极差分析法没有将零件和操作者的交互作用考虑进去，面对这种有着显著交互关系的模型，使用方差分析法显然比均值–极差分析法更加准确。

由 JMP 的方差分析法分析所产生的各种数据，可以组成 MSA 的简要分析报表以便查看，如图 5-19 所示。单击“变异性量具”旁，依次选择“量具研究”→“量具 R&R”。在弹出的对话框中可进行量具规格设定，“K，Sigma 乘数”默认为 6，以便查看 6σ 过程，单击“确定”，得到的结果如图 5-19 所示。

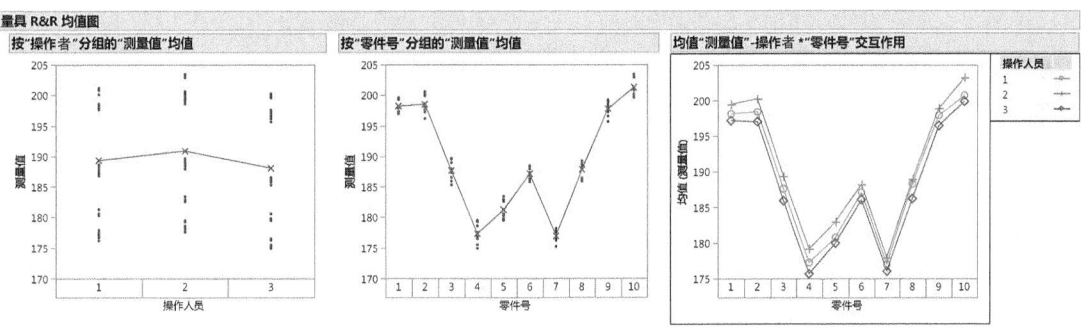

```
量具 R&R

源测量值                变异（6*标准差）        6*以下项的平方根
重复性        (EV)       2.752453   设备变异    V(组内)
再现性        (AV)       8.558738   评估者变异  V(操作者) + V(操作者*零件号)
  操作者                  8.393295               V(操作者)
  操作者*零件号           1.674692               V(操作者*零件号)
量具 R&R      (RR)       8.990439   测量变异    V(组内) + V(操作者) + V(操作者*零件号)
部件变异      (PV)      54.765749   部件变异    V(零件号)
总变异        (TV)      55.498786   总变异      V(组内) + V(操作者) + V(操作者*零件号) + V(零件号)

       6 k
 16.1993 % 量具 R&R = 100*(RR/TV)
 0.16416 （精度/部件变异）比率 = RR/PV
       8 不同种类的分类数 = 1.41*(PV/RR)
对于部件使用最后一列"零件号"。
```

量具 R&R 的方差分量

成分	方差分量	占合计的百分比	20 40 60 80
量具 R&R	2.245222	2.62	
重复性	0.210444	0.25	
再现性	2.034778	2.38	
部件间	83.313535	97.38	

图 5-19 量具 R&R 变差

其次，从贡献率表中可以看到，测量系统的误差贡献率仅为 2.62%，零件本身变差所占的贡献率为 97.38%，这说明绝大部分测量误差是零件本身的变差所造成的，由数据分级数为 8，可以看出此测量系统本身的测量精确度是优良的（R&R 所占比重较少）。因此，测量系统本身具有测量变差的资格，可以否定测量值变差过大是由测量系统造成的假设，应该改善生产工艺，减少零件间的变差。

但是通过数据分析可以看出，再现性的占合计的百分比比重复性大，其原因可能有以下几点：
① 操作者需要更好的关于如何使用量具和给出测量数的培训。
② 量具刻度不清晰。
③ 需要夹具帮助提高测量人员使用量具的一致性。

【关键词】测量系统分析，稳定性分析，偏倚分析，线性分析，再现性分析。

【思考题】
质量控制小组为了研究监视生产过程的新测量系统，进行了相关数据的采集。

（1）质量控制小组在生产工艺中选择了一个零件，这个零件被送到测量实验室，确定其基准值为 6.00mm，小组每班测量这个零件 5 次，每周 5 班，共测量 4 周，收集所有数据见表 5-13。

表 5-13 测量结果数据（一）

	次数	1	2	3	4	5
第 1 周	第 1 班组	5.90	5.87	5.92	5.87	6.15
	第 2 班组	6.16	6.27	6.21	5.97	5.86
	第 3 班组	6.13	5.96	6.11	6.02	6.18
	第 4 班组	5.86	5.90	6.03	6.13	5.87
	第 5 班组	6.10	5.90	6.00	5.87	6.13

(续)

	次数	1	2	3	4	5
第2周	第1班组	6.01	6.23	5.87	5.90	6.12
	第2班组	5.98	5.87	6.13	5.99	5.86
	第3班组	5.91	6.03	6.01	5.96	5.87
	第4班组	5.83	5.90	5.85	6.03	5.82
	第5班组	5.81	6.03	5.84	5.90	5.87
第3周	第1班组	5.90	6.03	5.87	6.12	5.89
	第2班组	6.12	5.89	6.07	6.08	5.98
	第3班组	6.00	5.87	6.16	6.03	5.85
	第4班组	6.15	5.98	6.02	6.26	5.84
	第5班组	5.89	5.93	6.02	5.83	6.13
第4周	第1班组	6.10	5.99	5.89	6.02	6.01
	第2班组	6.03	5.78	6.11	6.02	5.88
	第3班组	6.06	6.13	5.84	5.89	6.12
	第4班组	6.09	6.12	5.86	5.87	6.12
	第5班组	5.89	5.87	6.04	5.96	6.02

（2）让一个测量员以常规方式对这个零件测量10次，测量数据见表5-14。

表5-14 测量结果数据（二）

测量次数	1	2	3	4	5	6	7	8	9	10	11	12	13	14	15
基准/mm	6.0	6.0	6.0	6.0	6.0	6.0	6.0	6.0	6.0	6.0	6.0	6.0	6.0	6.0	6.0
测量值/mm	5.8	5.7	5.9	5.9	6.0	6.1	6.0	6.1	6.4	6.3	6.0	6.1	6.2	5.6	6.0

（3）在测量系统的量程范围内选择5个零件，每个零件经过全尺寸检测测量并确定好其基准值，由一名测量人员分别对每个零件测量12次，测量数据见表5-15。

表5-15 测量结果数据（三）

零件		1	2	3	4	5
基准值		2.00	4.00	6.00	8.00	10.00
次数	1	2.70	5.10	5.80	7.60	9.10
	2	2.50	3.90	5.70	7.70	9.30
	3	2.40	4.20	5.90	7.80	9.50
	4	2.50	5.00	5.90	7.70	9.30
	5	2.70	3.80	6.00	7.80	9.40
	6	2.30	3.90	6.10	7.80	9.50
	7	2.50	3.90	6.00	7.80	9.50
	8	2.50	3.90	6.10	7.70	9.50
	9	2.40	3.90	6.40	7.80	9.60
	10	2.40	4.00	6.30	7.50	9.20
	11	2.60	4.10	6.00	7.60	9.30
	12	2.40	3.80	6.10	7.70	9.40

（4）另外再选择 10 个零件，对每个零件由 3 位评价者分别对这个零件重复测量 3 次，测量结果记录见表 5-16。

表 5-16 重复性与再现性分析数据记录表

评价者与测量次数	重复性与再现性分析数据记录表									
	1	2	3	4	5	6	7	8	9	10
A1	0.29	−0.56	1.34	0.47	−0.8	0.02	0.59	−0.31	2.26	−1.36
A2	0.41	−0.68	1.17	0.5	−0.92	−0.11	0.75	−0.2	1.99	−1.25
A3	0.64	−0.58	1.27	0.64	−0.84	−0.21	0.66	−0.17	2.01	−1.31
B1	0.08	−0.47	1.19	0.01	−0.56	−0.2	0.47	−0.63	1.8	−1.68
B2	0.25	−1.22	0.94	1.03	−1.2	0.22	0.55	0.08	2.12	−1.62
B3	0.07	−0.68	1.34	0.2	−1.28	0.06	0.83	−0.34	2.19	−1.5
C1	0.04	−1.38	0.88	0.14	−1.46	−0.29	0.02	−0.46	1.77	−1.49
C2	−0.11	−1.13	1.09	0.2	−1.07	−0.67	0.01	−0.56	1.45	−1.77
C3	−0.15	−0.96	0.67	0.11	−1.45	−0.49	0.21	−0.49	1.87	−2.16

请根据（1）（2）（3）（4）中给出的信息，对系统的稳定性、偏倚、线性、双性进行分析，并给出系统的相关评价，确定是否可以接受。

第 6 章 试验设计

【**本章要点**】选择正交表,确定因素和水平,正交试验设计与分析。

6.1 概述

在工业生产和科学研究实践中需要考虑的因素往往比较多,而且因素的水平数也常常多于 2 个。如果对每个因素的每个水平都相互搭配进行全面试验,试验的次数就会很多。如对于 3 因素 4 水平的试验,就需要做 64 次试验;对于 4 因素 4 水平的试验,全面试验次数为 256 次。可见,随着试验因素数量的增加,试验次数增加得更快,这些将要花费大量的人力和物力等。如果用正交设计来安排试验,则试验次数会大大地减少(正交试验设计的主要目的和作用)。正交试验设计是利用正交表科学地安排与分析多因素试验的方法,是最为常用的试验设计方法之一。

6.1.1 正交表

正交表是正交试验设计中安排试验和分析试验结果的基本工具,下面介绍它的特点及使用方法。

1. 等水平正交表

(1)等水平正交表的概念。所谓等水平正交表,就是各因素的水平数是相等的。下面是一张常用的等水平正交表,见表 6-1。

表 6-1　正交表 $L_8(2^7)$

试验号	列号						
	1	2	3	4	5	6	7
1	1	1	1	1	1	1	1
2	1	1	1	2	2	2	2
3	1	2	2	1	1	2	2
4	1	2	2	2	2	1	1
5	2	1	2	1	2	1	2
6	2	1	2	2	1	2	1
7	2	2	1	1	2	2	1
8	2	2	1	2	1	1	2
k_1							
k_2							
R							

表 6-1 的 $L_8(2^7)$ 是正交表的记号，等水平正交表常用符号 $L_n(r^m)$ 表示。其中，L 为正交表的代号；n 为正交表的横行数，表示需要做的试验次数；r 为因素的水平数；m 为正交表纵列数，表示最多能安排的因素个数。对于正交表 $L_8(2^7)$ 总共有 8 行、7 列，最多可以安排 7 个 2 水平的因素，试验次数为 8 次，而 7 因素 2 水平的全面试验次数为 $2^7=128$ 次，显然正交试验能大大地减少试验的次数。

（2）等水平正交表的特点。等水平正交表具有以下两个重要的性质：

1）在表中任意一列中，不同的数字出现的次数相同，也就是说每个因素的每个水平都重复相同的次数。如 $L_8(2^7)$ 中不同数字(或称水平)只有 "1" "2" 两个，在每列中它们各出现 4 次。

2）在表中任意两列中，把同一行中的两个数字看成有序数字对时，所有可能的数字对（或称水平搭配）出现的次数相同。如在 $L_8(2^7)$ 中的任意两列中，同一行的所有可能有序数字对为 (1,1)、(1,2)、(2,1)、(2,2)，共 4 种。

这两个性质合称为"正交性"，这使试验点在试验范围内排列整齐、有规律，也使试验点在试验范围内散布均匀，即"整齐可比、均衡分散"。

2．混合水平正交表

在实际的科学实践中，有时由于试验条件的限制，某些因素不能多取水平；有时需要重点考察的因素可多取一些水平，而其他因素的水平数可适当减少。针对这些情况就产生了混合水平正交表。混合水平正交表就是各因素的水平数不完全相同的正交表，如 $L_8(4^1 \times 2^4)$ 就是一个混合水平正交表（见表 6-2）。

表 6-2　$L_8(4^1 \times 2^4)$ 正交表

试验号	列号				
	1	2	3	4	5
1	1	1	1	1	1
2	1	2	2	2	2
3	2	1	1	2	2
4	2	2	2	1	1
5	3	1	2	1	2
6	3	2	1	2	1
7	4	1	2	2	1
8	4	2	1	1	2

正交表 $L_8(4^1 \times 2^4)$ 也可以简写为 $L_8(4 \times 2^4)$，它共有 8 行、5 列，用该正交表安排试验，需要做 8 次试验，最多可安排 5 个因素，其中 1 个是 4 水平因素，4 个是 2 水平因素。以 $L_8(4^1 \times 2^4)$ 为例，可以看出混合水平正交表也有两个重要的性质。

1）在表中的任意一列中，不同的数字出现的次数相同。在表 $L_8(4^1 \times 2^4)$ 中，第 1 列有 1、2、3、4 四个数字，它们各出现 2 次；第 2~5 列，只有 1、2 两个数字，在每列中它们各出现 4 次。

2）在表中任意两列中，同行两个数字组成的各种不同的水平搭配出现的次数是相同的，但不同的两列间所组成的水平搭配种类以及出现的次数是不完全相同的。如在表 $L_8(4^1 \times 2^4)$ 中，第 1

列是 4 水平的列，它与其他任何一个 2 水平列所组成的同行数字对一共有 8 种，即(1,1)、(1,2)、(2,1)、(2,2)、(3,1)、(3,2)、(4,1)、(4,2)，它们各出现 1 次；第 2~5 列都是 2 水平列，它们任两列组成的同行数字对为(1,1)、(1,2)、(2,1)、(2,2)共 4 种，它们各出现 2 次。

从这两个性质可以看出，用混合水平的正交表安排试验时，每个因素的各水平之间的搭配也是均衡的。

6.1.2 正交试验的基本步骤

正交试验设计总体来说包括试验设计和数据处理。基本步骤可简单归纳如下：

1. 明确试验目的，确定评价指标

任何一个试验都是为了解决某个问题，或是为了验证某些结论而进行的，所以任何一个正交试验都应该有一个明确的目的，这是正交试验设计的基础。

试验指标是表示试验结果特性的值，如产品的产量、产品的纯度等。可以用它来衡量或考核试验结果。

2. 挑选因素，确定水平

影响试验指标的因素很多，但受试验条件所限，不可能全面考察，所以应对实际问题进行具体分析，根据试验的目的，选出主要因素，略去次要因素，以减少要考察的因素数。如果对问题了解得不够，那么可以适当多取一些因素。确定因素的水平数时，一般尽可能使因素的水平数相等，以方便对试验数据进行处理。最后列出因素水平表。以上两点主要靠专业知识和实践经验来确定，也是正交试验设计能够顺利完成的关键。

3. 选正交表，进行表头设计

根据因素数和水平数来选择合适的正交表。一般要求因素数不大于正交表列数，因素水平数与正交表对应的水平数一致，在满足上述条件的前提下，选择较小的表。表头设计就是指将试验因素安排到所选正交表相应的列中。

4. 明确试验方案，进行试验，得到结果

根据正交表和表头设计确定各试验方案，然后进行试验，得到以试验指标形式表示的试验结果。

5. 对试验结果进行统计分析

对正交试验结果的分析，通常采用极差分析法和方差分析法。通过试验结果分析可以得到因素主次顺序、优化方案等信息。

6. 进行验证试验，做进一步分析

最优方案是通过统计分析得出的，还需要进行试验验证，以保证最优方案与实际一致，否则还需要进行新的正交试验。

6.1.3 正交试验设计结果分析

为了寻找较好的试验条件，应对试验所得的结果进行统计处理。正交试验的数据处理方法有两种,即极差分析法和方差分析法。

1. 极差分析法

极差分析法简单易行,计算量少,应用得比较普遍。极差分析法主要用于确定哪些因素对指标的影响大,哪些因素对指标的影响小或没有影响。根据因素对指标的影响程度,确定并选择各因素的对指标更加有利的水平。

极差分析法的数据处理过程如下:

1)把与各因素有关的结果相加,填入正交表中(见表 6-1),以各水平为单位,分别记为 $K_1, K_2, \cdots$,也可以取其平均值,分别记为 $\bar{K}_1, \bar{K}_2, \cdots$。此处 $K_1, K_2, \cdots$ 分别表示各列的所对应的水平 1、水平 2 等的试验指标值的总和,$\bar{K}_1, \bar{K}_2, \cdots$ 则分别表示所对应的 $K_1, K_2, \cdots$ 除以其对应的水平个数所得的数。

2)利用每个因素不同水平下的和数($K_1, K_2, \cdots$)或平均值($\bar{K}_1, \bar{K}_2, \cdots$)求极差 R_j,填入正交表中。

3)确定水平及最优方案。

2. 方差分析法

极差分析法计算量少,通过综合分析比较便能知道因素的主次,得出较好的生产条件;但是极差分析法不能估计试验误差的大小。也就是说,它不能区分因素各水平所对应的试验结果间的差异究竟是因素水平不同引起的,还是试验误差造成的。方差分析法可以弥补极差分析法的这些不足。为此,引入正交表的列变动平方和的概念。

$$S_i^2 = \frac{\text{第}i\text{列同水平试验数据和的平方}}{\text{水平重复数}} - \frac{(\text{试验数据总和})^2}{\text{试验数据总个数}} \quad (6\text{-}1)$$

用同水平试验数据之和的符号 $K_1, K_2, \cdots$,以及试验数据总和符号 T,可把式(6-1)写成式(6-2)。

$$S_i^2 = \frac{K_1^2 + K_2^2 + K_3^2 + \cdots}{\text{水平重复数}} - \frac{T^2}{\text{试验数据总个数}} \quad (6\text{-}2)$$

S_i^2 被称为正交表第 i 列的离差平方和,其自由度 f_i 为

$$f_i = \text{第}i\text{列的水平数} - 1 \quad (6\text{-}3)$$

在没有重复试验、重复取样的情况下,总离差平方和与列离差平方和、总自由度与列自由度之间的关系如下:

$$S_T^2 = \sum S_i^2 \quad (6\text{-}4)$$

$$f_T = \sum f_i \quad (6\text{-}5)$$

式(6-4)和式(6-5)分别称为正交表的平方和分解及自由度分解公式。

在正交试验中,若将因素 A 安排在某张正交表的第 i 列上,则此因素 A 的离差平方和就是第 i 列的离差平方和,即 $S_A^2 = S_i^2$。因此,要计算某因素的离差平方和,只需把该因素所在列的离差平方和计算出来即可。交互作用的离差平方和,同样是它所在列的离差平方和。交互作用占有几列,其离差平方和就是所占各列的离差平方和之和。

以随机误差方差作为分母,因素的方差作为分子,进行单边 F 检验。F 的计算公式为

$$F_i = \frac{S_i^2/f_i}{S_e^2/f_e} \tag{6-6}$$

然后将所得的 F_i 值与临界值 $F_\alpha(f_i, f_e)$ 比较判断，若 $F_i \geq F_\alpha(f_i, f_e)$，即认为该因素对指标的影响显著；若 $F_i < F_\alpha(f_i, f_e)$，即认为该因素对指标的影响不显著。

上述的方差分析是针对无重复试验来做的。有重复试验的方差分析方法和无重复的基本相同，只是对误差的估计稍复杂些，各列的离差平方和的计算公式为

$$S_i^2 = \frac{K_1^2 + K_2^2 + \cdots}{该列水平重复数 \times 每号试验的重复数} - \frac{T^2}{数据总个数} \tag{6-7}$$

重复试验时，总的试验误差分为空列误差和重复试验误差两部分，把前者的离差平方和记为 $S_{e_1}^2$，后者的离差平方和记为 $S_{e_2}^2$，则总的试验误差的离差平方和 S_e^2 为

$$S_e^2 = S_{e_1}^2 + S_{e_2}^2 \tag{6-8}$$

式中，$S_{e_2}^2$ 的计算公式为

$$S_{e_2}^2 = \sum_{i=1}^{n}\sum_{j=1}^{m}(y_{ij} - \bar{y}_i)^2 = \sum_{i=1}^{n}\sum_{j=1}^{m}y_{ij}^2 - \frac{1}{m}\sum_{i=1}^{n}\left(\sum_{j=1}^{m}y_{ij}\right)^2 \tag{6-9}$$

式中，n 表示正交表的行数；m 表示每个试验条件下重复 m 次试验；y_{ij} 表示对应的试验数据。S_e^2 的自由度为

$$f_{e_2} = n(m-1) \tag{6-10}$$

6.2 正交试验设计实例分析

6.2.1 水平相等的单指标正交试验分析及 JMP 实现

1. 无交互作用的单指标试验设计

例 6-1

某橡胶厂进行橡胶加工试验，共有 4 个影响因素（也称因子），分别为促进剂总量（A）、氧化锌总量（B）、促进剂 D 占的比例（D）、促进剂 M 占的比例（M）。4 个因素都具有 4 个水平，各因素的水平见表 6-3，试采用合适的正交表进行分析，找出最好的试验方案。

表 6-3 橡胶加工试验的因素、水平表

水平	因素			
	促进剂总量 A/g	氧化锌总量 B/g	促进剂 D 占的比例 D（%）	促进剂 M 占的比例 M（%）
1	2.9	1	20	34.7
2	3.1	3	25	39.7
3	3.3	5	35	44.7
4	3.5	7	40	49.7

解：

这里有 4 个因素，每个因素都具有 4 个水平，为此，考虑选用正交表 $L_{16}(4^4)$ 来进行试验。将因素 A、B、D、M 分别安排在正交表的 4 列中，不同的排列法就有不同的表头设计，不同的表头设计就会导致不同的试验方案。尽管如此，实践证明这不会影响最终的分析结果，即各因素影响的程度以及最优组合的选取是基本一致的。

绘图步骤：

1）启动 JMP，进入 JMP 的主界面。

2）单击"实验设计(D)"→"经典"→"两水平筛选"→"筛选设计"。

3）在"因子"一栏添加因素数"4"，在"分类"中选择"4 水平"（4 因素 4 水平正交表）。

4）双击因素名称、因素水平以及响应名称可直接修改为真实名称与水平，并将响应目标保持"最大化"。

注意： JMP 软件在进行正交设计时会进行随机化，因此为重现该试验设计方案，可单击"筛选设计"旁 ▼，选择"设置随机种子"，本例设置的随机种子为"2222"。

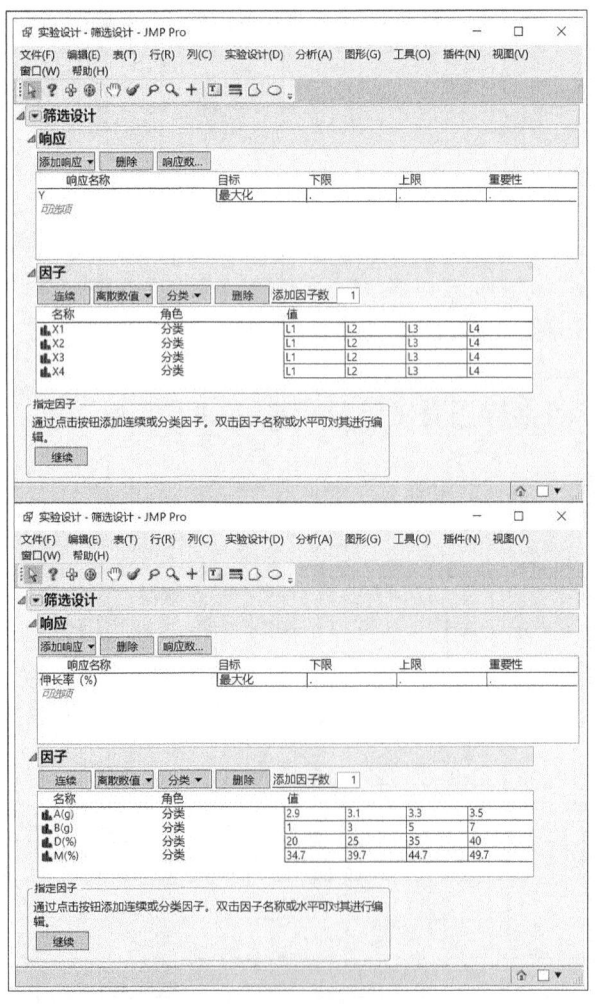

图 6-1　JMP 中的因素输入

5）单击"继续"，默认值为 16。为方便实际操作以及考虑现实可能性，JMP 也可以指定大于"最小值"的试验次数。单击"制作设计"，便可以生成正交表的设计方案（见表 6-4），在"输出选项"的"试验顺序"中选择"保持相同"（为保证重现该试验方案），单击"制表"，可在 JMP 主界面上得到正交表。试验考察的指标为伸长率，根据正交表的设计方案进行试验，得到的试验结果见表 6-4 "伸长率 S_i(%)"一列。

表 6-4 橡胶加工试验表头设计

试验号	因素				伸长率 S_i（%）
	A	B	D	M	
1	1(2.9)	3(5)	1(20)	3(44.7)	543
2	2(3.1)	3	2(25)	2(39.7)	489
3	3(3.3)	4(7)	2	4(49.7)	522
4	4(3.5)	1(1)	3(35)	2	492
5	1	4	4(40)	2	494
6	2	2(3)	4	1(34.7)	512
7	3	3	3	1	479
8	4	2	2	3	488
9	1	2	3	4	497
10	2	1	1	4	569
11	3	1	4	3	532
12	4	4	1	1	511
13	1	1	2	1	562
14	2	4	3	3	478
15	3	2	1	2	491
16	4	3	4	4	479

6）在 JMP 主界面正交表的"伸长率（%）"一列中输入伸长率的试验结果。

7）单击"分析(A)"→"拟合模型"，或是直接单击"主效应筛选设计"框下 "模型"旁 ▶。

8）在弹出的对话框中，JMP 根据试验类型自动匹配好"Y"以及"模型效应"，可根据考察的效应自主添加与删除，在本例中只考察主效应，因此直接单击"运行"。

9）单击"响应"旁 ▼，在"回归报表"中选择"方差分析""效应检验"，查看"方差分析"与"效应检验"报表，得到试验结果如图 6-2 所示。

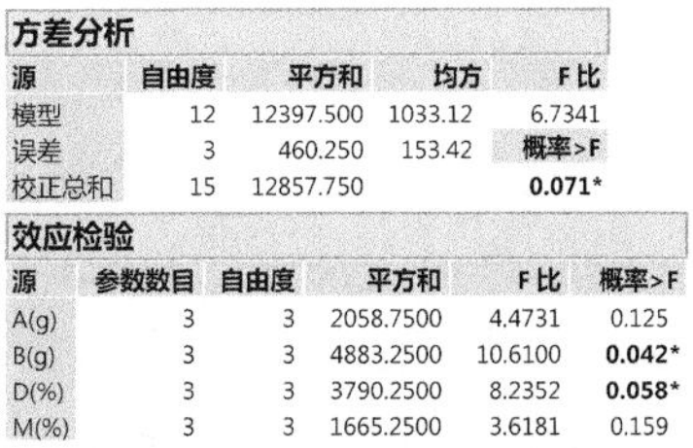

方差分析				
源	自由度	平方和	均方	F 比
模型	12	12397.500	1033.12	6.7341
误差	3	460.250	153.42	概率>F
校正总和	15	12857.750		0.071*

效应检验					
源	参数数目	自由度	平方和	F 比	概率>F
A(g)	3	3	2058.7500	4.4731	0.125
B(g)	3	3	4883.2500	10.6100	**0.042***
D(%)	3	3	3790.2500	8.2352	**0.058***
M(%)	3	3	1665.2500	3.6181	0.159

图 6-2 方差分析报表

以 0.1 为显著性水平，从"方差分析"报表中可以看出，F 检验后，整体模型是显著的，说明这 4 个效应对伸长率（%）在统计上有解释作用。从"效应检验"报表可以看到 B、D 两因素的 P 值（"概率>F"）小于 0.1，表示有显著差异，而 A、M 两因素不显著，说明在统计意义上 B、D 两个因素对伸长率（%）更具有解释作用。

注意：JMP 默认的显著性水平为 0.05，若要更改显著性水平，可通过双击报表数值，调出"列数值格式"进行更改。在"列数值格式"中添加条件格式规则，如图 6-3 所示。

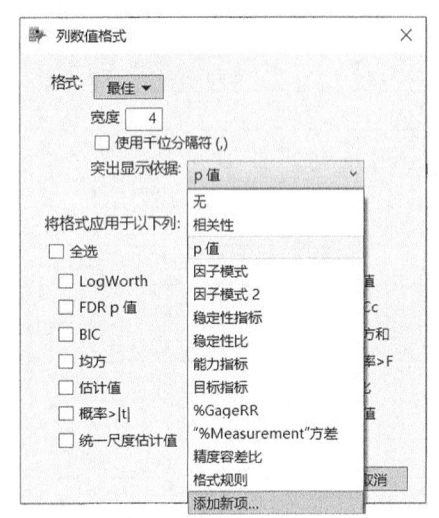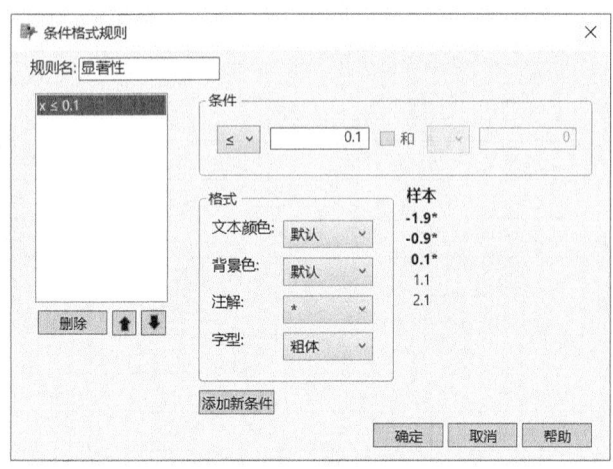

图 6-3　列数值格式更改

10）在"效应详细信息"报表中，可以看到 4 个因素的各个水平间的差异，单击各个因素旁，选择"最小二乘均值图"。也可以按住〈Ctrl〉键，单击任一因素旁，选择"最小二乘均值图"，这样可以对四个因素同时给出命令，并可得到试验结果，如图 6-4 所示。

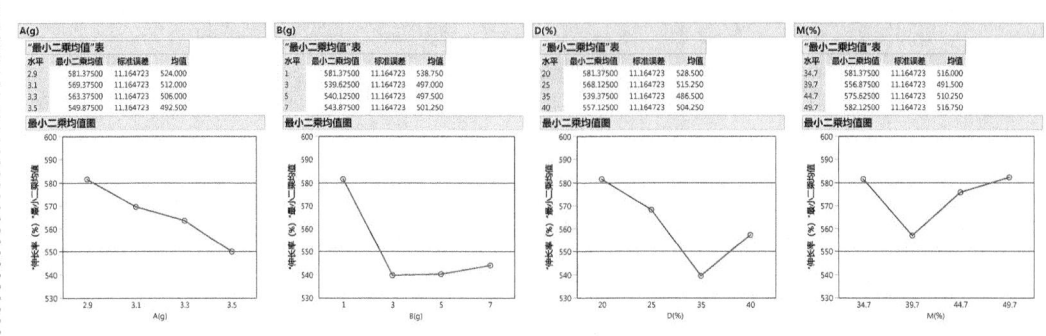

图 6-4　效应详细信息报表

注意：在 JMP 中双击图形的任意坐标轴，即可进入坐标轴设置，便可对图形的尺度、标签等信息的显示进行更改。

从图 6-4 可以看出，B、D 因素的波动（极差）很明显，而 A、M 因素相对较平稳，因此 B、D 两因素对于拉伸度的敏感度较大，为主要因素。

11）在"效应详细信息"报表中，按住〈Ctrl〉键，单击第一个因素旁，选择"最小二乘均值差值 Student t",对四个因素同时选择"最小二乘均值差值 Student t"。JMP 默认显示"交叉表报表"和"连接字母表报表",均为 4 个因素的各个水平间两两均值的对比。

12)为了更加直观地比较 4 个因素不同水平之间的均值差,可单击 4 个因素"最小二乘均值差值 Student t"旁 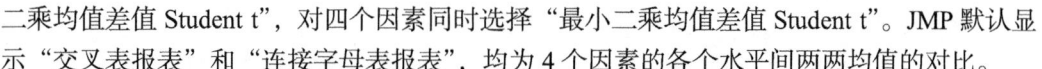 并选择"差值排序报表",便可得到试验结果,如图 6-5 所示。

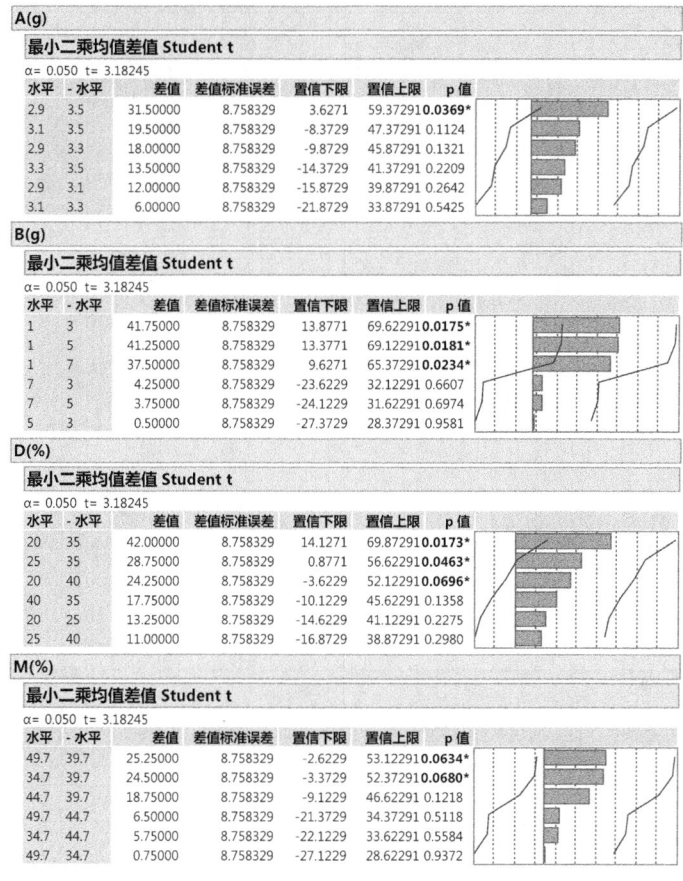

图 6-5　因素水平均值的差值排序

从图 6-5 可以看到 4 个因素各个水平间的两两差值排序,因素 A 最大差值(极差)为 31.5%,因素 B 为 41.75%,因素 D 为 42%,因素 M 为 25.25%,这也验证了从图 6-4 看到的信息——B、D 两因素对于拉伸度的敏感度较大,为主要因素,同时也可以看出因素 B 中水平"1"相较于其他 3 个水平间有更大的伸长率。

13)单击响应旁 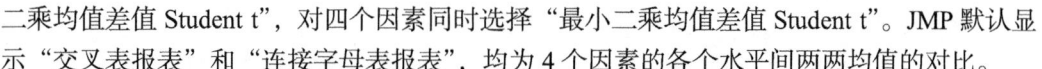,在"因子刻画"中选中"刻画器","预测刻画器"会给出在 4 个因素的不同水平下伸长率的均值以及 95% 的置信区间。单击"预测刻画器"旁 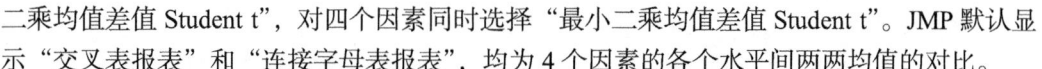,选择"最优化和意愿"→"最大化意愿",刻画器会呈现能使伸长率(%)最大的因素水平,如图 6-6 所示。

据预测刻画器结果可知,该最优方案($A_1B_1D_1M_4$)下的预测值为 582.125,对比图 6-5 可知该方案还未曾进行实际的试验,其结果在表中所有的方案中最优,即为最优方案,但需要等待实际试验后再加以确定。还可以在"预测刻画器"中拖动因子的水平,尝试多种可能。

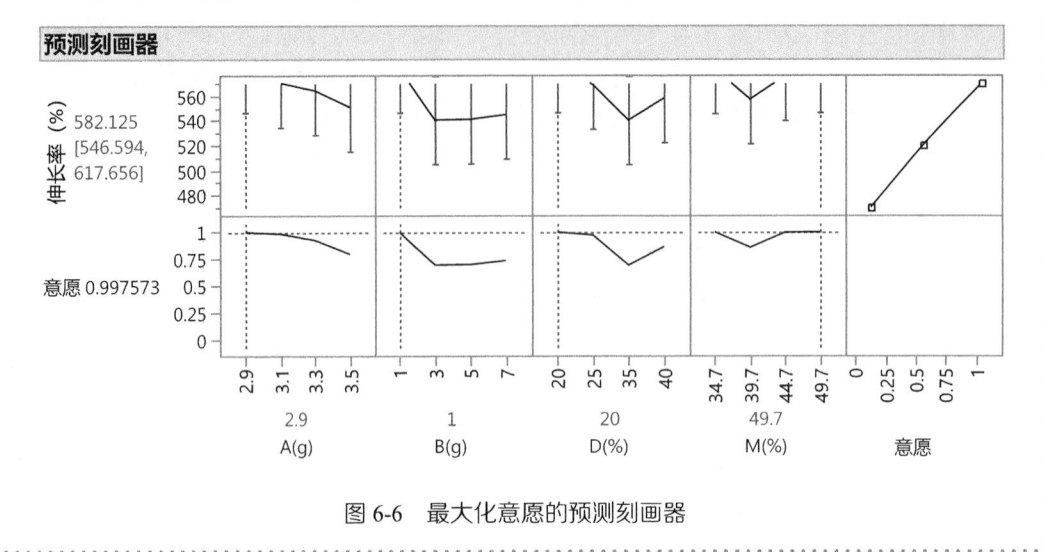

图 6-6　最大化意愿的预测刻画器

2. 有交互作用的单指标试验设计

例 6-2

为了提高某种产品的产量，寻求较好的工艺条件，进行了正交试验。考察的因素和水平见表 6-5，并希望考虑因素间的交互作用。

表 6-5　因素和水平表

水平	因素		
	反应温度 A/℃	反应压力 B/kg	溶液浓度 C
1	60	2	0.5
2	65	2.5	1.0
3	70	3	2.0

解：

这是 3 因素 3 水平的正交试验，试验指标为产量。根据该产品以往的试验经验，因素 A 和 B、A 和 C 以及 B 和 C 之间存在不同程度的交互作用，为了更进一步地进行正交试验，选用正交表 $L_{27}(3^3)$ 来进行正交试验。下面使用 JMP 软件进行试验设计与数据分析。

1）启动 JMP，进入 JMP 的主界面。

2）单击"实验设计(D)"→"经典"→"两水平筛选"→"筛选设计"。

3）在"因子"一栏添加因素数"3"，在"分类"中选择"3 水平"（3 因素 3 水平正交表）。

4）双击因素名称、因素水平以及响应名称，可直接将其修改为真实名称与水平，并将响应目标保持"最大化"。

5）单击"继续"，选择筛选类型为"从部分析因设计列表中选择"，进入设计列表，选择设计类型为"完全析因"，构造 $L_{27}(3^3)$ 正交表，如图 6-7 所示。

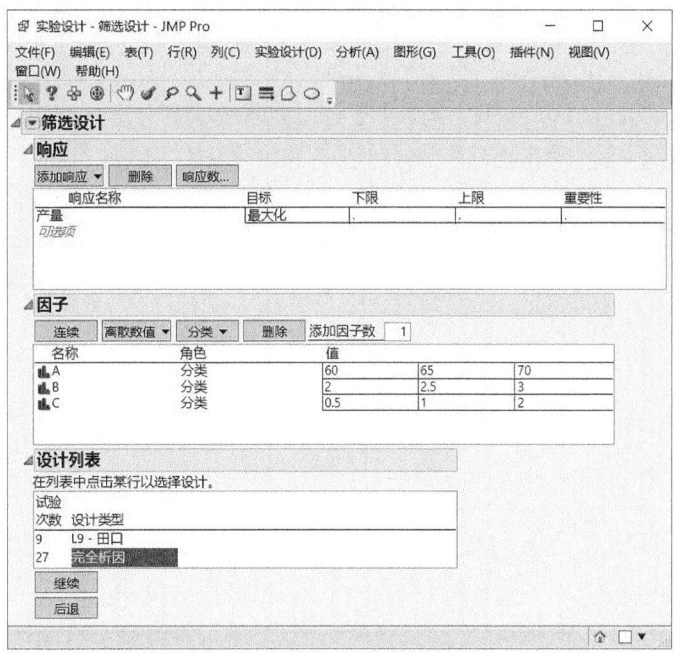

图 6-7　JMP 试验设计输入

6) 单击"继续",在试验顺序中选择"保持相同"后,单击"制表",便可以得到只有 A、B、C 三列的正交表。试验考察的指标为产量,根据表 6-4 所设计的正交表进行试验,得到的试验结果见表 6-6"产量/kg"一列。

表 6-6　表头设计及试验结果

序号	因素			产量/kg
	A	*B*	*C*	
	1	2	3	
1	1(60)	1(2)	1(0.5)	1.30
2	1	1	2(1.0)	4.63
3	1	1	3(2.0)	7.23
4	1	2(2.5)	1	0.50
5	1	2	2	3.67
6	1	2	3	6.23
7	1	3(3)	1	1.37
8	1	3	2	4.73
9	1	3	3	7.07
10	2(65)	1	1	0.47
11	2	1	2	3.47
12	2	1	3	6.13
13	2	2	1	0.33
14	2	2	2	3.40

（续）

序号	因素			产量/kg
	A	B	C	
	1	2	3	
15	2	2	3	5.80
16	2	3	1	0.63
17	2	3	2	3.97
18	2	3	3	6.50
19	3(70)	1	1	0.03
20	3	1	2	3.40
21	3	1	3	6.80
22	3	2	1	0.57
23	3	2	2	3.97
24	3	2	3	6.83
25	3	3	1	1.07
26	3	3	2	3.97
27	3	3	3	6.57

7）在 JMP 主界面中正交表的"产量"一列中输入产量的试验结果。

8）单击"分析(A)"→"拟合模型"，或是直接单击"完全析因"下"模型"旁 ▶。

9）在弹出的对话框中，由于因素 A 和 B、A 和 C 以及 B 和 C 之间存在不同程度的交互作用，因而在"选择列"中选中 A、B、C 三个效应，单击"构造模型效应"下的"宏"，选择"完全析因"，并在效应框中删除"A*B*C"，单击"运行"，如图 6-8 所示。

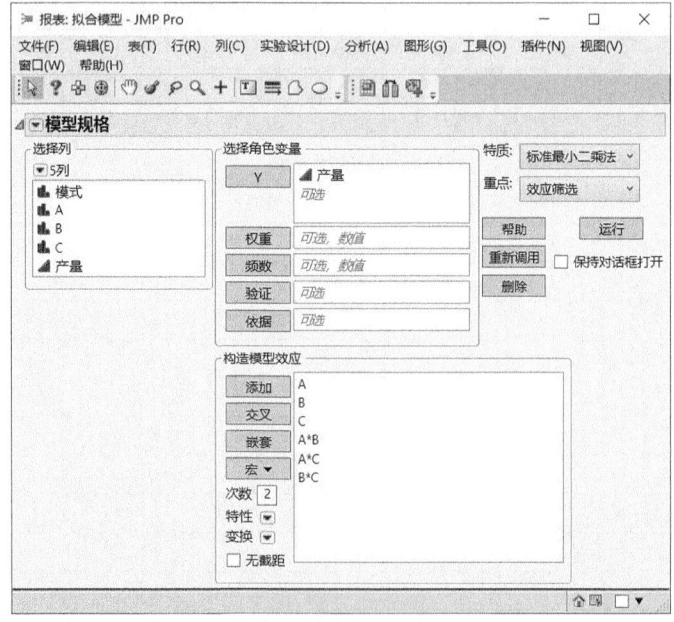

图 6-8　拟合模型：带有交互作用

10）单击响应旁 ，在"回归报表"中选中"方差分析""效应检验"，查看"方差分析"与"效应检验"报表，得到试验结果如图 6-9 所示。

方差分析				
源	自由度	平方和	均方	F 比
模型	18	160.85704	8.93650	207.4192
误差	8	0.34467	0.04308	概率>F
校正总和	26	161.20172		<.0001*

效应检验					
源	参数数目	自由度	平方和	F 比	概率>F
A	2	2	2.03894	23.6622	**0.0004***
B	2	2	1.16661	13.5387	**0.0027***
C	2	2	155.86956	1808.892	**<.0001***
A*B	4	4	1.31890	7.6530	**0.0077***
A*C	4	4	0.28208	1.6368	0.2561
B*C	4	4	0.18095	1.0500	0.4395

图 6-9　带有交互作用的方差分析

以 0.1 为显著性水平，从"方差分析"报表可以看出整体模型是显著的，这说明这 3 个因素以及两两之间的交互作用组成的模型对产量具有一定影响。F 检验后，C、A、B 三因素以及 A 与 B 之间的交互作用的 P 值（"概率>F"）小于 0.1，有显著差异，说明这四个效应对产量更具有解释作用。

11）在"效应详细信息"报表中，可以看到三个因素以及两两交互作用的各个水平间的差异，单击主效应旁 ，选择"最小二乘均值图"，可看到主效应的试验结果如图 6-10 所示。

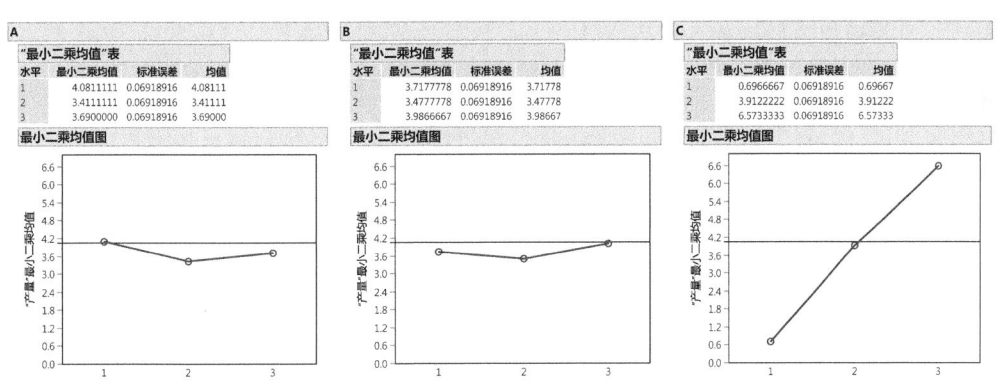

图 6-10　主效应详细信息

从图 6-10 可以看出，C 因素的波动（极差）很明显，A、B 两因素也有一定波动，而其他因素相对较平稳，因此 C 因素对于产量的敏感度较大，为主要因素。

12）在"效应详细信息"报表中，单击交互效应旁 ，以交互效应"A*B"为例，选择"最小二乘均值图"后，在"最小二乘均值图选项"中选中"创建交互作用图"，选择叠加的项"A"（也可以选择"B"或者"不选"进行尝试），如图 6-11 所示，得到结果如图 6-12 所示。

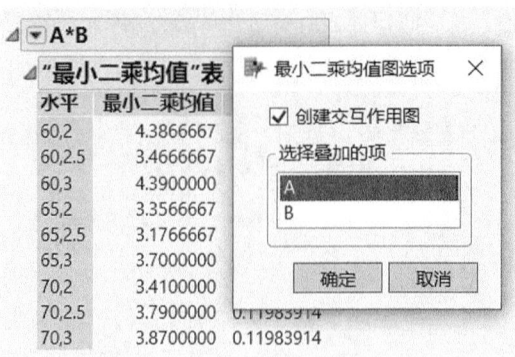

图 6-11 交互作用均值图选择

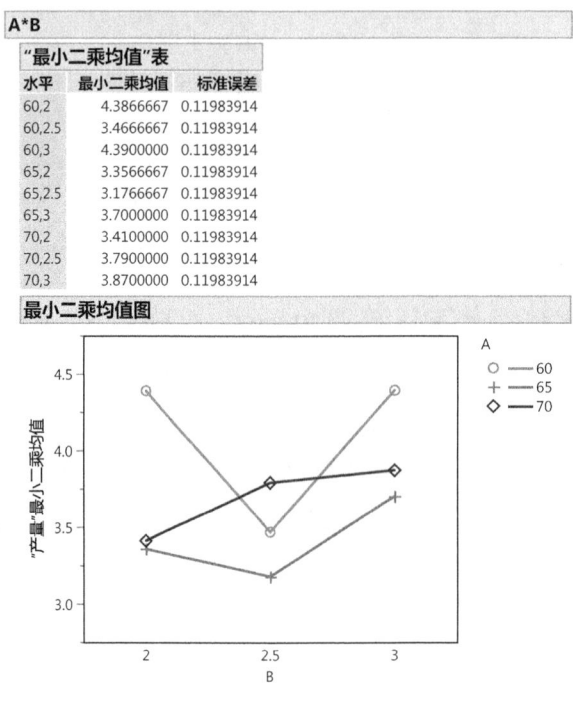

图 6-12 AB 交互作用均值图

从图 6-12 可以看出,因素 B 在因素 A 的不同水平下的"产量"均值的分布差异很大,说明因素 A 取不同水平会干扰因素 B 对产量均值的影响,即 A 与 B 之间存在较强的交互作用,这个结论与图 6-9 的结论相同。

注意:可自主尝试其他交互作用的均值图,看是否与图 6-9 的结论一致。

13)在"效应详细信息"报表中,按住〈Ctrl〉键,单击第一个因素旁 ▼,选择"最小二乘均值差值 Student t",对 6 个效应同时选择"最小二乘均值差值 Student t"。JMP 默认显示"交叉表报表"和"连接字母表报表",且均为 6 个效应的各个水平间两两均值的比较。

14)为了更加直观地比较 3 个因素不同水平之间的均值差,可单击 3 个因素"最小二乘均值差值 Student t"旁 ▼ 并选择"差值排序报表",便可得到试验结果如图 6-13 所示。

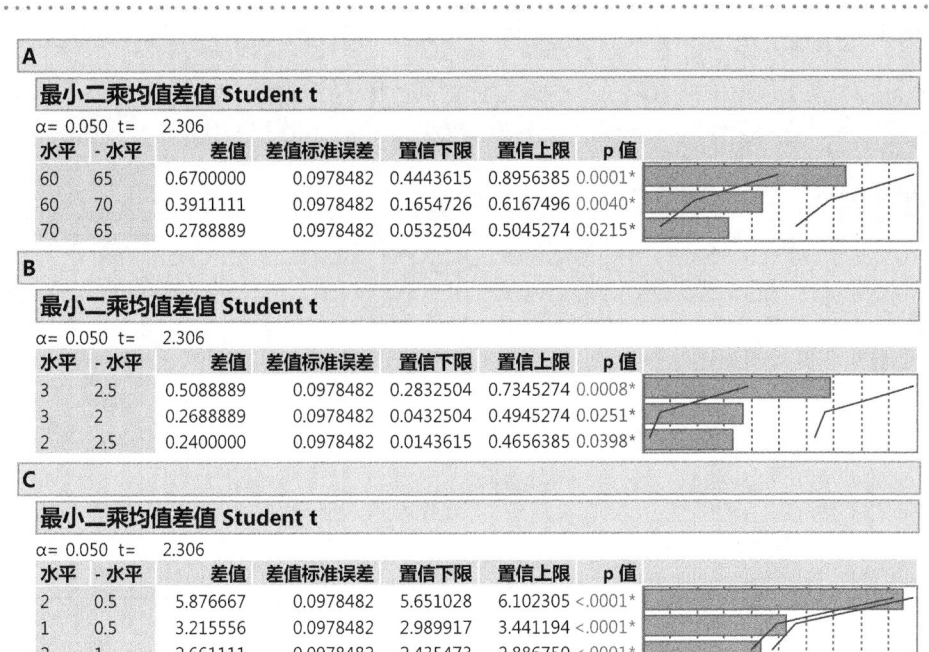

图 6-13 因素水平均值的差值排序

从图 6-13 可以看到 3 个因素各个水平间的两两差值排序，因素 A 最大差值（极差）为 0.67kg，因素 B 为 0.51kg，因素 C 为 5.88kg，C 因素对于产量的敏感度较大，为主要因素。同时也可以看出因素 C 中水平"2"相较于其他两个水平有更高的产量。

15）单击响应旁 ，在"因子刻画"中选中"交互作用图"，可全面地观察因素间两两交互作用，如图 6-14 所示。

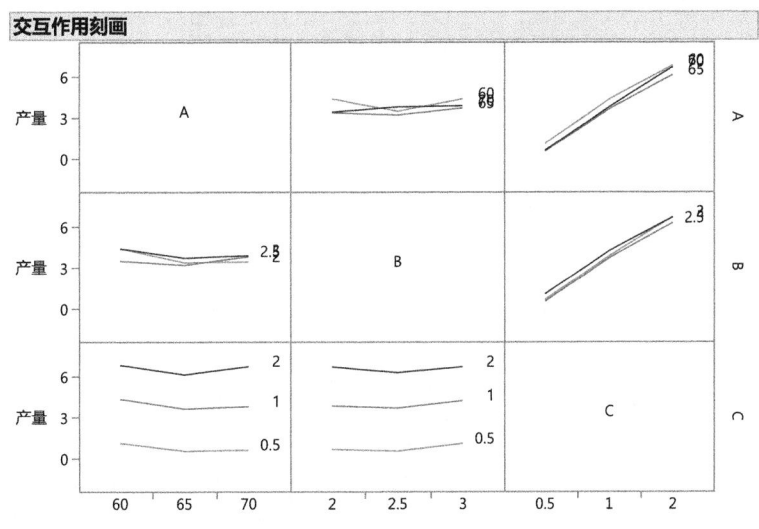

图 6-14 交互作用刻画图

16）单击响应旁▼，在"因子刻画"中选中"刻画器"，"预测刻画器"会给出在 3 个因素的不同水平下产量的均值以及 95%的置信区间。单击"预测刻画器"旁▼，选择"最优化和意愿"→"最大化意愿"，刻画器会呈现能使产量（kg）最大的因素水平，如图 6-15 所示。

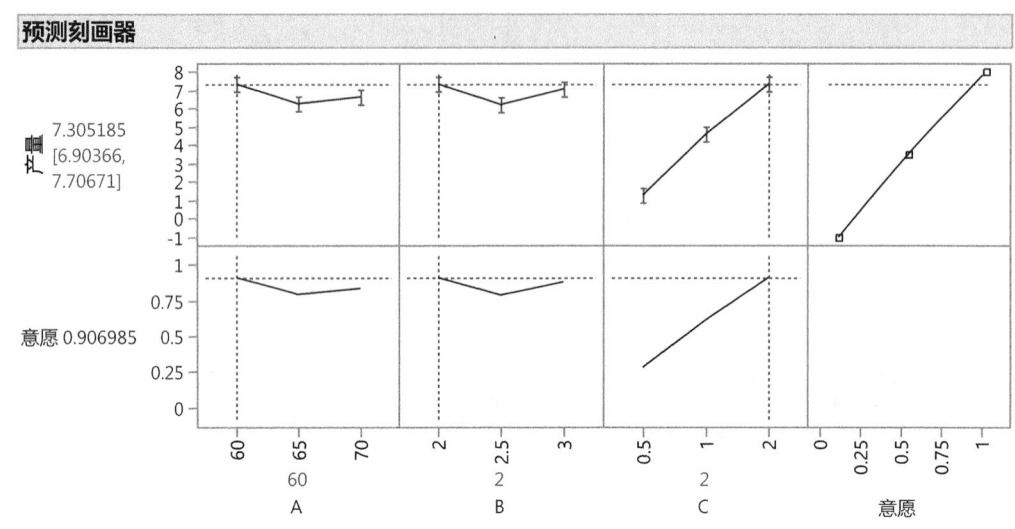

图 6-15　最大化意愿的预测刻画器

根据预测刻画器结果可知，该最优方案（$A_1B_1C_3$）下的预测值为 7.31，对比表 6-4 可知该方案在第三次进行，为此次试验的最优方案，产量为 7.23kg，在预测刻画器的 95%的置信区间内。还可以在"预测刻画器"中拖动因子的水平，尝试多种可能性，例如拖动因素 A 水平会发现因素 B 的产量分布发生了明显变化。

6.2.2　水平不等的单指标正交试验分析及 JMP 实现

例 6-3

橡胶幼苗矮化试验，该试验为 4 因素混合水平的试验，其中，1 个因素有 4 个水平，其他因素均为 2 个水平，各因素、水平见表 6-7，试验指标为新抽出蓬距，为越小越好。

表 6-7　橡胶幼苗矮化正交试验的因素水平表

水平	因素			
	药剂 A	浓度 B/ppm	物候 C	喷次 D
水平 1	二氯异丁酸钠	2000	展叶期喷	1 次
水平 2	盐	5000	变色期喷	2 次
水平 3	7305 号药剂			
水平 4	二氯异丁酸			

解：

由于试验中不考察因素间的交互作用，因而可以选用 $L_8(4^1 \times 2^4)$ 混合水平正交表来进行正交试验。

绘图步骤：

1）启动 JMP，进入 JMP 的主界面。

2）单击"实验设计(D)"→"经典"→"两水平筛选"→"筛选设计"。

3）在"因子"一栏添加因素数"1"，在"分类"中选择"4 水平"，添加因子数为"3"，在"分类"中选择"2 水平"。

4）双击因素名称、因素水平以及响应名称，可直接将其修改为真实名称与水平。由于响应变量越小越好，因而单击响应下"目标"并将响应目标保持"最小化"，如图 6-16 所示。

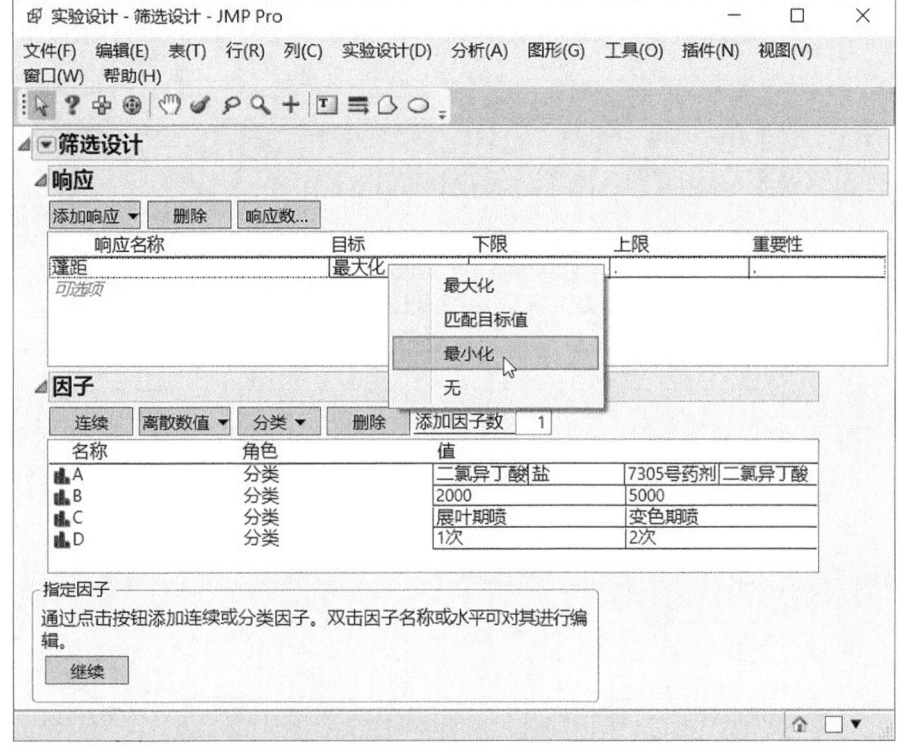

图 6-16 JMP 的因素输入

注意： 为重现该试验设计方案，可单击"筛选设计"旁 ▼，选择"设置随机种子"，本案例设置的随机种子为"2222"。

5）单击"继续"，默认值为 8。单击"制作设计"，在"输出选项"的"试验顺序"中选择"保持相同"（为保证重现该试验方案），单击"制表"，可在 JMP 主界面上得到试验次数为 8 的试验方案。

6）为保证结果的精确性，可重复该试验方案三次。单击"实验方案(D)"→"扩充设计"，将"蓬距"放入"Y，响应"，将 A、B、C、D 放入"X，因子"，单击"确定"。

7）进入“扩充设计”界面，在“扩充选择”中选择“重复”，输入数值“3”，点击“制表”，得到的试验安排见表6-8，试验考察的指标为蓬距，根据表6-8的正交表进行试验，得到的试验结果如三次重复列中所示。

表6-8 试验方案及其结果表

重复	因素		A	B	C	D	蓬距
	列号		1	2	3	4	
Ⅰ	处理号	1	1	2	2	1	8.24
		2	2	1	1	1	15.28
		3	3	2	1	1	16.62
		4	4	1	2	1	13.98
		5	1	1	1	2	40.32
		6	2	2	2	2	10.11
		7	3	1	2	2	33.64
		8	4	2	1	2	23.02
Ⅱ		1	1	2	2	1	9.64
		2	2	1	1	1	17.26
		3	3	2	1	1	15.2
		4	4	1	2	1	22.94
		5	1	1	1	2	35.25
		6	2	2	2	2	7.7
		7	3	1	2	2	31.9
		8	4	2	1	2	22.46
Ⅲ		1	1	2	2	1	15.46
		2	2	1	1	1	10.76
		3	3	2	1	1	20.56
		4	4	1	2	1	11.68
		5	1	1	1	2	29.46
		6	2	2	2	2	9.14
		7	3	1	2	2	24.84
		8	4	2	1	2	10.98

8）在JMP主界面中的正交表的“蓬距”一列中输入相应的试验结果。

9）单击“分析(A)”→“拟合模型”，或是直接单击“扩充设计”下“模型”旁的▶。

10）在弹出的对话框中，JMP根据试验类型自动匹配好“Y”以及“模型效应”，可根据考察的效应自主添加与删除。在该案例中只考察主效应，因此直接点击“运行”。

11）单击响应旁▼，在“回归报表”中选中“方差分析”“效应检验”，查看“方差分析”与“效应检验”报表，得到的试验结果如图6-17所示。

以0.1为显著性水平，从“方差分析”报表中可以看出，F检验后，整体模型是显著的。同时从“效应检验”报表也可以看到四个因素的P值（“概率>F”）均小于0.1，表示有显著差异，表明每个因素都会引起蓬距的变化。

第6章 试验设计

方差分析				
源	自由度	平方和	均方	F比
模型	6	1717.5105	286.252	14.3436
误差	17	339.2641	19.957	概率>F
校正总和	23	2056.7745		<.0001*

效应检验					
源	参数数目	自由度	平方和	F比	概率>F
A	3	3	569.16203	9.5066	0.0006*
B	1	1	581.93802	29.1600	<.0001*
C	1	1	139.68375	6.9993	0.0170*
D	1	1	426.72667	21.3826	0.0002*

图 6-17 方差分析报表

12）在"效应详细信息"报表中，按住〈Ctrl〉键，单击第一个因素 A 旁 ，选择"最小二乘均值图""最小二乘均值差值 Student t"。然后按住〈Ctrl〉键，单击因素 A "最小二乘均值差值 Student t"旁 选择"差值排序报表"，使 4 个因素同时显示报表，得到的试验结果如图 6-18、图 6-19 所示。

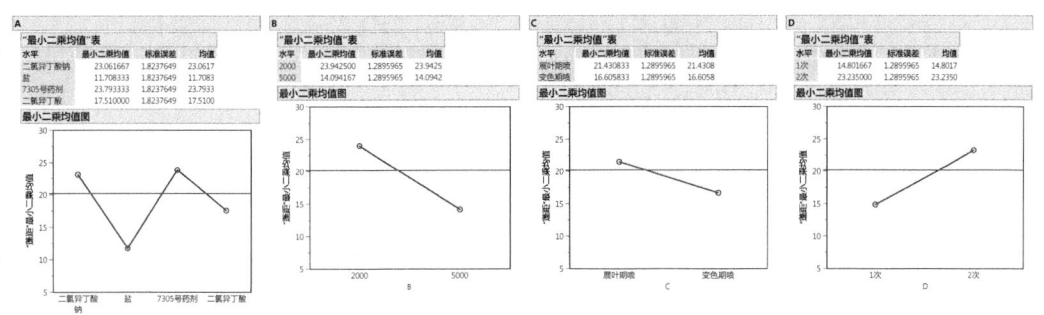

图 6-18 效应详细信息报表

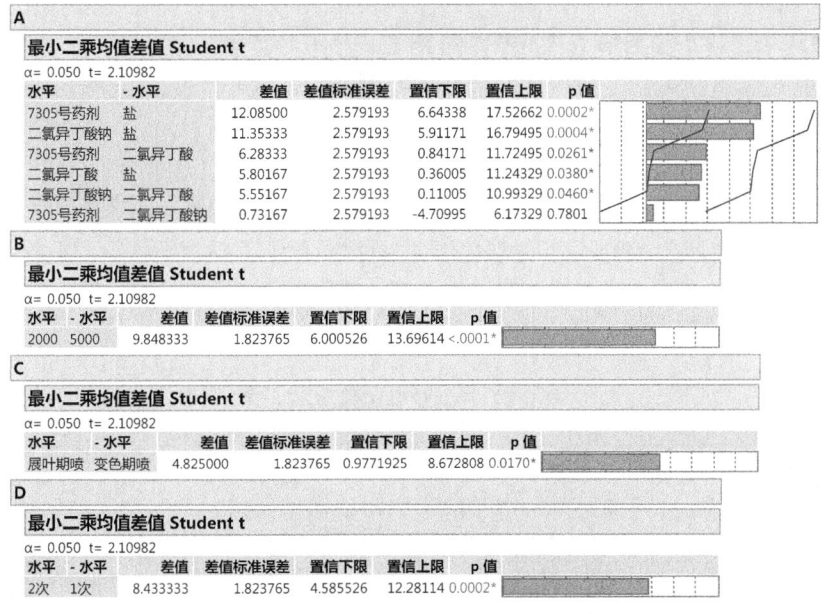

图 6-19 因素水平均值的差值排序

从图 6-18、图 6-19 可以看出，A、B、C、D 4 个因素的波动（极差）都很明显，而且从差值比较可以推测出最佳水平为 $A_3B_1C_1D_2$。

13）单击响应旁![图标]，在"因子刻画"中选中"刻画器"，"预测刻画器"会给出在 4 个因素的不同水平下蓬距的均值以及 95%的置信区间。单击"预测刻画器"旁![图标]，选择"最优化和意愿" → "最大化意愿"，刻画器会呈现能使伸长率（%）最大的因素水平，如图 6-20 所示。

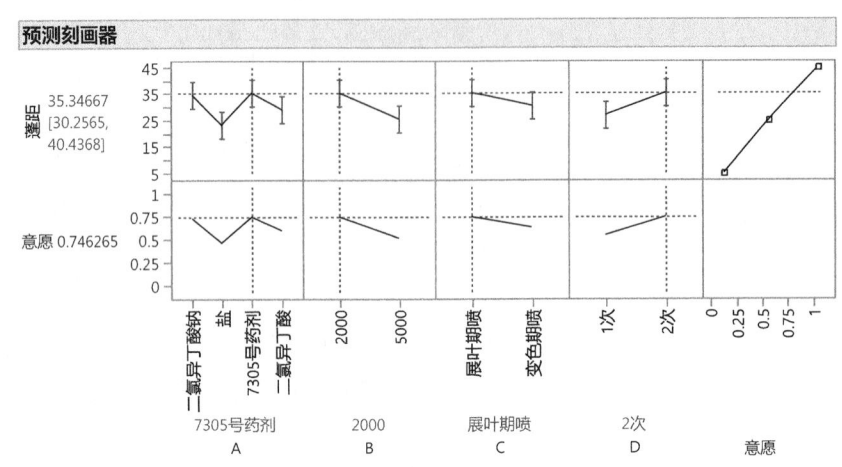

图 6-20　最大化意愿的预测刻画器

由预测刻画器结果可知，最优方案与前面分析结果一致，即 $A_3B_1C_1D_2$，该方案下的预测值为 33.35，对比表 6-8 可知该方案未曾进行实际的试验，其结果在表中所有的方案中最优，但仍需要等待实际实验后加以确定。

6.2.3　水平相等的多指标正交试验分析及 JMP 实现

例 6-4

某厂五吨冷风冲天炉在现有的设备条件和原料供应的情况下，探索好的生产条件，以达到在铁水温度平均为 1400℃以上且熔化速度为每小时 5t 左右的前提下，尽量减少焦炭的消耗，提高总焦铁比的目的。为此确定铁水温度，熔化速度，总焦铁比为试验指标，并选出 3 个因素，每个因素取 3 个水平，因素水平表见表 6-9。

表 6-9　冲天炉试验因素水平表

水平	因素		
	熔化带×炉缸直径 A/mm	风压 B/（mm/kg）	批焦铁比 C
1	Φ760×Φ620	130	13.5
2	Φ740×Φ550	160	14.5
3	Φ720×Φ550	150	12.5

绘图步骤：

这是一个3因素3水平试验，选表$L_9(3^3)$。

（1）方法一：综合评分法。

1）启动 JMP，进入 JMP 的主界面。

2）单击"实验设计(D)"→"经典"→"两水平筛选"→"筛选设计"。

3）在"因子"一栏中添加因子数"3"，单击"分类"选择"3水平"（3因素3水平正交表）。

4）双击因子名称、因子水平，可直接修改为真实名称与水平。

5）双击响应名称，修改为"铁水温度"；单击"添加响应"，选择"匹配目标值"，并修改名称为"熔化速度"；单击"添加响应"，选择"最大化"，并修改名称为"总焦铁比"，见图6-21。

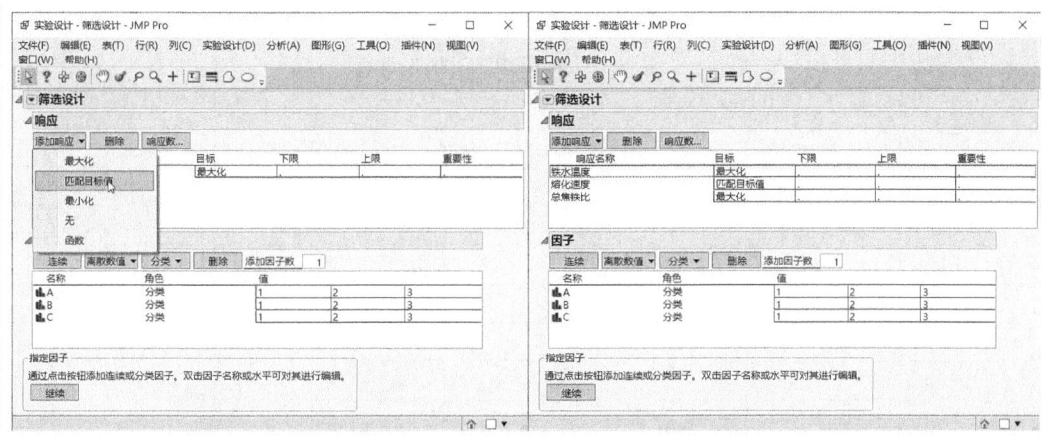

图 6-21　JMP 中的因素输入

6）单击"继续"，选择筛选类型"从部分析因设计列表中选择"，进入设计列表，选择设计类型为"L9-田口"，构造$L_9(3^3)$正交表。单击"继续"，在"输出选项"的"试验顺序"中选择"保持相同"（为保证重现该试验方案），单击"制表"，可在 JMP 主界面上得到表6-10的正交表。

表 6-10　冲天炉试验表头设计

试验号	因素		
	熔化带×炉缸直径 $A/$（mm）	风压 $B/$（mm/kg）	批焦铁比 C
1	1(Φ760×Φ620)	1 (130)	1 (13.5)
2	1	2 (160)	2 (14.5)
3	1	3 (150)	3 (12.5)
4	2(Φ740×Φ550)	2	3
5	2	3	1

(续)

试验号	因素		
	熔化带×炉缸直径 A/(mm)	风压 B/(mm/kg)	批焦铁比 C
6	2	1	2
7	3(Φ720×Φ550)	3	2
8	3	1	3
9	3	2	1

本例的 3 个指标:"铁水温度"越大越好;"熔化速度"越接近 5 越好;"总焦铁比"越大越好。试验结果见表 6-11。本例可以根据综合评分法进行分析,也可以在 JMP 中设置多元响应进行分析。

表 6-11 冲天炉试验结果表

试验号	试验指标			综合评分
	铁水温度 T_i	熔化速度 V_i	总焦铁比 F_i	
1	1408	5.4	11.7	1
2	1399	5.2	12.6	3
3	1409	5.5	12.6	10
4	1409	5.1	12.4	12
5	1405	5	12.5	10
6	1412	5.1	12	11
7	1415	5.4	13	21
8	1415	5.1	12.7	21
9	1419	5.2	13.5	32

根据评分办法:铁水温度(记作 T_i)以 1400℃为标准,每高 1℃就加 1 分,每低 1℃就扣 1 分;熔化速度(记作 V_i)以每小时 5t 为标准,每大 0.1t 或少 0.1t 都扣 1 分;总焦铁比(记作 F_i)以 1:12 为标准,每高 0.1 就加 1 分,每低 0.1 扣 1 分。最后针对各号试验结果把三者合并起来就是该号试验综合评分的分数(记作 M_i)。

7)在 JMP 主界面中的正交表的 3 个响应列上输入对应的试验结果。在响应指标右边建立空白列并输入"综合评分"。

8)右键单击"综合评分"的列名,选择"公式...",双击公式窗口,输入表达式"((:铁水温度- 1400) - 10 * Abs(:熔化速度 - 5)) + 10 * (:总焦铁比 - 12)",单击"确定"。JMP 公式输入如图 6-22 所示。

9)单击"分析(A)"→"拟合模型",或是直接单击"L9"下"模型"旁的 ▶。

10)在弹出的对话框中,删除"Y"中的 3 个指标,单击"综合评分",然后单击"Y"。

11)最终化为单指标试验设计,把综合评分值当作试验结果,进行极差分析与方差分析,方法步骤与例 6-1 完全相同,在此不再赘述,请读者自己完成。

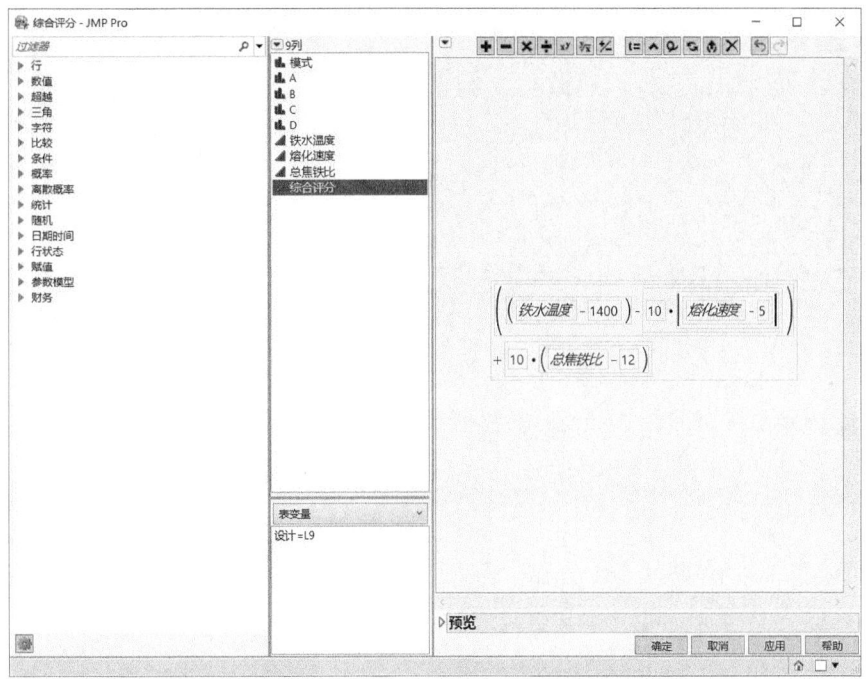

图 6-22　JMP 公式输入

（2）方法二：JMP 多元响应分析。

1）前 6 步与方法一一致。

2）单击"分析(A)"→"拟合模型"，或是直接单击"L9"下"模型"旁 ▶。

3）在弹出的对话框中，JMP 根据试验类型自动匹配好"Y"以及"模型效应"，可以看到"Y"中有 3 个指标，单击"运行"。

4）报表中显示了 3 个响应分别拟合的情况，按住〈Ctrl〉键，单击"铁水温度"旁 ▼，在"回归报表"中选中"方差分析""效应检验"，可同时得到 3 个指标的"方差分析"与"效应检验"报表，结果如图 6-23 所示。

"铁水温度"方差分析					"熔化速度"方差分析					"总焦铁比"方差分析			
源	自由度	平方和	均方	F比	源	自由度	平方和	均方	F比	源	自由度	平方和	均方	F比
模型	6	277.33333	46.2222	9.6744	模型	6	0.23333333	0.038889	35.0000	模型	6	2.1800000	0.363333	327.0000
误差	2	9.55556	4.7778	概率>F	误差	2	0.00222222	0.001111	概率>F	误差	2	0.0022222	0.001111	概率>F
校正总和	8	286.88889		0.0966*	校正总和	8	0.23555556		0.0280*	校正总和	8	2.1822222		0.0031*
"铁水温度"效应检验					"熔化速度"效应检验					"总焦铁比"效应检验			
源	参数数目	自由度	平方和	F比	概率>F	源	参数数目	自由度	平方和	F比	概率>F	源	参数数目	自由度	平方和	F比	概率>F
A	2	2	190.88889	19.9767	0.0477*	A	2	2	0.13555556	61.0000	0.0161*	A	2	2	1.1755556	529.0000	0.0019*
B	2	2	74.88889	7.8372	0.1132	B	2	2	0.06888889	31.0000	0.0312*	B	2	2	0.1755556	79.0000	0.0125*
C	2	2	11.55556	1.2093	0.4526	C	2	2	0.02888889	13.0000	0.0714	C	2	2	0.8288889	373.0000	0.0027*

图 6-23　多元响应方差分析

在 JMP 中可同时看到三个指标分别与 3 个因素的关系，从图 6-23 可以看到在显著性水平为 0.1 的情况下，3 个指标的总体模型均显著，说明这 3 个因素对指标均有解释作用。从效应检验中可以看到"铁水温度"受因素 A 的影响最大，A、B、C 3 个因素对于"熔化温度""总焦铁比"均有解释作用。

5）依次打开 3 个指标下的"效应详细信息"报表，查看均值图以及差值排序报表，操作方法与前面案例一致，结果如图 6-24、图 6-25、图 6-26 所示。

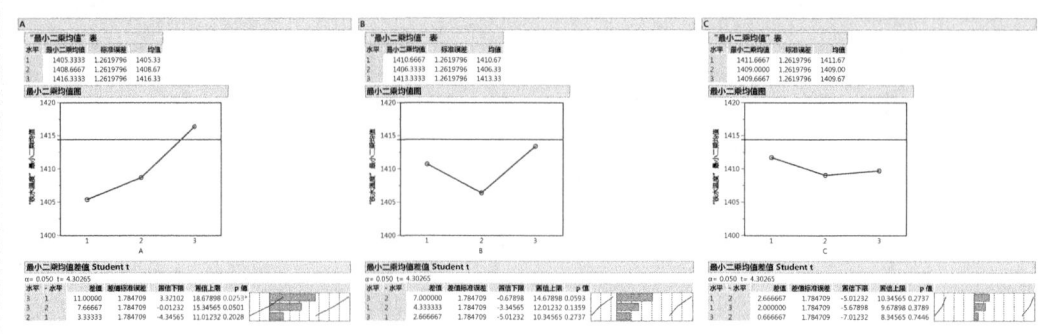

图 6-24 "铁水温度"因素水平均值的差值排序

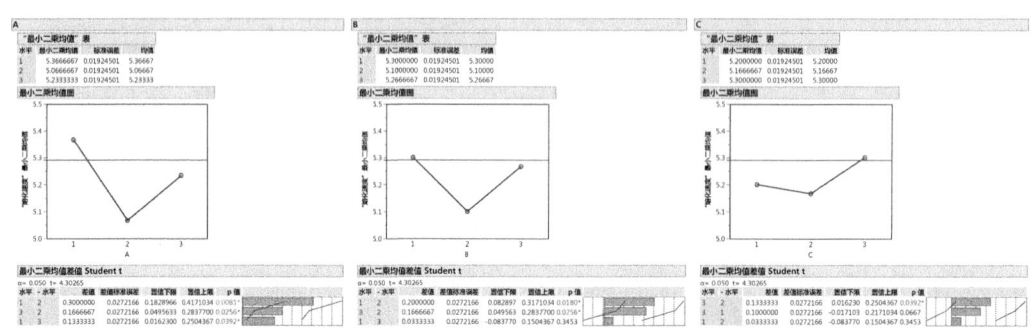

图 6-25 "熔化速度"因素水平均值的差值排序

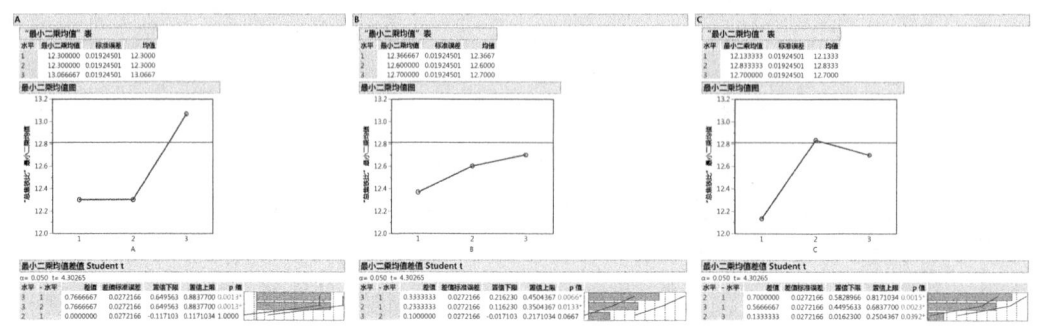

图 6-26 "总焦铁比"因素水平均值的差值排序

从上述 3 个报表中可依次看到有哪些因素的水平变化会造成指标的明显变化。从图 6-24 可看到因素 A 的波动（极差）很明显，又因为"铁水温度"是越高越好，所以从差值比较可以推测出"铁水温度"的最佳水平为 $A_3B_3C_1$。从图 6-25 可看到 3 个因素的波动都很明显，又因为"熔化速度"是越接近 5 越好，从"最小二乘均值图"可以看到因素的哪个水平的"熔化速度"最接近 5，所以可以推测出"熔化速度"的最佳水平为 $A_2B_2C_2$。从图 6-26 可看到 3 个因素的波动都很明显，但相对来说因素 A、C 更为明显，因为"总焦铁比"是越大越好，所以从差值比较可以推测出"铁水温度"的最佳水平为 $A_3B_3C_2$。

可以看到不同指标要求不同的因素水平安排，因此对于多指标试验设计，JMP 的"刻画器"通过均衡 3 个指标的要求来提供最佳配比。

6）单击"最小二乘法拟合"旁▼，在"刻画器"中选中"刻画器"，"预测刻画器"会在右侧给出3个指标在3个因素的不同水平下的均值以及95%的置信区间。由于"熔化速度"为越接近5越好，双击"熔化速度"的"意愿"栏的空白处，在"熔化速度"一栏的"中:"输入"5"，单击确定，结果如图6-27所示。

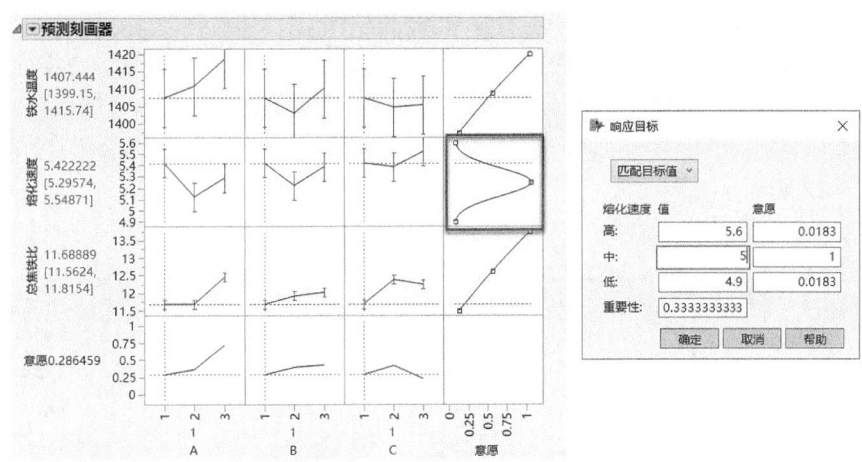

图 6-27　匹配目标值输入

7）单击"预测刻画器"旁▼，选择"最优化和意愿"→"最大化意愿"，刻画器会综合考虑3个指标，呈现出3个因素的最优水平，如图6-28所示。

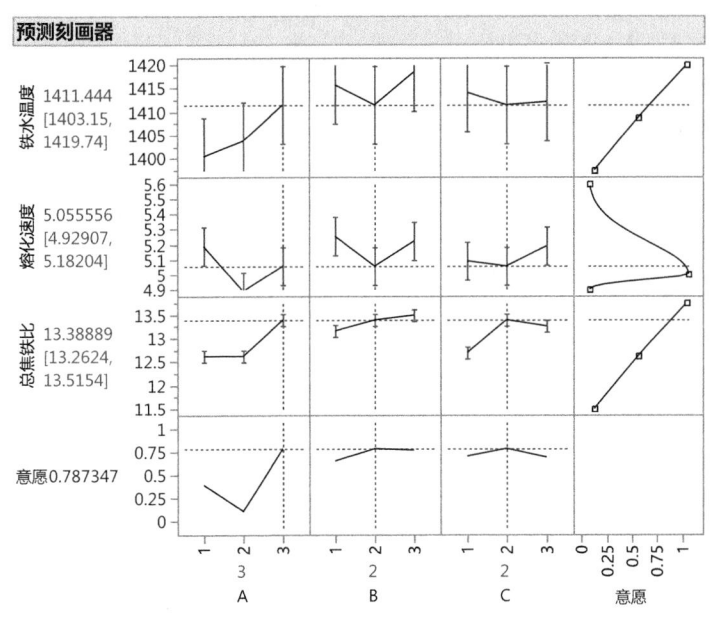

图 6-28　多指标预测刻画器

从刻画器中可以看到，综合考虑3个指标，最佳水平组合为 $A_3B_2C_2$，在该水平组合下，"铁水温度"预测均值为1411.44，"熔化速度"为5.06，"总焦铁比"为13.39。

6.2.4 水平不等的多指标正交试验分析及 JMP 实现

例 6-5

为了研究不同水胶比下，石灰石粉掺量和细度对流动度和力学性能的影响，为混凝土的配合比设计提供依据，采用水泥胶砂试件的正交试验设计方法。选取因素为石灰石粉的掺量（10%、18%、26%、34%），水胶比（0.35、0.29），石灰石粉细度（350m²/kg、610m²/kg），该试验指标分别为胶砂流动度和 7d 抗压强度，各项指标均为越大越好。该试验的因素水平表如表 6-12 所示。

表 6-12 试验的因素水平表

水平	因素		
	石灰石粉掺量 A（%）	水胶比 B	石灰石粉细度 $C/(m^2/kg)$
1	10	0.35	610
2	18	0.29	350
3	26		
4	34		

解：

该试验由 3 个因素构成，其中 1 个因素具有 4 个水平，其他的 2 个因素都具有 2 个水平，因此考虑用正交表 $L_8(4 \times 2^4)$ 来进行试验，该正交表共有 3 列，其中第 1 列有 4 个水平，而第 2、3 列有 2 个水平。

绘图步骤：

1）启动 JMP，进入 JMP 的主界面。

2）单击"实验设计(D)"→"经典"→"两水平筛选"→"筛选设计"。

3）在"因子"一栏中添加因子数"1"，单击"分类"选择"4 水平"，然后添加因子数"2"，单击"分类"选择"2 水平"。

4）双击因子名称、因子水平，直接修改为真实名称与水平。

5）双击响应名称，修改为"胶砂流动度"；单击"添加响应"，选择"最大化"，并修改名称为"抗压强度"。

注意： 为重现该试验设计方案，单击"筛选设计"旁 ，选择"设置随机种子"，本案例设置的随机种子为"2222"。

6）单击"继续"，默认值为 8。单击"制作设计"，便可以生成表 6-13 所示的正交表的设计方案，在"输出选项"的"试验顺序"中选择"保持相同"（为保证重现该试验方案），单击"制表"，可在 JMP 主界面上得到表 6-13 所示的正交表。试验考察的指标为胶砂流动度和 7d 抗压强度，根据表 6-13 所设计的正交表进行试验，得到的试验结果见表 6-13 "胶砂流动度"和"7d 抗压强度"两列。

表 6-13 试验方案及其结果表

试验号	因素			试验结果	
	A	B	C	胶砂流动度/mm	7d 抗压强度/MPa
1	1(10)	2(0.29)	2(350)	150	63.1
2	2(18)	1(0.35)	1(610)	121	64.8
3	3(26)	1	1	150	48.7
4	4(34)	1	2	124	55.5
5	1	1	1	167	37.9
6	2	2	2	138	57.0
7	3	1	2	194	33.9
8	4	2	1	150	51.3

7）单击"分析(A)"→"拟合模型"，或是直接单击"主效应筛选设计"下"模型"旁▶。

8）在弹出的对话框中，JMP 根据试验类型自动匹配好"Y"以及"模型效应"，可以看到"Y"中有两个指标，单击"运行"。

9）报表中显示了两个响应分别拟合的情况，按住〈Ctrl〉键，单击"胶砂流动度"旁▼，在"回归报表"中选中"方差分析""效应检验"，可同时得到 3 个指标的"方差分析"与"效应检验"报表，结果如图 6-29 所示。

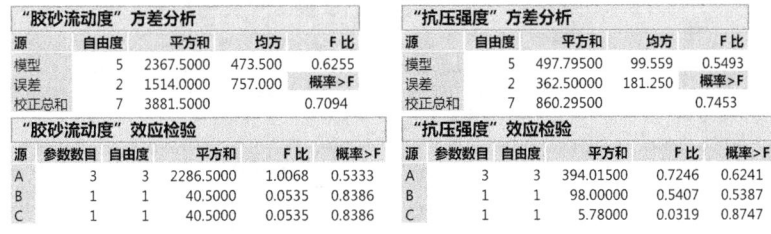

图 6-29 多元响应方差分析

从"方差分析"报表与"效应检验"报表中可以看到 3 个因素的各个水平对两个指标均没有解释作用。

10）依次打开两个指标下的"效应详细信息"报表，查看均值图以及差值排序报表，结果如图 6-30、图 6-31 所示。

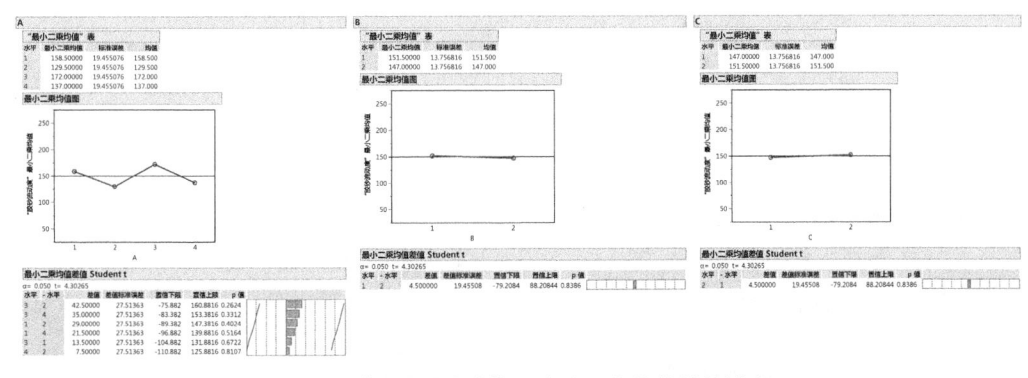

图 6-30 "胶砂流动度"因素水平均值的差值排序

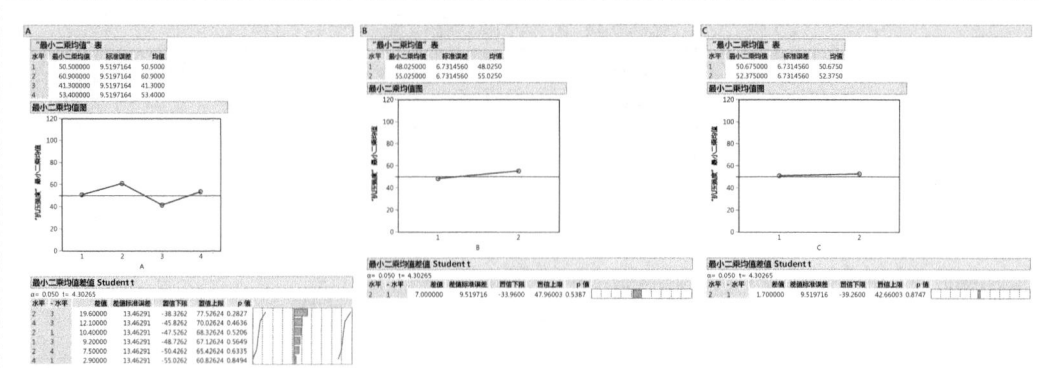

图 6-31 "抗压强度"因素水平均值的差值排序

从图 6-30、图 6-31 可以看出各因素水平并不会引起两个指标的明显波动，与方差分析结论一致，这时需要重新考虑自变量选取得是否正确。若结果均为显著，则可以按照例 6.4 的步骤预测出最佳因素组合。

【关键词】试验设计，因素，水平。

【思考题】

1. 根据表 6-14 和表 6-15 的因素和水平设计正交试验方案。

表 6-14 试制痛可宁药试验因素水平表

水平	因素		
	异氰酸浓度 A	反应时间 B	后处理 C
1	5%	4h	NaOH 洗
2	10%	24h 间断反应	不洗
3	15%	24h 连续反应	Na_2CO_3 洗

以上不考虑交互作用。

表 6-15 煮蓝试验因素水平表

水平	因素			
	温度 A	苛性钠 B	亚硝酸钠 C	水 D
1	180℃	50g	150g	300g
2	160℃	75g	200g	400g
3	140℃	100g	250g	500g

以上考虑各主效应及任两因素间的交互作用。

2. 按下列要求选用正交表，并进行表头设计。

（1）5 个 2 水平因素 A、B、C、D、E，交互作用为 A×B、B×E。

（2）6 个 2 水平因素 A、B、C、D、E、F，交互作用为 D×E。

（3）3 个 3 水平因素 A、B、C，交互作用为 A×B、A×C、B×C。

第 7 章 稳健性设计

【本章要点】稳健性，系统设计，参数设计，容差设计。

7.1 概述

7.1.1 稳健性

稳健性是指产品对各种干扰因素的抵抗能力，反映了产品质量特性的变异程度。变异程度小的产品稳健性就高，变异程度大的产品稳健性就低。引起质量变异的干扰因素称为噪声，它可分为外部噪声、零件间噪声和内部噪声。外部噪声是指引起质量变异的使用环境或产品承受负荷的变化，如产品使用时的温度、湿度、污染等因素的变化；零件间噪声是指构成产品的零件间的质量变异；内部噪声是指产品在储存和使用过程中引起质量变异的材料变质、老化、磨损等。在制造过程中，外部噪声、零件间噪声、内部噪声这三种噪声导致了所生产产品的质量特性或多或少地存在一些差异。即使在完全相同的生产条件下生产出来的产品，其质量特性也不完全相同；同一件产品在不同的环境下使用，其质量特性也会有差异。这些现象就是质量变异。质量变异无处不在，杜绝质量变异是不可能的，而减少质量变异是大有可为的。稳健性设计的目的就是尽可能地减少质量变异、设计出稳健可靠的产品。

与稳健性相关联的概念是稳定性，所谓稳定性是指当一个系统处于某种平衡状态时，该系统如果受到外来作用的影响，系统能够保持原来的平衡状态，或者经过一个过渡过程后能够回到初始的平衡状态，就称这个系统就是稳定的。例如一台机器受到突然扰动后，在工人不进行任何操纵的情况下能够回到初始状态，则称该机器是稳定的；反之则称其是不稳定的。稳健性和稳定性都是反映产品或系统抗干扰能力的概念。稳健性体现在同一设计型号的不同产品在各种干扰因素存在时特性值仍然很接近，变异程度很小；稳定性强调某一系统受到干扰后保持和恢复自己原有性能的能力。稳定性是很早就应用于工程学中的概念，而稳健性是质量工程学中的统计学概念。

7.1.2 稳健性设计的思想

减少产品质量变异的方式有两种：一种是消极的方式，也就是限制产品的使用环境，使用更高等级的组件；另一种是积极的方式，就是提高产品适应外部环境变化和抵抗内部干扰的能力。稳健性设计的思想不是去控制波动源来改变外在环境，而是致力于改进产品内部的结构来提高抗干扰的能力。稳健性设计既是用试验设计来提高产品稳健性的方法，也是提高产品开发和设计质量的重要技术，在许多发达国家展开了深入研究并得到了广泛应用。

如果生产出的产品能够在各种噪声因素的干扰下保持性能指标很低的变异性，或者能用廉价的零部件组装出稳定可靠的产品，则认为该产品的设计是稳健的。稳健性设计通过分析所开发产品找出影响产品质量及其稳健性的主要因素，用先进的试验设计技术对产品开发研究所需进行的试验进行规划，通过试验来考察在波动情况下不同产品配方或工艺参数组合时的产品质量及其稳健性，找出主要因素对产品质量的影响规律，再用有效的优化方法对产品配方或工艺参数进行调整或优化，最后找出使产品的平均质量、稳健性及产品成本均令人满意的产品配方或工艺参数。

7.2　SN 比及其试验设计应用

7.2.1　SN 比的概念及表达

在无线电通信中，接收机输出功率可分为信号（Signal）与噪声（Noise）两部分。在理论上常把 SN 比（Signal-Noise Ratio，信噪比）用来表示信号功率与噪声功率的比值，即用 SN 比可以测量出通信系统效率的高低，其比值以 η 表示，即

$$\eta = \frac{信号功率}{噪声功率} \qquad (7\text{-}1)$$

η 值越大，则表示通信效果越好。

SN 比是日本田口玄一博士于 1957 年在他的著作《试验设计法》中提出来的。此后，在产品设计中被广泛采用 SN 比，并把它与试验设计结合起来以解决许多不同特性值的综合功能评价问题，例如计量测试中的误差分析、动态特性的评价以及工艺设计中的稳定性计算等。实践表明，可以把 SN 比作是评定质量好坏的一种测度。

质量特性测量值较大的产品，其绝对误差一般较大；质量特性测量值较小的产品，其绝对误差一般较小。标准差或极差仅反映了波动的绝对值大小，无法反映波动的相对大小。实际上，质量特性测量值一般不会偏离目标值太远，误差方差 V_e 往往随平均值的变化而变化，例如当目标值趋于零时，误差方差 V_e 也趋于零。为反映误差方差 V_e 的这种相对变化量，对于非负参数，如强度、重量、尺寸、输出电压等，在数理统计上，采用离散系数 CV 来表示，其计算式为

$$\mathrm{CV} = \frac{\sigma}{\mu} = \frac{\sqrt{V_e}}{\bar{y}} \qquad (7\text{-}2)$$

式中，σ 为总体标准差；μ 为总体均值；$\bar{y}$ 为样本均值；$\sqrt{V_e}$ 为样本误差标准差。$\sqrt{V_e}$ 是在试验设计或测量中，由于存在误差因素而产生的表征数据分散度的统计特征值，也称为误差标准差，其平方称为样本误差方差。

离散系数 CV 表征了产品质量特性的不良程度，离散系数值越大，说明产品质量波动越大。由式（7-2）可见，离散系数 CV 是由标准差与均值的比值决定的。在一定的样本均值 $\bar{y}$ 下，产品质量的分散度越大（即 $\sqrt{V_e}$ 越大），则 CV 值就越大，产品质量越差；反之，则 CV 值越小，产品质量越好。因此，CV 值可以作为衡量产品质量优劣程度的一个指标。取离散系数 CV 值的倒数，

即

$$\frac{1}{\text{CV}} = \frac{\mu}{\sigma} \approx \frac{\bar{y}}{\sqrt{V_e}} \tag{7-3}$$

1/CV 越大，说明产量质量波动越小；1/CV 越小，说明产量质量波动越大，质量越差。因此也可以用 1/CV 值来评价产品质量的优劣程度。

为了与损失函数表达式 $L(y) = k\sigma^2$ 中的 σ^2 在表达上取得一致，由式（7-3）得

$$\eta' = \left(\frac{1}{\text{CV}}\right)^2 = \frac{\mu^2}{\sigma^2} \approx \frac{(\bar{y})^2}{V_e} \tag{7-4}$$

称 η' 为稳健性设计中的 SN 比（信噪比）。在实际计算 SN 比时，常取 η' 的 10 倍对数值即所谓分贝值（decibel 记 dB）来表示 SN 比。

$$\eta = 10\ \lg\eta' = 10\ \lg\left(\frac{\mu^2}{\sigma^2}\right) = 10\ \lg\frac{(\bar{y})^2}{V_e} \tag{7-5}$$

式（7-5）就是稳健性设计中所用 SN 比的定义式。

由于 $\eta' = \mu^2/\sigma^2$ 表示产品质量特性值的稳定程度，因此可以说提高产品质量与提高 SN 比是一致的。μ^2 与 σ^2 的实际值往往取其估计值，σ^2 的估计值是样本误差方差，即

$$\hat{\sigma}^2 = V_e \tag{7-6}$$

为了确定 μ^2 的估计值 $\hat{\mu}^2$，设样本均值为 $\bar{y}$，则 $\bar{y}$ 的方差 σ_y^2 为

$$\sigma_y^2 = \frac{\sigma^2}{n} \tag{7-7}$$

$(\bar{y})^2$ 的期望值 $E(\bar{y})^2$ 是 μ^2 的优良估计值，$E(\bar{y})^2$ 等于 μ 平方的估计值加上 $\bar{y}$ 的方差，即

$$\hat{\mu}^2 = E(\bar{y})^2 - \frac{\sigma^2}{n} \tag{7-8}$$

式中，$E(\bar{y})^2$ 为 $(\bar{y})^2$ 的期望值；n 为样本容量；σ^2 为总体方差。μ^2 的估计值

$$\hat{\mu}^2 = (\bar{y})^2 - \frac{V_e}{n} = \frac{1}{n}\left[\frac{(y_1 + y_2 + \cdots + y_n)^2}{n} - V_e\right] \tag{7-9}$$

设产品质量特性值的测量值为 $y_1, y_2, \cdots, y_n$，令

$$\frac{1}{n}\left(\sum_{i=1}^{n} y_i\right)^2 = S_m, i = 1, 2, \cdots, n$$

则有

$$\hat{\mu}^2 = \frac{1}{n}(S_m - V_e) \tag{7-10}$$

式中，V_e 为样本误差方差，即为 σ^2 的估计值；n 为样本容量。

由式（7-4）、式（7-10）得

$$\eta' = \left(\frac{1}{\text{CV}}\right)^2 = \frac{\mu^2}{\sigma^2} = \frac{\frac{1}{n}(S_m - V_e)}{V_e} \tag{7-11}$$

由式（7-11）可见，S_m 反映了产品质量特性值总的波动情况；样本误差方差 V_e 反映了误差波

动情况；$(S_m - V_e)/n$ 则是去除误差波动的纯效应。因此，式（7-11）是信号纯效应与误差效应的比值。可见，SN 比是判断各种输出特性的优劣程度和进行功能评价的一种有效方法。

仿照无线电通信理论中的做法，在实际计算中，取常用对数的 10 倍（即分贝值）来表示，得出 SN 比的计算式为

$$\eta = 10 \lg \frac{\frac{1}{n}(S_m - V_e)}{V_e} \tag{7-12}$$

7.2.2 SN 比计算式的几种类型

在稳健性设计中，一般把产品质量特性值分为望目特性值、望小特性值、望大特性值。望目特性值是指质量特性值存在固定的目标值 m_0（$m_0 \neq 0$ 且 $m_0 < \infty$），希望质量特性值围绕目标值波动，且波动越小越好，例如零件的几何尺寸、稳压电源的输出电源等。望小特性值是指质量特性值不取负值，希望特性值越小越好，且波动越小越好，其期望值等于零，即 $E(m_0) = 0$，例如零件的磨损量、测量误差等。望大特性值是指质量特性值不取负值，希望特性值越大越好，且波动越小越好，其期望值无限大，即 $E(m_0) = \infty$，例如材料的强度、电视机的寿命等。上述望目、望小、望大特性值统称为静态特性值。

动态特性值即质量特性值存在可变的目标值，当施以信号时，目标值随之改变，希望特性值尽可能与目标值吻合，且偏差越小越好。例如，驾驶人有了转弯的念头，在不确定目标值的时候，就操纵方向盘转弯。这里，方向盘的转向角是信号因素，转弯半径就是动态特性值。

针对产品要求不同的质量特性值，SN 比计算式将采取不同的表达式。

1. 望目特性值的 SN 比计算式

设产品质量特性值 Y 为随机变量，且有 $Y \sim N(\mu, \sigma^2)$，μ 为总体均值，$-\infty < \mu < +\infty$；σ^2 为总体方差，$\sigma > 0$。若特性值 y 为望目特性值，则存在目标值 $m_0 (m_0 \neq 0)$，且希望 $\mu = m_0$，σ^2 越小越好。设有 n 件产品，其望目特性 y 的数据为 $y_1, y_2, \cdots, y_n$，μ 及 σ^2 的无偏估计值分别为

$$\hat{\mu} = \bar{y} \tag{7-13}$$

$$\hat{\sigma}^2 = V_e \tag{7-14}$$

用 $(\bar{y})^2$ 的期望值 $E(\bar{y})^2$ 对 μ^2 进行估计，则有

$$E(\bar{y})^2 = E(\bar{y})^2 + D(\bar{y}) = \hat{\mu}^2 + \frac{\hat{\sigma}^2}{n}$$

因而

$$\hat{\mu}^2 = E(\bar{y})^2 - \frac{\hat{\sigma}^2}{n} = (\bar{y})^2 - \frac{\hat{\sigma}^2}{n} = (\bar{y})^2 - \frac{V_e}{n} \tag{7-15}$$

式中，$\hat{\mu}^2$ 为总体均值平方的估计值；$E(\bar{y})^2$ 为 $(\bar{y})^2$ 的期望值；n 为样本大容量；$\hat{\sigma}^2$ 为总体方差的估计值；V_e 为样本误差方差，即 $\hat{\sigma}^2 = V_e$，将式（7-15）代入式（7-4）得

$$\eta' = \frac{(\bar{y})^2 - \frac{V_e}{n}}{V_e} \tag{7-16}$$

则望目特性值 SN 比计算式为

$$\eta = 10 \lg \frac{(\bar{y})^2 - \dfrac{V_e}{n}}{V_e}[\text{dB}] \tag{7-17}$$

式（7-17）中，样本误差方差 $V_e = \dfrac{1}{n}\sum_{i=1}^{n}(y_i - \bar{y})^2$，$\bar{y} = \dfrac{1}{n}\sum_{i=1}^{n}y_i$。

当样本容量 n 足够大时，式（7-17）可简化为

$$\eta = 10 \lg \frac{(\bar{y})^2}{V_e}[\text{dB}] \tag{7-18}$$

2. 望小、望大特性值的 SN 比计算式

设产品质量特性值 $Y \sim N(\mu, \sigma^2)$，若希望 Y 较小，则等价于 μ 较小；同时希望其波动小，即方差 σ^2 也小。为了使量纲一致，取 μ^2 和 σ^2 作为评测指标，若令 $\eta = 1/(\mu^2 + \sigma^2)$，则 η 越大越好。根据数理统计理论可知

$$E(y^2) = \mu^2 + \sigma^2 \tag{7-19}$$

$$\eta = \frac{1}{\mu^2 + \sigma^2} = \frac{1}{E(y^2)} \tag{7-20}$$

设 y 的 n 个观测值为 $y_1, y_2, \cdots, y_n$，则 $E(y^2)$ 的无偏估计为

$$\hat{E}(y^2) = \frac{1}{n}\sum_{i=1}^{n}y_i^2 \tag{7-21}$$

$$\hat{\eta} = \frac{1}{\hat{E}(y^2)} = \frac{n}{\sum_{i=1}^{n}y_i^2} \tag{7-22}$$

因此，望小特性值的 SN 比计算式为

$$\eta = \frac{n}{\sum_{i=1}^{n}y_i^2} = \frac{1}{V_e} \tag{7-23}$$

同理，对其取对数，化为分贝值，即

$$\eta = 10 \lg \frac{n}{\sum_{i=1}^{n}y_i^2} = -10 \lg \frac{1}{n}\sum_{i=1}^{n}y_i^2 (\text{dB}) \tag{7-24}$$

$$\eta = 10 \lg \frac{1}{V_e} = -10 \lg V_e (\text{dB}) \tag{7-25}$$

式（7-24）、式（7-25）均为望小特性值的 SN 比计算公式。

同理，如希望产品质量特性值越大越好，即为望大特性值，对望大特性值取倒数，则由望小特性值 SN 比计算公式直接导出望大特性值的 SN 比计算公式。若 y 为望大特性值，则 y 的倒数 $1/y$ 就是望小特性值。因此，由式（7-24）即可得望大特性值的 SN 比计算公式为

$$\eta = -10 \lg \frac{1}{n}\sum_{i=1}^{n}\left(\frac{1}{y_i}\right)^2 (\text{dB}) \tag{7-26}$$

7.2.3 SN 比在寻求最佳工艺条件中的应用

在工业生产中，振动、噪声、磨损量、轴类零件的不回度、不平行度、不直度、零件加工尺寸误差、钢铁、有色金属的不纯成分、废气中有害成分、布料的缩水率等特性值，一般来说是越小越好，希望目标值等于零。既然目标值为零，当然希望输出特性的误差尽可能小，因此可用样本误差方差 V_e 的分贝值来表征这类质量特性值的变异性。

设质量特性值的观测值为 $y_1, y_2, \cdots, y_n$，评价时可取望小 SN 比计算式

$$\eta = 10 \lg \frac{1}{V_e} = -10 \lg V_e \tag{7-27}$$

$$V_e = \frac{1}{n}(y_1^2 + y_2^2 + \cdots + y_n^2) \tag{7-28}$$

式中，n 为试验重复次数。

例 7-1

为了减少水泵阀头部位的磨损量、提高其可靠性，进行正交试验设计。试验时选取的因素与水平见表 7-1。除了 A、B、C、D、E 因素外，还要考虑 $A \times B$、$A \times C$ 的交互作用。

表 7-1　因素水平表

水平	因素				
	阀头材质 A	负载 B	滑动表面光洁度 C	润滑油 D	阀体材质 E
1	A1	B1	C1	D1	E1
2	A2	B2	C2	D2	E2

用 SN 比法选择最佳工艺参数的步骤。

解：

1. 选择合适的正交表，进行表头设计

为了正确地选择正交表，首先进行各因素和交互作用的自由度的计算。总体自由度 $f_T = f_A + f_B + f_C + f_D + f_E + f_{A \times B} + f_{A \times C} = 1+1+1+1+1+1+1 = 7$，要求试验的次数 $n \geq 1 + f_T$，即 ≥ 8。由于该试验有 5 个因素，且均为 2 水平，可以占 5 列，而且两个交互作用列共占 2 列，所以可以选择 $L_8(2^7)$ 正交表来安排试验。为了减少试验误差，采取重复试验。表头设计及试验方案见表 7-2。

2. 计算分贝值

由于希望 8 次重复试验的磨损量越小越好，即目标值为零，所以 8 次重复试验的磨损量具有同等重要的地位。

（1）计算各次试验的偏差平方和 $S_{T_1} \sim S_{T_8}$，第 1 号试验的偏差平方和 S_{T_1}

表 7-2 表头设计及试验方案

试验号	因素						磨损量 R_{ij}/μm ($i=1,2,\cdots,8; j=1,2,\cdots,8$)							
	A	B	$A\times B$	C	$A\times C$	D	E							
	列号													
	1	2	3	4	5	6	7							
1	1	1	1	1	1	1	1	12	12	10	13	3	3	16	20
2	1	1	1	2	2	2	2	6	10	3	5	3	4	20	18
3	1	2	2	1	1	2	2	9	10	5	4	2	3	3	2
4	1	2	2	2	2	1	1	8	8	5	4	3	4	9	9
5	2	1	2	1	2	1	2	16	14	8	8	3	3	20	33
6	2	1	2	2	1	2	1	18	26	4	2	3	3	7	10
7	2	2	1	1	2	2	1	14	22	7	5	3	3	19	21
8	2	2	1	2	1	1	2	16	13	5	4	11	4	14	30

$$S_{T_1} = R_{11}^2 + R_{12}^2 + R_{13}^2 + R_{14}^2 + R_{15}^2 + R_{16}^2 + R_{17}^2 + R_{18}^2$$
$$= 12^2 + 12^2 + 10^2 + 13^2 + 3^2 + 3^2 + 16^2 + 20^2 = 1231$$

第 2 号试验的偏差平方和 S_{T_2}

$$S_{T_2} = R_{21}^2 + R_{22}^2 + R_{23}^2 + R_{24}^2 + R_{25}^2 + R_{26}^2 + R_{27}^2 + R_{28}^2$$
$$= 6^2 + 10^2 + 3^2 + 5^2 + 3^2 + 4^2 + 20^2 + 18^2 = 919$$

用同样方法,可以求出第 3 号 ~ 第 8 号试验的偏差平方和 $S_{T_3} \sim S_{T_8}$。

$S_{T_3} = 240$;$S_{T_4} = 356$;$S_{T_5} = 2082$;$S_{T_6} = 1187$;$S_{T_7} = 1581$;$S_{T_8} = 1699$。

(2)计算样本误差方差 $V_{e_1} \sim V_{e_8}$,据式(7-28)得出

V_{e_1}=1231/8=153.88(μm²) V_{e_2}=919/8=114.88(μm²) V_{e_3}=240/8=30(μm²)
V_{e_4}=356/8=44.5(μm²) V_{e_5}=2082/8=260.25(μm²) V_{e_6}=1187/8=148.38(μm²)
V_{e_7}=1581/8=197.63(μm²) V_{e_8}=1699/8=212.38(μm²)

(3)计算分贝值 $\eta_1 \sim \eta_8$,由式(7-27)得出

$$\eta_1 = -10\ \lg V_{e_1} = -10\lg 153.88 = -21.9\ (\text{dB})$$

同理得出 $\eta_2 \sim \eta_8$,即

$\eta_2 = -20.6$(dB) $\eta_3 = -14.8$(dB) $\eta_4 = -16.5$(dB) $\eta_5 = -24.2$(dB)
$\eta_6 = -21.7$(dB) $\eta_7 = -23.0$(dB) $\eta_8 = -23.3$(dB)

将计算结果汇集列于表 7-3 中。

表 7-3 计算结果

试验号	因素							$S_{T_i} = \sum_{j=1}^{8} R_{ij}^2$	分贝值 η_i / dB
	A	B	$A\times B$	C	$A\times C$	D	E		
	1	2	3	4	5	6	7		
1	1	1	1	1	1	1	1	1231	−21.9
2	1	1	1	2	2	2	2	919	−20.6

（续）

试验号	因素							$S_{T_i}=\sum\limits_{j=1}^{8}R_{ij}^2$	分贝值 η_i /dB
	A	B	$A\times B$	C	$A\times C$	D	E		
	1	2	3	4	5	6	7		
3	1	2	2	1	1	2	2	940	−14.8
4	1	2	2	2	2	1	1	356	−16.5
5	2	1	2	1	2	1	2	2082	−24.2
6	2	1	2	2	1	2	1	1187	−21.7
7	2	2	1	1	2	2	1	1581	−23.0
8	2	2	1	2	1	1	2	1699	−23.3
K_{1j}	−73.8	−88.4	−88.8	−83.9	−81.7	−85.9	−83.1		$T=-166$
K_{2j}	−92.2	−77.6	−77.2	−82.1	−84.3	−80.1	−82.9		
S_j	42.320	14.580	16.820	0.405	0.845	4.205	0.005		

3. 运用分贝值数据，进行方差分析

（1）计算8次试验分贝值总和T及各因素的水平合计值K_{ij}

$$T=\sum_{i=1}^{8}\eta_i=-166$$

$$K_{1A}=-21.9+(-20.6)+(-14.8)+(-16.5)=-73.8$$

依次类推，计算K_{1B}、$K_{1(A\times B)}$、K_{1C}等，计算结果见表7-3。

（2）计算总的偏差平方和S_T及各因素的偏差平方和S_j：

$$S_T=\sum_{i=1}^{8}\eta_i^2-\frac{T^2}{8}=[(-21.9)^2+(-20.6)^2+\cdots+(-23.3)^2]-\frac{(-166)^2}{8}=79.18(\text{dB})$$

根据公式$S_j=\frac{1}{r}(K_{1j}^2+K_{2j}^2)-\frac{T^2}{8}$，在这里，$r$表示水平的重复次数。可求得

$$S_A=\frac{1}{4}\left[(-73.8)^2+(-92.2)^2\right]-\frac{(-166)^2}{8}=42.320(\text{dB})$$

依次类推，计算得$S_B=14.580(\text{dB})$、$S_{A\times B}=16.820(\text{dB})$、$S_C=0.405(\text{dB})$、$S_{A\times C}=0.845(\text{dB})$、$S_D=4.205(\text{dB})$、$S_E=0.005(\text{dB})$。

（3）计算自由度f：

$$f_T=n-1=8-1=7$$

$$f_A=f_B=f_{A\times B}=f_C=f_{A\times C}=f_D=f_E=m-1=2-1=1$$

式中，m表示水平数。列出SN比的方差分析如表7-4所示。

表7-4 方差分析表

方差来源	平方和S	自由度f	均方V	F值	F_α	显著性
A	42.32	1	42.32	101.24	$F_{0.05}(1,3)$ =10.13	**
B	14.58	1	14.58	34.88		**
$A\times B$	16.82	1	16.82	40.24		**
C	0.405Δ	1	—			

(续)

方差来源	平方和 S	自由度 f	均方 V	F 值	F_α	显著性
$A\times C$	0.845Δ	1	—			
D	4.205	1	4.205	10.06	$F_{0.01}(1,3)$ = 34.12	*
E	0.005Δ	1				
e	0	0				
e'	1.255	3	0.418			
T	79.18	7				

注：e' 为 Δ 者相加之和。星号代表显著性的高低。

（4）选取最佳因素的水平组合。由方差分析表（见表 7-4）可知，A、B 两因素及其交互作用 $A\times B$ 均为高度显著，因此要制作 A、B 二元分析表来选择分贝值输出最高的组合。由表 7-3 的正交表 $L_8(2^7)$ 排列与 SN 比特性值对应来看，可以找到 A_1B_1、A_1B_2、A_2B_1、A_2B_2 各组的组合值，见表 7-5。

表 7-5　A、B 二元表

	A_1	A_2
B_1	−21.9+(−20.6)=−42.5	−24.2+(−21.7)=−45.9
B_2	−14.8+(−16.5)=−31.3	−23.0+(−23.3)=−46.3

由表 7-5 中得出，A_1B_2 组输出分贝值最高（−31.3dB），因此，$A\times B$ 的最优组合为 A_1B_2，且 D 中 $K_{2j}>K_{1j}$，故选 D_2。因此，本试验最佳因素水平组合为 $A_1B_2D_2$。由此得出结论：阀头材质（A）选取第 1 水平，负载（B）选取第 2 水平，润滑油（D）选取第 2 水平进行设计。至于滑动表面光洁度（C）和阀体材质（E）选取哪个水平，可以由设计人员综合考虑技术、经济条件来决定，因为这二个因素的效应不显著。

绘图步骤：

用 JMP 软件进行例 7-1 的试验设计，获得最优试验条件。在 JMP 中，依次按照如下步骤操作：

1）单击"试验设计(D)"→"经典"→"田口数组"，打开"田口设计"对话框。

2）默认 2 个因子，单击"因子"一栏中的"信号→2 水平"添加因子，添加至 7 个因子。

3）双击因子名称以及响应名称，响应目标默认为"望大特性"，单击该特性，选择"望小特性"，如图 7-1 所示。

4）单击"继续"，选择"L8"内表（即 7 因素 2 水平 8 次试验），单击"继续"，在跳出的数值对话框中，键入"8"，单击"确定"。

5）在设计方案下方单击"制表"，即可在 JMP 界面生成相应的设计表。

6）在 JMP 主界面中正交表的"run 1"到"run 8"列中输入观测值，也即表 7-2 中 R_{ij}，共 8 列。

7）单击"分析(A)"→"拟合模型"，如图 7-2 所示，或是直接单击"主效应筛选设计"下"模型"旁边三角形。

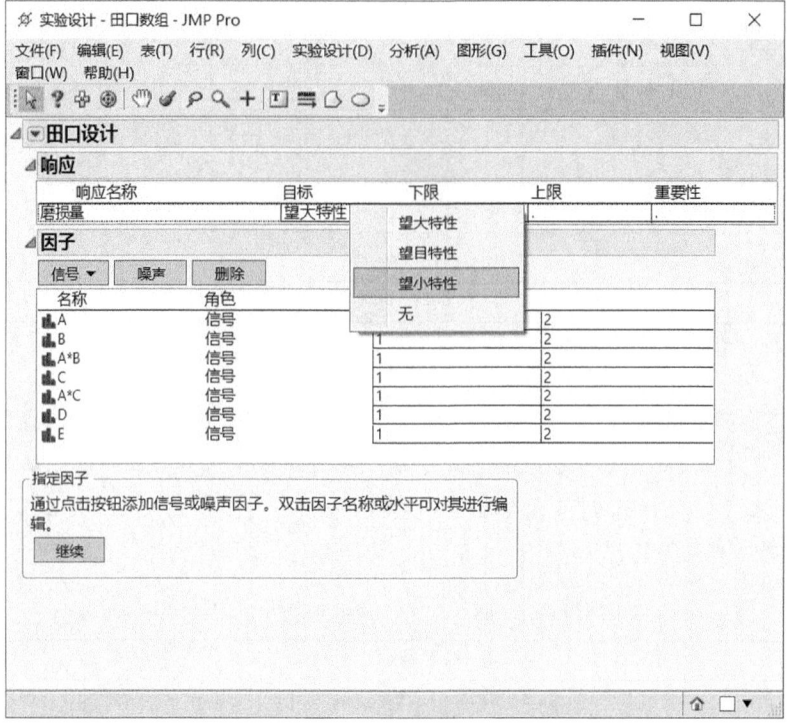

图 7-1　田口设计对话框

图 7-2　田口设计表

8）在弹出的对话框中，JMP 根据试验类型自动匹配好"Y"以及"模型效应"，如图 7-3 所示，单击"运行"。

9）在响应"信噪比"中，单击效应检验，可以看到各因子的方差分析表，其中 A、B、$A×B$ 为显著因子，如图 7-4 所示。

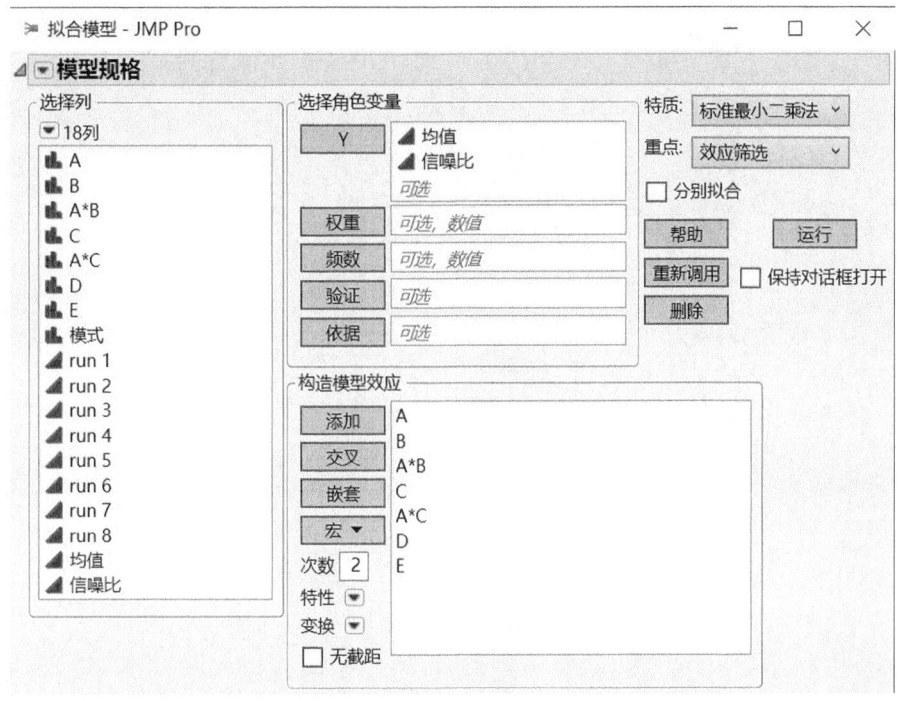

图 7-3 田口设计拟合模型选项 1

源	参数数目	自由度	平方和	F 比	概率>F
A	1	1	42.173933	.	.
B	1	1	14.734809	.	.
A*B	1	1	16.765123	.	.
C	1	1	0.354786	.	.
A*C	1	1	0.826028	.	.
D	1	1	4.110888	.	.
E	1	1	0.006549	.	.

图 7-4 田口设计效应检验 1

根据图 7-4 可以看出，C、$A×C$、E 这 3 个因子都不够显著，因此将这 3 个因子删去，也就是说，将它们的效应纳入误差平方和，这样可以更准确地衡量其他显著因子的效应情况。

在 JMP 中，重复上述 7）8）两个步骤，在"构造效应模型"选项中，双击 C、$A×C$、E 3 个因子，将其删除，单击"运行"，如图 7-5 所示。

在"响应信噪比"下，选择"效应检验"，得到结果如图 7-6 所示。

可以看出因子 A、B、$A×B$、D 都是显著因子，接下来对这些因子的详细信息进行分析。

10）在"效应详细信息"报表中，单击各个因子旁边的 ▼，选择"最小二乘均值图"（按住〈Ctrl〉键，可同时选择），便可得到试验结果。图 7-7 展示出了 A、B、$A×B$、D 的效应信息，根据效应信息可以得出结论——本试验最佳因素水平组合为 $A_1B_2D_2$，和例题中的结果一致。

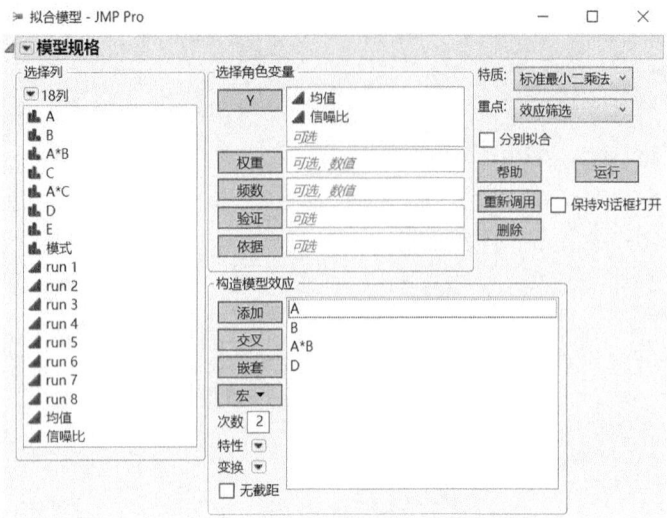

图 7-5　田口设计拟合模型选项 2

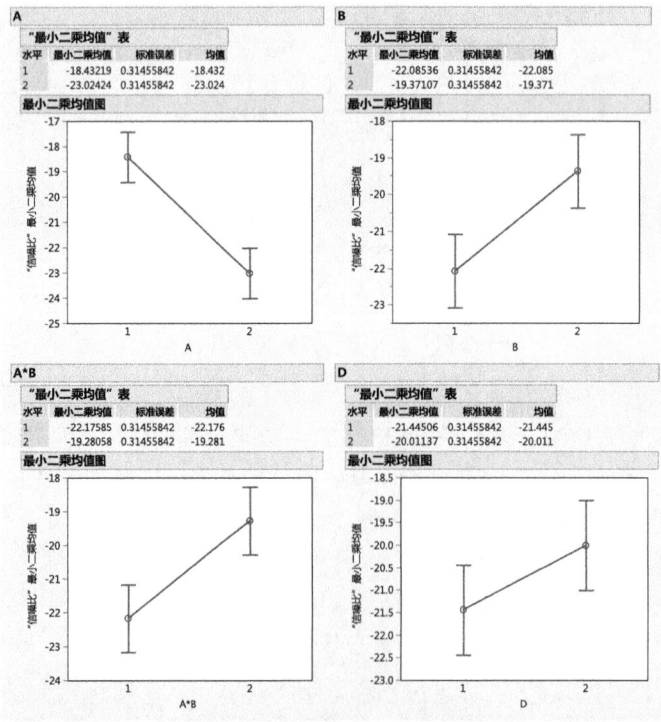

图 7-6　田口设计效应检验 2

图 7-7　田口设计效应详细信息

7.3 产品的三次设计

7.3.1 产品的三次设计的定义

产品质量取决于设计质量、制造质量和使用质量，而设计质量是形成产品质量的、关键的第一步。三次设计（Three-stage Design）方法能提高产品的设计质量，并取得了显著的效果。三次设计就是在专业设计的基础上，用试验设计技术方法来选择最佳的参数组合和最合理的容差范围，在实现预期目标的前提下，尽量用价格低廉的低级元器件或零部件来代替高级元器件或零部件，组装整机产品的优化设计方法。三次设计由系统设计、参数设计、容差设计三阶段组成。

1. 系统设计

系统设计是三次设计的第一步，也称专业设计或方案设计。它是运用系统工程的思想和方法，包括运用专业技术、可靠性设计、数据统计等通用技术，对产品的结构、性能、寿命、传动、材料等进行设计，以探讨最经济合理地满足用户要求的整个设计过程。系统设计的质量完全由专业技术水平来决定。为了设计出具有某种输出特性的产品，专业技术人员利用专业知识和技术，对该产品整体系统结构进行设计。如设计一台机床，根据其输出特性的要求，需要采用什么样的结构形式、选用什么样的材料和零部件、采用怎样的加工方法和工艺路线、采用怎样的装配技术以及如何进行调试检验等，都要靠专业技术人员完成。系统设计是三次设计的基础，可以帮助选择要考察的因素和水平。但对结构复杂，特别是参数多、特性值多的产品，要全面考察各种参数组合的综合效应，单凭专业技术进行定性地判断是很不够的，因为它无法定量地找到经济合理的最佳参数配合，这就必须依靠参数设计和容差设计。

2. 参数设计

参数设计是指在系统设计的基础上，运用试验设计技术方法，对影响产品输出特性值的各项参数进行研究，求得各参数组合与输出特性值的关系，在不增加成本、不提高元器件或零部件精度的要求下，找出输出特性值波动最小的最佳参数水平组合的一种优化设计。所谓好的参数水平组合，表现为：该参数水平组合不仅使产品达到高的性能，而且即使环境变化或元器件、零部件、材料有所波动、劣化，按这种参数水平组合制造出的产品的性能波动也很小并保持稳定。运用参数设计方法组装的整机，其参数搭配合理，即使元器件是三级品、波动大，也可以达到整机性能好、价格低廉的目的。参数设计是容差设计的基础。

3. 容差设计

容差设计是三次设计的第三步，简单地说，容差设计就是设计因素的容差，容差为公差的一半，因此容差设计又称公差设计。经过系统设计、参数设计后，选择了最佳参数组合，决定了参数组合的中心值，但有些产品仍然达不到设计的目标值或者输出特性值，或者输出特性值的波动仍然比较大，此时就需要考虑选用较好的原材料、元器件或零部件，把影响输出特性值的因素进一步控制在较小的波动范围内，即进行容差设计。在容差设计中必须对产品的质量和成本进行综合平衡。

7.3.2 质量波动及其损失

1. 质量波动

由同一名工人在同一台机床上按照同一标准和工艺方法加工同样的零件，其质量特性是参差不齐的。用这样的零件组装而成整机产品，在使用中输出的功能特性值也是波动的，这种波动一般称为质量特性值的波动，简称质量波动。引起产品质量波动的原因称为质量干扰，质量干扰通常分为外部干扰、内部干扰和随机干扰。在产品质量的形成过程中，由于诸如温度、湿度、照明、材质、尘埃、电源电压、人为因素等外界环境因素与条件变化而引起的干扰称为外部干扰；由于元器件、零部件在库存或使用中的劣化、老化、磨损、内部组织结构改变等内在因素变化而引起的干扰称为内部干扰；由于受"5M1E"（人员、材料、机器、方法、测量、环境）因素的影响而引起元器件、零部件乃至整机质量特性值产生波动称为随机干扰，也称为产品间的差异引起的干扰。

2. 质量波动损失

产品具有质量波动的性质，合格品出厂流入用户手中，使用一段时间后，发生精度下降、输出功能不稳定等就是质量波动现象。这时，用户必须支付费用进行维修保养，这就意味着产品质量波动必然给用户带来损失。

质量特性值的波动分为正常波动和异常波动。质量波动损失包括正常波动损失和异常波动损失。正常波动损失是指质量特性值的波动未超出容差范围给用户与社会带来损失；异常波动损失是指因为质量特性值的波动超出容差范围而给用户与社会带来损失。下面举一个实例来说明正常波动损失。

例 7-2

日本索尼工厂和美国索尼工厂生产的彩色电视机之间质量水平的比较。对两家工厂彩色电视机的彩色均匀度进行比较后发现，两家工厂用的是同样的设计图样，但美国索尼工厂生产的电视机彩色均匀度不好，美国人也不喜欢这种电视机而喜欢日本索尼工厂生产的电视机。这是什么原因呢？经过分析研究，两家工厂生产的电视机，其彩色均匀度的公差 T 均为 10，但其分布特性不同，日本索尼工厂的产品质量特性值分布基本上是服从以目标值 m_0 为中心的正态分布，此时标准差约为公差 T 的 $1/6$，即 $\sigma_{JP} = 2\Delta/6 = 10/6$，不良品率约为 0.3%，当产品质量特性值分布中心和公差中心重合时，日本索尼工厂产品的工序能力指数 C_p 为

$$C_p = \frac{T}{6\sigma_{JP}} = \frac{10}{6 \times \frac{10}{6}} = 1$$

美国索尼工厂生产的电视机，彩色均匀度的质量特性值分布呈均匀分布，不良品率几乎等于零，标准差等于公差 T 的 $1/\sqrt{12}$，即 $\sigma_{US} = 2\Delta/\sqrt{12} = 10/\sqrt{12}$。此时，美国索尼工厂的工序能力指数为

$$C_p = \frac{T}{6\sigma_{US}} = \frac{10}{6 \times \frac{10}{\sqrt{12}}} = 0.577$$

由此可见，美国索尼工厂的工序能力严重不足，需采取措施加以改进。

日本索尼工厂的电视机受到欢迎的根本原因在于其产品质量特性值多分布于目标值附近，远离目标值的是少数。美国索尼工厂的质量特性值均匀地分布于标准界限内，接近目标值的是少数。在不合格品率的对比方面，日本索尼工厂为0.3%，美国几乎为零；此时，日本索尼工厂的少数不合格品可以通过产品质量检验予以检出或通过用户索赔来解决；而美国索尼工厂的产品未暴露出不良品，即使进行产品质量检验，也检验不出不合格品，从而几乎全部流入市场，出厂平均质量水平低于日本索尼工厂。日本索尼工厂接近目标值的优质品的比例大，而美国索尼工厂产品质量一般者居多，因而美国索尼工厂的产品出厂后给用户带来的损失就大于日本索尼工厂（详见后面损失函数的计算）。

这个实例说明，符合公差要求的产品并不一定都是用户满意的好产品，还要看产品质量特性值是否接近于设计公差的中心值（目标值），产品质量特性值以接近目标值为最理想，越远离目标值越不理想。因此，工厂产品质量的好坏不应单纯看其特性值是否符合公差要求，同时还应看质量特性值接近目标值的程度。这是因为公差只是人为决定的判断标准，并不表示产品内在质量的好坏，而内在质量的好坏主要是由质量特性值偏离设计中心值的大小来决定的。

3．质量损失函数

产品质量特性值偏离目标值时，不管偏离多少都将给用户与社会带来损失。为了计算损失的大小，而建立的质量波动的损失函数，简称质量损失函数。

设 m_0 为工厂的目标值，Δ_0 为容差，产品质量特性值的波动范围为 $m_0 \pm \Delta_0$，它表示容许产品质量特性值 y 围绕 m_0 有 $\pm\Delta_0$ 的波动，也就是说只要波动不超过 $m_0 \pm \Delta_0$ 就是良品，超出 $m_0 \pm \Delta_0$ 就是不良品。设质量波动超过 $m_0 \pm \Delta_0$ 作为不良品处理时，给工厂带来的损失为 A 元；超出 $m_0 \pm \Delta_0$ 作为良品出厂或流入下道工序时，给用户或下道工序带来的损失为 D 元。显然，$D>A$。若质量波动未超过 $m_0 \pm \Delta_0$，虽然作为良品通过，但由于存在质量波动，质量特性值 y 必偏离目标值 m_0，即使偏离不多也会带来损失，其损失必然小于 A 元。质量特性值为 y 的产品，出厂后给用户造成的损失为 $L(y)$。若 y 等于目标值 m_0 时，$L(y)$ 为最小，设此时损失为零，即当 $y=m_0$（输出特性值达到输出目标值）时，则有

$$L(y)=L(m_0)=0 \tag{7-29}$$

当 $y=m_0$ 时，由于 $L(y)$ 的值取极小值，这时损失函数的导数为零，即

$$L'(y)=L'(m_0)=0 \tag{7-30}$$

当质量特性值 y 偏离 m_0 达到 $\pm\Delta_0$ 时，即

$$\begin{array}{l} y-m_0=\Delta_0, y=m_0+\Delta_0 \\ m_0-y=\Delta_0, y=m_0-\Delta_0 \end{array} \tag{7-31}$$

$$L(y)=L(m_0+\Delta_0)=L(m_0-\Delta_0)=D \tag{7-32}$$

围绕着目标值 m_0 对损失函数 $L(y)$ 做泰勒展开得出

$$L(y)=L(m_0+y-m_0)=L(m_0)+\frac{L'(m_0)}{1!}(y-m_0)+\frac{L''(m_0)}{2!}(y-m_0)^2+\frac{L'''(m_0)}{3!}(y-m_0)^3+\cdots \tag{7-33}$$

由式（7-29）、式（7-30）可知，泰勒展开式的第一项 $L(m_0)$ 和第二项 $L'(m_0)(y-m_0)$ 均为零。这样，损失函数的首项就是第三项，即质量损失函数在 $y=m_0$ 附近近似为二次曲线（抛物线）。若将三次以上的微分项略去，则损失函数近似地用泰勒展开式中的第三项表示

$$L(y) \approx \frac{L''(m_0)}{2!}(y-m_0)^2 \quad (7\text{-}34)$$

令 $L''(m_0)/2!=k$，则式（7-34）可写成

$$L(y) = k(y-m_0)^2 \quad (7\text{-}35)$$

根据式（7-32），把 $y=m_0+\Delta_0$ 以及 $L(y)=L(m_0+\Delta_0)=D$ 代入式（7-35），得

$$D = L(m_0+\Delta_0) = k(m_0+\Delta_0-m_0)^2 = k\Delta_0^2 \quad (7\text{-}36)$$

由式（7-36）知

$$k = \frac{L(m_0+\Delta_0)}{\Delta_0^2} = \frac{D}{\Delta_0^2} \quad (7\text{-}37)$$

式（7-35）被称为质量波动损失函数的表达式，它既适用于大量生产，也适用于单件小批生产。其中，比例常数 k 可由式（7-37）求出，那么，对于式（7-35）中的 $(y-m_0)^2$，在大量生产中，可用产品质量特性观测值 y_i 与目标值 m_0 之差的平方和的平均值计算

$$(y-m_0)^2 = \sigma^2 = \frac{1}{n}\sum_{i=1}^{n}(y_i-m_0)^2 \quad (7\text{-}38)$$

式中，σ^2 表示产品质量特性值分散情况，由式（7-38）得

$$L(y) = k(y-m_0)^2 = k\sigma^2 = \frac{k}{n}\sum_{i=1}^{n}(y_i-m_0)^2 \quad (7\text{-}39)$$

对于单件小批生产来说，可用观测值 y 与目标值 m_0 之差的平方计算，即取

$$(y-m_0)^2 = \sigma^2 \quad (7\text{-}40)$$

由式（7-40），得

$$L(y) = k(y-m_0)^2 = k\sigma^2 \quad (7\text{-}41)$$

式（7-38）和式（7-40）不同于通常所用的样本方差 σ^2 的计算式

$$\sigma^2 = \frac{1}{n}\sum_{i=1}^{n}(x_i-\bar{x})^2 \quad (7\text{-}42)$$

式（7-42）着眼于观测值与样本均值的偏差，而式（7-38）与式（7-40）则着眼于样本观测值与目标值的偏差。现仍以例 7-2 日本索尼工厂与美国索尼工厂生产的彩色电视机之间的质量对比加以说明。

在例 7-2 中，假定用户因彩色电视机的彩色均匀度的质量波动而蒙受损失 $D=6$ 元，两厂的产品质量波动容许范围为 $m_0\pm5$，容差 $\Delta_0=5$，则 $k=D/\Delta_0^2=6/5^2=0.24$。因此，质量波动损失函数为：$L(y)=k\sigma^2=0.24\sigma^2$。

已知日本索尼工厂的标准差为公差 T 的 $1/6$，美国索尼工厂的标准差为公差 T 的 $1/\sqrt{12}$，而容差 $\Delta_0=5$，$T=2\Delta_0=10$，因此，日本索尼工厂的产品样本方差 $\sigma_{JP}^2=(10/6)^2$，美国索尼工厂的产品样本方差 $\sigma_{US}^2=(10/\sqrt{12})^2$。由此可以计算出用户损失，见表 7-6。

表 7-6 两家工厂的质量波动损失

工厂	标准值	σ	σ^2	k	$L(y) = k\sigma^2$	不良率
日本索尼工厂	$m_0 \pm 5$	$10/6$	$(10/6)^2$	$6/5^2$	$6/5^2 \times (10/6)^2 = 0.67$ 元	0.27%
美国索尼工厂	$m_0 \pm 5$	$10/\sqrt{12}$	$(10/\sqrt{12})^2$	$6/5^2$	$6/5^2 \times (10/\sqrt{12})^2 = 2$ 元	0

由表 7-6 可知，尽管日本索尼工厂的产品不良率比美国索尼工厂略高，但其质量波动损失（即给用户带来的损失）仅为美国索尼工厂的 1/3（0.67∶2＝1∶3），所以其质量水平是美国索尼工厂的 3 倍。这就是日本索尼工厂生产的彩色电视机的竞争力大于美国索尼工厂的原因。

7.3.3 参数设计

1. 参数设计概述

参数设计是指在系统设计决定了产品或系统及其构成后，以正交表为基本工具，运用试验设计技术进行的一种优化设计。参数设计的目的在于在受控因素水平变化时，探讨外部干扰、内部干扰和随机干扰的综合波动会发生多大变化，以寻求尽可能不受干扰影响的最佳参数水平组合，从而设计出质量稳定可靠、成本合理的产品或系统。

产品设计的经验表明，即使元器件、零部件全部采用优质品，整机质量特性也未必达到优质品要求，这是因为整机产品质量既取决于整机的设计质量，又取决于元器件和零部件及其参数水平的组合。若设计方法得当，搭配使用低质与优质元器件和零部件，也能设计出优质的整机产品来。参数设计正是使用一部分低质、波动大、成本低的元器件和零部件，运用试验设计技术设计出输出特性值（目的特性值）稳定的优质产品或系统的有效方法。参数设计是质量的优化设计，是设计出稳定性高、可靠性高的产品或系统的最重要的设计阶段，也是质量设计的核心阶段。

2. 参数设计的基本原理

参数设计是一种非线性设计。实践表明，许多产品的目的特性与参数水平（因素水平）组合之间均存在着不同的非线性函数关系。图 7-8 为某些产品的质量特性 y 与原因特性的参数水平组合 x 之间存在的非线性关系。由图 7-8 可知，当 x 处于 x_0 时，其波动值为 Δx_0，此时目的特性为 y_0，与目标值一致，但其波动幅度为 Δy_0；若通过参数设计找到新的参数水平组合，当 x 处于 x_1 时，此时波动值为 Δx_1，相应目的特性值为 y_1，其波动幅度为 Δy_1。可以看出，在 $\Delta x_1 > \Delta x_0$ 的情况下，$\Delta y_1 < \Delta y_0$，这是因为参数水平组合与目的特性值间存在非线性关系。只要合理地选择参数水平组合，就能大大缩小目的特性值的波动范围。然而，此时目的特性值 y 也发生了偏移，即由 y_0 移至 y_1，产生了偏移量 $\Sigma = y_1 - y_0$。那么，如何来纠正这个偏移量 Σ，使其目的特性值的波动小，又不改变目的特性值呢？为此，需要在产品设计中找到一种参数水平值 z 与目的特性值 y 呈线性关系的零件，如图 7-9 所示，即 $y = \varphi(z) = az + b$，通过改变该零件的参数水平值 z，使其从原来的 z_1 移到 z_0，即取参数水平组合为 $x_1 z_0$，使目的特性值从 y_1 下降到 y_0，并使 $y_0 - y_1 = -\Sigma$，于是，偏移量 Σ 就得到补偿。现用例 7-3 加以说明。

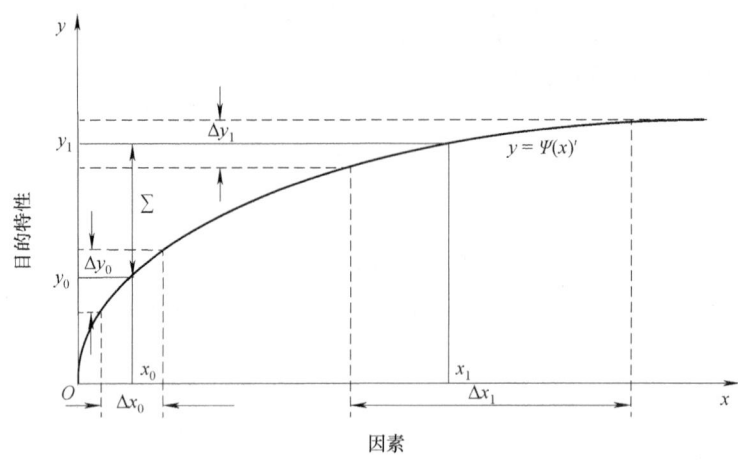

图 7-8　目的特性与原因特性的非线性关系

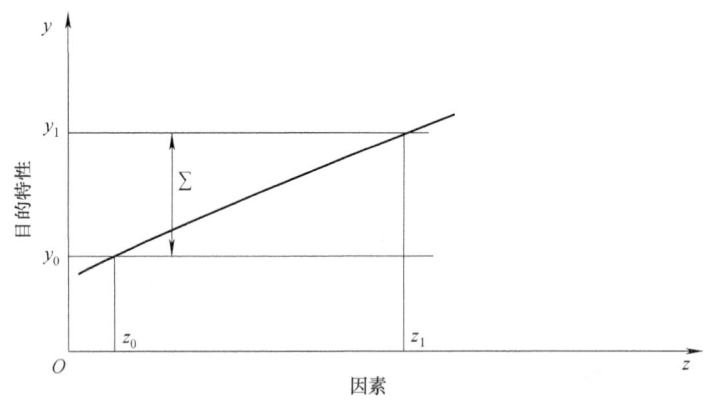

图 7-9　线性关系进行偏移量补偿

例 7-3

某晶体管稳压器输入为交流 220V，要求输出目标值为 110V 的直流，波动幅度必须控制在 ±2V。决定稳压电路输出特性的主要因素为晶体管的电流放大倍数 h_{FE}，h_{FE} 与输出直流电压呈非线性关系，调节电阻 R 与输出直流电压呈线性关系，晶体管的电流放大倍数 h_{FE} 与输出电压之间的关系曲线，如图 7-10 所示。

若稳压电源的晶体管工作点在 A_1（$A_1=20$），则对应的输出电压为 105V。这时，设计人员常常单纯地把晶体管的电流放大倍数 h_{FE} 从 A_1 调整到 A_2（$A_2=40$），使输出电压达到 110V，然而晶体管的电流放大倍数 h_{FE} 总会有一定范围的波动。

若 h_{FE} 的波动范围为 ±20，当选定 $A_2=40$ 为设计中心值时，h_{FE} 将在 20～60（A_1～A_3）之间波动，对应的输出目标的波动范围将为 105～118V，不符合波动幅度必须控制在 ±2V 的要求。为解决这一问题，可以严格挑选组件以缩小 h_{FE} 的波动范围，但这势必增加制造成本。现在利用参数设计原理进行优化设计来解决该问题。由图 7-10 可知，$A_5=140$ 对应着输出特性曲线变化的平滑区，此时输出电压波动幅度为 120～122V，波动幅度大大减少，但这时的输出电压为 121V，与要求的目标值 110V 产生了一个 $\Sigma=11\,\text{V}$ 的偏移量。此偏移量可用线性组件电阻 R 来进行线性抵消，即通过改变电阻 R 的大小来调整输出电压，使其达到 110V。当电阻从原来的 R_2 调整到 R_5 时，使电路产生 $-\Sigma$ 的偏移量，把输出电压从 121V 恢复到 110V。这样可找到晶体管 h_{FE} 与电阻的最佳参数组合即 A_5R_5，也就是说，h_{FE} 取 A_5，电阻 R 取 R_5 时，输出电压达到目标值 110V，波动幅度下降到±1V，符合±2V 的标准。

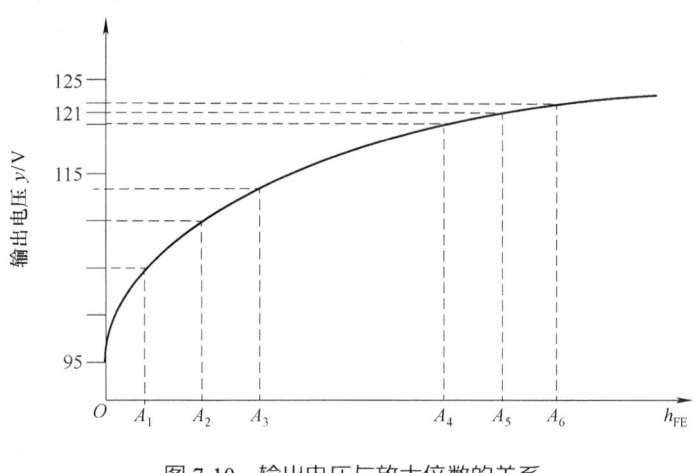

图 7-10　输出电压与放大倍数的关系

7.3.4　参数设计的应用案例

例 7-4

以惠斯通电桥的设计为例介绍参数设计的方法。图 7-11 所示为惠斯通电桥，其中 X 为电流表的电流值，Y 为未知电阻，A、B、C、D、F 为已知电阻，E 为已知电压，当预测未知电阻 Y 时，可将其置于 a、b 之间，调整电阻 B 使电流表的电流值为零，则此时可通过关系式 $Y=BD/C$ 求出未知电阻 Y 的值。通常，电流表的电流值 X 不一定正好为零，设仍有±0.2mA 左右的电流通过，根据电学知识，这些参数间的关系为

$$Y=\frac{BD}{C}-\frac{X}{C^2 E}[A(C+D)+D(B+C)][B(C+D)+F(B+C)] \tag{7-43}$$

这种参数设计问题可以归结为：为了测量元器件的未知电阻 Y，电桥组件的参数 A、C、E、F 中心值的选取

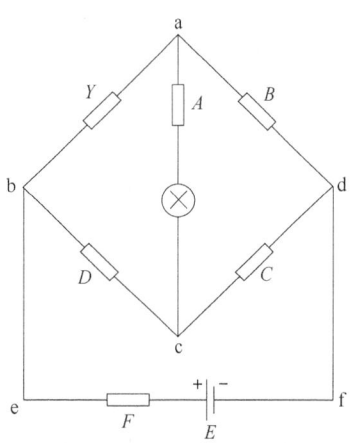

图 7-11　惠斯通电桥

应能使测量误差（与被测物体电阻的目标值 Y 相比，即相对误差）达到最小。

用 SN 比法求解该问题的步骤如下：

1. 选择因素水平

组成电桥组件 A、C、D、E、F 是人们可以任意选择其中心值的，因此可作为可控因素。电阻 B 是调整电流使电流表的读数为零的参数，而 X 的中心值要求为零，因此两者都不是可控因素。但不管是否是可控因素，B 与 X 总会在其中心值附近波动，因此它们又都是带有误差的误差因素。在参数设计中，不论是可控因素还是误差因素，通常都取 3 个水平。因为参数设计主要利用非线性技术，所以可控因素的 3 个水平间距可以大些，而误差因素的 3 个水平的间距要小些。根据系统设计所确定的水平 $A_2=100\,\Omega$、$C_2=10\,\Omega$、$D_2=10\,\Omega$、$E_2=6\text{V}$、$F_2=10\,\Omega$ 作为初始条件，以初始条件为第 2 水平，第 2 水平的 1/5 为第 1 水平，第 2 水平的 5 倍为第 3 水平，可控因素水平见表 7-7。

表 7-7 可控因素水平表

水平	因素				
	A/Ω	C/Ω	D/Ω	E/V	F/Ω
1	20	2	2	1.2	2
2	100	10	10	6	10
3	500	50	50	30	50

本例中的内部干扰与外部干扰导致了电桥组件的波动，因此可选为误差因素。假定选用廉价组件，并估计其变化范围，所选取误差因素的 3 个水平见表 7-8。

表 7-8 误差因素的 3 个水平

水平	因素						
	A'（%）	B'（%）	C'（%）	D'（%）	E'（%）	F'（%）	X'/mA
1	−0.3	−0.3	−0.3	−0.3	−5.0	−0.3	−0.2
2	0	0	0	0	0	0	0
3	0.3	0.3	0.3	0.3	5.0	0.3	0.2

电流表的读数值误差 X' 的 3 个水平是根据电流为零时可能还有 0.2mA 的电流通过而确定的；电源电压 E' 一般对测量误差无影响，假定选用廉价电池，按其中心值做幅度稍宽的 3 个水平，即−5.0%、0.0%、5.0%。电阻对测量误差的影响是比较大的，按其标示电阻值做幅度较小的 3 个水平，即−0.3%、0%、0.3%。

2. 选择正交表及表头设计

试验用一张正交表（内表）L_N 安排可控因素；用一张正交表（外表）L_M 排误差因素。内表的每一个试验条件都要对应一个外表，因此试验条件共有 $N \times M$ 个，N 是内表的试验条件数，M 是外表的试验条件数。可控因素与误差因素以取 3 个水平为宜。本例的内表与外表均选取 $L_{27}(3^{13})$。内表、外表的表头设计分别见表 7-9、表 7-10。

表 7-9　内表的表头设计

因素	A		C	D	E	F							
列号	1	2	3	4	5	6	7	8	9	10	11	12	13

表 7-10　外表的表头设计

因素	A'	B'	C'	D'	E'	F'	X'						
列号	1	2	3	4	5	6	7	8	9	10	11	12	13

3. 试验方案的确定

本例的内表是把可控因素 A、C、D、E、F 分别配列于 $L_{27}(3^{13})$ 正交表的第 1、3、4、5、6 列而得的，对应的 27 组试验条件及数据值（1~27）见表 7-11（该数据的计算过程在下文中给出）。

表 7-11　内表试验条件及数据值

试验号	A		C	D	E	F								数据（dB）
	1	2	3	4	5	6	7	8	9	10	11	12	13	
1	1	1	1	1	1	1	1	1	1	1	1	1	1	-6.02
2	1	1	1	1	2	2	2	2	2	2	2	2	2	-6.02
3	1	1	1	1	3	3	3	3	3	3	3	3	3	-6.02
4	1	2	2	2	1	1	1	2	2	2	3	3	3	-6.02
5	1	2	2	2	2	2	2	3	3	3	1	1	1	-6.02
6	1	2	2	2	3	3	3	1	1	1	2	2	2	-6.02
7	1	3	3	3	1	1	1	3	3	3	2	2	2	-6.03
8	1	3	3	3	2	2	2	1	1	1	3	3	3	-6.02
9	1	3	3	3	3	3	3	2	2	2	1	1	1	-6.02
10	2	1	2	3	1	2	3	1	2	3	1	2	3	-7.24
11	2	1	2	3	2	3	1	2	3	1	2	3	1	-6.93
12	2	1	2	3	3	1	2	3	1	2	3	1	2	-6.02
13	2	2	3	1	1	2	3	2	3	1	3	1	2	-7.10
14	2	2	3	1	2	3	1	3	1	2	1	2	3	-6.23
15	2	2	3	1	3	1	2	1	2	3	2	3	1	-6.02
16	2	3	1	2	1	2	3	3	1	2	2	3	1	-7.36
17	2	3	1	2	2	3	1	1	2	3	3	1	2	-7.06
18	2	3	1	2	3	1	2	2	3	1	1	2	3	-6.02
19	3	1	3	2	1	3	2	1	3	2	1	3	2	-16.03
20	3	1	3	2	2	1	3	2	1	3	2	1	3	-6.08
21	3	1	3	2	3	2	1	3	2	1	3	2	1	-6.03
22	3	2	1	3	1	3	2	2	1	3	3	2	1	-39.67
23	3	2	1	3	2	1	3	3	2	1	1	3	2	-7.92
24	3	2	1	3	3	2	1	1	3	2	2	1	3	-6.80
25	3	3	2	1	1	3	2	3	2	1	2	1	3	-19.50
26	3	3	2	1	2	1	3	1	3	2	3	2	1	-6.10
27	3	3	2	1	3	2	1	2	1	3	1	3	2	-6.03

本例的外表是把误差因素 $A', B', C', D', E', F', X'$ 分别也配列于 $L_{27}(3^{13})$ 正交表。内表有 27 组试验，为该 27 组试验中的每组试验分别安排 27 张外表，外表中的误差因素水平是根据内表各组试验的可控因素水平组合，并结合可控因素各自取值幅度来确定的。如在内表的第 1 号试验中，由于可控因素 A、C、D、E、F 均取第 1 水平，因而误差因素 $A', B', C', D', E', F', X'$ 的 3 个水平见表 7-12，其中，A', C', D', E', F' 的第 2 水平即是内表对应的水平，而 B' 的第 2 水平按式（7-43）求出（其中 Y 按要求为 2，X' 的第 2 水平按要求为 0）。

表 7-12 第 1 号试验条件可控因素第 1 水平的误差因素水平

水平	误差因素						
	A'/Ω	B'/Ω	C'/Ω	D'/Ω	E'/V	F'/Ω	X'/A
1	19.94	1.994	1.994	1.994	1.14	1.994	−0.0002
2	20.00	2.000	2.000	2.000	1.20	2.000	0
3	20.06	2.006	2.006	2.006	1.26	2.006	0.0002

A', B', C', D', F' 的 3 个水平分别为：中心值 $X(1-0.3\%)$，中心值 X，中心值 $X(1+0.3\%)$。E' 的 3 个水平为：中心值 $X(1-0.5\%)$，中心值 X，中心值 $X(1+0.5\%)$。

X' 的三水平为：−0.0002，0，0.0002。

如电阻 A 的中心值取 20.00 Ω 时，则其误差因素的第 1 水平为 20Ω×(1−0.3%) = 19.94Ω，第 2 水平为 20Ω，第 3 水平为 20Ω×(1+0.3%) = 20.06Ω。又如电压 E 的中心值取 1.2V 时，则其误差因素的第 1 水平为 1.2V×(1−5%) = 1.14 V，第 2 水平为 1.2V，第 3 水平为 1.2V×(1+5%) = 1.26 V。

这样，把表 7-12 所示的误差因素水平配列于 $L_{27}(3^{13})$ 正交表的第 1、2、3、4、5、6、7 列中，可得到外表（也称误差因素正交表），表 7-13 即为内表（见表 7-11）第 1 号试验条件所对应的外表。此外，与内表的第 2 号、第 3 号……第 27 号试验条件相对应的外表，在处理上相同，从略。

表 7-13 第 1 号试验条件对应各误差因素的 Y 值

| 试验号 | A' | B' | C' | D' | E' | F' | X' | e | e | e | e | e | e | Y 值 |
	1	2	3	4	5	6	7	8	9	10	11	12	13	
1	1	1	1	1	1	1	1	1	1	1	1	1	1	2.055
2	1	1	1	1	2	2	2	2	2	2	2	2	2	1.994
3	1	1	1	1	3	3	3	3	3	3	3	3	3	1.938
4	1	2	2	2	1	1	1	2	2	2	3	3	3	2.061
5	1	2	2	2	2	2	2	3	3	3	1	1	1	2.000
6	1	2	2	2	3	3	3	1	1	1	2	2	2	1.944
7	1	3	3	3	1	1	1	3	3	3	2	2	2	2.068
8	1	3	3	3	2	2	2	1	1	1	3	3	3	2.006
9	1	3	3	3	3	3	3	2	2	2	1	1	1	1.950
10	2	1	2	3	1	2	3	1	2	3	1	2	3	1.938
11	2	1	2	3	2	3	1	2	3	1	2	3	1	2.059

（续）

试验号	A' 1	B' 2	C' 3	D' 4	E' 5	F' 6	X' 7	e 8	e 9	e 10	e 11	e 12	e 13	Y值
12	2	1	2	3	3	1	2	3	1	2	3	1	2	2.000
13	2	2	3	1	1	2	3	2	3	1	3	1	2	1.927
14	2	2	3	1	2	3	1	3	1	2	1	2	3	2.046
15	2	2	3	1	3	1	2	1	2	3	2	3	1	1.988
16	2	3	1	2	1	2	3	3	1	2	2	3	1	1.950
17	2	3	1	2	2	3	1	1	2	3	3	1	2	2.071
18	2	3	1	2	3	1	2	2	3	1	1	2	3	2.012
19	3	1	3	2	1	3	2	1	3	2	1	3	2	1.988
20	3	1	3	2	2	1	3	2	1	3	2	1	3	1.930
21	3	1	3	2	3	2	1	3	2	1	3	2	1	2.044
22	3	2	1	3	1	3	2	2	1	3	3	2	1	2.012
23	3	2	1	3	2	1	3	3	2	1	1	3	2	1.953
24	3	2	1	3	3	2	1	1	3	2	2	1	3	2.068
25	3	3	2	1	1	3	2	3	2	1	2	1	3	2.000
26	3	3	2	1	2	1	3	1	3	2	3	2	1	1.941
27	3	3	2	1	3	2	1	2	1	3	1	3	2	2.056

把误差因素配列于外表后，可用表 7-13 的试验条件按式（7-43）进行计算。例如表 7-13 中第 1 号试验条件的 Y 值可由式（7-43）得到，即

$$Y = \frac{BD}{C} - \frac{X}{C^2 E}[A(C+D)+D(B+C)][B(C+D)+F(B+C)]$$

$$= \frac{1.994^2}{1.994} - \frac{-0.0002}{1.994^2 \times 1.14}[19.94 \times (1.994+1.994)+1.994 \times (1.994+1.994)] \times$$

$$[1.994 \times (1.994+1.994)+1.994 \times (1.994+1.994)]$$

$$= 2.055384$$

对表 7-13 的其他试验条件都计算出 Y 值，共得 27 个数据，见表 7-13。

同样，另外 26 张外表所示的试验条件也都进行试验或计算，共可得到 27 批数据，根据这 27 批数据就可以进行数据分析。

4．数据的统计分析

（1）计算内表各组试验条件的 SN 比。使 SN 比的 η 值（dB）最大化的参数水平组合，就是未知电阻测量值 Y 的误差方差最小化的最佳条件。SN 比的计算式为

$$\eta = -10 \lg \left(\frac{y_1^2 + y_2^2 + \cdots + y_n^2}{n} \right) \text{（dB）} \tag{7-44}$$

在这里，$y_1, y_2, \cdots, y_{27}$ 表示内表的第 1 号试验条件对应的外表（见表 7-13）的 27 个数据。用同样方法算出内表中其余 26 组试验条件的 SN 比 η 值，可得到表 7-11 最后一列的数据，并用此数据来进行方差分析。

（2）SN 比的方差分析。计算 27 次试验分贝值总和 $T = \sum_{i=1}^{27} \eta_i = -228.36$，然后把第 i 个因素的 3 个水平值分别相加，得到各因素水平合计值 K_{ij}，见表 7-14。

（3）计算总偏差平方和 S_T 及各因素的偏差平方和 S_j。

$$S_T = \sum_{i=1}^{27} \eta_i^2 - \frac{T^2}{n} = 1264.70$$

$$S_j = \frac{(K_{1j}^2 + K_{2j}^2 + K_{3j}^2)}{r} - \frac{T^2}{n}$$

式中，r 为各水平的重复次数，求得数据见表 7-14。

表 7-14 试验方案及结果计算分析

试验号	因素					分贝值 η_i/dB
	A	C	D	E	F	
	1	2	3	4	5	
1	1	1	1	1	1	-6.023
2	1	1	1	2	2	-6.022
3	1	1	1	3	3	-6.021
4	1	2	2	1	1	-6.023
5	1	2	2	2	2	-6.023
6	1	2	2	3	3	-6.021
7	1	3	3	1	1	-6.027
8	1	3	3	2	2	-6.022
9	1	3	3	3	3	-6.022
10	2	2	3	1	2	-7.239
11	2	2	3	2	3	-6.934
12	2	2	3	3	1	-6.021
13	2	3	1	1	2	-7.097
14	2	3	1	2	3	-6.233
15	2	3	1	3	1	-6.022
16	2	1	2	1	2	-7.360
17	2	1	2	2	3	-7.063
18	2	1	2	3	1	-6.021
19	3	3	2	1	3	-16.034
20	3	3	2	2	1	-6.083
21	3	3	2	3	2	-6.028
22	3	1	3	1	3	-39.673
23	3	1	3	2	1	-7.920
24	3	1	3	3	2	-6.803
25	3	2	1	1	3	-19.501
26	3	2	1	2	1	-6.095

(续)

试验号	因素					分贝值 η_i/dB
	A	C	D	E	F	
	1	2	3	4	5	
27	3	2	1	3	2	−6.033
K_{1j}	−54.20	−92.91	−69.05	−114.98	−56.24	
K_{2j}	−59.99	−69.89	−66.66	−58.40	−58.63	$T = -228.36$
K_{3j}	−114.17	−65.57	−92.66	−54.99	−113.50	
S_j	243.14	47.99	45.91	252.28	233.20	$S_T = 1264.70$

（4）计算自由度 f。

$$f_T = n - 1 = 27 - 1 = 26 \quad f_A = f_C = f_D = f_E = f_F = 3 - 1 = 2$$
$$f_e = f_T - \sum f_i = 26 - 2 \times 5 = 16$$

（5）进行方差分析，计算结果见表 7-15。

1）将 A、C、D、E、F、e、T 填入表 7-15 的第 1 列，其中 e 为误差因素，即除去可控因素，其他的内外部干扰、随机干扰等对产品质量特性值有影响的其他因素的总称。

2）将各因素（可控因素和误差因素）的平方和填入第 2 列，其中 $S_e = S_T - S_A - S_C - S_D - S_E - S_F = 442.18$。

3）在第 3 列填入各因素自由度。

4）各误差因素平方和除以各自由度，得到均方值，填入第 4 列。

5）各因素均方相比，C 和 D 两因素远小于其他因素，因此包含进误差因素 e，得到总误差因素 e'，可求出 e' 的平方和、自由度、均方。

6）A、E、F 的均方与总误差因素 e' 相比，可得 F 值。

7）可控因素 A、E、F 自由度为 2，总误差因素 e' 自由度为 20，求出 $\alpha = 0.01$ 及 $\alpha = 0.05$ 时的 F_α，用 F 值与 F_α 值比较，可得各因素的显著性。F 值高于 $F_{0.01}$ 的，为高显著因素，标记（**）；介于 $F_{0.01}$ 与 $F_{0.05}$ 之间的为显著因素，标记（*）；低于 $F_{0.05}$ 的为不显著因素，不予标记。

表 7-15 方差分析

方差来源	平方和 S	自由度 f	均方 V	F 值	F_α	显著性
A	243.14	2	121.57	4.54		*
C	47.99	2	24.00			
D	45.91	2	22.95			
E	252.28	2	126.14	4.71	$F_{0.01}(2,20) = 5.85$ $F_{0.05}(2,20) = 3.49$	*
F	233.20	2	116.60	4.35		*
e	442.18	16	27.64			
e'	536.08	20	26.80			
T	1264.70	26				

由表 7-15 可见，没有因素是高度显著的，A、E、F 为显著因素。通过结果分析，选 SN

比大的组合，如 A 因素，K_{1j} 最大，选取第 1 水平，以此类推，可得最佳条件为 $A_1C_3D_2E_3F_1$；即电阻 A、C、D、F 分别取 20Ω、50Ω、10Ω、2Ω；电源 E 取 30V。

5. 用 JMP 软件求解该案例的最优参数组合

利用 JMP 软件获取 $L_{27}(3^{13})$ 的正交表，进行试验设计。内表可控因素配列见表 7-16。

表 7-16　内表可控因素配列

试验号	A	e	C	D	E	F	e	e	e	e	e	e	e
1	1	1	1	1	1	1	1	1	1	1	1	1	1
2	1	1	1	1	2	2	2	2	2	2	2	2	2
3	1	1	1	1	3	3	3	3	3	3	3	3	3
4	1	2	2	2	1	1	1	2	2	2	3	3	3
5	1	2	2	2	2	2	2	3	3	3	1	1	1
6	1	2	2	2	3	3	3	1	1	1	2	2	2
7	1	3	3	3	1	1	1	3	3	3	2	2	2
8	1	3	3	3	2	2	2	1	1	1	3	3	3
9	1	3	3	3	3	3	3	2	2	2	1	1	1
10	2	1	2	3	1	2	3	1	2	3	1	2	3
11	2	1	2	3	2	3	1	2	3	1	2	3	1
12	2	1	2	3	3	1	2	3	1	2	3	1	2
13	2	2	3	1	1	2	3	2	3	1	3	1	2
14	2	2	3	1	2	3	1	3	1	2	1	2	3
15	2	2	3	1	3	1	2	1	2	3	2	3	1
16	2	3	1	2	1	2	3	3	1	2	2	3	1
17	2	3	1	2	2	3	1	1	2	3	3	1	2
18	2	3	1	2	3	1	2	2	3	1	1	2	3
19	3	1	3	2	1	3	2	1	3	2	1	3	2
20	3	1	3	2	2	1	3	2	1	3	2	1	3
21	3	1	3	2	3	2	1	3	2	1	3	2	1
22	3	2	1	3	1	3	2	2	1	3	3	2	1
23	3	2	1	3	2	1	3	3	2	1	1	3	2
24	3	2	1	3	3	2	1	1	3	2	2	1	3
25	3	3	2	1	1	3	2	3	2	1	2	1	3
26	3	3	2	1	2	1	3	1	3	2	3	2	1
27	3	3	2	1	3	2	1	2	1	3	1	3	2

在 JMP 中，依次按照如下步骤操作：

由于在 JMP 的田口数组中，只能支持少于等于 12 个因子的设计，本题共有 13 个因子，因而需要使用筛选设计方法。

依次单击"实验设计(D)"→"经典"→"两水平筛选"→"筛选设计"，如图 7-12 所示。

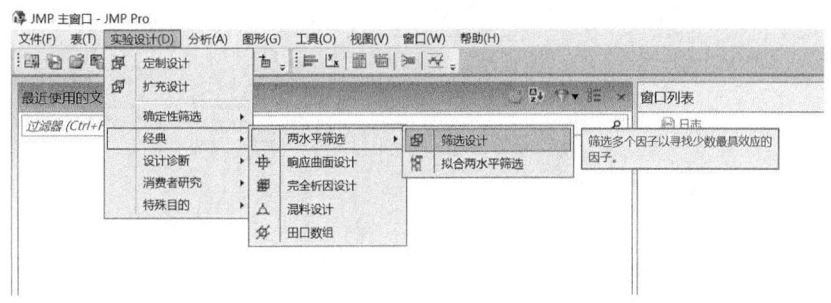

图 7-12 效应检验

在"筛选设计"的"响应"中单击"最大化",更改为"最小化",如图 7-13 所示。

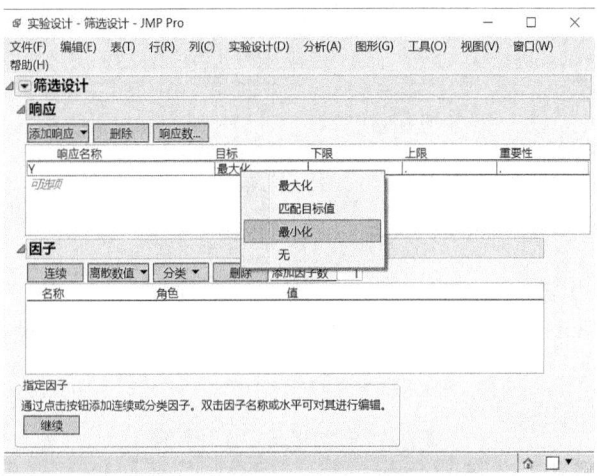

图 7-13 筛选设计 1

在"因子"的"添加因子数"中输入 13,单击"分类",选择"3 水平",如图 7-14 所示。

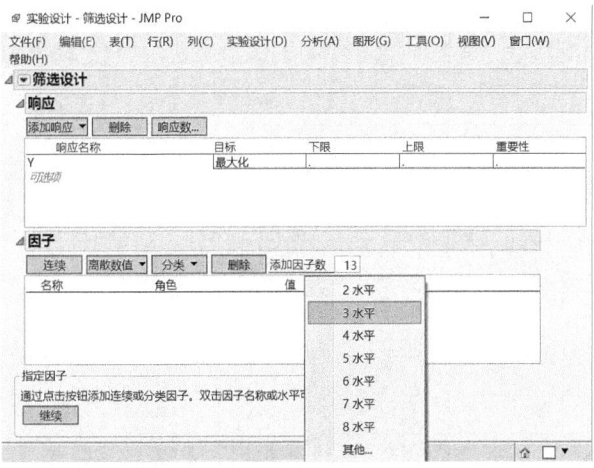

图 7-14 筛选设计 2

双击"名称"下的 X1,更改因子名称为"A";同样地,将其他的因子名称依次更改为 e1、C、D、E、F、e2、e3、e4、e5、e6、e7、e8,如图 7-15 所示。

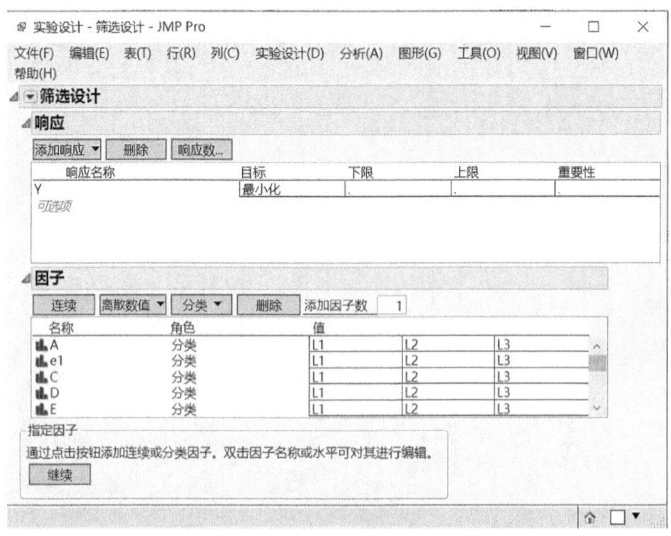

图 7-15　筛选设计 3

单击"继续",试验顺序选择"从左至右排序","制表"。

在第 15 列～第 41 列输入数据,数据见表 7-17;其中每一行数据代表一组试验的 27 个试验结果,共 27 组。

表 7-17　JMP 田口设计数据

1	2	3	4	5	6	7	8	9
2.06	1.99	1.94	2.06	2.00	1.94	2.07	2.01	1.95
2.03	1.99	1.96	2.04	2.00	1.97	2.04	2.01	1.97
2.03	1.99	1.96	2.03	2.00	1.97	2.04	2.01	1.98
2.05	1.99	1.94	2.06	2.00	1.95	2.06	2.01	1.95
2.06	1.99	1.94	2.06	2.00	1.94	2.07	2.01	1.95
2.02	1.99	1.97	2.02	2.00	1.98	2.03	2.01	1.98
2.09	1.99	1.91	2.10	2.00	1.91	2.10	2.01	1.92
2.04	1.99	1.95	2.05	2.00	1.96	2.05	2.01	1.96
2.03	1.99	1.96	2.04	2.00	1.97	2.04	2.01	1.97
3.45	1.99	0.67	3.46	2.00	0.68	3.46	2.01	0.68
3.23	1.99	0.87	3.24	2.00	0.87	3.24	2.01	0.88
2.01	1.99	1.98	2.02	2.00	1.98	2.03	2.01	1.99
3.35	1.99	0.77	3.36	2.00	0.77	3.37	2.01	0.77
2.57	1.99	1.47	2.57	2.00	1.48	2.58	2.01	1.48
2.04	1.99	1.96	2.04	2.00	1.96	2.05	2.01	1.97
3.53	1.99	0.60	3.54	2.00	0.60	3.54	2.01	0.61
3.33	1.99	0.78	3.33	2.00	0.79	3.34	2.01	0.79

(续)

1	2	3	4	5	6	7	8	9
2.01	1.99	1.98	2.02	2.00	1.98	2.03	2.01	1.99
9.68	1.99	4.99	9.69	2.00	4.99	9.70	2.01	4.99
2.30	1.99	1.72	2.31	2.00	1.72	2.31	2.01	1.73
2.10	1.99	1.90	2.10	2.00	1.91	2.11	2.01	1.91
125.0	1.99	110.0	125.1	2.00	110.0	125.1	2.01	110.0
3.89	1.99	0.28	3.90	2.00	0.28	3.91	2.01	0.28
3.13	1.99	0.96	3.14	2.00	0.97	3.14	2.01	0.97
13.79	1.99	8.74	13.80	2.00	8.73	13.81	2.01	8.73
2.33	1.99	1.69	2.34	2.00	1.69	2.34	2.01	1.70
2.13	1.99	1.87	2.13	2.00	1.88	2.14	2.01	1.88

10	11	12	13	14	15	16	17	18
1.94	2.06	2.00	1.93	2.05	1.99	1.95	2.07	2.01
1.96	2.04	2.00	1.95	2.02	1.99	1.97	2.05	2.01
1.97	2.03	2.00	1.96	2.02	1.99	1.98	2.04	2.01
1.94	2.06	2.00	1.93	2.04	1.99	1.95	2.07	2.01
1.94	2.06	2.00	1.93	2.05	1.99	1.95	2.07	2.01
1.98	2.02	2.00	1.96	2.01	1.99	1.99	2.03	2.01
1.90	2.09	2.00	1.89	2.08	1.99	1.91	2.11	2.01
1.95	2.04	2.00	1.94	2.03	1.99	1.97	2.06	2.01
1.96	2.03	2.00	1.95	2.02	1.99	1.98	2.05	2.01
0.53	3.40	2.00	0.53	3.37	1.99	0.54	3.41	2.01
0.75	3.19	2.00	0.75	3.17	1.99	0.76	3.20	2.01
1.98	2.02	2.00	1.97	2.01	1.99	1.99	2.03	2.01
0.64	3.29	2.00	0.63	3.28	1.99	0.64	3.31	2.01
1.43	2.55	2.00	1.41	2.54	1.99	1.43	2.56	2.01
1.96	2.04	2.00	1.95	2.03	1.99	1.97	2.05	2.01
0.45	3.48	2.00	0.45	3.45	1.99	0.46	3.49	2.01
0.66	3.28	2.00	0.66	3.26	1.99	0.67	3.29	2.01
1.98	2.02	2.00	1.97	2.01	1.99	1.99	2.03	2.01
5.73	9.36	2.00	5.73	9.34	1.99	5.73	9.39	2.01
1.69	2.29	2.00	1.68	2.28	1.99	1.70	2.31	2.01
1.90	2.10	2.00	1.89	2.09	1.99	1.91	2.11	2.01
122.1	120.3	2.00	121.0	119.3	1.99	122.2	120.4	2.01
0.09	3.82	2.00	0.10	3.78	1.99	0.10	3.84	2.01
0.85	3.09	2.00	0.85	3.07	1.99	0.86	3.11	2.01
9.86	13.29	2.00	9.85	13.27	1.99	9.90	13.36	2.01
1.66	2.32	2.00	1.65	2.31	1.99	1.67	2.34	2.01
1.86	2.13	2.00	1.85	2.12	1.99	1.88	2.14	2.01

(续)

19	20	21	22	23	24	25	26	27
1.99	1.93	2.04	2.01	1.95	2.07	2.00	1.94	2.06
1.99	1.95	2.02	2.01	1.98	2.05	2.00	1.96	2.03
1.99	1.96	2.02	2.01	1.98	2.04	2.00	1.97	2.03
1.99	1.93	2.04	2.01	1.96	2.07	2.00	1.94	2.05
1.99	1.93	2.04	2.01	1.95	2.07	2.00	1.94	2.06
1.99	1.97	2.01	2.01	1.99	2.03	2.00	1.98	2.02
1.99	1.90	2.08	2.01	1.92	2.10	2.00	1.91	2.09
1.99	1.94	2.03	2.01	1.97	2.05	2.00	1.96	2.04
1.99	1.95	2.02	2.01	1.98	2.04	2.00	1.97	2.03
1.99	0.60	3.31	2.01	0.61	3.35	2.00	0.61	3.33
1.99	0.81	3.11	2.01	0.82	3.15	2.00	0.82	3.13
1.99	1.97	2.01	2.01	1.99	2.03	2.00	1.98	2.02
1.99	0.69	3.22	2.01	0.71	3.25	2.00	0.70	3.24
1.99	1.44	2.51	2.01	1.46	2.54	2.00	1.45	2.52
1.99	1.95	2.03	2.01	1.97	2.05	2.00	1.96	2.04
1.99	0.52	3.39	2.01	0.53	3.42	2.00	0.53	3.40
1.99	0.72	3.20	2.01	0.73	3.23	2.00	0.73	3.21
1.99	1.97	2.01	2.01	1.99	2.03	2.00	1.98	2.02
1.99	5.35	8.99	2.01	5.35	9.04	2.00	5.35	9.02
1.99	1.69	2.27	2.01	1.72	2.29	2.00	1.71	2.28
1.99	1.89	2.08	2.01	1.91	2.11	2.00	1.90	2.09
1.99	115.3	114.0	2.01	116.4	115.1	2.00	115.3	114.1
1.99	0.19	3.71	2.01	0.18	3.76	2.00	0.19	3.72
1.99	0.91	3.02	2.01	0.92	3.06	2.00	0.92	3.03
1.99	9.25	12.72	2.01	9.29	12.81	2.00	9.29	12.78
1.99	1.67	2.29	2.01	1.69	2.32	2.00	1.68	2.31
1.99	1.86	2.11	2.01	1.88	2.14	2.00	1.87	2.12

双击空白列，更名为"信噪比"，单击右键选择"列属性"→"公式"，在公式区输入信噪比公式后单击"确定"，如图 7-16 所示。

单击"分析"→"拟合模型"，在"拟合模型"中将"选择角色变量"下的"Y"选择为"信噪比"，在"构造模型效应"中选择 A、C、D、E、F，单击"运行"，如图 7-17 所示。

依次单击响应"信噪比"旁边的三角按钮→"回归报表"→"方差分析""效应检验"，结果如图 7-18 所示。

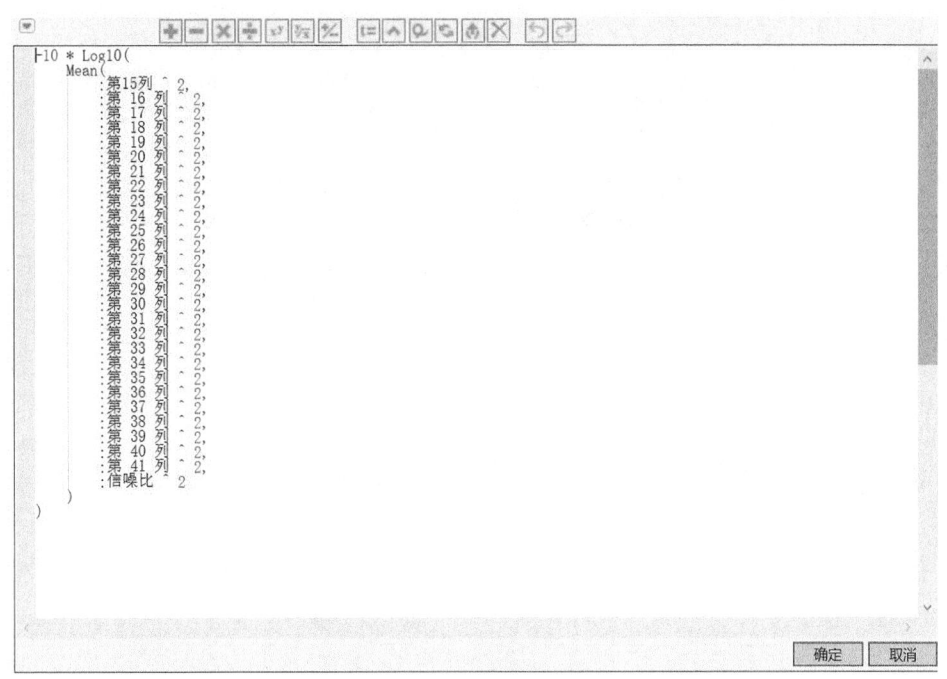

图 7-16　信噪比公式列

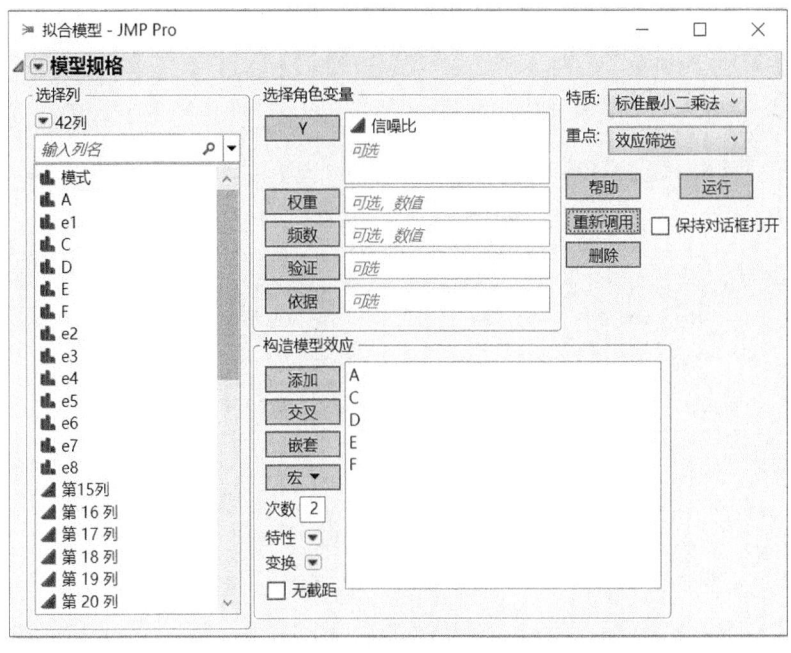

图 7-17　拟合模型

从图 7-18 中可以看出 A、E、F 是显著的。

在效应详细信息下单击各因子的红三角，选择"最小二乘均值图"，结果如图 7-19 所示。

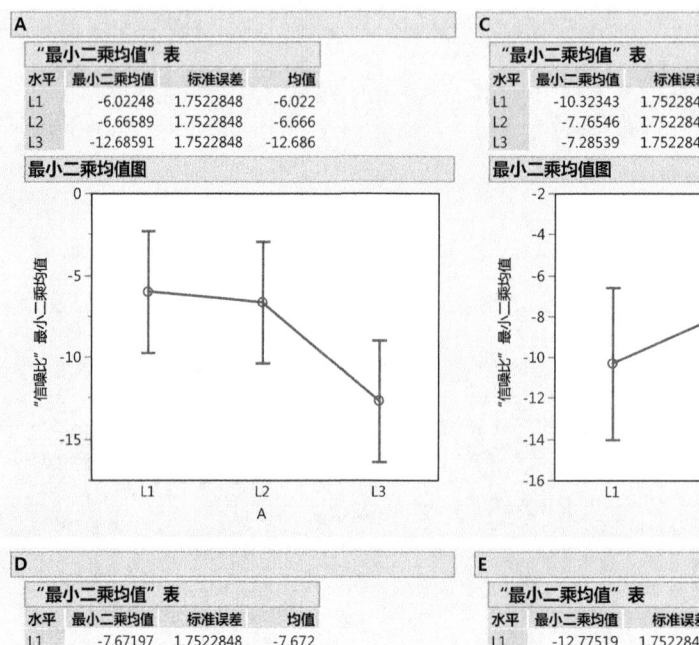

图 7-18 方差分析和效应检验

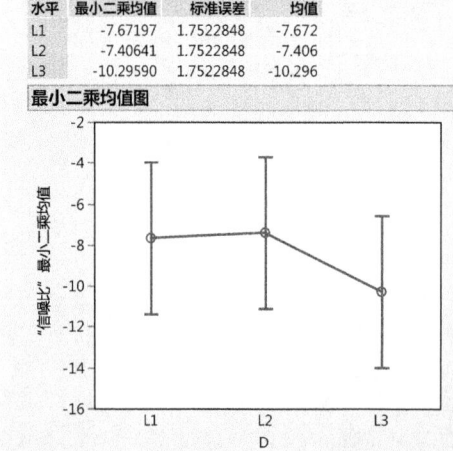
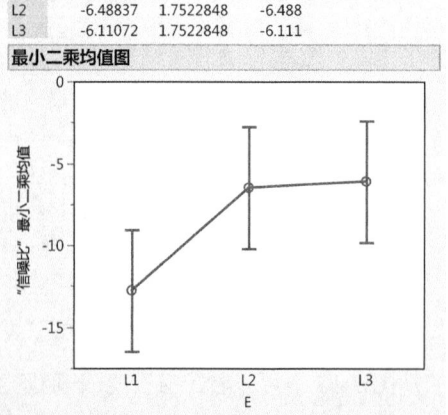

图 7-19 各因子水平检验

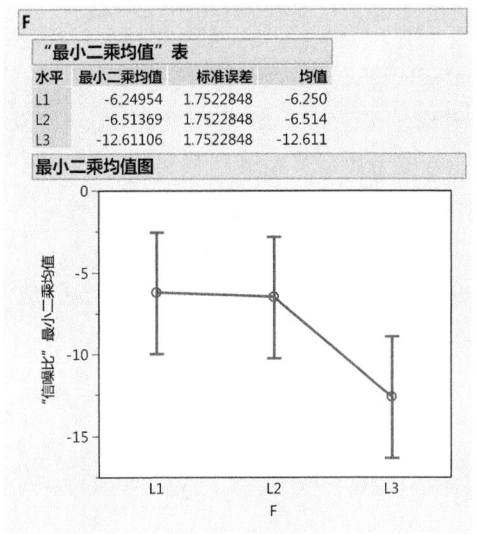

图 7-19 各因子水平检验（续）

选择每个因子中均值最大的水平，因此最佳条件为 $A_1C_3D_2E_3F_1$，即理想的条件为：电阻 A 取 20Ω，电阻 C 取 50Ω，电阻 D 取 10Ω，电阻 F 取 2Ω，电源电压 E 取 $30V$。

7.3.5 容差设计

在工业生产中，人们把零部件、产品质量特性值容许变化的范围称为公差，常以 δ 表示，而把公差的一半叫作容差，常以 Δ 表示，即

$$\Delta = \delta / 2 \tag{7-45}$$
$$\delta = 2\Delta \tag{7-46}$$

容差表征的是一种允许极限。当超过容差时，产品因质量变异变成了不合格品。容差设计又称公差设计，它是在参数设计完成后进行的，其主要方法仍然采用试验设计法。简而言之，容差设计就是在参数设计决定了参数中心值后，依据各参数水平的波动范围和误差因素来决定容差的设计过程。

容差设计的任务是针对主要误差因素，选择波动值较小的优质元器件、零部件，以减少质量特性值的波动，但这样势必会提高成本。所以，只有在参数设计未能使得内、外干扰充分减少时，才进行容差设计。不过在试验设计中，参数设计完成后一般都应进行容差设计。

通过容差设计来确定各参数最合理的容差，使总损失（质量与成本之和）达到最佳（最小）。虽然若干参数容差的减少需要增加成本，但能够提高质量，减少功能波动的损失。因此，要寻找使总损失最小的容差设计方案。用于容差设计的主要工具有质量损失函数和正交多项式回归。

在容差设计中，为减少用户的损失需要进行质量损失函数的计算，以此来对容差设计方案的优劣进行评价。由质量波动的损失函数表达式 $L(y) = k\sigma^2 = k(y - m_0)^2$ 可知，$L(y)$ 的大小取决于比例常数 k 和质量波动 $(y - m_0)^2$。比例常数 k 的表达式为

$$k = \frac{D}{\Delta_0^2} \tag{7-47}$$

式中，D 为质量波动给用户带来的损失，由经验估计决定；Δ_0 为用户要求的容差。对于质量波动 $(y-m_0)^2$，其中 y 为质量特性观测值，m_0 为质量特性目标值。由于 y 与 D 已知，为求出质量波动损失需进一步求出 m_0 和 Δ_0，即求出 $m_0 \pm \Delta_0$。

图 7-20 是质量的经济损失函数 $L(y)$ 曲线，y 为产品质量特性值，m_0 为目标值。当 y 对于 m_0 有偏离时就会产生损失，这时的质量损失函数 $L(y)$ 称为 y 偏离目标 m_0 造成的经济损失函数。经济损失函数 $L(y)$ 是随 y 与 m_0 的偏离而逐步增加的，$(m_0-\Delta_0, m_0+\Delta_0)$ 为公差范围，Δ_0 为容差。

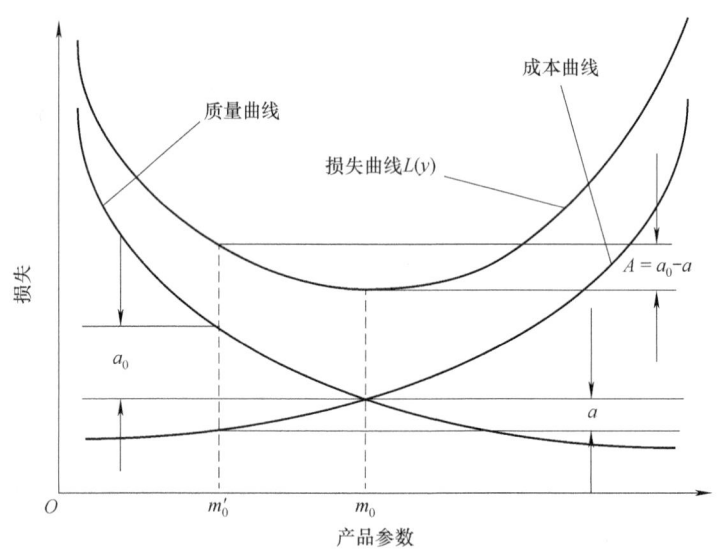

图 7-20　经济损失函数曲线

现设不合格品损失为 A，可以找到一点 y_0 使 $L(y_0) = A$，由图 7-20 可知，当 $|y-m_0| < \Delta_0$ 时，$L(y) < A$；当 $|y-m_0| > \Delta_0$ 时，$L(y) > A$；当 $|y-m_0| = \Delta_0$ 时，$L(y) = A$，因此，目标值的确定应兼顾生产厂与用户双方的利益，先选取质量曲线与成本曲线两者之和的经济损失函数 $L(y)$ 的最小值 m_0，然后再选取能保证 $L(y) \leqslant A$ 的 $|y_0-m_0|$ 作为 Δ_0。这是平衡生产厂与用户双方利益的标准值。若改变标准值，使其沿着生产厂获益即降低成本的方向变化，生产厂固然可以获益，但用户可能因支出修理、废弃或重购费用而受损失。例如把 m_0 由原来位置移向左边的 m_0' 点，生产厂可降低 a 元成本，但用户却会增加 a_0 元损失，且 $a_0 > a$，如图 7-20 所示。因此，有人认为生产厂为降低成本而改变目标值 m_0 与容差 Δ_0 的这种做法并不可取。举例说明如下：

例 7-5

有一晶体管稳压电源，输入交流电压为 220V，输出直流电压的目标值为 110V。在用户使用过程中，若稳压电源的直流输出电压 Y 与目标值 m_0 之间产生 10V 的偏差，稳压电源就丧失功能。此时用户因维修、废弃、重购而蒙受损失，平均损失 40 元，则

$$D = L(110 \pm 10) = k\Delta_0^2 = 10^2 k = 40 \text{元}$$

$$k = \frac{D}{\Delta_0^2} = \frac{40\text{元}}{10^2 \text{V}^2} = 0.4 \text{元}/\text{V}^2$$

损失函数为 $L(y) = k(y-m_0)^2 = 0.4(y-110)^2$。

如果生产厂输出电压为105V，偏离目标值5V，但未超过用户使用的极限值10V，用户就仍可以使用。此产品能否作为合格品出厂的问题，可以通过下面的计算来回答。若产品出厂流入用户手中，用户要蒙受的损失

$$L(105) = 0.4\text{元}/\text{V}^2(105\text{V}-110\text{V})^2 = 10 \text{元}$$

如果生产厂支付2元便可对产品进行返修（更换电阻、焊接改装等），使输出电压提高5V而达到110V，这时输出电压的初始波动损失降为零。因此，生产厂若只从本厂利益考虑，为节省2元的返修费，就会给社会增加10元-2元=8元的损失。所以，从企业职能和对社会的贡献来说，这种做法是得不偿失的。

7.3.6 容差设计的应用案例

仍以前述的惠斯通电桥质量设计为例来说明。通过参数设计，已找到最佳参数水平为 $A_1C_3D_2E_3F_1$，但为使测量误差得到充分衰减，需进一步进行容差设计，其步骤如下。

1）围绕着参数设计所确定的最佳参数水平组合 $A_1C_3D_2E_3F_1$，根据专业技术知识判定，可以选用低质廉价的元器件。据此，可以选用三等品进行试验设计与计算分析。

2）为了简化计算，选取与参数设计相同的因素作为误差因素，记为 $A'B'C'D'E'F'X'$，误差因素的中心值（第2水平），即取最佳参数组合值。对任何一个误差因素，设其中心值为 m，波动的标准差为 σ，因此，可以取下列3水平作为一种最为理想的情况。

$$\begin{aligned}&\text{第1水平}: m - \sqrt{3/2}\sigma \\ &\text{第2水平}: m \\ &\text{第3水平}: m + \sqrt{3/2}\sigma\end{aligned} \quad (7\text{-}48)$$

3）为求标准差，假定企业采取 3σ 设计，即企业要将合格品率控制在99.73%，在生产时产品容差等于 3σ，因此可以根据产品的波动范围，来确定此元器件的标准差 σ。例如，三等品电阻 A 为20Ω，波动范围为±0.3%，则 $\sigma_A = 20 \times 0.3\%/3 = 0.02\Omega$。如此可以求得各误差因素标准差，见表7-18。再根据式（7-48），可得到误差因素3水平，见表7-19。

表7-18 采用三等品元器件的误差因素标准差

	误差因素						
	A'/Ω	B'/Ω	C'/Ω	D'/Ω	E'/V	F'/Ω	X'/A
种类	电阻	电阻	电阻	电阻	电池	电阻	电流表
波动	±0.3%	±0.3%	±0.3%	±0.3%	±5.0%	±0.3%	±0.2mA
中心值	20.000	10.000	50.000	10.000	30.00	2.000	0
标准差	0.02	0.01	0.05	0.01	0.50	0.002	—
$\sqrt{3/2}\sigma$	0.024	0.012	0.061	0.012	0.61	0.002	—

表 7-19　可控因素最佳组合的误差因素 3 水平

水平	误差因素						
	A'/Ω	B'/Ω	C'/Ω	D'/Ω	E'/V	F'/Ω	X'/A
1	19.976	9.988	49.939	9.988	29.39	1.998	−0.0002
2	20.000	10.000	50.000	10.000	30.00	2.000	0.0000
3	20.024	10.012	50.061	10.012	30.61	2.002	0.0002

4）误差因素配列及试验计算。将误差因素安排在正交表适当的列上，被称为误差因素配列。表 7-18 所示的误差因素 3 水平为 3^7 型因素，可以从 3 水平正交表中任选一种。今把 A'、B'、C'、D'、E'、F'、X' 安排于 $L_{36}(3^{13})$ 正交表的第 1、2、3、4、5、6、7 列上，求出 36 种条件的测量误差，可得数据见表 7-20。

表 7-20　测量误差数据

试验号	A' 1	B' 2	C' 3	D' 4	E' 5	F' 6	X' 7	e 8	e 9	e 10	e 11	e 12	e 13	最佳条件 ($Y-2$)
1	1	1	1	1	1	1	1	1	1	1	1	1	1	0.001
2	2	2	2	2	2	2	2	2	2	2	2	2	1	0.000
3	3	3	3	3	3	3	3	3	3	3	3	3	1	−0.001
4	1	1	1	1	1	2	2	2	3	3	3	3	1	−0.002
5	2	2	2	2	2	3	3	3	1	1	1	1	1	−0.003
6	3	3	3	3	1	3	1	1	2	2	2	2	1	0.006
7	1	1	2	3	1	2	3	3	2	1	2	3	1	−0.004
8	2	2	3	1	2	3	1	1	2	3	3	1	1	−0.001
9	3	3	1	2	3	1	2	2	3	1	1	2	1	0.005
10	1	1	3	2	1	3	2	3	2	1	3	3	1	−0.005
11	2	2	1	3	2	1	3	1	3	2	1	3	1	0.001
12	3	3	2	1	3	2	1	2	1	3	2	1	1	0.003
13	1	2	3	1	3	2	1	3	2	3	1	2	2	−0.002
14	2	3	1	2	1	3	2	1	1	3	2	3	2	0.005
15	3	1	2	3	2	1	3	2	2	1	3	1	2	−0.003
16	1	2	3	2	1	1	3	2	3	3	2	1	2	−0.006
17	2	3	1	3	2	2	1	3	1	1	3	2	2	0.011
18	3	1	2	1	3	3	2	1	2	2	1	3	2	−0.005
19	1	2	1	3	3	3	1	2	2	1	2	3	2	0.008
20	2	3	2	1	1	1	2	3	3	2	3	1	2	0.000
21	3	1	3	2	2	2	3	1	1	3	1	2	2	−0.008
22	1	2	2	3	1	2	1	3	3	1	3	2	2	0.002
23	2	3	3	1	2	3	2	1	1	2	1	3	2	−0.006
24	3	1	1	2	3	1	3	2	2	3	2	1	2	0.003
25	1	3	2	1	2	3	1	3	1	2	2	3	3	−0.003
26	2	1	3	2	3	1	2	1	2	3	3	3	3	−0.002

（续）

试验号	A' 1	B' 2	C' 3	D' 4	E' 5	F' 6	X' 7	e 8	e 9	e 10	e 11	e 12	e 13	最佳条件 (Y–2)
27	3	2	1	3	1	2	2	3	2	3	1	1	3	0.005
28	1	3	2	2	2	1	1	3	2	3	1	3	3	0.006
29	2	1	3	3	3	2	2	3	2	1	2	1	3	−0.002
30	3	2	1	1	1	3	3	2	1	2	3	2	3	−0.004
31	1	3	3	3	2	1	2	1	2	1	1	1	3	0.002
32	2	1	1	1	3	2	1	3	3	2	3	2	3	−0.006
33	3	2	2	2	1	2	1	1	3	1	3	3	3	0.004
34	1	3	1	2	3	1	3	2	2	2	3	1	3	0.002
35	2	1	2	3	1	3	1	2	3	1	2	3	3	0.004
36	3	2	3	1	2	1	2	3	1	2	3	3	3	−0.005

5）求各因素的水平合计值。因素 A 的 3 个水平合计值（K_{1A}，K_{2A}，K_{3A}）分别为 $K_{1A} = -0.00013$、$K_{2A} = 0.00010$、$K_{3A} = 0.00010$；同理，计算出误差因素 B'、C'、D'、E'、F'、B' 的 3 个水平合计值，见表 7-21。

表 7-21 误差因素各水平合计值

水平合计值	因素						
	A'	B'	C'	D'	E'	F'	X'
K_{1j}	−0.00013	−0.02931	0.02951	−0.02953	0.00002	0.00009	0.04151
K_{2j}	0.00010	−0.00011	0.00007	0.00011	0.00004	−0.00010	0.00003
K_{3j}	0.00010	0.02949	−0.02951	0.02950	0.00002	0.00008	−0.04147
极差 R	0.00022	0.05881	0.05902	0.05903	0.00002	0.00019	0.08298

可知，因素 B、C、D、X 对结果有比较显著的影响。

6）容差设计。假设公司生产惠斯通电桥式试验仪器，所用组件的质量等级、波动与价格见表 7-22。又假定本试验仪器的设计寿命为 2 年，电阻与电流表每年的折旧率为 50%，年产量为 12 万件，每件产品的价格 P 为 680 元，该产品的电阻值容差为 ±0.5Ω。

表 7-22 组件的质量等级、波动与价格

质量等级	波动与价格	电阻	电池	电流表
三等品	波动	±0.3%	±5%	±0.2mA
	价格	1 元	4 元	8 元
二等品	波动	±0.15%	±2.5%	±0.1mA
	价格	2 元	8 元	15 元
一等品	波动	±0.06%	±1.0%	±0.05mA
	价格	5 元	20 元	50 元
优等品	波动	±0.02%	±0.5%	±0.02mA
	价格	10 元	50 元	150 元

根据已算得的数据与假设，就可以决定采用什么等级的电阻、电池与电流表，其方法如下。

① 确定电阻的等级。由极差分析可知，电阻 A、F 的效应不显著，因此 A、F 可使用三等品；电阻 B、C、D 高度显著，而它们的极差 R 大致相当，对质量的影响程度也相当，可以比较全用三等品、全用二等品、全用一等品、全用优等品时的质量波动损失与年度成本。

损失函数 L 为 $L = L_1 + L_2$。其中，L_1 为质量波动损失，$L_1 = k\sigma^2$；L_2 为 3 个电阻的年度成本。

由表 7-22 可知，B、C、D 的 3 个电阻的总价格分别为：三等品 3 元，二等品 6 元，一等品 15 元，优等品 30 元。目标控制质量损失率 $\rho = 4\%$，电阻组件对质量的影响为 80%，于是，全用三等品的质量波动损失为

$$L_1 = \rho P \eta_i \eta_{V_i} = （4\% \times 680 \times 80\% \times 1.000）元 = 21.76 元$$

因电阻的年折旧费用为 50%，故 3 个三等品电阻的年度成本

$$L_2 = （3 \times 1 \times 0.50）元 = 1.50 元$$

于是，质量波动损失与年度电阻成本的合计值为

$$L = L_1 + L_2 = （21.76 + 1.50）元 = 23.26 元$$

若 3 个电阻分别采用波动值的标准值为原来 1/2 的二等品、1/5 的一等品、1/15 的优等品，则根据上述不同等级产品的波动表征系数的表述法，可以得到结论：3 个电阻的质量损失率将分别下降为现在的 1/4、1/25 和 1/225。

因此，全用二等品的质量波动损失与年度电阻成本的合计值为

$$L = L_1 + L_2 = （4\% \times 680 \times 80\% \times 0.25 + 2 \times 3 \times 0.50）元 = （5.44 + 3.00）元 = 8.44 元$$

全用一等品、全用优等品时的质量波动损失及年度电阻成本见表 7-23。

表 7-23　电阻的容差设计

等级	年度成本（元）	波动表征系数（%）	质量波动损失（元）	合计（元）
三等品	1.5	100.00	21.76	23.26
二等品	3.0	25.00	5.44	8.44
一等品	7.5	4.00	0.87	8.37
优等品	15.0	0.44	0.10	15.10

由表 7-23 可知，电阻 B、C、D 用一等品是便宜的。若与使用三等品进行比较，对于每件产品，年度经济效益为

$$（23.26 - 8.37）元 = 14.89 元$$

按设计寿命为 2 年计算，年产量 12 万件，则可增益为

$$（14.89 \times 12）万元 = 178.68 万元$$

② 确定电流表的等级。若电流表分别采用读数误差的标准值为原来 1/2 的二等品、1/4 的一等品、1/10 的优等品，则电流表的质量损失率分别下降为现在的 1/4、1/16、1/100。按照上述电阻 B、C、D 的算法，得到表 7-24 所示的数据。可知，电流表选用二等品是经济合理的。

表 7-24　电流表的容差设计

等级	年度成本	波动表征系数（%）	质量波动损失（元）	合计值（元）
三等品	4.0	100.00	5.44	9.44
二等品	7.5	25.00	1.36	8.86

(续)

等级	年度成本	波动表征系数（%）	质量波动损失（元）	合计值（元）
一等品	25.0	6.25	0.34	25.34
优等品	75.0	0.01	0.000544	75.00

③ 确定电池的等级。因为电池 E 的效应不显著，因此电池可选用三等品。根据上述计算与分析可得出仪器惠斯通电桥容差设计的最佳方案，见表 7-25。

表 7-25 容差设计最佳方案表

组件	等级	价格（元）	成本（元）	质量波动损失（元）	合计（元）
A	三等品	1	0.5	—	0.5
B	一等品	5	2.5	0.29	2.79
C	一等品	5	2.5	0.29	2.79
D	一等品	5	2.5	0.29	2.79
E	三等品	4	2.0	—	2.00
F	三等品	1	0.5	—	0.5
X	二等品	15	7.5	1.36	8.86

表 7-25 的数据表明：电阻 A、F 的容差为 $\pm 0.3\%$，电阻 B、C、D 的容差为 $\pm 0.06\%$，电池 E 的容差为 $\pm 5\%$，电流表 X 的容差为 $\pm 0.1\text{mA}$。

【关键词】稳健性，系统设计，参数设计，容差设计。

【思考题】

1. 某气动换向装置的设计中，关键是要使换向末速度 V 达到 $V_0 = 960\text{mm/s}$。根据力学原理，换向末速度的运动方程为 $V = \sqrt{\dfrac{Ag}{E}\left(\dfrac{\pi}{2}B^2C - 2D\right)}$，其中 A 为换向行程（待选参数），B 为换向活塞直径（待选参数），C 为汽缸内气压（待选参数），D 为换向阻力（不可控，但可测，大约在 $750 \pm 20\text{N}$），E 为系统重量（可在 $90 \pm 5\text{kg}$ 取值），$g = 9800\text{mm/s}^2$ 为重力加速度。在这个问题中可控因素、噪声因素及其水平见表 7-26。

表 7-26 因素水平表（一）

	水平	1	2	3
可控因素	换向行程 A / mm	52	56	60
	换向活塞直径 B / mm	22	24	26
	汽缸内气压 C / (N/mm^2)	2.2	2.6	3.0
噪声因素	换向行程 A' / mm	A−0.2	A	A+0.2
	换向活塞直径 B' / mm	B−0.1	B	B+0.1
	汽缸内气压 C' / (N/mm^2)	C−0.2	C	C+0.2
	换向阻力 D	730	750	770
	系统重量 E / kg	85	90	95

试通过稳健性设计确定最优参数，使 V 尽量接近目标值 V_0，而使波动最小。

2. 钛合金以其重量轻、耐用性好和具有良好耐腐蚀性等优点而被广泛使用,但它的磨削性能差,即使采用特制的砂轮磨削钛合金,其表面的粗糙度也只能达到 $R_a \geqslant 0.6\mu m$,为进一步降低表面粗糙度,特选表 7-27 所示的 4 个 3 水平可控因素。

表 7-27 因素水平表(二)

可控因素	水平		
	1	2	3
工件转数 A/(r/min)	112	160	80
砂轮的走刀量 B/(mm/r)	0.03	0.06	0.09
工件纵向走刀量 C/(mm/r)	0.82	3.30	1.65
磨削深度 D/mm	0.0005	0.0025	0.00125

选用 $L_9(3^4)$ 作为内表,并把 A、B、C、D 这 4 个因素依次放在 $L_9(3^4)$ 的第 1、2、3、4 列上。由于本例的质量特性 Y(表面粗糙度)不可计算,因而只能通过试验。为减少试验次数,外表采用综合噪声因素的 2 水平 N_1 和 N_2,试验结果见表 7-28 所示。

表 7-28 试验结果表

试验号	元素				y_{i1}	y_{i2}
	A	B	C	D		
	1	2	3	4		
1	1	1	1	1	0.162	0.148
2	1	2	2	2	0.259	0.313
3	1	3	3	3	0.178	0.206
4	2	1	2	3	0.204	0.211
5	2	2	3	1	0.226	0.244
6	2	3	1	2	0.167	0.178
7	3	1	3	2	0.213	0.228
8	3	2	1	3	0.157	0.188
9	3	3	2	1	0.238	0.271

试按照望小特性参数设计方法选出最佳参数设计方案。

3. 为找到电缆用合成橡胶的最佳生产条件,选取了表 7-29 所示的 7 个可控因素,并依次放在 $L_8(2^7)$ 正交表上。

表 7-29 因素水平表(三)

可控因素	水平	
	1	2
老化防止剂用量 A/phr	2	3
硫化剂用量 B/phr	2	4
石蜡用量 C/phr	5	7
硫化时间 D/min	20	30
催化剂用量 E/phr	0.1	0.2

（续）

可控因素	水平	
	1	2
填料用量 F	30	50
老化防止剂种类 G	I	II

现对其牵拉强度、延伸率和热变化率测得一批数据见表 7-30。

表 7-30 试验数据表

i	牵拉强度/(N/cm^2)				延伸率（%）				热变化率（%）	
	老化前		老化后		老化前		老化后			
1	20	20	24	21	430	430	430	400	22.1	6.4
2	19	21	19	22	500	600	430	400	6.8	6.3
3	16	20	13	19	400	500	280	380	13.7	7.5
4	19	21	21	21	550	600	550	550	12.7	11.7
5	19	22	23	19	500	580	450	400	6.1	18.2
6	19	18	20	19	540	450	480	400	9.3	6.2
7	21	21	20	23	550	550	500	530	16.6	9.1
8	19	21	16	15	500	450	350	330	5.9	6.1

上述 3 个指标值中，牵拉强度和延伸率是望大特性，而热变化率是望小特性，请寻找这 3 个指标的综合最佳生产条件。

第8章 相关分析与回归分析

【本章要点】相关分析,线性相关分析,回归分析。

 ## 8.1 相关分析的基本概念

在自然界和人类社会中,广泛存在现象之间的相互依赖、相互制约的关系。一些现象在数量上的发展变化经常伴随着另一些现象在数量上的发展变化。现象间的数量关系可分为两种基本类型:函数关系和相关关系。函数关系是指现象之间存在的严格依存的、确定的因果关系,一种现象的数量变化必然决定着另一种现象的数量变化,这种关系可通过精确的数学表达式来反映。例如,圆面积与其半径的关系为 $s=\pi r^2$,自由落体落下的距离与时间的关系为 $h=gt^2$,等等。相关关系是指现象之间确实存在着数量关系,但这种关系不是严格确定的,当一种现象的数量发生变化时,另一种现象的数量可能在一定范围内发生变化,出现不同的数值。例如,单位产品成本与产量之间的关系,一般说来,当工厂规模扩大、产品产量增加时,单位产品成本会随之下降,这种变化趋势体现了规模经济的效应,具有客观性和普遍性。但由于影响产品成本的因素众多,既有主要的也有次要的,既有必然的也有偶然的,既有随机的也有非随机的,既有观察得到的也有观察不到的,等等。同一产量水平下,可能会出现不同的单位成本,或者某一确定的单位成本对应着不同的产量,两者的关系不是唯一确定的。粮食收获量与施肥量之间、商品价格与需求量之间、身高与体重之间等都具有类似的特征,这种关系就是相关关系。

函数关系与相关关系既有区别又有联系。由于观察和试验中存在误差,函数关系往往通过相关关系表现出来;而当更加清楚地了解了现象之间的内在联系和规律性时,相关关系又可能转化为函数关系。在社会经济领域里,一般来说,函数关系反映了现象间关系的理想化状态,相关关系则反映了现象间关系的现实化状态,只有在大量观察时,在平均的意义上,它才能被描述。相关关系是现象之间确实存在的,是关系数值不固定的相互依存关系。相关分析是研究一个变量与另一个变量或另一组变量之间相关密切程度和相关方向的一种统计分析方法。

 ## 8.2 相关关系的基本种类

现象之间的相关关系通常比较复杂的,从不同的角度看,相关关系有不同的种类。

1．固定相关和随机相关

按变量的性质，即变量是否为随机变量，相关关系可分为固定相关和随机相关。固定相关是指一个随机变量与另一个或一组非随机变量之间的相关关系。例如，农作物的施肥量是一个可控制的变量，农作物收获量是一个不确定的变量，两个变量之间的关系表现为一个随机变量与另一个非随机变量之间的固定相关。随机相关是指一个随机变量与另一个或一组随机变量之间的相关关系。例如，大学生的身高和体重之间的关系就是两个随机变量之间的随机相关关系，如果观察某一身高的一组学生时，其体重各不相同，会形成一个分布；如果观察某一体重的一组学生时，其身高也不相同并形成一个分布，身高和体重均为随机变量。

2．简单相关和多元相关

按变量的多少，相关关系可分为简单相关和多元相关。简单相关是指一个随机变量与另一个随机变量或非随机变量之间的相关关系；多元相关是指一个随机变量与另一组随机变量或非随机变量之间的相关关系。按变量之间的相关方向不同，简单相关又可分为正相关和负相关。当自变量的值增大时，因变量的值也相应地增大，当自变量的值减小时，因变量的值也随之减小，这样的相关关系就是正相关。反之，当自变量的值增大时，因变量的值随之减小，自变量的值减小时，因变量的值反而增大，具有这种特点的相关关系就是负相关。

多元相关可进一步分解为简单相关和偏相关。偏相关，也称"净相关"，是指两个随机变量在排除了其余部分或全部随机变量影响情形下的净相关性或纯相关性，是两个随机变量在处于同一体系的其余部分或全部随机变量取给定值的情形下的条件相关性。根据被排除或取给定值的随机变量的个数，可分为零阶偏相关、一阶偏相关、二阶偏相关等，其中零阶偏相关就是简单相关。

3．线性相关和非线性相关

按变量之间的相关形式，相关关系可分为线性相关和非线性相关。若一个随机变量与另一个或一组随机变量或非随机变量之间的相关关系表现为线性组合时，则称它们之间的相关关系为线性相关。反之，若一个随机变量与另一个或一组随机变量或非随机变量之间的相关关系不能表现为线性组合，而只能表现为非线性组合时，则称它们之间的相关关系为非线性相关。

4．完全相关、不完全相关和不相关

按变量之间的相关程度不同，相关关系可分为完全相关、不完全相关和不相关。若一个变量的值完全由另一个或一组变量的值所决定，则称变量之间的这种相关关系为完全相关，即函数关系。若一个变量的值与另一个或一组变量的值有关，但要受到随机因素的影响，则称变量之间的这种相关关系为不完全相关。若一个变量的值完全不受另一个或一组变量值的影响，则称变量之间不相关。大量社会经济现象之间的相关关系都属于不完全相关，不完全相关是相关分析的基本内容。完全相关和不相关可视为相关关系中的特例。

8.3 简单线性相关分析

判定两变量之间的相关程度和相关方向是简单线性相关分析的重要内容之一。常用方法有列相关表、绘制相关图和计算简单相关系数。

8.3.1 利用图表法进行相关分析

简单线性相关关系有固定简单线性相关与随机简单线性相关之分。简单线性相关图表可用于直观地表明这两类简单线性相关变量之间的相关程度和相关方向。

1. 固定简单线性相关图表

已知有两个变量,设 y 是随机变量,x 是非随机变量,对应于 x 的每一个给定的取值,y 有多个可能的取值,但在一次试验中,y 只取其中一个可能值。由于 x 是非随机变量,在试验中其取值可以控制并重复进行,所以在 n 次试验中,x 可能取 n 个相同或不同的值,相应地也有 n 个 y 的值,即得到一一对应的样本资料(x,y)。将这些数据按 x 的取值由小到大依次对应排列,即构成固定简单线性相关表,又称为一维相关表。

例 8-1

某地区居民人均收入水平(x)与其食品支出占生活费支出比重(y)之间具有相关关系,编制相关表,见表 8-1。

表 8-1　一维相关表

人均收入水平 x（元）	280	320	390	530	650	670	790	880	910	1050
食品支出占生活费支出比重 y（%）	68.3	67.5	66.2	64.9	56.7	60.2	54.4	49.0	50.5	43.6

从表 8-1 可以看出,随着居民人均收入水平的提高,食品支出占生活费支出的比重有下降的趋势。将一一对应的(x,y)描点于坐标系上,即构成散点图,又称相关图。在相关图上,以横轴表示非随机变量（x）,以纵轴表示随机变量(y),通过观察各对变量值坐标点的分布状况,可以大致判断变量之间相关的形态、方向和密切程度。利用表 8-1 资料,可绘制相关图,如图 8-1 所示。

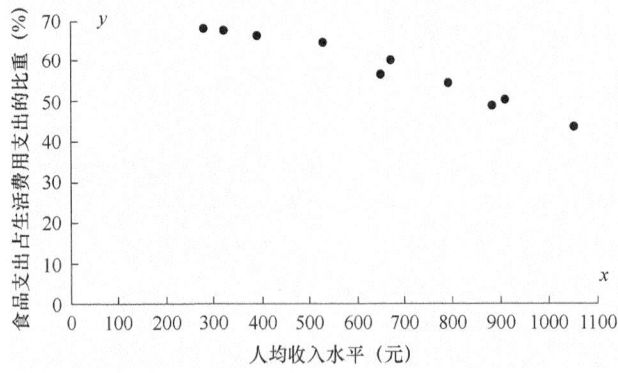

图 8-1　居民人均收入水平与其食品支出的关系图

从图 8-1 可以看出,随着居民人均收入水平的提高,食品支出占生活费支出的比重明显降低,并大致呈线性下降趋势,即负线性相关。

一些常见的相关分布状态如图 8-2 所示。

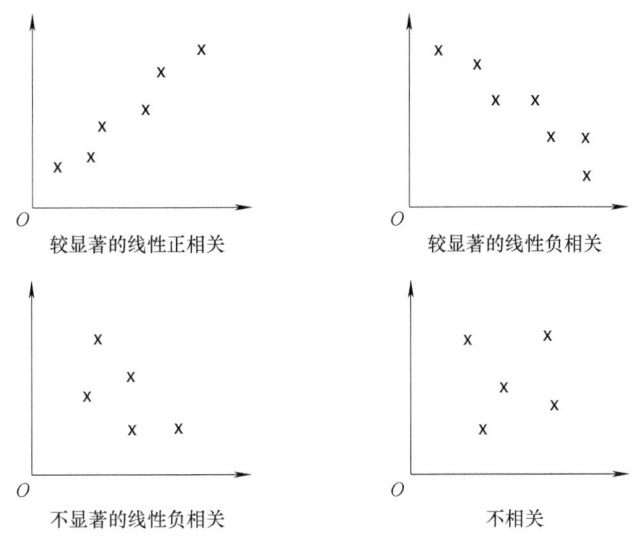

图 8-2　几种常见的相关散点图

2．随机简单线性相关图表

设 x、y 为两个随机变量，将观测值 (x,y) 分组之后按顺序排列，x 从小到大排列，y 从大到小排列，形成一棋盘式平衡表，称为二维相关表。

例 8-2

某地区为研究降雨量和农作物平均每亩收获量的关系，从 40 个降雨量不同的试验田中获得 40 对数据。用 x 表示降雨量，y 表示平均每亩⊖收获量。据此可编出二维相关表，见表 8-2，该表中间每一格列出的是 x、y 的联合频数，它表明 x 和 y 同时取某值的次数；最后一列每一格是每一行的联合频数的和，它表明 y 取某值的次数；最后一行每一格则是每一列的联合频数的和，它表明 x 取某值的次数。

表 8-2　二维相关表

收获量 y_j/kg	降雨量 x_i/mm						行和 f_j
	8	10	12	14	16	18	
	频数 f_{ij}						
260				1	2	1	4
240			2	2	2		6
220		2	3	5	1		11
200	1	3	6	3			13
180	1		2				3
160	1	1	1				3
列和 f_i	3	6	14	11	5	1	40

⊖　1 亩=666.6m²。

从表 8-2 可以粗略看出，降雨量与收获量之间大致呈线性正相关关系。

利用表 8-2 的资料，可绘制相关图，如图 8-3 所示。

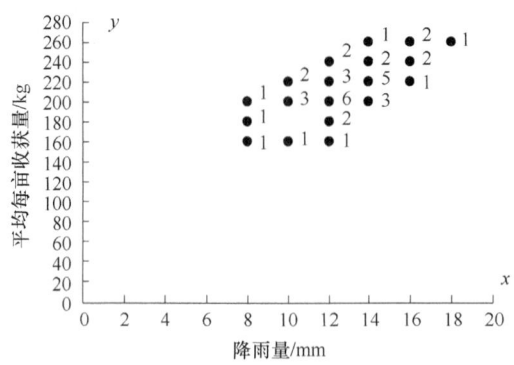

图 8-3　降雨量与收获量之间相关图

8.3.2　利用简单相关系数进行相关分析

1. 简单相关系数的定义

简单线性相关图表虽然直观，但不能精确地描述现象间的相关关系。测量两个变量之间线性相关程度和相关方向的指标，称为简单相关系数。

总体相关系数一般用 R 表示，其定义式为

$$R = \frac{\sigma_{XY}^2}{\sigma_X \sigma_Y} \tag{8-1}$$

式中，σ_X 和 σ_Y 表示变量 X 和 Y 的标准差，其计算公式为

$$\sigma_X = \sqrt{\frac{\Sigma(X-\mu_X)^2}{N}} \tag{8-2}$$

$$\sigma_Y = \sqrt{\frac{\Sigma(Y-\mu_Y)^2}{N}} \tag{8-3}$$

σ_{XY}^2 或 $\text{Cov}(x,y)$ 表示两个变量 X 和 Y 之间的协方差，其计算公式为

$$\text{Cov}(X,Y) = \sigma_{XY}^2 = \frac{\Sigma(X-\mu_X)\Sigma(X-\mu_Y)}{N} \tag{8-4}$$

式中，变量 X 和 Y 为总体变量；N 为总体单位数；μ_X 和 μ_Y 分别为变量 X 及 Y 的总体平均数。计算公式为

$$\mu_X = \frac{\Sigma X}{N} \tag{8-5}$$

$$\mu_Y = \frac{\Sigma Y}{N} \tag{8-6}$$

要理解相关系数 R 的意义，首先要明确协方差 σ_{XY}^2 和标准差 σ_X、σ_Y 在反映变量之间相关关系中的作用。协方差 σ_{XY}^2 反映了变量 X 和 Y 的共变性，可以显示两个变量的相关方向和相关关系

的密切程度，它可能出现以下几种情况：

第一种，所有相关点均为正相关，则 $\sigma_{XY}^2 > 0$，说明两个变量之间正线性相关。

第二种，所有相关点均为负相关，则 $\sigma_{XY}^2 < 0$，说明两个变量之间负线性相关。

第三种，在全部相关点中，既有正相关又有负相关和不相关，在计算协方差时就会出现正负抵消。抵消的结果如为正数则是正相关，如为负数则是负相关。数值大表示相关程度强，数值小则表示相关关系弱。若正、负全部抵消掉了，结果为零，则表示不相关。

第三种情况是实际经济生活中最常见到的情况。此外，还有两种极端的情况：当所有相关点都是不相关时，抵销结果为零，表示两个变量完全没有相关关系。当所有相关点全部落在直线上时，表示两个变量完全线性相关，即存在函数关系。

进一步，相关系数是一个界于+1 和-1 之间的数，即$-1 \leqslant R \leqslant 1$，若 $R=1$，说明两个变量之间存在完全正线性相关；若 $R=-1$ 说明两个变量之间存在完全负线性相关；若 $0 < R < 1$，说明两个变量之间存在一定程度的正线性相关；若$-1 < R < 0$，说明两个变量之间存在一定程度的负线性相关；若 $R=0$，说明两个变量之间没有线性相关关系。

2. 简单相关系数的计算

在实际工作中，总体相关系数 R 一般是未知的，往往需要用样本资料推断总体的相关情况，因而需要计算样本相关系数。

设 x 和 y 为样本变量，其中 y 为随机变量，x 为非随机变量，n 为样本容量，$\bar{x}$、$\bar{y}$ 分别为变量 x 及 y 的样本平均数，s_x、s_y 和 s_{xy}^2 分别表示变量 x 和 y 的样本标准差及它们之间的样本协方差，其计算公式为

$$\bar{x} = \frac{\sum x}{n} \tag{8-7}$$

$$\bar{y} = \frac{\sum y}{n} \tag{8-8}$$

$$s_x = \sqrt{\frac{\sum(x-\bar{x})^2}{n}} \tag{8-9}$$

$$s_y = \sqrt{\frac{\sum(y-\bar{y})^2}{n}} \tag{8-10}$$

$$s_{xy}^2 = \frac{\sum(x-\bar{x})(y-\bar{y})}{n} \tag{8-11}$$

可得到与总体相关系数计算形式相同的样本相关系数（记为 r）的计算公式为

$$r = \frac{s_{xy}^2}{s_x s_y} \tag{8-12}$$

即

$$r = \frac{n\sum xy - \sum x \sum y}{\sqrt{n\sum x^2 - (\sum x)^2}\sqrt{n\sum y^2 - (\sum y)^2}} \tag{8-13}$$

根据表 8-1 的资料计算相关系数（见表 8-3）。

表 8-3 固定简单线性相关系数计算表

序号	人均收入水平 x（元）	食品支出占生活费支出比重 y（%）	x^2	y^2	xy
1	280	68.3	78400	4664.89	19124
2	320	67.5	102400	4556.25	21600
3	390	66.2	152100	4382.44	25818
4	530	64.9	280900	4212.01	34397
5	650	56.7	422500	3214.89	36855
6	670	60.2	448900	3624.04	40334
7	790	54.4	624100	2959.36	42976
8	880	49.0	774400	2401.00	43120
9	910	50.5	828100	2550.25	45955
10	1050	43.6	1102500	1900.96	45780
合计	6470	581.3	4814300	34466.09	355959

将表 8-3 的数据代入上述相关系数计算公式，得

$$r = \frac{n\Sigma xy - \Sigma x \Sigma y}{\sqrt{n\Sigma x^2 - (\Sigma x)^2}\sqrt{n\Sigma y^2 - (\Sigma y)^2}} = -0.98$$

8.4 回归分析的基本概念

在现实生活中，很多现象之间存在相互依赖的关系，这些关系在量上主要有两种类型：一类是确定性关系，即变量间的函数关系，如正方形的面积 S 与正方形的边长 a 之间的函数关系；另一类是非确定性关系，即变量之间虽然有密切的关系，但是无法用确定的函数关系表达，如人的身高和体重之间的关系，一般来说，个子高的人则体重偏重，但是却找不到一个函数能准确地表示它们之间的关系，变量之间的这种非确定性关系称为相关关系。变量本身也可以分为两类：若两个变量中的一个变量是可以人为控制、是非随机的，则称这类变量为可控变量或自变量；另一个变量是随机的，而且是随着控制变量的变化而变化，如体重、血压随着身高和年龄变化，其值虽然可以观测，但其值的范围是不可以控制的，则称这种不可控制的变量为因变量或随机变量。具有相关关系的变量间虽然不具有确定的函数关系，但是通过大量的数据观测可以发现它们之间存在一定的统计规律。研究这些统计规律或者研究变量之间相关关系的方法就是回归分析。

8.5 一元线性回归分析模型

设一个做匀加速直线运动的质点，其速度 y 与时间 x 之间有着密切的关系，可以表示为 $y = \beta_0 + \beta_1 x$。其中，β_0 为质点在 $x = 0$ 时的初始速度，β_1 为物体加速度，如果 β_0、β_1 均未知，且 y 可以被观察，只要在两个不同时刻观察质点的速度 y 就可以求出 β_0 与 β_1 的值，从而求出 y 与 x 之间的确定性关系。但是，由于测量方法和设备等各种原因的影响，质点的速度不可能准确地

观察到,总是带有随机测量误差,不能观察到真正的 y,只能得到 $Y = y + \varepsilon$。其中,ε 是随机测量误差,因此可以得出

$$Y = \beta_0 + \beta_1 x + \varepsilon \qquad (8\text{-}14)$$

设随机误差 ε 的期望和方差分别为 0 和 σ^2,则对于给定的 x,Y 的期望值和方差分别为

$$E(Y \mid x) = E(\beta_0 + \beta_1 x + \varepsilon) = \beta_0 + \beta_1 x + E(\varepsilon) = \beta_0 + \beta_1 x \qquad (8\text{-}15)$$

$$V(Y \mid x) = V(\beta_0 + \beta_1 x + \varepsilon) = V(\beta_0 + \beta_1 x) + V(\varepsilon) = \sigma^2 \qquad (8\text{-}16)$$

由式(8-15)和式(8-16)可知,回归模型 $\mu_{Y|x} = \beta_0 + \beta_1 x$ 为一条直线。在 x 确定的情况下,Y 服从正态分布 $N(\beta_0 + \beta_1 x, \sigma^2)$。$Y$ 与 ε 有相同的方差 σ^2。

例 8-3

为了分析某零件加工厂产量(单位:万件)与成本(单位:10 万元)的关系,选取 12 个生产小组做样本,得到以下数据(见表 8-4)。

表 8-4 产量和成本数据表

产量	144	143	147	148	146	152	155	157	160	163	165	168
成本	87	84	90	91	88	94	97	98	99	100	102	104

绘图步骤:

为了解成本与产量之间的关系,以产量 x 为横坐标,以成本 y 为纵坐标,用 JMP 的"图形生成器"画出散点图。在菜单栏依次点击"图形(G)"→"图形生成器",在对话框中,将"产量"拖到 x 轴,将"成本"拖到 y 轴。选择"拟合线",在拟合线选项中取消对"拟合"的选中,如图 8-4 所示。单击"完成"后,图形结果如图 8-5 所示。

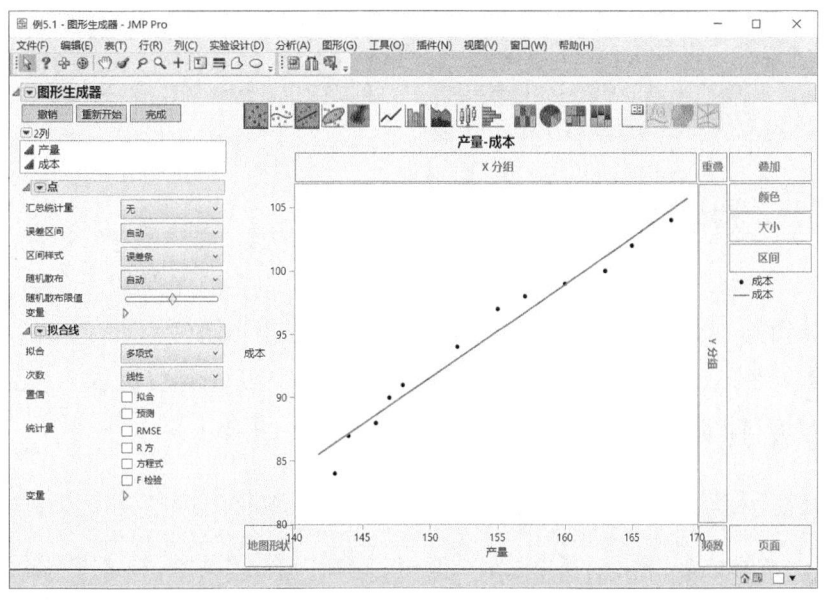

图 8-4 "图形生成器"对话框操作

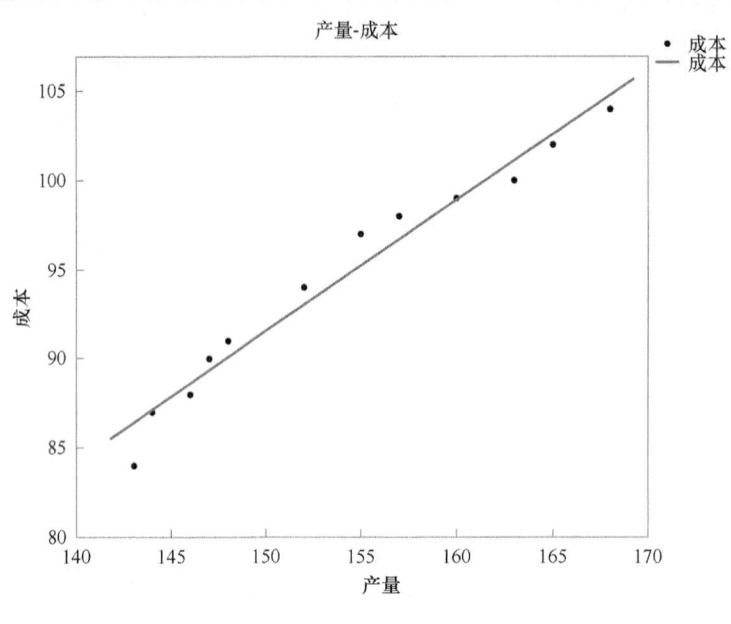

图 8-5 成本与产量的散点图

由图 8-5 可见，数据点大多在一条直线附近，表明产量 x 和成本 y 之间的关系可以近似看作是直线关系，但是这些点又没有全部在一条直线上，说明 x 和 y 之间的关系不是确定性关系。

在很多实际问题中，回归系数数 β_0、β_1 及误差 ε 的方差 σ^2 都是未知的，只能通过样本数据来估计。回归分析就是通过样本数据估计回归模型参数的工具。

8.6 一元线性回归分析

8.6.1 最小二乘法估计

对回归观测值 (x_i, y_i) 满足 $y_i = \beta_0 + \beta_1 x_i + \varepsilon$，$i = 1, 2, \cdots, n$。其中，截距 β_0 和斜率 β_1 是未知的回归系数，ε 是均值（为零），方差为 σ^2 的随机误差，同时假设不同观察值之间的随机误差是不相关的随机变量。最小二乘法估计是为了寻找未知参数 (β_0, β_1) 的估计量 $(\hat{\beta}_0, \hat{\beta}_1)$，使得观测值偏离回归直线的平方和 L 最小。

$$L = \sum_{i=1}^{n} \varepsilon_i^2 = \sum_{i=1}^{n} (y_i - \beta_0 - \beta_1 x_i)^2 \tag{8-17}$$

L 是 β_0、β_1 的非负二次型，所以其最小值一定存在，根据多元微积分的极值原理，为了使 L 最小，β_0、β_1 的最小二乘法估计必须满足

$$\begin{cases} \dfrac{\partial L}{\partial \beta_0}\bigg|_{\hat{\beta}_0,\hat{\beta}_1} = -2\sum_{i=1}^{n}(y_i - \hat{\beta}_0 - \hat{\beta}_1 x_i) = 0 \\ \dfrac{\partial L}{\partial \beta_1}\bigg|_{\hat{\beta}_0,\hat{\beta}_1} = -2\sum_{i=1}^{n}(y_i - \hat{\beta}_0 - \hat{\beta}_1 x_i)x_i = 0 \end{cases}$$

简化两个方程，得

$$\begin{cases} n\hat{\beta}_0 + \hat{\beta}_1 \sum_{i=1}^{n} x_i = \sum_{i=1}^{n} y_i \\ \hat{\beta}_0 \sum_{i=1}^{n} x_i + \hat{\beta}_1 \sum_{i=1}^{n} x_i^2 = \sum_{i=1}^{n} y_i x_i \end{cases} \tag{8-18}$$

方程组（8-18）为最小二乘估计标准方程组，其解就是 β_0 和 β_1 的最小二乘估计，求解得到一元线性回归模型截距和斜率的最小二乘估计为

$$\begin{cases} \hat{\beta}_0 = \bar{y} - \hat{\beta}_1 \bar{x} \\ \hat{\beta}_1 = \dfrac{\sum_{i=1}^{n}(x_i - \bar{x})(y_i - \bar{y})}{\sum_{i=1}^{n}(x_i - \bar{x})^2} = \dfrac{S_{xy}}{S_{xx}} \end{cases} \tag{8-19}$$

式中，$\bar{y} = \dfrac{1}{n}\sum_{i=1}^{n} y_i, \bar{x} = \dfrac{1}{n}\sum_{i=1}^{n} x_i$。得到的回归直线为

$$\hat{y} = \hat{\beta}_0 + \hat{\beta}_1 x \tag{8-20}$$

由于随机误差的存在，因而每对观察值满足关系式

$$y_i = \hat{\beta}_0 + \hat{\beta}_1 x_i + e_i, i = 1, 2, \cdots, n \tag{8-21}$$

式中，随机误差 $e_i = y_i - \hat{y}_i$ 称为残差，表示第 i 组观察值 y_i 与回归模型拟合值之间的误差，因此，将使用残差来提供拟合模型充分性方面的信息。

例 8-4

对表 8-4 提供的产量和成本数据拟合一元线性回归模型。

解：

将表 8-4 提供的数据代入式（8-18），得到斜率和截距的最小二乘估计为

$$\begin{cases} \hat{\beta}_1 = \dfrac{\sum_{i=1}^{n}(x_i - \bar{x})(y_i - \bar{y})}{\sum_{i=1}^{n}(x_i - \bar{x})^2} = \dfrac{S_{xy}}{S_{xx}} = 0.7347 \\ \hat{\beta}_0 = \bar{y} - \hat{\beta}_1 \bar{x} = 18.6467 \end{cases}$$

一元线性回归模型为：$\hat{y} = -18.6467 + 0.7347x$。

绘图步骤：

在 JMP 菜单栏依次单击"分析(A)"→"以 X 拟合 Y"，将"成本"放入"Y，响应"，

将"产量"匹配给"X,因子",JMP 可以根据 X 与 Y 的数据类型自动匹配建模类型,单击"确定"。报表默认显示二元散点图,单击"二元拟合"旁 ,选择"汇总统计量"以及"拟合线",得到的报表如图 8-6 所示。

图 8-6　JMP 汇总统计量以及线性拟合

JMP 给出的一元线性回归模型为 $\hat{y} = -18.6 + 0.735x$,该模型与上述计算所得的模型相吻合。

回归模型的残差被用来估计模型误差的方差 σ^2,σ^2 决定了响应变量 y 在给定回归变量 x 下的观察值的变化量。用残差平方和得到 σ^2 的估计,残差平方和的表达式为

$$S_E = \sum_{i=1}^{n}(y_i - \hat{y}_i)^2 = \sum_{i=1}^{n} e_i^2 \qquad (8\text{-}22)$$

σ^2 的估计值为

$$\hat{\sigma}^2 = \frac{S_E}{n-2} \qquad (8\text{-}23)$$

在线性回归模型中,通常假设模型误差 $\varepsilon_i(i=1,2,\cdots,n)$ 服从均值为 0、方差为 σ^2 的独立正态分布。回归变量 x_i 在数据收集前假设是固定的,响应变量 Y_i 服从均值为 $\beta_0 + \beta_1 x_i$、方差为 σ^2 的正态分布,即 $Y_i \sim N(\beta_0 + \beta_1 x_i, \sigma^2)$。

另外,$\hat{\beta}_0$ 和 $\hat{\beta}_1$ 均服从正态分布,$\hat{\beta}_0$ 和 $\hat{\beta}_1$ 分别是 β_0 和 β_1 的无偏估计,即 $\hat{\beta}_0$ 和 $\hat{\beta}_1$ 的分布是以真实值 β_0 和 β_1 为中心的。$\hat{\beta}_0$ 和 $\hat{\beta}_1$ 的方差为

$$\begin{cases} V(\hat{\beta}_0) = \sigma^2 \left(\frac{1}{n} + \frac{\overline{x}^2}{\sum_{i=1}^{n}(x_i - \overline{x})^2} \right) = \sigma^2 \left(\frac{1}{n} + \frac{\overline{x}^2}{S_{xx}} \right) \\ V(\hat{\beta}_1) = \frac{\sigma^2}{\sum_{i=1}^{n}(x_i - \overline{x})^2} = \frac{\sigma^2}{S_{xx}} \end{cases} \quad (8\text{-}24)$$

如果用 $\hat{\sigma}^2$ 替代式（8-24）中的 σ^2，就得到 $\hat{\beta}_0$ 和 $\hat{\beta}_1$ 的标准误差

$$\begin{cases} \text{se}(\hat{\beta}_1) = \sqrt{\frac{\hat{\sigma}^2}{S_{xx}}} \\ \text{se}(\hat{\beta}_0) = \sqrt{\hat{\sigma}^2 \left(\frac{1}{n} + \frac{\overline{x}^2}{S_{xx}} \right)} \end{cases} \quad (8\text{-}25)$$

观察值 y 值的总平方和 S_T 为

$$S_T = S_{yy} = \sum_{i=1}^{n}(y_i - \overline{y})^2 = \sum_{i=1}^{n} y_i^2 - \frac{1}{n}\left(\sum_{i=1}^{n} y_i\right)^2 \quad (8\text{-}26)$$

式中，S_T 表示响应变量总变化，总平方和 S_T 也可以写为

$$S_T = \sum_{i=1}^{n}(y_i - \overline{y})^2 = \sum_{i=1}^{n}(\hat{y}_i - \overline{y})^2 + \sum_{i=1}^{n}(y_i - \hat{y}_i)^2 \quad (8\text{-}27)$$

式（8-27）表示将响应变量总变化分成两部分：一部分 $S_E = \sum_{i=1}^{n}(y_i - \hat{y}_i)^2 = \sum_{i=1}^{n} e_i^2$，称 S_E 为误差平方和（也称为残差平方和），度量了不能由回归模型解释的变化；另一部分 $S_R = \sum_{i=1}^{n}(\hat{y}_i - \overline{y})^2$，称 S_R 为回归平方和，度量了由回归模型解释的变化。将比值 S_E/S_T 看作为响应变量的变化中不能被回归模型解释的比例，而 $1 - S_E/S_T$ 是响应变量变化中能被回归模型解释的比例。定义 $R^2 = 1 - S_E/S_T$ 为决定系数，当 R^2 很小时，就需要寻找另外一种模型，如多元回归模型等，使其更能解释 y 的变化。

8.6.2 一元线性回归分析中的显著性检验

建立回归方程是为了揭示两个相关变量 x 与 y 之间的内在规律，对于任一样本数据都可做出其散点图，即使两变量之间不存在线性相关关系，也可以得出回归方程 $y = \beta_0 + \beta_1 x$，因此，必须对回归方程做显著性检验。当 $|\beta_1|$ 越大时，y 随 x 变化越明显；当 $|\beta_1|$ 越小时，y 随 x 变化越不明显；当 $|\beta_1|$ 值为 0 时，表明 y 和 x 之间没有线性关系。因此，要检验回归方程是否为线性函数，就等同于检验参数 $\beta_1 = 0$ 是否成立，假设检验为

$$\begin{cases} H_0 : \beta_1 = 0 \\ H_1 : \beta_1 \neq 0 \end{cases} \quad (8\text{-}28)$$

β_1 的最小二乘估计 $\hat{\beta}_1$ 服从 $N(\beta_1, \sigma^2/S_{xx})$，则

$$U = \frac{\hat{\beta}_1 - \beta_1}{\sqrt{\sigma^2 / S_{xx}}} \sim N(0,1) \tag{8-29}$$

由于

$$\chi^2 = \frac{(n-2)\hat{\sigma}^2}{\sigma^2} \sim \chi^2(n-2) \tag{8-30}$$

由服从 t 分布统计量的定义，结合式（8-29）、式（8-30），可得

$$T = \frac{\hat{\beta}_1 - \beta_1}{\hat{\sigma}} \sqrt{S_{xx}} \sim t(n-2) \tag{8-31}$$

式（8-31）的分布可用于检验式（8-28）的假设 H_0。
若

$$|T| \geqslant t_{\alpha/2}(n-2)$$

则拒绝 $H_0: \beta_1 = 0$。
若

$$|T| < t_{\alpha/2}(n-2)$$

则接受 $H_0: \beta_1 = 0$。

检验一元线性回归模型是否成立，可以认为是检验假设 $H_0: \beta_1 = 0$ 是否成立。如果 H_0 成立，则认为线性回归不显著；否则，认为线性回归显著。

给定显著水平 α，一次抽样后计算得

$$T = \frac{\hat{\beta}_1}{\hat{\sigma}} \sqrt{S_{xx}} \sim t(n-2) \tag{8-32}$$

若

$$|T| \geqslant t_{\alpha/2}(n-2)$$

则认为线性回归显著。
若

$$|T| < t_{\alpha/2}(n-2)$$

则认为线性回归不显著。

例 8-5

对例 8-4 的线性假设进行显著性检验（$\alpha = 0.05$）。

解：

$$\hat{\sigma}^2 = \frac{S_E}{n-2} = \frac{15.445}{10} = 1.5445, \quad T = \frac{\hat{\beta}_1}{\hat{\sigma}} \sqrt{S_{xx}} = \frac{0.7347}{1.242} \sqrt{818} = 16.92$$

当 $\alpha = 0.05$ 时，$t_{\alpha/2}(n-2) = t_{0.025}(10) = 2.2281$，$|T| > t_{\alpha/2}(n-2)$，即线性回归是显著的。

利用方差分析也可以检验回归模型的显著性。方差分析恒等式表示为 $S_T = S_R + S_E$，其中，S_T 表示总平方和，S_R 表示回归平方和（也称模型平方和），S_E 表示误差平方和（也称残差平方和）。如果回归模型的显著性假设 $H_0: \beta_1 = 0$ 为真，则 S_R/σ^2 服从自由度为 1 的卡方分布，其自由度等

于模型中回归变量的数量，S_E/σ^2 服从自由度为 $n-2$ 的卡方分布，且 S_E 和 S_R 是相互独立的。可以得到：$\mathrm{MS}_R = \dfrac{S_R}{1}$，$\mathrm{MS}_E = \dfrac{S_E}{n-2}$。

相应的零假设与备择假设分别为 $H_0:\beta_1=0$，$H_1:\beta_1\neq 0$，检验统计量为

$$F_0 = \frac{\mathrm{MS}_R}{\mathrm{MS}_E} \sim F(1,\ n-2) \tag{8-33}$$

对于给定的显著水平 α，拒绝域为 $F_0 > F_\alpha(1,\ n-2)$。回归显著性检验的方差分析见表 8-5。

表 8-5　回归显著性检验的方差分析

方差来源	离差平方和	自由度 df	均方 MS	F 值
回归	S_R	1	MS_R	$\mathrm{MS}_R/\mathrm{MS}_E$
误差或残差	S_E	$n-2$	MS_E	
总和	S_T	$n-1$		

8.6.3　一元线性回归分析中的置信区间

线性回归模型的参数估计量 $\hat{\beta}_1$ 是随机变量 y_i 的线性组合，$\hat{\beta}_1$ 也是随机变量。置信区间的宽度是回归直线总体质量的一个度量。回归模型中的误差项 ε_i 服从正态分布，且有

$$\frac{\hat{\beta}_1 - \beta_1}{\mathrm{se}(\hat{\beta}_1)} \sim t(n-2) \tag{8-34}$$

式中，$\mathrm{se}(\hat{\beta}_1) = \sqrt{\hat{\sigma}^2/S_{xx}}$，称为斜率的标准误差。

如果给定置信水平 $1-\alpha$，可以得到临界值 $t_{\alpha/2}(n-2)$，那么，$\dfrac{\hat{\beta}_1 - \beta_1}{\mathrm{se}(\hat{\beta}_1)}$ 值处在 $(-t_{\alpha/2}(n-2), t_{\alpha/2}(n-2))$ 的概率是 $1-\alpha$。表示为

$$P\left[\hat{\beta}_1 - t_{\alpha/2}(n-2)\mathrm{se}(\hat{\beta}_1) < \beta_1 < \hat{\beta}_1 + t_{\alpha/2}(n-2)\mathrm{se}(\hat{\beta}_1)\right] = 1-\alpha$$

在置信水平 $1-\alpha$ 下，得到 β_1 的置信区间

$$\left[\hat{\beta}_1 - t_{\alpha/2}(n-2)\mathrm{se}(\hat{\beta}_1),\ \hat{\beta}_1 + t_{\alpha/2}(n-2)\mathrm{se}(\hat{\beta}_1)\right] \tag{8-35}$$

同理，可以得到截距 β_0 的置信区间

$$\left[\hat{\beta}_0 - t_{\alpha/2}(n-2)\mathrm{se}(\hat{\beta}_0),\ \hat{\beta}_0 + t_{\alpha/2}(n-2)\mathrm{se}(\hat{\beta}_0)\right] \tag{8-36}$$

除了可以得到 β_0 和 β_1 的置信区间，还可以构造在 x 的给定值 x_0 下 y 的置信区间，即 $\mu_{y|x_0}$ 的置信区间，它通常被称为回归直线的置信区间。因为 $E(y|x_0) = \mu_{y|x_0} = \beta_0 + \beta_1 x_0$，所以能够找到 y 在 $x = x_0$ 下均值 $\mu_{y|x_0}$ 的一个点估计，根据拟合模型 $\hat{\mu}_{y|x_0} = \hat{y}_0 = \hat{\beta}_0 + \hat{\beta}_1 x_0$，因为 $\hat{\beta}_0$ 和 $\hat{\beta}_1$ 分别是 β_0 和 β_1 的无偏估计，所以 $\hat{\mu}_{y|x_0}$ 是 $\mu_{y|x_0}$ 的一个无偏点估计。$\hat{\mu}_{y|x_0}$ 的方差为

$$V\left(\hat{\mu}_{y|x_0}\right) = \sigma^2 \left[\frac{1}{n} + \frac{(x_0 - \bar{x})^2}{\sum\limits_{i=1}^{n}(x_i - \bar{x})^2}\right]$$

同样，因为 $\hat{\beta}_0$ 和 $\hat{\beta}_1$ 都服从正态分布，所以 $\hat{\mu}_{y|x_0}$ 服从正态分布。由于 $\hat{\sigma}^2$ 是 σ^2 的一个估计，可得

$$\frac{\hat{\mu}_{y|x_0} - \mu_{y|x_0}}{\hat{\sigma}\sqrt{\frac{1}{n} + \frac{(x_0 - \bar{x})^2}{\sum_{i=1}^{n}(x_i - \bar{x})^2}}} = \frac{\hat{\mu}_{y|x_0} - \mu_{y|x_0}}{\text{se}(\hat{\mu}_{y|x_0})} \sim t(n-2)$$

因此，在 $x = x_0$ 下均值 $\mu_{y|x_0}$ 的 $1-\alpha$ 置信区间是

$$(\hat{\mu}_{y|x_0} - t_{\alpha/2}(n-2)\text{se}(\hat{\mu}_{y|x_0}), \hat{\mu}_{y|x_0} + t_{\alpha/2}(n-2)\text{se}(\hat{\mu}_{y|x_0})) \tag{8-37}$$

式中，$\text{se}(\hat{\mu}_{y|x_0}) = \hat{\sigma}\sqrt{\frac{1}{n} + \frac{(x_0 - \bar{x})^2}{\sum_{i=1}^{n}(x_i - \bar{x})^2}}$。

8.6.4 预测和控制

回归模型一个重要应用就是预测指定自变量 x 的将来观察值 y。如果 x_0 就是所关心的自变量的值，则 $\hat{y}_0 = \hat{\beta}_0 + \hat{\beta}_1 x_0$ 就是将来观察值 y_0 的点估计。

现在考虑要得到关于将来观察值 y_0 的区间估计。将来观察值与建立模型用到的观察值是独立的，因此，$\mu_{y|x_0}$ 的置信区间用式（8-37）就不再适合了，因为该区间仅仅依赖用于拟合回归模型的数据，而不涉及将来观察值。令 y_0 表示在 $x = x_0$ 的将来观察值，预测误差 $y_0 - \hat{y}_0$ 是服从正态分布的随机变量，且 y_0 和 $\hat{y}_0$ 相互独立，其均值与方差分别为

$$E(y_0 - \hat{y}_0) = E(y_0) - E(\hat{y}_0) = 0$$

$$V(y_0 - \hat{y}_0) = V(y_0) + V(\hat{y}_0) = \sigma^2 + V(\hat{\beta}_0 + \hat{\beta}_1 x_0)$$

$$= \sigma^2 + V[\bar{y} + \hat{\beta}_1(x_0 - \bar{x})]$$

$$= \sigma^2 + V(\bar{y}) + V[\hat{\beta}_1(x_0 - \bar{x})] + 2\text{Cov}(\bar{y}, \hat{\beta}_1(x_0 - \bar{x}))$$

$$= \sigma^2 + \frac{\sigma^2}{n} + \frac{(x_0 - \bar{x})^2}{\sum_{i=1}^{n}(x_i - \bar{x})^2}\sigma^2 + 2(x_0 - \bar{x})E[(\bar{y} - E\bar{y})(\hat{\beta}_1 - E\hat{\beta}_1)]$$

式中，$E[(\bar{y} - E\bar{y})(\hat{\beta}_1 - E\hat{\beta}_1)] = 0$，所以有

$$V(y_0 - \hat{y}_0) = \sigma^2\left(1 + \frac{1}{n} + \frac{(x_0 - \bar{x})^2}{\sum_{i=1}^{n}(x_i - \bar{x})^2}\right) \tag{8-38}$$

得到 $y_0 - \hat{y}_0 \sim N\left(0, \left(1 + \frac{1}{n} + \frac{(x_0 - \bar{x})^2}{\sum_{i=1}^{n}(x_i - \bar{x})^2}\right)\sigma^2\right)$，则

$$U = \frac{y_0 - \hat{y}_0}{\sigma\sqrt{1 + \frac{1}{n} + \frac{(x_0 - \overline{x})^2}{\sum_{i=1}^{n}(x_i - \overline{x})^2}}} \sim N(0,1) \qquad (8\text{-}39)$$

由于 $\frac{S_E}{\sigma^2} \sim \chi^2(n-2)$，根据服从 t 分布的统计量的定义，结合式(8-39)可得

$$\frac{\dfrac{y_0 - \hat{y}_0}{\sigma\sqrt{1 + \frac{1}{n} + \frac{(x_0 - \overline{x})^2}{\sum_{i=1}^{n}(x_i - \overline{x})^2}}}}{\sqrt{\dfrac{S_E}{\sigma^2(n-2)}}} = \frac{y_0 - \hat{y}_0}{\hat{\sigma}\sqrt{1 + \frac{1}{n} + \frac{(x_0 - \overline{x})^2}{\sum_{i=1}^{n}(x_i - \overline{x})^2}}} \sim t(n-2) \qquad (8\text{-}40)$$

式中，$\hat{\sigma} = \sqrt{\dfrac{S_E}{n-2}}$ 为 σ 的估计值。

由此，可得将来观察值 y_0 在给定 x_0 的 $1-\alpha$ 预测区间为

$$\left(\hat{y}_0 - t_{\alpha/2}(n-2)\hat{\sigma}\sqrt{1 + \frac{1}{n} + \frac{(x_0 - \overline{x})^2}{\sum_{i=1}^{n}(x_i - \overline{x})^2}},\ \hat{y}_0 + t_{\alpha/2}(n-2)\hat{\sigma}\sqrt{1 + \frac{1}{n} + \frac{(x_0 - \overline{x})^2}{\sum_{i=1}^{n}(x_i - \overline{x})^2}}\right) \qquad (8\text{-}41)$$

令 $S(x_0) = \hat{\sigma}\sqrt{1 + \dfrac{1}{n} + \dfrac{(x_0 - \overline{x})^2}{\sum_{i=1}^{n}(x_i - \overline{x})^2}}$，在 $x = x_0$ 处，y_0 的 $1-\alpha$ 预测区间可简化为

$$\left(\hat{y}_0 - t_{\alpha/2}(n-2)S(x_0),\ \hat{y}_0 + t_{\alpha/2}(n-2)S(x_0)\right) \qquad (8\text{-}42)$$

由于 x_0 的任意性，若把式（8-70）中的 x_0 换为 x，则相应的式（8-42）可写为

$$\left(\hat{y} - t_{\alpha/2}(n-2)S(x),\ \hat{y} + t_{\alpha/2}(n-2)S(x)\right) \qquad (8\text{-}43)$$

由此，可以得到以下两条曲线

$$\begin{cases} \hat{y}_1(x) = \hat{y} - t_{\alpha/2}(n-2)S(x) \\ \hat{y}_2(x) = \hat{y} + t_{\alpha/2}(n-2)S(x) \end{cases}$$

这两条曲线间的部分是回归方程 $\hat{y} = \hat{\beta} + \hat{\beta}x$ 的预测区间，且在 $x = \overline{x}$ 处最窄，如图 8-7 所示。

由式（8-43）可见，当样本量 n 及 $\sum_{i=1}^{n}(x_i - \overline{x})^2$ 越大，$|x_0 - \overline{x}|$ 越小，则预测区间的长度越短，预测精度越高。此时，$S(x_0)$ 近似等于 $\hat{\sigma}$，y_0 的 95%预测区间近似为

$$(\hat{y}_0 - 2\hat{\sigma},\ \hat{y}_0 + 2\hat{\sigma}) \qquad (8\text{-}44)$$

为了提高预测精度，样本量 n 应越大越好，所给定的 x_0 不能过于偏离 $\overline{x}$，否则，预测结果差；如果给定值 $x_0 = \overline{x}$，这时的预测结果最好。

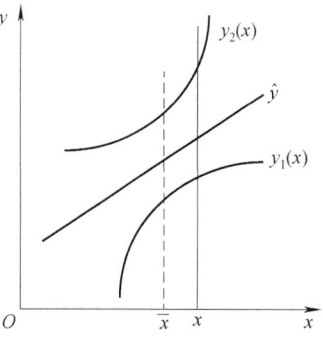

图 8-7 x 变动时的曲线图

例 8-6

为了进一步说明预测区间,现使用例 8-3 的数据,求当产量为 150 时,成本的未来观察值的一个 95%的预测区间。

解:
由例 8-4 得到的回归方程可得 $\hat{y}_0 = 91.5583$,根据式(8-41),求得预测区间为

$$91.5583 - 2.2281 \times 1.24234 \sqrt{1 + \frac{1}{12} + \frac{(150-154)^2}{818}}$$
$$\leqslant y_0 \leqslant 91.5583 + 2.2281 \times 1.24234 \sqrt{1 + \frac{1}{12} + \frac{(150-154)^2}{818}}$$

化简得 $88.6513 \leqslant y_0 \leqslant 94.4653$。

类似地,根据式(8-37)可以得到它的置信区间为

$$91.5583 - 2.2281 \times 1.24234 \sqrt{\frac{1}{12} + \frac{(150-154)^2}{818}}$$
$$\leqslant \hat{y}_0 \leqslant 91.5583 + 2.2281 \times 1.24234 \sqrt{\frac{1}{12} + \frac{(150-154)^2}{818}}$$

化简得 $90.6704 \leqslant \hat{y}_0 \leqslant 92.4462$。

绘图步骤:
用 JMP 进行置信区间统计量的计算。在上述操作的基础上,单击"线性拟合"旁 ▼,选择"保存预测值""均值置信限公式"以及"单值置信限公式",如图 8-8 所示。JMP 数据表中,在原数据列基础上又生成 5 列公式列。在"产量"列第 13 行输入"150",可看到其他 5 列的结果(见图 8-9),与上述计算结果一致(由于计算过程取了近似值,JMP 的计算结果更为精准)。

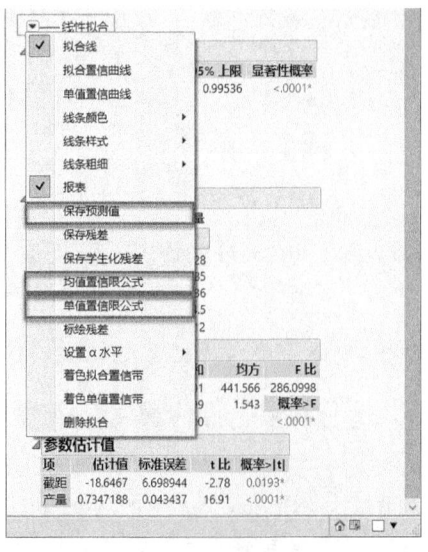

图 8-8 导出预测统计量

第8章 相关分析与回归分析

图 8-9 JMP 输出结果

由此例可知，预测区间的宽度在 $x_0 = \bar{x}$ 处最小，并随着 $|x_0 - \bar{x}|$ 的增大而增大。在点 x_0 的预测区间比在 x_0 的置信区间要宽，这是因为预测区间不仅依赖拟合模型产生的误差，而且依赖与将来观察值相联系的误差。

控制问题相当于预测的反问题，预测和控制有着密切的联系。如在研究经济增长率时，希望经济增长率能保持在 8%～12%；在控制通货膨胀时，希望全国零售物价指数增长率在 7%以内。这些问题用数学表达式描述，即要求 $y_1 < y < y_2$。对这些问题来说，控制自变量 x 即控制影响经济增长和通货膨胀的最主要因素。在统计学中，要讨论如何控制 x 的值才能以 $1-\alpha$ 的概率保证把目标值 y 控制在 $y_1 < y < y_2$ 中，即 $P(y_1 < y < y_2) = 1-\alpha$，这通常用近似的预测区间来解决。如果 $\alpha = 0.05$，根据式（8-66），可由不等式组

$$\begin{cases} \hat{y}(x) - 2\hat{\sigma} > y_1 \\ \hat{y}(x) + 2\hat{\sigma} < y_2 \end{cases}$$

中求出 x 的取值区间，将 $\hat{y}(x) = \hat{\beta}_0 + \hat{\beta}_1 x$ 代入求得。

当 $\hat{\beta}_1 > 0$ 时，得

$$\frac{y_1 + 2\hat{\sigma} - \hat{\beta}_0}{\hat{\beta}_1} < x < \frac{y_2 - 2\hat{\sigma} - \hat{\beta}_0}{\hat{\beta}_1}$$

当 $\hat{\beta}_1 < 0$ 时，得

$$\frac{y_1 - 2\hat{\sigma} - \hat{\beta}_0}{\hat{\beta}_1} < x < \frac{y_2 + 2\hat{\sigma} - \hat{\beta}_0}{\hat{\beta}_1}$$

控制区间的直观表示如图 8-10 所示，其中 $L:\hat{y} = \hat{\beta}_0 + \hat{\beta}_1 x$ 为回归直线，直线 $L_1: y = \hat{\beta}_0 + \hat{\beta}_1 x - 2\hat{\sigma}$ 和 $L_2: y = \hat{\beta}_0 + \hat{\beta}_1 x + 2\hat{\sigma}$ 均与回归直线平行，$x_1 = (y_1 + 2\hat{\sigma} - \hat{\beta}_0)/\hat{\beta}_1$，$x_2 = (y_2 - 2\hat{\sigma} - \hat{\beta}_0)/\hat{\beta}_1$。

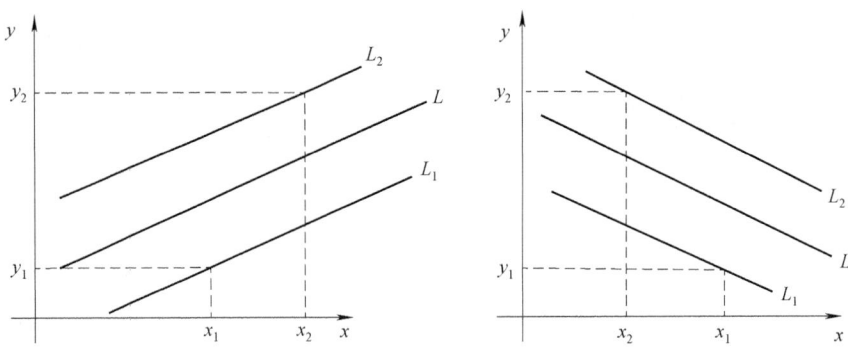

图 8-10　控制区间的直观示意图

控制问题的应用，要求因变量与自变量之间有因果关系，比如用在工业生产中的质量控制。在经济问题中，经济变量之间有强相关性，仅控制回归方程中的一个或几个自变量，而忽视了回归方程之外的其他变量，往往达不到预期的效果。

8.6.5　非线性回归分析

如果不能用线性回归方程描述变量之间的相关关系，就需要进行非线性回归分析，非线性回归方程一般很难求得，因此，把非线性回归化为线性回归即为解决问题的好方法。首先，所研究对象的物理背景或散点图可帮助选择适当的非线性回归方程

$$\hat{y} = u(x; a, b) \quad (8\text{-}45)$$

式中，a 及 b 为未知参数（在此仅讨论含两个参数的非线性回归方程）。为求参数 a 及 b 的估计值，往往可以先通过变量置换，把非线性回归化为线性回归，再利用线性回归的方法确定参数 a 及 b 的估计值。表 8-6 中列出了常用的曲线方程及其图形，并给出相应的化为线性方程的变量置换公式，以帮助观察散点图、确定回归方程的类型。不过，散点图只是相关关系的粗略表示，有时散点图可能与几种曲线都很接近，根据曲线建立的相应回归方程可能都是合理的；但对于一个非线性回归问题，选择不同的非线性回归，可以得到同一个问题的多个不同回归方程，如何确定哪一个回归方程最优？对于能化为一元线性回归的问题，可通过计算样本相关系数的办法来确定，样本相关系数的绝对值最大的即为最优的回归方程。

表 8-6　非线性曲线线性转化表

曲线方程	变换公式	变换后的线性方程	曲线图形	
$\dfrac{1}{y} = a + \dfrac{b}{x}$	$X = \dfrac{1}{x}$ $Y = \dfrac{1}{y}$	$Y = a + bX$	(1) $b>0$	(2) $b<0$

（续）

曲线方程	变换公式	变换后的 线性方程	曲线图形	
$y = ax^b$	$X = \ln x$ $Y = \ln y$	$Y = a' + bX$ $(a' = \ln x)$	(1) $b>0$	(2) $b<0$
$y = a + b\ln x$	$X = \ln x$ $Y = y$	$Y = a + bX$	(1) $b>0$	(2) $b<0$
$y = ae^{bx}$	$X = x$ $Y = \ln y$	$Y = a' + bX$ $(a' = \ln x)$	(1) $b>0$	(2) $b<0$
$y = ae^{\frac{b}{x}}$	$X = \dfrac{1}{x}$ $Y = \ln y$	$Y = a' + bX$ $(a' = \ln x)$	(1) $b>0$	(2) $b<0$

例 8-7

研究焊接中松香比重和焊点拉拔力之间的关系，测得数据见表 8-7。
试确定它们之间的定量关系式。

表 8-7 松香比重与拉拔力数据

松香比重 x	2	3	4	5	7	8	10
拉拔力 y	6	10	13	12.5	15.5	17	18.5
松香比重 x	11	14	15	16	18	19	
拉拔力 y	19	19.8	20.5	21	21.2	21.3	

解：

用 JMP 画出数据点的散点图（见图 8-11）。

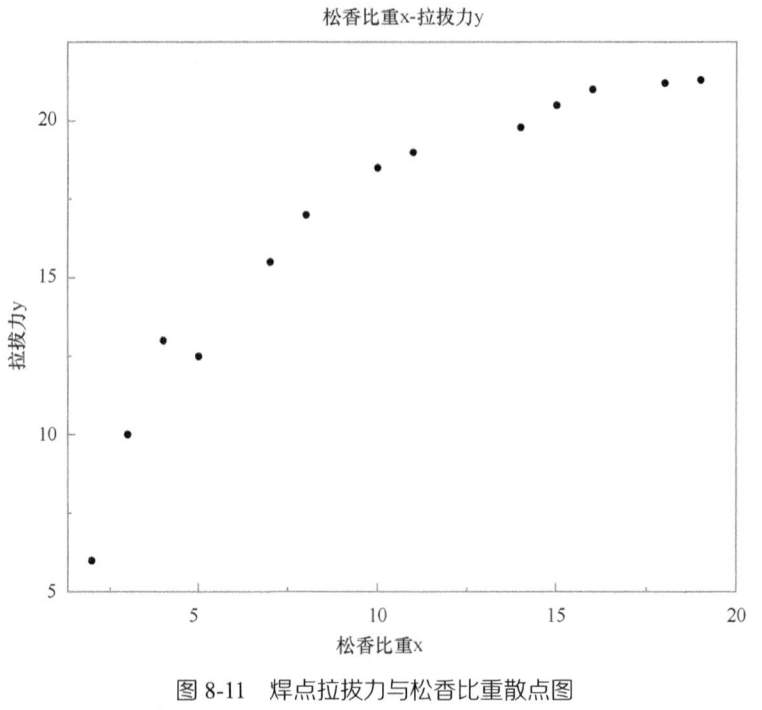

图 8-11　焊点拉拔力与松香比重散点图

从散点图可发现，随着松香比重的增加，拉拔力增加速度先是比较快，然后增加速率逐渐变慢，因此采用双曲线，设关系式为

$$\frac{1}{y} = \alpha + \beta \frac{1}{x}$$

令 $y' = 1/y$，$x' = 1/x$，得到线性回归方程

$$y' = \alpha + \beta x'$$

由变换后的数据 $(x'_i, y'_i)(i = 1, 2, 3, \cdots, 13)$，得 y' 关于 x' 的线性回归方程为

$$\hat{y}' = 0.03 + 0.245 x'$$

最后得 y 关于 x 的曲线回归方程为

$$\frac{1}{\hat{y}} = 0.03 + 0.245 \frac{1}{x}$$

8.7　多元回归分析

8.7.1　多元回归分析模型

含有多个回归变量的回归模型称为多元回归模型。如在钢铁冶炼中，冶炼初期总的去碳量 y

与所加矿石量 x_1 及融化时间 x_2 有关，可用多元回归模型表示为

$$y = \beta_0 + \beta_1 x_1 + \beta_2 x_2 + \varepsilon \tag{8-46}$$

式中，y 为去碳量；x_1 为矿石量；x_2 为融化时间；ε 为随机误差项。这是一个有两个自变量的多元线性回归模型，称其为线性是因为式（8-46）是关于未知参数 β_0、β_1、β_2 的线性函数。式（8-46）的回归模型描述的是由 y、x_1、x_2 组成的三维空间里的一张平面，有时也称 β_1 和 β_2 为偏回归系数，β_1 度量了当 x_2 固定不变时每单位 x_1 变化所引起的 y 的变化，β_2 度量了当 x_1 固定不变时每单位 x_2 变化所引起的 y 的变化。在多元线性回归模型中，因变量与 k 个自变量相关，则该模型可以为

$$y = \beta_0 + \beta_1 x_1 + \beta_2 x_2 + \cdots + \beta_k x_k + \varepsilon \tag{8-47}$$

参数 $\beta_j(j = 0, 1, \cdots, k)$ 称为回归系数。此模型描述了自变量 x 和 y 组成的空间中的一张超平面。参数 β_j 表示当自变量 $x_i(i \neq j)$ 固定不变时每单位 x_j 的变化所引起的因变量 y 的期望变化。ε 为随机误差，假定为 $E(\varepsilon) = 0$，$V(\varepsilon) = \sigma^2$。

如果获得 $n(n > k)$ 组观测数据 $(x_{i1}, x_{i2}, \cdots, x_{ik}; y_i)$ $i = 1, 2, \cdots, n$，则线性回归模型（8-47）可表示为

$$\begin{cases} y_1 = \beta_0 + \beta_1 x_{11} + \beta_2 x_{12} + \cdots + \beta_k x_{1k} + \varepsilon_1 \\ y_2 = \beta_0 + \beta_1 x_{21} + \beta_2 x_{22} + \cdots + \beta_k x_{2k} + \varepsilon_2 \\ \vdots \\ y_n = \beta_0 + \beta_1 x_{n1} + \beta_2 x_{n2} + \cdots + \beta_k x_{nk} + \varepsilon_n \end{cases} \tag{8-48}$$

写成矩阵形式为

$$\boldsymbol{Y} = \boldsymbol{X}\boldsymbol{\beta} + \boldsymbol{\varepsilon} \tag{8-49}$$

式中，

$$\boldsymbol{Y} = \begin{bmatrix} y_1 \\ y_2 \\ \vdots \\ y_n \end{bmatrix}, \boldsymbol{X} = \begin{bmatrix} 1 & x_{11} & x_{12} & \cdots & x_{1k} \\ 1 & x_{21} & x_{22} & \cdots & x_{2k} \\ \vdots & \vdots & \vdots & & \vdots \\ 1 & x_{n1} & x_{n2} & \cdots & x_{nk} \end{bmatrix}, \boldsymbol{\beta} = \begin{bmatrix} \beta_0 \\ \beta_1 \\ \vdots \\ \beta_k \end{bmatrix}, \boldsymbol{\varepsilon} = \begin{bmatrix} \varepsilon_0 \\ \varepsilon_1 \\ \vdots \\ \varepsilon_n \end{bmatrix} \tag{8-50}$$

为了方便进行模型的参数估计，对回归方程（8-50）有如下一些基本假定：

1）变量 $x_1, x_2, \cdots, x_k$ 是确定性变量，不是随机变量，且要求 $r(\boldsymbol{X}) = k + 1 < n$。这里的 $r(\boldsymbol{X}) = k + 1 < n$ 表明 $\boldsymbol{X}$ 中的自变量列之间不相关，样本容量应大于变量的个数，$\boldsymbol{X}$ 是一满秩矩阵。

2）随机误差项具有 0 均值和等方差，即

$$\begin{cases} E(\varepsilon_i) = 0, i = 1, 2, \cdots, n \\ \text{Cov}(\varepsilon_i, \varepsilon_j) = \begin{cases} \sigma^2, i = j \\ 0, i \neq j \end{cases} (i, j = 1, 2, \cdots, n) \end{cases}$$

3）正态分布的假定条件为

$$\begin{cases} \varepsilon_i \sim N(0, \sigma^2)(i = 1, 2, \cdots, n) \\ \varepsilon_1, \varepsilon_2, \cdots, \varepsilon_n \text{相互独立} \end{cases}$$

对于多元线性回归矩阵形式（8-49），这个条件便可表示为

$$\varepsilon \sim N(0, \sigma^2 I_n) \tag{8-51}$$

式中，I_n 为单位矩阵。

由上述假定和多元正态分布的性质可知，随机向量 Y 遵从 n 维正态分布，回归模型的数学期望和方差分别为 $E(Y) = X\boldsymbol{\beta}$，$V(Y) = \sigma^2 I_n$，因此，$Y \sim (X\boldsymbol{\beta}, \sigma^2 I_n)$。

8.7.2 多元回归分析中的参数估计

多元线性回归方程未知参数 $\beta_0, \beta_1, \cdots, \beta_k$ 的估计与一元线性回归方程的参数估计原理一样，仍然可以采用最小二乘估计。观察值与回归值的偏差平方和为

$$L = \sum_{i=1}^n \varepsilon_i^2 = \sum_{i=1}^n \left(y_i - \beta_0 - \sum_{j=1}^k \beta_j x_{ij} \right)^2$$

为了选择参数 $\beta_0, \beta_1, \cdots, \beta_k$ 使 L 达到最小，$\beta_0, \beta_1, \cdots, \beta_k$ 的最小二乘法估计须满足

$$\begin{cases} \left. \dfrac{\partial L}{\partial \beta_0} \right|_{\hat{\beta}_0, \hat{\beta}_1, \cdots, \hat{\beta}_k} = -2 \sum_{i=1}^n \left(y_i - \hat{\beta}_0 - \sum_{j=1}^k \hat{\beta}_j x_{ij} \right) = 0 \\ \left. \dfrac{\partial L}{\partial \beta_j} \right|_{\hat{\beta}_0, \hat{\beta}_1, \cdots, \hat{\beta}_k} = -2 \sum_{i=1}^n \left(y_i - \hat{\beta}_0 - \sum_{j=1}^k \hat{\beta}_j x_{ij} \right) x_{ij} = 0 \, (j=1,2,\cdots,k) \end{cases}$$

化简上述方程，得到最小二乘标准方程组

$$\begin{cases} n\hat{\beta}_0 + \hat{\beta}_1 \sum_{i=1}^n x_{i1} + \hat{\beta}_2 \sum_{i=1}^n x_{i2} + \ldots + \hat{\beta}_k \sum_{i=1}^n x_{ik} = \sum_{i=1}^n y_i \\ \hat{\beta}_0 \sum_{i=1}^n x_{i1} + \hat{\beta}_1 \sum_{i=1}^n x_{i1}^2 + \hat{\beta}_2 \sum_{i=1}^n x_{i1} x_{i2} + \ldots + \hat{\beta}_k \sum_{i=1}^n x_{i1} x_{ik} = \sum_{i=1}^n x_{i1} y_i \\ \vdots \\ \hat{\beta}_0 \sum_{i=1}^n x_{ik} + \hat{\beta}_1 \sum_{i=1}^n x_{ik} x_{i1} + \hat{\beta}_2 \sum_{i=1}^n x_{ik} x_{i2} + \ldots + \hat{\beta}_k \sum_{i=1}^n x_{ik}^2 = \sum_{i=1}^n x_{ik} y_i \end{cases} \tag{8-52}$$

以上方程组经整理后，得出用矩阵形式表示的正规方程为 $X^T(Y - X\boldsymbol{\beta}) = \mathbf{0}$，移项得 $X^T X \boldsymbol{\beta} = X^T Y$，当 $(X^T X)^{-1}$ 存在时，即得回归参数的最小二乘估计为

$$\hat{\boldsymbol{\beta}} = (X^T X)^{-1} X^T Y \tag{8-53}$$

称 $\hat{y} = \hat{\beta}_0 + \hat{\beta}_1 x_1 + \hat{\beta}_2 x_2 + \cdots + \hat{\beta}_k x_k$ 为经验回归方程。

$\hat{\boldsymbol{\beta}}$ 是随机向量 Y 的线性变换，它是 $\boldsymbol{\beta}$ 的无偏估计，$\hat{\boldsymbol{\beta}}$ 的期望和方差分别为

$$\begin{aligned} E(\hat{\boldsymbol{\beta}}) &= E\left((X^T X)^{-1} X^T Y\right) = (X^T X)^{-1} X^T E(Y) \\ &= (X^T X)^{-1} X^T E(X\boldsymbol{\beta} + \varepsilon) = (X^T X)^{-1} X^T X\boldsymbol{\beta} = \boldsymbol{\beta} \end{aligned} \tag{8-54}$$

$$V(\hat{\boldsymbol{\beta}}) = \text{Cov}(\hat{\boldsymbol{\beta}}, \hat{\boldsymbol{\beta}}) = \text{Cov}\left((X^\text{T}X)^{-1}X^\text{T}Y, (X^\text{T}X)^{-1}X^\text{T}Y\right)$$
$$= (X^\text{T}X)^{-1}X^\text{T}\text{Cov}(Y,Y)X(X^\text{T}X)^{-1} \quad (8\text{-}55)$$
$$= (X^\text{T}X)^{-1}X^\text{T}\sigma^2 I_n X(X^\text{T}X)^{-1} = \sigma^2(X^\text{T}X)^{-1}$$

在一元线性回归里介绍的很多计算方法和分析程序对多元回归情况也同样适用。如残差平方和用来估计误差方差 σ^2。残差（误差）平方和 $S_E = \sum_{i=1}^{n}(y_i - \hat{y}_i)^2$，带 p 个参数的多元回归模型的 σ^2 的估计为

$$\hat{\sigma}^2 = \frac{\sum_{i=1}^{n}(y_i - \hat{y}_i)^2}{n-p} = \frac{S_E}{n-p} \quad (8\text{-}56)$$

多元回归中的回归系数 R^2 的计算与一元线性回归相同，即

$$R^2 = \frac{S_R}{S_T} = 1 - \frac{S_E}{S_T} \quad (8\text{-}57)$$

在多元线性回归模型中，通常称 R^2 为多元决定系数。

由于 R^2 是一个随自变量个数的增加而递增的函数，所以为了使拟合优度检验指标不仅能反映已被解释的变差与总变差的关系，而且能反映回归模型中所包含的自变量个数的影响，需要对 R^2 进行调整，记为 $R^2_{调整}$，且

$$R^2_{调整} = 1 - \frac{S_E/(n-p)}{S_T/(n-1)} = \frac{(n-1)R^2 - k}{n-p} \quad (8\text{-}58)$$

式中，k 为自变量的个数；p 为参数个数，满足 $p = k+1$。

8.7.3 多元回归分析中的显著性检验

在一元线性回归中，回归显著性检验考察了因变量 y 与单一自变量 x 是否存在有效的线性关系；在多元回归中，检验的是在因变量 y 与任何一个自变量 $x_1, x_2, \cdots, x_k$ 之间是否存在有效的线性关系的假设。假设为

$$\begin{cases} H_0: \beta_1 = \beta_2 = \cdots = \beta_k = 0 \\ H_1: 至少一个 \beta_j \neq 0 \end{cases}$$

如果零假设被拒绝，则在模型中至少有一个自变量是与因变量存在线性相关的。类似一元线性回归检验，为了建立对 H_0 进行检验的 F 统计量，仍然利用总离差平方和的分解式，即 $S_T = \sum_{i=1}^{n}(y_i - \bar{y})^2 = \sum_{i=1}^{n}(\hat{y}_i - \bar{y})^2 + \sum_{i=1}^{n}(y_i - \hat{y}_i)^2$，简写为

$$S_T = S_R + S_E \quad (8\text{-}59)$$

式中，$S_R = \sum_{i=1}^{n}(\hat{y}_i - \bar{y})^2$，称为回归平方和，$S_E = \sum_{i=1}^{n}(y_i - \hat{y}_i)^2$，称为残差平方和。$S_T$、$S_R$、$S_E$ 的

自由度分别为 $n-1$、k 和 $n-k-1$,回归均方为 $\mathrm{MS}_R = S_R/k$,残差均方为 $\mathrm{MS}_E = S_E/(n-k-1)$,且为 σ^2 的无偏估计。则 F 统计量为

$$F = \frac{\mathrm{MS}_R}{\mathrm{MS}_E} = \frac{S_R/k}{S_E/(n-k-1)} \sim F(k, n-k-1)$$

对于给定的显著性水平 α,当 $F \geq F_{\alpha, k, n-k-1}$ 时,则拒绝 H_0。F 值的计算可按表 8-8 来进行。

表 8-8 方差分析表

方差来源	离差平方和	自由度 df	均方 MS	F 值
回归	S_R	k	MS_R	$\mathrm{MS}_R/\mathrm{MS}_E$
误差或残差	S_E	$n-k-1$	MS_E	
总和	S_T	$n-1$		

在进行回归函数显著性检验后,需要对每一个偏回归系数是否为零进行检验,即检验假设

$$H_0: \beta_j = 0, H_1: \beta_j \neq 0$$

如果接受原假设 H_0,则 x_j 对 y 无影响;如果拒绝原假设 H_0,则 x_j 对 y 有影响,且服从

$$\hat{\boldsymbol{\beta}} \sim N\left(\boldsymbol{\beta}, \sigma^2 \left(\boldsymbol{X}^\mathrm{T} \boldsymbol{X}\right)^{-1}\right)$$

记

$$\left(\boldsymbol{X}^\mathrm{T} \boldsymbol{X}\right)^{-1} = (c_{ij}) \qquad (i, j = 0, 1, 2, \cdots, k)$$

于是有 $E(\hat{\beta}_j) = \beta_j, V(\hat{\beta}_j) = c_{jj}\sigma^2, \hat{\beta}_j \sim N(\beta_j, c_{jj}\sigma^2), j = 0, 1, 2, \cdots, k$,据此可以构造 t 统计量

$$t_j = \frac{\hat{\beta}_j}{\sqrt{c_{jj}} \hat{\sigma}} \tag{8-60}$$

式中,$\hat{\sigma} = \sqrt{\dfrac{1}{n-k-1} \sum_{i=1}^{n}(y_i - \hat{y}_i)^2} = \sqrt{\mathrm{MS}_E}$,$t_j$ 统计量服从自由度为 $n-k-1$ 的 t 分布。

当 H_0 为真时,对于给定的显著性水平 α,若 $|t_j| \geq t_{\alpha/2}(n-k-1)$,则拒绝 H_0,即认为在 α 显著性水平下,第 j 个自变量 x_j 对被自变量 y 具有显著的影响。

例 8-8

通过试验分析研究发现,某产品的收量 y 与处理压强 x_1 以及温度 x_2 有关,对 10 个样本进行统计,得到表 8-9。

表 8-9 样本数据

y	100	80	75	70	50	60	90	100	120	70
x_1	5	6	7	6	8	7	6	5	4	8
x_2	1000	800	1000	700	300	450	1200	1100	1300	300

试求产品的收量 y 与处理压强 x_1 以及温度 x_2 的回归方程。

解:
(1) 求经验回归方程。根据已知 $n=10, k=2$,可得

$$X = \begin{bmatrix} 1 & 5 & 1000 \\ 1 & 6 & 800 \\ 1 & 7 & 1000 \\ 1 & 6 & 700 \\ 1 & 8 & 300 \\ 1 & 7 & 450 \\ 1 & 6 & 1200 \\ 1 & 5 & 1100 \\ 1 & 4 & 1300 \\ 1 & 8 & 300 \end{bmatrix}, \quad Y = \begin{bmatrix} 100 \\ 80 \\ 75 \\ 70 \\ 50 \\ 60 \\ 90 \\ 100 \\ 120 \\ 70 \end{bmatrix}$$

计算可得

$$X^T X = \begin{bmatrix} 10 & 62 & 8150 \\ 62 & 400 & 46850 \\ 8150 & 46850 & 7852500 \end{bmatrix}, \quad \hat{\boldsymbol{\beta}} = \begin{bmatrix} \hat{\beta}_0 \\ \hat{\beta}_1 \\ \hat{\beta}_2 \end{bmatrix} = (X^T X)^{-1} X^T Y = \begin{bmatrix} 125.5827 \\ -9.7958 \\ 0.0204 \end{bmatrix}$$

得到所求的经验回归方程为：$y = 125.5827 - 9.7958x_1 + 0.0204x_2$。

（2）回归方程的显著性检验。根据经验回归方程可得 $y - \hat{y}$ 残差表，见表 8-10。

表 8-10 $y - \hat{y}$ 的残差

y	100	80	75	70	50	60	90	100	120	70
$\hat{y}$	97.0037	83.1279	77.4121	81.0879	53.3363	66.1921	91.2879	99.0437	112.9195	53.3363
$y - \hat{y}$	2.9963	-3.1279	-2.4121	-11.0879	-3.3363	-6.1921	-1.2879	0.9563	7.0805	16.6637

可以计算得到

$$S_T = \sum_{i=1}^n y_i^2 - \frac{1}{n}\left(\sum_{i=1}^n y_i\right)^2 = 70425 - \frac{1}{10} \times 815^2 = 4002.5$$

$$S_E = \sum_{i=1}^n (y_i - \hat{y}_i)^2 = 70425 - 69898 = 527.4$$

$$S_R = S_T - S_E = 4002.5 - 527 = 3475.5$$

方差分析见表 8-11。

表 8-11 方差分析

方差来源	离差平方和	自由度 df	均方 MS	F 值
回归	3475.1	2	1713.75	22.76
误差或残差	527.4	7	75.2857	
总和	4002.5	9		

可见，$F = 22.76 > F_{0.05}(2,7) = 4.74$，因此拒绝 H_0，认为收量 y 与处理压强 x_1 以及温度 x_2 有显著的线性回归关系。

（3）回归系数的显著性检验。由相关矩阵 $(X^T X)$ 及式（8-81）可以计算得到

$$\begin{cases} t_1 = \dfrac{\hat{\beta}_1}{\sqrt{c_{11}\mathrm{MS}_E}} = \dfrac{-9.7958}{\sqrt{119.4945}} \times \sqrt{7} = -2.3712 \\ t_2 = \dfrac{\hat{\beta}_2}{\sqrt{c_{22}\mathrm{MS}_E}} = \dfrac{0.0204}{\sqrt{0.0015}} \times \sqrt{7} = 1.3936 \end{cases}$$

查表得 $t_{0.025}(7) = 2.3646$，因为

$$|t_1| = 2.3712 > t_{\alpha/2, n-k-1} = 2.3646, \qquad |t_2| = 1.3936 < t_{\alpha/2, n-k-1} = 2.3646$$

所以拒绝 $H_0: \beta_1 = 0$，认为处理压强 x_1 对收量 y 有显著线性影响关系；接受 $H_0: \beta_2 = 0$，认为处理温度 x_2 对收量 y 没有显著线性影响关系。

绘图步骤：

首先将数据输入工作表中，如图 8-12 所示。

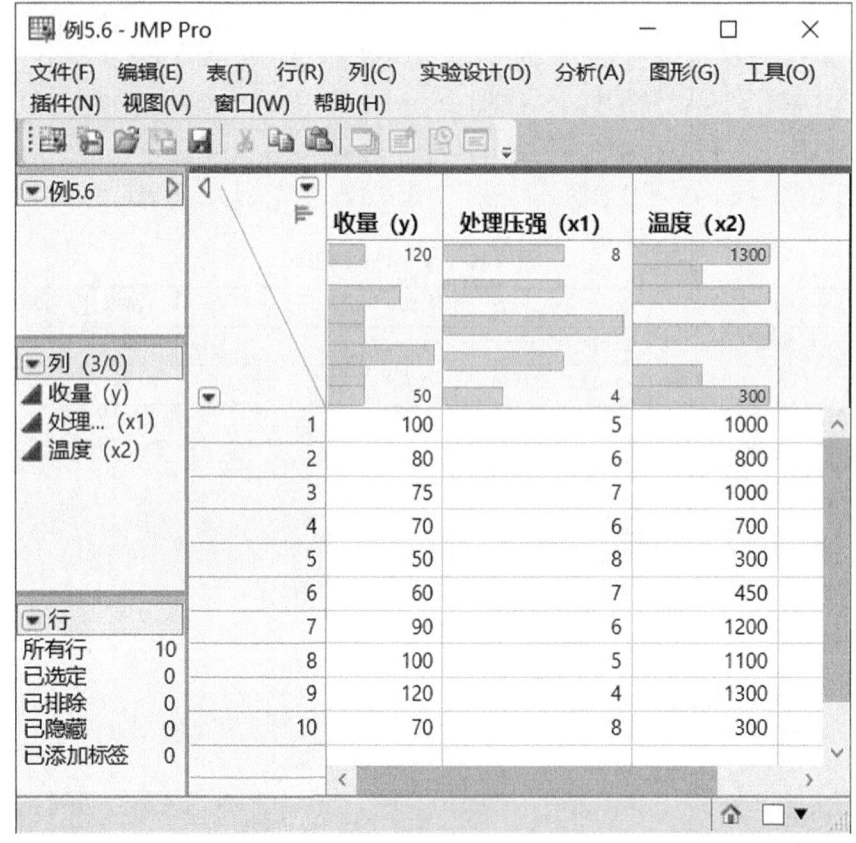

图 8-12　JMP 数据输入

在菜单栏依次单击"分析（A）"→"拟合模型"，将"收量（y）"放入"Y"，将"处理压强（x1）""温度（x2）"添加到模型效应中，平台默认进行"最小二乘估计"，如图 8-13 所示。单击"运行"，生成拟合报表。在报表中，单击"响应'收量（y）'"旁，选择"回归报表"，选中"拟合汇总""失拟"等，如图 8-14 所示。

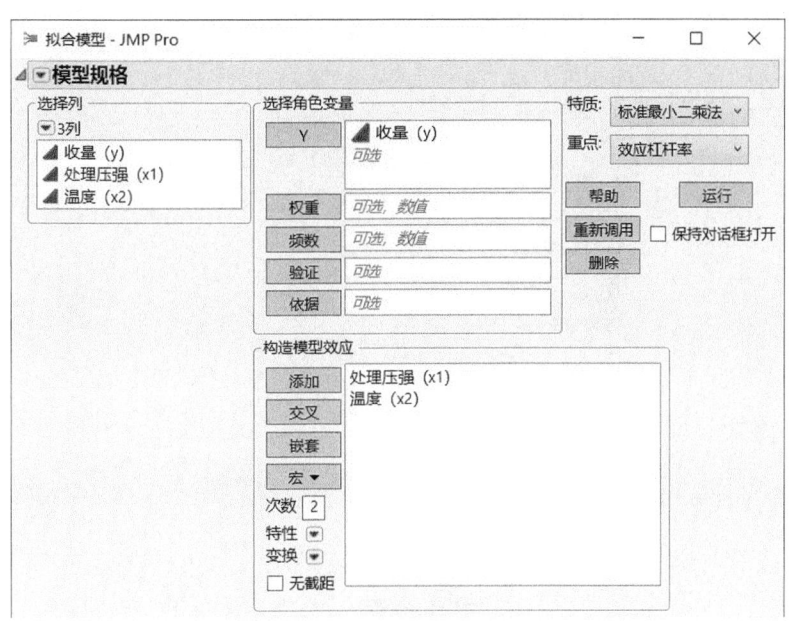

图 8-13 拟合模型对话框

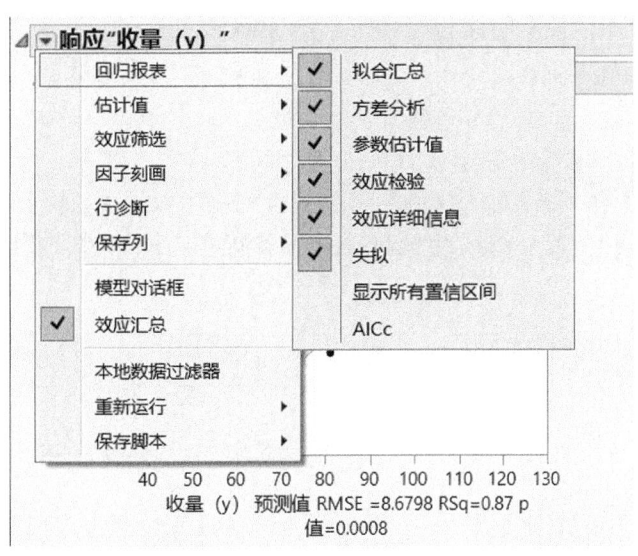

图 8-14 回归分析界面

JMP 的输出结果如图 8-15 所示。

通过前面的计算,已经求出回归模型的残差平方和 $S_E = 527$;共有 $n=10$ 个观察值以及 $k=2$ 个模型参数,所以可知误差方差的计算估计为 $\hat{\sigma}^2 = S_E/(n-k-1) = 527/(10-3) = 75.3$,与 JMP 计算输出的结果一样。

JMP 计算结果中,多元回归中调整后的决定系数 $R^2 = 83.1\%$,表明处理压强和温度组成的模型能够解释近似 83.1%的产品收量变化。

图 8-15 JMP 输出结果

例 8-9

已知某零部件的砂模铸造分为混砂、造型、制芯、浇注四部分，生产过程中存在着各种各样的因素，如原砂、焙烧砂、树脂含量、透气性、涂料波美度、烘干时间、烘干温度、浇铸温度、浇铸时间等，这些因素制约着最终产品的质量。各因素在流程图中的标示如图 8-16 所示。

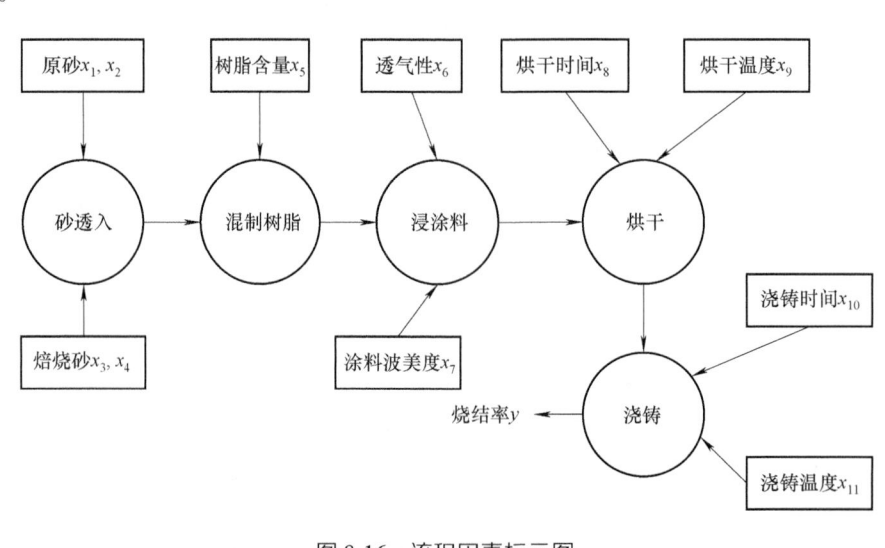

图 8-16 流程因素标示图

试通过 JMP 软件，将和烧结率有关的主要因素分析出来。

解：

（1）数据的收集。本例中输出变量烧结率受到原砂 AFS 指数、原砂水分含量、焙烧砂 AFS 指数、焙烧砂含量、树脂含量、透气性、涂料波美度、烘干时间、烘干温度、浇铸时间、浇铸温度共 11 个因素的影响，采集数据见表 8-12。

表 8-12 各影响因素采集数据表

序号	原砂AFS指数 x_1	原砂水分含量 x_2（%）	焙烧砂AFS指数 x_3	焙烧砂含量 x_4（%）	树脂含量 x_5（%）	透气性 x_6	涂料波美度 x_7	烘干时间 x_8	烘干温度 x_9	浇铸时间 x_{10}	浇铸温度 x_{11}	烧结率 y
1	42.31	0.07	47.61	40	0.0162	216.67	47.25	24	99.4	17.3	1416.8	4.27
2	41.73	0.09	47.45	40	0.0162	210	47.33	23	111.6	15.8	1417	4.19
3	43.34	0.08	45.61	40	0.0162	220	46.83	22	111.0	16.6	1416.2	4.33
4	43.21	0.06	45.32	40	0.0162	226.67	47.17	24	105.5	16.1	1416.1	4.35
5	42.09	0.06	43.52	40	0.0162	200	47.17	22	105.0	16.0	1416.3	4.26
6	40.79	0.07	43.1	50	0.0162	213.33	47.42	22	91.9	16.6	1416.6	4.52
7	43.71	0.07	43.21	40	0.0169	213.33	47.50	24	85.7	16.0	1417	4.43
8	43.58	0.05	45.21	46.7	0.0168	230	47.25	23	92.1	16.3	1417	4.2
9	43.61	0.04	42.31	40	0.0162	226.67	47.08	24	89.8	16.0	1414.7	4.16
10	43.12	0.05	42.75	50	0.0168	233.33	47.50	24	101.2	16.5	1415.9	4.23
11	43.32	0.07	42.9	50	0.0168	260	47.00	24	98.1	15.8	1415.7	4.10
12	41.28	0.06	42.1	50	0.0168	233.33	47.25	23	92.1	16.5	1415.8	4.15
13	41.16	0.08	43.3	40	0.0168	236.67	47.33	22	87.9	16.3	1416.6	4.56
14	43.11	0.08	42.9	50	0.0168	226.67	46.58	24	96.2	16.4	1417.3	3.97
15	41.1	0.06	44.31	50	0.0168	243.33	47.17	23	90.7	17.1	1415.8	4.26
16	42.25	0.07	43.97	40	0.0168	226.67	47.25	23	105.1	15.2	1416.7	4.01

（2）JMP 软件分析。采用与上例类似的步骤，用 JMP 软件对该例进行回归分析。在拟合模型窗口的"特质"中选择"逐步"，单击"运行"，采用向前逐步回归选择最优子集模型。在"逐步拟合"对话框中单击"全部进入"，如图 8-17 所示。单击"运行模型"，得到逐步回归默认报表。单击"响应"旁 ，依次单击"估计值"→"显示预测表达式"，并确保"回归报表"中感兴趣的报表均被选中，最终所得的结果如图 8-18 所示。

整理得到多元回归模型为

$$Y = -29.3 + 0.0932x_1 + 6.45x_2 - 0.0546x_3 - 0.0135x_4 - 588x_5 - 0.00908x_6$$
$$+ 0.492x_7 - 0.0837x_8 - 0.013x_9 + 0.0991x_{10} + 0.0129x_{11}$$

（3）结果分析。由图 8-18 可知，多元决定系数 $R^2 = 95.6\%$，且 $P = 0.03$（"概率>F"）小于 0.05，因此方程具有很好的线性，即烧结率与各变量因素之间存在显著的线性关系。观察各变量因素的 P 值（"概率>|t|"），其中 $x_1, x_5, x_6, x_7, x_8, x_9$ 的 P 值比 0.05 小，因此这些因素对烧结率有显著线性影响，即原砂 AFS 指数、树脂含量、透气性、涂料波美度、烘干时间和

烘干温度是影响烧结率的显著因素。对烧结率的影响因素按影响的大小排序，依次为树脂含量、原砂 AFS 指数、涂料波美度、透气性、烘干温度和烘干时间。

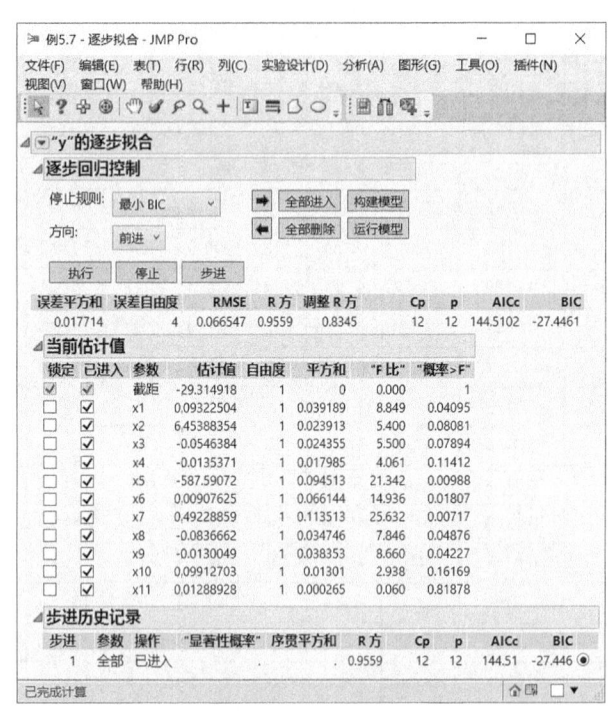

图 8-17 "逐步拟合"对话框　　　　图 8-18 JMP 计算结果

通过上述的多元回归分析可以看出，原砂 AFS 指数、树脂含量、透气性、涂料波美度、烘干时间和烘干温度这六种因素是影响最后烧结率的主要因素。因此若要降低最后产品的烧结率，应该先从这几个方面加以改变，如减小涂料波美度、增加树脂含量、降低透气性、提高烘干温度、减小原砂 AFS 指数等。

【关键词】相关分析，回归分析。

【思考题】

1. 为了研究某种添加剂对烘干时间的作用，进行试验，测量的数据见表 8-13。

表 8-13　试验数据表

烘干时间/h	10.7	10.8	10.3	10.7	10.1	10.0	10.1	9.7	9.5	9.2
添加剂浓度（%）	5.0	5.2	5.4	5.6	5.8	6.0	6.2	6.4	6.6	6.8

试求：

（1）做出烘干时间 y 与添加剂浓度 x 关系的散点图。

（2）求出一元线性回归拟合模型。
（3）对（2）中的线性假设进行显著性检验。

2. 经过试验分析发现，卡车的耗油率 y（用每升汽油行驶的公里数表示）与卡车重量 x_1 和里程表读数 x_2 有关，对 15 个样本进行统计，数据见表 8-14。

表 8-14 试验数据表

耗油率 y	车重 x_1	里程数 x_2	耗油率 y	车重 x_1	里程数 x_2
7.28	10.5	15	4.85	26	84
5.63	23	71	5.08	26.5	25
5.26	27.5	36	5.51	15	124
6.58	14.5	113	4.75	30	25
5.01	30.5	39	6.03	15	75
6.73	14	97	5.26	22.5	192
5.37	21	195	5.6	16	139
7.28	8.5	8			

试求卡车的耗油率 y 与卡车重量 x_1 和里程表读数 x_2 的回归方程。

3. 已知某类化学药品的产量 y 与原料的浓度 x 有关，经过试验测得的数据，见表 8-15。

表 8-15 试验数据表

产量 y	40	48.2	52.5	48.5	44.5	34.5	28
浓度 x	7.5	9	11	13.5	17	23	5.3

试建立产量 y 与原料浓度 x 的回归模型。

第9章 可靠性系统分析

【本章要点】可靠性，常用概率分布在可靠性中的应用，可靠性系统分析。

9.1 概述

高品质的产品一直是人们追求的目标，可靠性作为衡量产品质量的重要指标之一，其诞生可以追溯到 1939 年，当时美国航空委员会提出了飞机事故率的概念，这可能是最早由官方提出的可靠性指标。1952 年美国成立了"电子设备可靠性顾问委员会"（AGREE），该委员会对电子产品的设计、生产、试验等各个方面的可靠性问题，做了全面的调查研究，并于 1957 年 6 月发表了《军用电子设备的可靠性报告》，这是可靠性工程学发展的奠基性文件。1962 年在美国召开了第一届可靠性与可维修性学术会议暨第一届电子设备故障物理学术会议，它标志着对可靠性的研究扩展到研究产品故障的机理方面。日本于 1956 年从美国引进可靠性技术，在 1960 年成立了可靠性及质量控制专门小组。日本在可靠性技术的民用化上取得了巨大进展，带来了"日本制造"产品的世界性畅销，取得了巨大的经济效益。

国际电工委员会（IEC）于 1965 年设立了可靠性技术委员会，1977 年改名为可靠性与可维修性技术委员会，它主要负责对可靠性标准的规范化、可靠性管理、数据收集等方面进行国际协调工作。我国的可靠性工作起始于 20 世纪 50 年代末期。一系列可靠性国家标准的实施，标志着我国产品的可靠性技术达到了一个新的水平。

9.2 可靠性的基本概念

可靠性是指产品在规定条件下和规定时间内，完成规定功能的能力，它反映了产品保持原有功能的概率，产品的可靠性用其可靠度来衡量，可靠度（Reliability）是用概率表示的产品的可靠性程度。

在可靠性的上述定义中，包括以下含义：

（1）产品。可靠性问题的研究对象是产品，它是泛指的，可以是组件、零件、部件、设备，甚至整个系统。研究可靠性问题时首先要明确对象，不仅要确定具体的产品，而且还应明确它的内容和性质。

（2）规定条件。规定条件是指产品的工作条件和环境条件等。产品的环境条件（如温度、压力、载荷、振动、腐蚀等）对可靠性都会产生影响。

（3）规定时间。规定时间是指产品执行任务的时间。任务时间随产品对象不同和任务不同而不同。例如对火箭的飞行要求是在几分钟到几十分钟内可靠，而对卫星则要求在几年到十几年内可靠。但某些产品的可靠性用周期、次数等作为规定会更恰当些。

（4）规定功能。规定功能是指产品的用途，也就是产品规定的、必须具备的功能及其技术指标。产品规定功能的数量和技术指标的水平直接影响到产品可靠性指标。一般来说，所谓"完成规定功能"是指在规定的使用条件下能维持所规定的正常工作而不失效（Failure，对于可修复的产品，通常称为故障）。应注意"失效"不一定仅仅指产品不能工作，因为有些产品虽然还能工作，但由于其功能参数已漂移到规定界限之外了，而不能按规定正常工作，也应视为"失效"。

（5）能力。"能力"的强弱是指产品完成其规定功能的可能性的大小，通常用概率来度量这种可能性。

如上所述，讨论产品的可靠性问题时，必须明确对象、使用条件、使用期限、规定功能等因素，用概率来度量产品的可靠性时就是产品的可靠度。

系统分为可修复系统与不可修复系统两大类。不可修复系统是指系统或其组成单元一旦发生失效，系统就将处于报废状态，这是指技术上不能够修复或者经济上不值得修复。可修复系统是指系统的组成单元发生故障后，经过维修能够使系统恢复到正常工作状态。维修包括修理和更换。

失效，其定义为"产品丧失规定的功能"。这不仅指规定功能的完全丧失，也包括规定功能的降低等。

失效按失效原因可以分为误用失效和本质失效；按发生失效所对应的产品生命周期可以分为早期失效、偶然失效以及耗损失效；按失效的时间特性可以分为突然失效和渐变失效；按失效程度可以分为完全失效和部分失效；按失效后果的严重性可以分为致命失效、严重失效和轻度失效；按失效的独立性可以分为独立失效和从属失效；按照失效的关联性可以分为关联失效和非关联失效，所谓关联失效是指在解释实验结果或计算可靠性特征数值时必须计入的失效。

9.3 可靠性的特征量

为了量化产品或系统的可靠性，需要规定一些可靠性的数值指标。常用的可靠性指标有可靠度、失效率、平均寿命、寿命方差和寿命标准差，可靠寿命、中位寿命及特征寿命等。

有了统一的可靠性尺度或评价产品可靠性的数值指标，就可在设计产品时用数学方法来计算和预测产品可靠性或在产品生产出来后用试验方法等来考核和评定产品可靠性。

9.3.1 可靠度与不可靠度

可靠度可定义为"产品在规定的条件下和规定的时间内，完成规定功能的概率"，通常以"R"表示。考虑到它是时间的函数，所以又可称为可靠度函数，表示为 $R(t)$。就概率分布而言，它又叫作可靠度分布函数，表示在规定的使用条件下和规定的时间内，无故障地发挥规定功能的产品占全部工作产品（累积起来）的百分率。因此，$R(t)$ 的取值范围是 $[0,1]$。

若"产品在规定的条件下和规定的时间内完成规定功能"的这一事件 E 的概率以 $P(E)$ 表示,则可靠度作为描述产品正常工作时间(寿命)这一随机变量 T 的概率分布可写成

$$R(t) = P(T>t) \tag{9-1}$$

与可靠度相对应的是不可靠度,表示"产品在规定的条件下和规定的时间内不能完成规定功能的概率",也称为累积失效概率,一般记为 $F(t)$。由定义可知 $R(t)+F(t)=1$,则

$$F(t) = 1 - R(t) = P(T<t) \tag{9-2}$$

设 N 个同型号的产品,开始工作($t=0$)后到任意时刻 t 时,有 $n(t)$ 个失效,则

$$R(t) \approx \frac{N-n(t)}{N} \tag{9-3}$$

$$F(t) \approx \frac{n(t)}{N} \tag{9-4}$$

对不可靠度函数 $F(t)$ 求导,则得失效密度函数 $f(t)$,即

$$f(t) = \frac{\mathrm{d}F(t)}{\mathrm{d}t} = -\frac{\mathrm{d}R(t)}{\mathrm{d}t} \tag{9-5}$$

由式(9-5)可得

$$F(t) = \int_0^t f(t)\mathrm{d}t \tag{9-6}$$

失效密度函数 $f(t)$ 又称为故障密度函数。可靠度函数与不可靠度函数如图 9-1a 所示,对应的失效密度函数 $f(t)$ 如图 9-1b 所示。

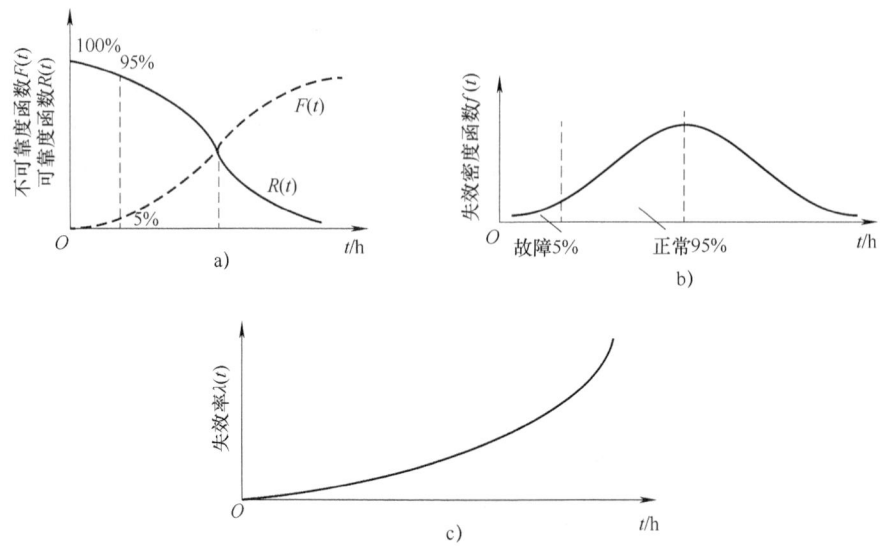

图 9-1 可靠度函数与失效密度函数

由图 9-1 可见,不可靠度函数 $F(t)$ 为累积失效密度函数。

例 9-1

有 5000 个某种零件,在工作了 3 年后,有 70 个发生故障(或失效),其余的 4930 个零件仍能继续工作,那么其可靠度为多少?

解：$R(3) = \dfrac{4930}{5000} \times 100\% = 98.6\%$。

9.3.2 失效率

失效率（Failure Rate）的定义为"工作到某时刻 t 时尚未失效的产品，在该时刻 t 以后的下一个单位时间内发生失效的概率"。失效率的观测值即为"在某时刻 t 以后的下一个单位时间内失效的产品数与工作到该时刻尚未失效的产品数之比"。

设有 N 个产品，从 $t=0$ 开始工作，到时刻 t 时产品的失效数为 $n(t)$，而到时刻 $t+\Delta t$ 时产品的失效数为 $n(t+\Delta t)$，即在 $[t,t+\Delta t]$ 时间区间内有 $\Delta n(t) = n(t+\Delta t) - n(t)$ 个产品失效，则定义该产品在时间区间 $[t,t+\Delta t]$ 内的失效率为

$$\lambda(t) \approx \dfrac{n(t+\Delta t) - n(t)}{[N - n(t)]\Delta t} = \dfrac{\Delta n(t)}{[N - n(t)]\Delta t} \tag{9-7}$$

因为失效率 $\lambda(t)$ 是时间 t 的函数，所以又称 $\lambda(t)$ 为失效率函数。

失效率是产品可靠性常用的数量特征之一，失效率越高，则可靠性越低。失效率的单位多用时间的倒数表示，记为 1/h。对于可靠度高、失效率低的产品，则采用 Fit(Failure Unit) = 10^{-9} /h = $10^{-6}/10^3$ h 为单位。有时不用时间的倒数而用与其相当的"动作次数""转数""距离"等的倒数更适宜些。

例 9-2

今有 200 个某种零件，已工作了 9 年，工作满 8 年时共有 20 个失效，工作满 9 年时共有 32 个失效。试计算这批零件工作满 8 年时的失效率。

解：根据式（9-7），时间以年为单位，则 Δt=1 年

$$\lambda(8) = \dfrac{\Delta n(t)}{[N - n(t)]\Delta t} = \dfrac{32 - 20}{(200 - 20) \times 1} = 0.0667 = 6.67\%$$

如果时间以 10^3h 为单位，则 Δt=1 年=8.76×10^3 h，因此

$$\lambda(8) = \dfrac{\Delta n(t)}{[N - n(t)]\Delta t} = \dfrac{32 - 20}{(200 - 20) \times 8.76 \times 10^3} \times 100\% = 0.76\%$$

如果有这批零件多年的失效数据，可以按照上述算法求出 $\lambda(1), \lambda(2), \cdots$，因此可绘出 $\lambda(t)$ 随时间 t 的变化曲线，称该曲线为这批零件的失效率曲线。

失效率 $\lambda(t)$ 是系统、机器、设备等产品一直到某一时刻 t 为止，尚未发生故障的可靠度 $R(t)$ 在下一单位时间内可能发生故障的条件概率。失效率也可以写成

$$\lambda(t) = \dfrac{\mathrm{d}F(t)/\mathrm{d}t}{R(t)} = \dfrac{-\mathrm{d}R(t)/\mathrm{d}t}{R(t)} = \dfrac{f(t)}{R(t)} \tag{9-8}$$

$$\lambda(t) = \dfrac{-\mathrm{d}\ln R(t)}{\mathrm{d}t} \tag{9-9}$$

由式（9-9）可知，$\lambda(t)$ 是瞬时失效率，也可称为 $R(t)$ 条件下 $f(t)$。

当可靠度函数 $R(t)$ 或不可靠度函数 $F(t) = 1 - R(t)$ 已求出，则可按式（9-9）求出 $\lambda(t)$。反之，如果失效率函数 $\lambda(t)$ 已知，由式（9-9）也可求得 $R(t)$，即

$$R(t) = \exp\left[-\int_0^t \lambda(t)\mathrm{d}t\right] \tag{9-10}$$

即可靠度函数 $R(t)$ 是把 $\lambda(t)$ 由 0 至 t 进行积分之后作为指数的指数型函数。

失效率函数有 3 种类型：随时间的增长而增长的，如图 9-1c 所示；随时间的增长而下降的，以及与时间无关而保持一定值的，如图 9-2 所示。图 9-1 和图 9-2 还给出了 $R(t)$、$f(t)$、$\lambda(t)$ 间的关系。

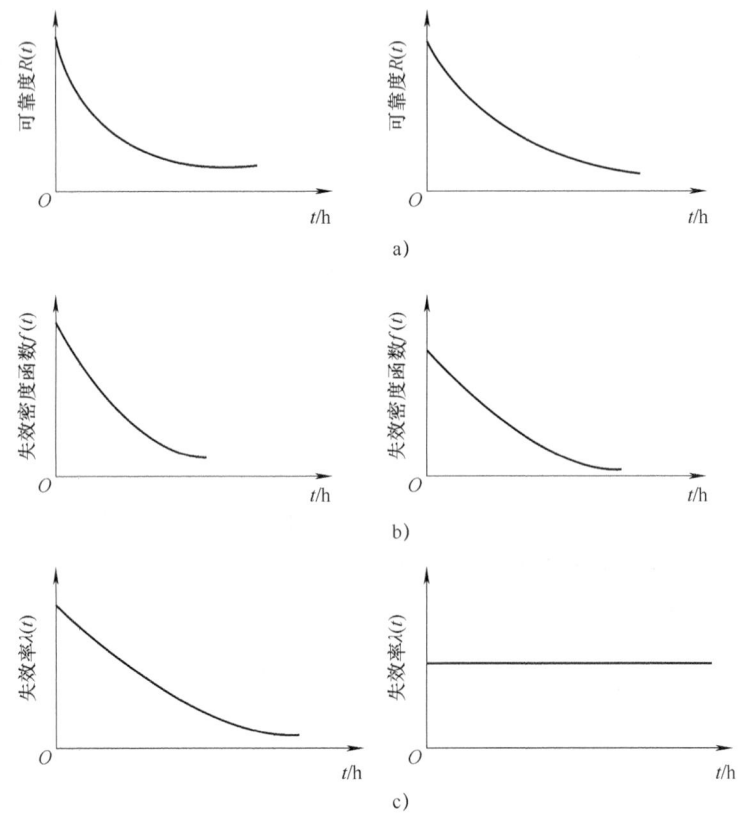

图 9-2 关系图

当 $\lambda(t) = \lambda$ 为一常数时，如图 9-2b 所示，则式（9-10）变为

$$R(t) = e^{-\lambda t} \tag{9-11}$$

在图 9-2a 中，失效率 $\lambda(t)$ 是随时间的延长而下降的，由于这种失效率函数形态的特点，因而产品在开始使用时失效率高，容易发生故障，但越往后产品越可靠，不易发生故障。具有这种失效率函数形态的产品可借助长期的使用试验，选取优质产品的类型。在图 9-2b 中，故障发生的形式是随机的，失效率为常量，可靠度呈指数分布，如式（9-11）所示，这是可靠性的最基本的形式。这时，因为在任何时间点上故障的发生率都是相同的，所以故障是无法预测的且即使更换零件也不能避免故障。在图 9-1c 中，失效率函数是随时间的延长而上升的。例如滚动轴承等机械零

件磨损的失效密度函数 $f(t)$ 的形态接近于正态分布，因此故障将集中在偏离平均值 $\pm 3\sigma$ 的时间范围内发生。在这种情况下，若能在故障即将发生以前及时对设备进行预防性维修，就可避免故障的发生。

由许多零件构成的机器、设备或系统，在不进行预防性维修时，或者对于不可修复的产品，其失效率曲线的典型形态如图 9-3 所示。由于它的形状与浴盆的剖面相似，所以又称为浴盆曲线（Bath-Tub Curve）。它是由上述 3 种形态的失效率曲线组成的，反映了产品在其全部工作过程中的 3 个不同时期的失效率。

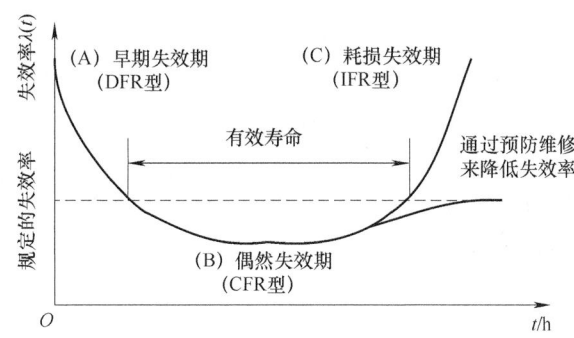

图 9-3 不进行维修的机器、设备或系统的典型失效率曲线

1. 早期失效期（DFR 型）

早期失效期出现在产品投入使用的初期，其特点是开始时失效率较高，但随着使用时间的延长失效率将较快地下降，呈递减型，如图 9-3 中的时期（A）所示。这时期的失效或故障是由于设计上的疏忽、材料有缺陷、工艺质量问题、检验差错而混进了不合格品、不适应外部环境等缺点引起的，这个时期的长短随设备或系统规模的不同而异。为了缩短这一时期的时间，产品应在投入运行前进行试运转，以便及早发现、修正和排除缺陷；或通过试验筛选来剔除不合格品；或进行规定的跑合和调整，以便改善其技术状况。

2. 偶然失效期（CFR 型）

在早期失效期的后期，产品的失效率降至一个较低的水平，且在相当一段时期内大致维持不变，如图 9-3 中的（B）所示。这时期故障的发生是偶然的或随机的，因此称为偶然失效期。这时的失效原因是由非预期的过载、误操作、意外及一些尚不清楚的偶然因素所造成的。偶然失效期是设备或系统等产品的最佳状态时期，在规定的失效率下其持续时间称为使用寿命或有效寿命。人们总是希望在容许的费用内尽可能地延长使用寿命。台架寿命试验、可靠性试验，一般都是在消除了早期故障之后针对偶然失效期而进行的。

3. 耗损失效期（IFR 型）

耗损失效期出现在设备、系统等产品投入使用的后期，其特点是失效率随工作时间的延长而上升，如图 9-3 中的（C）所示。这是因为构成设备、系统的部分零件已过度磨损、疲劳、老化、腐蚀。若能预计到耗损失效期，在其到来之前及时更换或保养耗损的零件，就可以将系统的偶然失效期延长，从而延长设备或系统的使用寿命。当然，在实际应用中必须考虑维修的经济性。

可靠性研究虽涉及上述三种失效类型或三种失效期，但研究的重点是偶然失效，因为它发生在设备的正常使用期间。

这里要特别指出，浴盆曲线的观点反映的是不可修复且较为复杂的设备或系统在投入使用后失效率的变化情况。在一般情况下，由于单一的失效机理而引起失效的零件、部件，应归于 DFR 型；而固有寿命集中的多属于 IFR 型。只有在较为复杂的设备或系统中，零件繁多且它们的设计、使用材料、制造工艺、工作（应力）条件、使用方法等不同，失效因素各异，才形成包含上述三种失效类型的浴盆曲线。

9.3.3 平均寿命

在产品寿命指标中，最常用的是平均寿命（Mean Life），平均寿命的概念对于不可修复（失效后无法修复或不修复，仅进行更换）的产品和可修复（发生故障后经修理或更换零件即恢复功能）的产品，含义是不同的。

对于不可修复的产品，其寿命是指它的失效前的工作时间。因此，平均寿命是指该产品从开始使用到失效前的工作时间（或工作次数）的平均值，或称为失效前平均时间，记为 MTTF（Mean Time To Failure）。

$$\mathrm{MTTF} = \frac{1}{N} \sum_{i=1}^{N} t_i \tag{9-12}$$

式中，N 为测试的产品总数；t_i 为第 i 个产品失效前的工作时间，单位为 h。

对于可修复的产品，其寿命是指相邻两次故障间的工作时间。因此，它的平均寿命即为平均无故障工作时间或称为平均故障间隔，记为 MTBF（Mean Time Between Failure）。

$$\mathrm{MTBF} = \frac{1}{\sum_{i=1}^{N} n_i} \sum_{i=1}^{N} \sum_{j=1}^{n_i} t_{ij} \tag{9-13}$$

式中，N 为测试的产品总数；n_i 为第 i 个产品的故障数；t_{ij} 为第 i 个产品从第 $j-1$ 次故障到第 j 次故障的工作时间，单位为 h。

例 9-3

某种电灯泡从开始使用到发生失效的时间数据（单位为 h）为 200，120，232，143，540，试求其平均寿命。

解： $\mathrm{MTTF} = \dfrac{200+120+232+143+540}{5} \mathrm{h} = 247\mathrm{h}$

MTTF 与 MTBF 的理论和数学表达式的实际内容都是一样的，因此通称为平均寿命。这样，如果从一批产品中任取 N 个产品进行寿命试验，得到第 i 个产品的寿命数据为 t_i，则该产品的平均寿命 θ 为

$$\theta = \frac{1}{N} \sum_{i=1}^{N} t_i \tag{9-14}$$

也可以表示为

$$\theta = \frac{\text{所有产品总的工作时间}}{\text{总的故障数}}$$

若进行寿命试验的产品数 N 较大，寿命数据较多，用上列各式计算较烦琐，则可将全部寿命数据按一定时间间隔分组，并取每组的寿命数据的中值 t_i 作为该组各寿命数据的近似值，则总的工作时间就可近似地用各组的寿命数据中值 t_i 与相应频数（该组的数据数）Δn_i 的乘积之和 $\sum_{i=1}^{N} t_i \Delta n_i$ 来表示，因此平均寿命 θ 可表达为

$$\theta = \frac{1}{N}\sum_{i=1}^{N}(t_i \Delta n_i) \tag{9-15}$$

式中，N 为总的寿命数据数；n 为分组数；t_i 为第 i 组的寿命数据的中值，单位为 h；Δn_i 为第 i 组的寿命数据个数（失效频数）。

若产品总体的失效密度函数 $f(t)$ 已知，则根据期望 $E(x)$ 的定义可得

$$\theta = E(T) = \int_0^{+\infty} tf(t)\mathrm{d}t \tag{9-16}$$

将式（9-5）代入式（9-16），得

$$\theta = \int_0^{+\infty} t\left(-\frac{\mathrm{d}R(t)}{\mathrm{d}t}\right)\mathrm{d}t = -\int_0^{+\infty} t\mathrm{d}R(t) = -\int_0^{+\infty}\mathrm{d}(tR(t)) + \int_0^{+\infty} R(t)\mathrm{d}t = -[tR(t)]\Big|_0^{+\infty} + \int_0^{+\infty} R(t)\mathrm{d}t$$

因当 $t=0$ 时，$tR(t)=0$；当 $t=\infty$ 时，$\lim_{t\to\infty}[tR(t)] = 0$，$[tR(t)]\Big|_0^{\infty}$ 项为零，得

$$\theta = \int_0^{+\infty} R(t)\mathrm{d}t \tag{9-17}$$

式（9-17）中的 θ 就是 MTTF 或 MTBF。由此可见，在一般情况下，对可靠性函数 $R(t)$ 在从 0 到 ∞ 的时间区间上进行积分计算，就可求出产品总体的平均寿命。

当 $\lambda(t)=\lambda$ 为常数时，由式（9-11）可知 $R(t) = \mathrm{e}^{-\lambda t}$，将它代入式（9-17），得

$$\theta = \int_0^{+\infty} R(t)\mathrm{d}t = \int_0^{+\infty} \mathrm{e}^{-\lambda t}\mathrm{d}t = \frac{-1}{\lambda}\int_0^{+\infty} \mathrm{e}^{-\lambda t}\mathrm{d}(-\lambda t) = -\frac{1}{\lambda}[\mathrm{e}^{-\lambda t}]\Big|_0^{+\infty} = \frac{1}{\lambda} \tag{9-18}$$

即当可靠度函数 $R(t)$ 为指数分布时，平均寿命 θ 等于失效率 λ 的倒数。当 $t = \theta = 1/\lambda$ 时，由式（9-12）知 $R(t) = \mathrm{e}^{-1} = 0.3679$，即能够工作到平均寿命的产品仅有 36.79% 左右。

9.3.4 寿命方差和寿命标准差

平均寿命是一批产品中各个产品的寿命的算术平均值，它只能反映这批产品寿命分布的中心位置，而不能反映各产品寿命 $t_1, t_2, t_3, \cdots, t_n$ 与此中心位置的偏离程度。寿命方差和标准差就是用来反映产品寿命离散程度的特征值。

当产品的寿命数据 $t_i(i=1,2,\cdots,N)$ 为离散型变量时，一批数量为 N 的产品（母体）的寿命方差为

$$V(t) = [\sigma(t)]^2 = \frac{1}{N}\sum_{i=1}^{N}(t_i - \theta)^2 \tag{9-19}$$

寿命标准差为

$$\sigma(t) = \sqrt{\frac{1}{N}\sum_{i=1}^{N}(t_i-\theta)^2} \tag{9-20}$$

式中，N 为该母体取值的总次数，$N\to\infty$ 或是个相当大的数；θ 为测试产品的平均寿命，单位为 h；t_i 为第 i 个测试产品的实际寿命，单位为 h。

当 N 为不大的数或对于子样（即对于某一数组）来说，其寿命方差和标准差分别为

$$V(t) = \frac{1}{N-1}\sum_{i=1}^{N}(t_i-\theta)^2 \tag{9-21}$$

$$\sigma(t) = \sqrt{\frac{1}{N-1}\sum_{i=1}^{N}(t_i-\theta)^2} \tag{9-22}$$

连续型变量的总体寿命方差可由失效密度函数 $f(t)$ 直接求得

$$V(t) = [\sigma(t)]^2 = \int_0^{+\infty}(t-\theta)^2 f(t)\mathrm{d}t \tag{9-23}$$

式中，$\sigma(t)$ 为寿命标准差。

9.3.5 可靠寿命、中位寿命和特征寿命

产品的可靠度与它的使用期限有关，用可靠度函数 $R(t)$ 表示，当 $R(t)$ 为已知时，就可以求得任意时间 t 的可靠度。反之，若确定了可靠度，也可以求出相应的工作寿命。可靠寿命是指可靠度为给定值 R 时的工作寿命，并以 t_R 表示。

可靠度 $R=50\%$ 的可靠寿命，称为中位寿命，用 $t_{0.5}$ 表示。当产品工作到中位寿命 $t_{0.5}$ 时，可靠度与累积失效概率均等于 0.5，产品中将有半数失效。

可靠度 $R=e^{-1}$ 的可靠寿命称为特征寿命，用 $T_{e^{-1}}$ 表示。

例 9-4

某产品的失效率为常数 $\lambda(t)=\lambda=0.25\times10^{-4}$，单位为 1/h，可靠度函数 $R(t)=e^{-\lambda t}$，试求可靠度 $R=99\%$ 的相应可靠寿命 $t_{0.99}$、产品的中位寿命 $t_{0.5}$ 和特征寿命 $T_{e^{-1}}$。

解：

由 $R(t_R)=e^{-\lambda t_R}$ 两边取对数，得 $\ln R(t_R)=-\lambda t_R$。

$$t_R = \frac{-\ln R(t_R)}{\lambda}$$

所以 $t_{0.99}=-\ln R(t_{0.99})/\lambda=-\ln 0.99/(0.25\times10^{-4})=420(\mathrm{h})$，$t_{0.5}=-\ln R(t_{0.5})/\lambda=27725.9(\mathrm{h})$，$T_{e^{-1}}=-\ln e^{-1}/\lambda=40000(\mathrm{h})$。

9.4 常用概率分布在可靠性中的应用

产品可靠性的所有数量特征都与该产品的寿命分布函数有密切关系。如果已知寿命分布函数，则失效密度函数、失效率函数以及可靠寿命等许多特征量都可以求出。即使不知道具体的寿

命分布函数，但如果已知寿命分布的类型，也可以通过对分布的参数估计，求得某些可靠性特征量的估计量。在可靠性工程中，常用的概率分布有指数分布、正态分布、威布尔分布、二项分布、泊松分布等。

9.4.1 指数分布

指数分布的寿命分布函数为

$$F(t) = \begin{cases} 0 & t < 0 \\ 1 - e^{-\lambda t} & t \geq 0 \end{cases} \quad (9\text{-}24)$$

式中，λ 是常数。失效密度函数、可靠度函数、平均寿命分别为

$$f(t) = \begin{cases} 0 & t < 0 \\ \lambda e^{-\lambda t} & t \geq 0 \end{cases}$$

$$R(t) = 1 - F(t) = e^{-\lambda t} \quad (t \geq 0)$$

$$\theta = \text{MTTF} = \int_0^{+\infty} R(t) dt = \int_t^{+\infty} e^{-\lambda t} dt = \frac{1}{\lambda} \quad (9\text{-}25)$$

可以看出，当失效率为常数时，可靠度服从指数分布，它的大小仅取决于工作时间，其平均寿命 MTTF 等于失效率的倒数。

寿命方差为

$$\sigma^2 = V(T) = \int_{-\infty}^{+\infty} t^2 f(t) dt - [E(T)]^2 = \frac{1}{\lambda^2} \quad (9\text{-}26)$$

对于任意给定的可靠度 R，有 $R(t) = e^{-\lambda t} = R$，将上式两边取自然对数，得

$$t_R = \frac{1}{\lambda} \ln \frac{1}{R} \quad (9\text{-}27)$$

中位寿命为

$$t_{0.5} = \frac{1}{\lambda} \ln 2 \quad (9\text{-}28)$$

特征寿命（$R = e^{-1}$）为

$$t_{e^{-1}} = \frac{1}{\lambda} \quad (9\text{-}29)$$

例 9-5

有一批同型号同规格的电子组件，根据以往资料得知其失效时间遵从指数分布，这种设备在 50h 的工作时间内，将有 20%失效。试求这种组件的中位寿命和可靠度 $R=0.95$ 情况下的寿命。

解：已知 t=50h，$F(50) = 0.2$，根据指数寿命分布函数可得：$F(50)1 - e^{-50\lambda} = 0.2$。

因此平均寿命 $\theta = 1/\lambda = 223(h)$，中位寿命 $t_{0.5} = 223 \times \ln 2 = 155(h)$，R=0.95 的可靠寿命 $t_{0.95} = 233 \times \ln(100/95) = 12(h)$。

9.4.2 对数正态分布

对数正态分布，记为 $\ln T \sim N(\mu, \sigma^2)$，$T$ 的分布密度函数和分布函数分别为

$$f(t) = \frac{1}{\sqrt{2\pi}\sigma t} e^{-\frac{(\ln t - \mu)^2}{2\sigma^2}}, \quad t > 0 \tag{9-30}$$

$$F(t) = \int_0^t \frac{1}{\sqrt{2\pi}\sigma x} e^{-\frac{(\ln t - \mu)^2}{2\sigma^2}} dx = \Phi\left(\frac{\ln t - \mu}{\sigma}\right) \tag{9-31}$$

平均寿命和寿命方差分别为

$$\theta = E(T) = e^{\mu + \frac{\sigma^2}{2}} \tag{9-32}$$

$$V(T) = e^{2\mu} + \sigma^2 (e^{\sigma^2} - 1) \tag{9-33}$$

可靠度函数为

$$R(t) = 1 - F(t) = 1 - \Phi\left(\frac{\ln t - \mu}{\sigma}\right) \tag{9-34}$$

失效率函数为

$$\lambda = \frac{f(t)}{R(t)} = \frac{\frac{1}{t\sigma\sqrt{2\pi}} \exp\left[-\frac{1}{2}\left(\frac{\ln t - \mu}{\sigma}\right)^2\right]}{1 - \Phi\left(\frac{\ln t - \mu}{\sigma}\right)} = \frac{\Phi\left(\frac{\ln t - \mu}{\sigma}\right)}{t\sigma\left[1 - \Phi\left(\frac{\ln t - \mu}{\sigma}\right)\right]} \tag{9-35}$$

由于对数正态分布是一种偏态分布，而且随机变量 x 的取值 $x>0$，与零件的强度、寿命等取值相吻合。因此，在机械零件的疲劳强度、疲劳寿命、耐磨寿命、维修时间等分布的研究，以及恒定应力加速寿命试验后样本失效时间的统计分析中，得到广泛应用。在实际应用中，一般处理对数正态分布的数据时，先将各个数据取对数，然后按正态分布进行处理，这样可简化计算，便于工程应用。

例 9-6

已知某机械零件的疲劳寿命服从 $\mu = 4.5, \sigma = 1$ 的对数正态分布，求该零件在 t=110h 时的可靠度及失效率，以及该零件在 t=90h 时的可靠度。

解：在 110h 时的零件可靠度为

$$R(110) = 1 - F(t) = 1 - \Phi\left(\frac{\ln t - \mu}{\sigma}\right) = 1 - \Phi\left(\frac{\ln 110 - 4.5}{1}\right) = 1 - \Phi(0.2005) = 41.87\%$$

在 110h 时的失效率为

$$\lambda(110) = \frac{\Phi\left(\frac{\ln t - \mu}{\sigma}\right)}{t\sigma\left[1 - \Phi\left(\frac{\ln t - \mu}{\sigma}\right)\right]} = \frac{\Phi\left(\frac{\ln 110 - 4.5}{1}\right)}{110 \times 1 \times 0.4187} = \frac{\Phi(0.2005)}{46.09} = 0.01261(\text{h}^{-1})$$

在 90h 时的零件可靠度

$$R(90) = 1 - \Phi\left(\frac{\ln 90 - 4.5}{1}\right) = 50\%$$

由此可见，当 $Z = \dfrac{\ln t - \mu}{\sigma} = 0$ 或 $R(t) = 50\%$ 时

$$\ln t = \mu = \ln t_{0.5} \tag{9-36}$$

式中，$\ln t_{0.5}$ 为对数中位寿命，也是正态分布随机变量 $Y = \ln t_r$ 的均值或数学期望。

对数正态分布的中位寿命为

$$t_{0.5} = e^{\mu} \tag{9-37}$$

由式（9-32）得对数正态分布的平均寿命为

$$\theta = t_{0.5} e^{\frac{\sigma^2}{2}} \tag{9-38}$$

又因 $t_{0.5} = e^{\mu} = e^{4.5} = 90(\text{h})$，所以平均寿命 $\theta = t_{0.5} e^{\frac{\sigma^2}{2}} = 90 \times e^{\frac{1}{2}} = 148.38(\text{h})$。

9.4.3　威布尔分布

威布尔分布的寿命分布函数和失效密度函数分别为

$$F(t) = 1 - e^{-\frac{(t-\gamma)^m}{t_0}}, \quad t \geqslant \gamma \tag{9-39}$$

$$f(t) = \frac{m}{t_0}(t-\gamma)^{m-1} e^{-\frac{(t-\gamma)^m}{t_0}}, \quad t \geqslant \gamma \tag{9-40}$$

可靠度函数 $t \geqslant \gamma$ 及失效率函数分别为

$$R(t) = e^{-\frac{(t-\gamma)^m}{t_0}} \tag{9-41}$$

$$\lambda(t) = \frac{m}{t_0}(t-\gamma)^{m-1} \tag{9-42}$$

若设 $t_0 = \eta^m$，即 $\eta = t_0^{\frac{1}{m}}$，将 η 代入密度函数式（9-40），可得

$$f(t) = \frac{m}{\eta}\left(\frac{t-\gamma}{\eta}\right)^{m-1} e^{-\left(\frac{t-\gamma}{\eta}\right)^m}, \quad \gamma < t, m > 0, \eta > 0$$

寿命分布函数化为

$$F(t) = \int_{-\infty}^{t} f(x)\mathrm{d}x = \int_{\gamma}^{t} \frac{m}{\eta}\left(\frac{x-\gamma}{\eta}\right)^{m-1} e^{-\left(\frac{x-\gamma}{\eta}\right)^m} \mathrm{d}x = 1 - e^{-\left(\frac{t-\gamma}{\eta}\right)^m}$$

威布尔分布的可靠度函数

$$R(t) = 1 - F(t) = e^{-\left(\frac{t-\gamma}{\eta}\right)^m}$$

威布尔分布的失效率函数。

$$\lambda(t) = \frac{f(t)}{R(t)} = \frac{m}{\eta}\left(\frac{t-\gamma}{\eta}\right)^{m-1}$$

当 $m=1$ 时，$\lambda(t) = \dfrac{1}{\eta}$，$\lambda(t)$ 为常数，表明分布变成了指数分布的形式。

当 $t = \eta$ 时，取 $\gamma=0$，有 $F(t) = 1-\mathrm{e}^{-1} = 0.632$，这时分布函数 $F(t)$ 变成了与 t_0、m 无关的常数，所以又称 $t = \eta$ 为特征寿命。

9.5 可靠性系统分析

9.5.1 系统的组成

系统是指为了完成某一特定功能，由若干个彼此有联系且又能相互协调工作的单元所组成的综合体。系统和单元的含义是相对而言的，由研究对象而定。系统可以是机器、设备、部件和零件；单元也可以是机器、设备、部件和零件。系统可以分为可修复系统与不可修复系统两类。绝大多数设备是可修复系统，但不可修复系统的分析方法是研究可修复系统的基础。

系统的可靠性不仅与组成该系统各单元的可靠性有关，而且也与组成该系统各单元间的组成方式和相互匹配程度有关。假设系统或者单元只可能有两个状态，即正常或者失效；同时假设各个单元所处的状态是相互独立的。

9.5.2 系统可靠性功能逻辑框图

计算系统可靠性的第一步是要建立系统的可靠性框图。可靠性框图是用来描述系统内各组件之间的逻辑任务关系的图。要建立系统可靠性框图，首先要对系统内各组件功能有透彻的了解，然后在一些假设下忽略某些次要因素，抓住主要因素。在分析系统可靠性时，通常将系统的工程结构图转换成系统的可靠性框图，再根据可靠性框图以及组成系统各单元所具有的可靠性特征量，计算出所设计系统的可靠性特征量。

系统的工程结构图用于表示组成系统的单元之间的物理关系和工作关系，而可靠性框图则用于表示系统功能与组成系统的单元之间的可靠性功能关系，可靠性框图与工程结构图并不完全等价。建立可靠性框图首先要了解系统中每个单元的功能，各单元之间在可靠性功能上的联系，以及这些单元功能、失效模式对系统的影响。应从功能上而不是从工程结构上来研究系统类型，分析系统的功能及其失效模式，以此来保证功能关系的正确性。系统可以分为串联系统和并联系统两种基本类型。

如果系统中任何一个单元失效，系统就失效，换句话说，只有当系统中每个单元都正常工作时，系统才能完成其规定的功能，那么这类系统被称为串联系统。只要有一个单元正常工作，系统就能完成其规定的功能，这类系统被称为并联系统。

例9-7

最简单的振荡电路由一个电感 L 和一个电容 C 组成，在工程结构图中（见图9-4），电感 L 和电容 C 是并联连接，但在可靠性框图中（见图9-5），它们却是串联关系。这是因为电感 L 和电容 C 中任何一个失效都能引起振荡电路失效。

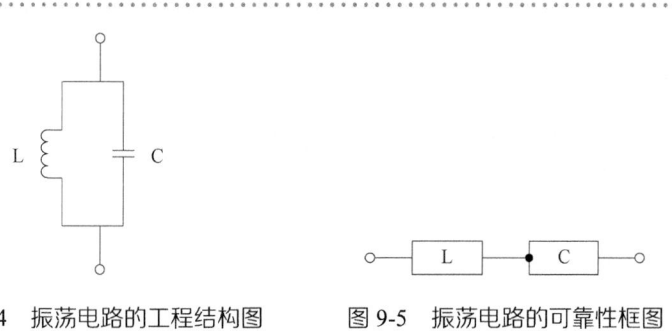

图 9-4 振荡电路的工程结构图　　图 9-5 振荡电路的可靠性框图

例 9-8

图 9-6 所示是一个流体系统工程结构图,从结构上看由管道及其上装有的两个阀门串联组成。为确定系统类型,来分析系统的功能及其失效模式。

(1) 当把该系统功能定义为保持液体流通时,若阀 1 与阀 2 这两个单元功能是相互独立的,则只有这两个单元都正常开启,系统才能实现液体流通的功能,因此该系统为串联系统,其可靠性框图如图 9-7a 所示。

(2) 当把该系统功能定义为截流时,若阀 1 与阀 2 这两个单元功能是相互独立的,则这两个单元只要有一个正常,系统就能实现其截流功能,因此该系统的可靠性框图如图 9-7b 所示,为并联系统。

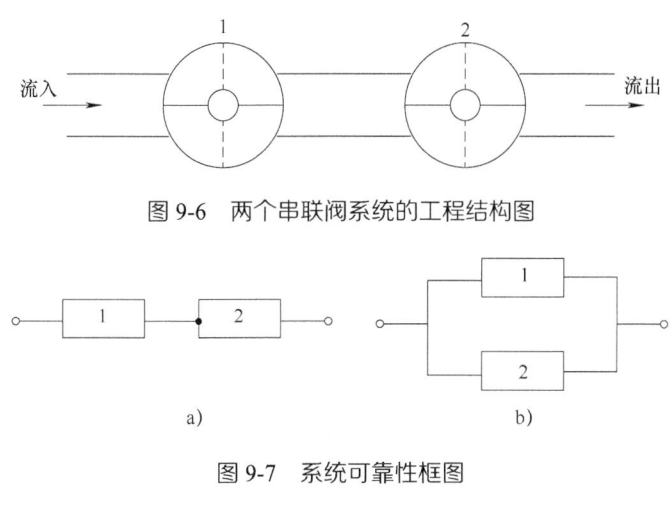

图 9-6 两个串联阀系统的工程结构图

图 9-7 系统可靠性框图
a) 串联系统　b) 并联系统

系统及其单元之间的可靠性逻辑关系和数量关系是通过系统可靠性模型来反映的,它是系统可靠性预测和分配的前提。这种逻辑关系除了用功能逻辑框图表示外,还可以用物理方法和数字方法加以描述,从而方便计算其可靠度,这就是系统的可靠性模型。下面介绍几种典型系统及其可靠性特征量计算。

9.5.3 串联系统

图9-8为由 n 个单元组成的串联系统。串联系统可靠度函数为

$$R(t) = \prod_{i=1}^{n} R_i(t) \tag{9-43}$$

说明串联系统可靠度等于组成该系统的各独立单元可靠度的连乘积。

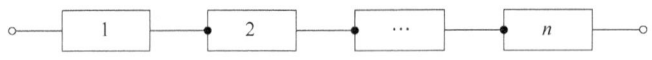

图9-8 串联系统的可靠性框图

设第 i 个单元的失效率为 $\lambda_i(t)$，对式（9-43）两边求导，整理得

$$R'(t) = \prod_{i=1}^{n} R_i(t) \sum_{i=1}^{n} \frac{R'_i(t)}{R_i(t)} = -R(t) \sum_{i=1}^{n} \lambda_i(t)$$

从而系统的失效率为

$$\lambda(t) = -\frac{R'(t)}{R(t)} = \sum_{i=1}^{n} \lambda_i(t) \tag{9-44}$$

即串联系统的失效率是各个单元的失效率之和。

假定第 i 个单元的寿命服从参数为 λ_i 的指数分布，即 $\lambda_i(t) = \lambda_i$，$R_i(t) = e^{-\lambda_i t}$，则系统的可靠度为 $R(t) = \prod_{i=1}^{n} e^{-\lambda_i t} = \exp\left(-\sum_{i=1}^{n} \lambda_i t\right)$，系统失效率为 $\lambda = \sum_{i=1}^{n} \lambda_i$。这说明当系统的各单元服从指数分布时，串联系统也服从指数分布。系统的平均寿命 θ 为

$$\theta = \frac{1}{\sum_{i=1}^{n} \lambda_i}$$

当各单元寿命均服从参数为 λ 的指数分布，即 $R_i(t) = e^{-\lambda t}(i=1,2,\cdots,n)$ 时，有 $R(t) = e^{-n\lambda t}$，$\theta = 1/n\lambda$。

由上面分析可以看出：串联系统的可靠度低于该系统的每个独立单元的可靠度，且随着串联单元数量的增大而迅速降低；串联系统的失效率大于该系统各单元的失效率；串联系统各单元的寿命服从指数分布，该系统的寿命也服从指数分布。

串联的单元数越多，系统的可靠度越低。因此，要提高系统的可靠度，就必须减少系统中的单元数，或提高系统中最低单元可靠度，即提高系统中薄弱单元的可靠度。

例9-9

两个独立单元的失效率分别为 $\lambda_1 = 0.00003(1/h), \lambda_2 = 0.00004(1/h)$，工作时间 $t=5000h$。计算由这两个单元组成的串联系统的可靠度、失效率和平均寿命。

解：

失效率 $\lambda = \lambda_1 + \lambda_2 = 0.00007(1/h)$，可靠度 $R(t) = e^{-\lambda t} = e^{-0.00007 \times 5000} = 0.705$，平均寿命 $\theta = 1/\lambda = 1/0.00007 = 14285(h)$

9.5.4 并联系统

图 9-9 为由 n 个单元组成的并联系统。并联系统的特征是：只有当这 n 个单元都失效时，系统才失效，换句话说，当系统的任一单元正常工作时，系统正常工作。

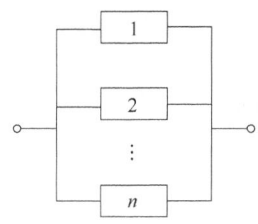

图 9-9 并联系统的可靠性框图

用 $F(t), F_i(t)$ 分别表示系统和第 i 个 $(i=1,2,\cdots,n)$ 单元的累积失效概率，则两者的关系可以表示为

$$F(t) = \prod_{i=1}^{n} F_i(t) \tag{9-45}$$

即并联系统的失效概率为各单元失效概率的乘积。

假定第 i 个单元的寿命服从参数为 λ_i 的指数分布，即 $\lambda_i(t) = \lambda_i$，则系统的可靠度和平均寿命分别为

$$R(t) = 1 - \prod_{i=1}^{n}[1 - \mathrm{e}^{-\lambda_i t}] \tag{9-46}$$

$$\theta = \sum_{i=1}^{n} \frac{1}{\lambda_i} - \sum_{1 \le i<j \le n} \frac{1}{\lambda_i + \lambda_j} + \cdots + (-1)^{n-1} \frac{1}{\sum_{i=1}^{n}\lambda_i}$$

当 $\lambda_i = \lambda$ 时，可得各特征量为

累积失效概率 $\qquad F(t) = (1 - \mathrm{e}^{-\lambda t})^n$

可靠度函数 $\qquad R(t) = 1 - \prod_{i=1}^{n}[1 - \mathrm{e}^{-\lambda_i t}]$

失效率函数 $\qquad \lambda(t) = \dfrac{n\lambda \mathrm{e}^{-\lambda t}(1 - \mathrm{e}^{-\lambda t})^{n-1}}{1 - (1 - \mathrm{e}^{-\lambda t})^n}$

平均寿命为

$$\theta = \frac{1}{\lambda} + \frac{1}{2\lambda} + \frac{1}{3\lambda} + \cdots + \frac{1}{n\lambda}$$

当 n 较大时，平均寿命近似为

$$\theta = \frac{1}{\lambda} + \frac{1}{2\lambda} + \frac{1}{3\lambda} + \cdots + \frac{1}{n\lambda} \approx \frac{1}{\lambda} \ln n$$

由上面分析可以得出。

1）并联系统的失效概率低于各单元的失效概率。

2）并联系统的可靠度高于各单元的可靠度，这在设计中称为冗余。

3）并联系统的平均寿命高于各单元的平均寿命。这说明，通过并联可以提高系统的可靠度。

例 9-10

两个独立单元的失效率分别为 $\lambda_1 = 0.00003(1/h), \lambda_2 = 0.00004(1/h)$，工作时间 $t=5000h$。计算由这两个单元组成的并联系统的可靠度和平均寿命。

解：

可靠度 $R(5000) = 1-(1-e^{-0.00003 \times 5000}) \times (1-e^{-0.00004 \times 5000}) = 0.975$

平均寿命 $\theta = 1/0.00003 + 1/0.00004 - 1/(0.00003+0.00004) = 44047.6(h)$

9.5.5 混联系统

混联系统是由串联系统和并联系统混合而成的，因而可以用串联和并联原理，将混联系统中的串联和并联部分简化成等效单元子系统。先利用串联系统和并联系统可靠性特征量计算公式求出子系统的可靠性特征量，再把每一个子系统作为一个等效单元，得到一个与混联系统等效的串联系统或并联系统，即可求得全系统的可靠性特征量。混联系统最典型的是串-并联系统和并-串联系统。

1. 串-并联系统

串-并联系统的可靠性框图如图 9-10 所示，它由一部分单元先串联组成一个子系统，再由这些子系统组成一个并联系统。

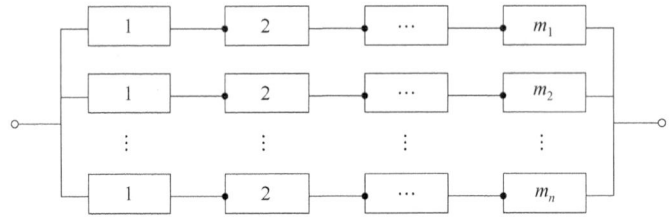

图 9-10 串-并联系统的可靠性框图

若各单元的可靠度为 $R_{ij}(t)$，则第 i 行串联子系统的可靠度为

$$R_i(t) = \prod_{j=1}^{m_i} R_{ij}(t) \tag{9-47}$$

再用并联系统计算公式得到串-并联系统的可靠度为

$$R(t) = 1 - \prod_{i=1}^{n} \left[1 - \prod_{j=1}^{m_i} R_{ij}(t) \right] \tag{9-48}$$

当 $m_1 = m_2 = \cdots = m$，且 $R_{ij}(t) = R_0(t)$ 时，串-并系统的可靠度为 $R(t) = 1-[1-R_0^m(t)]^n$。有了系统的可靠度，就可以计算系统的其他可靠性特征量了。

2. 并-串联系统

并-串联系统是指由一部分单元先并联组成一些子系统，再由这些子系统组成一个串联系统，其可靠性框图如图 9-11 所示。

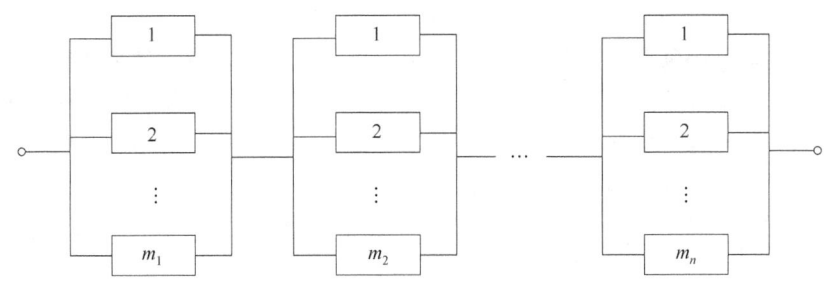

图 9-11 并-串联系统的可靠性框图

若各单元的可靠度为 $R_{ij}(t)$，则第 j 列子系统的可靠度为

$$R_j(t) = 1 - \prod_{i=1}^{m_j}[1 - R_{ij}(t)] \tag{9-49}$$

再用串联系统计算公式得到并-串联系统的可靠度为

$$R(t) = \prod_{j=1}^{n}\left\{1 - \prod_{i=1}^{m_j}[1 - R_{ij}(t)]\right\} \tag{9-50}$$

当 $m_1 = m_2 = \cdots = m$，且 $R_{ij}(t) = R_0(t)$ 时，并-串联系统的可靠度可简化为

$$R(t) = \left\{1 - [1 - R_0(t)]^m\right\}^n$$

【关键词】可靠性，概率分布，系统可靠性。

【思考题】

1. 将某规格的 60 个轴承投入恒定载荷下运行，其失效时的运行时间及失效数见表 9-1 所示，求该规格轴承工作到 100h 和 400h 时的可靠度 R（100）和 R（400）。

表 9-1 轴承失效数据表

运行时间/h	10	25	50	100	150	250	350	400	500	600	700	1000
失效数（个）	5	2	3	8	5	3	2	2	0	0	0	0

2. 某种零件工作到 60h 时，还有 100 个仍在工作，工作到 61h 时，失效了 1 个，在第 62h 内失效了 3 个，试求这批零件工作满 60h 和 61h 时的失效率 $\lambda(60)$ 和 $\lambda(61)$。

3. 已知某产品的失效率为常数：$\lambda(t) = \lambda = 0.40 \times 10^{-4}$（h），可靠度函数 $R(t) = e^{-\lambda t}$，试求可靠度 $R = 99.9\%$ 的相应可靠寿命 $t_{0.999}$，以及中位寿命 $t_{0.5}$ 和特征寿命 $T_{e^{-1}}$。

4. 某型发动机有 18 台（该发动机失效后不进行修复），从开始使用到发生失效前的工作时间的数据如下（单位为 h）：36，49，60，80，100，150，210，255，280，310，320，420，458，560，640，893，1200，1506。试求其平均寿命。

5. 有一寿命服从指数分布的产品，求当工作时间等于其 MTTF 时，能够正常工作的产品的百分比。试求当工作时间等于其 MTTF 的 1/10 时的产品的可靠度。

6. 某电器零件的失效寿命服从正态分布，其平均寿命为 600h，寿命标准差为 100h，试求工作 400h 的可靠度和失效率，并求保证可靠度为 90%情况下工作的可靠寿命。

7. 某弹簧在稳定变应力作用下疲劳寿命服从对数正态分布，其参数 $\mu = \ln 10^7 = 16.08$，$\sigma = \ln 1.624 = 0.475$。并且在工作条件下，该弹簧经受 5×10^6 应力循环次数后立即更换，试求在更换弹簧之前的可靠度。如果要保证弹簧具有 0.99 的可靠度，求应在多少循环次数之前更换。

8. 有一批钢轴，规定其直径不超过 1.78cm 就是合格品，已知用轴直径的尺寸服从 $N(1.8, 0.004^2)$。试判断该批钢轴的废品率。如果保证有 95%的合格率，求应该规定钢轴直径的合格尺寸。

9. 某零件的参数服从形状参数 $m=4$、尺度参数 $\eta=1000h$ 的威布尔分布，求 $t=500h$ 的可靠度 $R(t)$ 与失效率 $\lambda(t)$。

10. 某产品的疲劳寿命呈威布尔分布，形状参数 $m=3$，尺度参数 $\eta=1500h$，$\gamma=0$，试计算其平均寿命，可靠度为 0.95 的可靠寿命，在 100h 之内的最大失效率和在 100h 之内的平均失效率。

11. 混联系统的可靠性框图如图 9-12 所示，各单元寿命均服从指数分布，各单元可靠度见表 9-2。试求该系统可靠度。

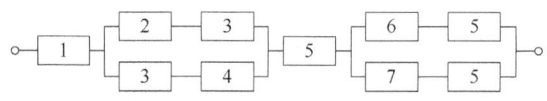

图 9-12 混联系统的可靠性框图

表 9-2 各单元可靠度

单元号	1	2	3	4	5	6	7
可靠度	0.993	0.994	0.995	0.996	0.997	0.998	0.999

第 10 章 失效模式与影响分析

【本章要点】失效模式与影响分析，故障树分析，全局设备效率。

10.1 概述

10.1.1 失效模式与影响分析概述

失效模式与影响分析（Failure Mode and Effects Analysis，FMEA），又称为失效模式与后果分析、失效模式与效应分析、故障模式与后果分析或故障模式与效应分析等，是一种操作规程，旨在对系统范围内潜在的失效模式加以分析，以便按照严重程度加以分类，或者确定失效对于该系统的影响。失效原因是指加工处理、设计过程中项目或物品本身存在的任何错误或缺陷，尤其是那些将会对消费者造成影响的错误或缺陷；失效原因可分为潜在的和实际的，影响分析指的是对于这些失效之处的调查研究。FMEA 广泛应用于制造业产品生命周期的各个阶段，通常分为设计失效模式后果分析（Design Failure Mode and Effects Analysis，DFMEA）与过程失效模式及影响分析（Process Failure Mode and Effects Analysis，PFMEA），在其他应用领域可能还存在其他分类方法。其中，DFMEA 应该在设计的早期阶段开始，PFMEA 应该在工装或生产设备开发和采购前进行。FMEA 包含设计和制造开发过程的每一个阶段，可以用于解决问题方面，也能应用于非生产领域。例如，FMEA 可以用于对行政过程风险分析或安全系统评估。实施 FMEA 的步骤主要有：项目策划和确定；产品设计和开发；过程设计和开发；产品和过程验证；反馈、评估和纠正措施活动。现分别对 DFMEA 和 PFMEA 进行概述及对 FEMA 表的使用予以说明。

10.1.2 设计失效模式后果分析

设计失效模式后果分析是指设计阶段的潜在失效模式分析，是从设计阶段把握产品质量预防的一种手段，是在设计研发阶段保证产品在正式生产过程中和交付客户过程中满足产品质量的一种控制工具。因为同类型产品有相似性特点，所以 DFMEA 阶段经常会借鉴以前量产过或正在生产中的产品在相关设计上的优缺点，对产品进行评估后再针对新产品进行改进与改善。

DFMEA 的主要作用有：反映顾客或组织的产品开发过程；对设计功能要求和设计方案进行

客观评价；对制造、装配、服务和回收要求的最初设计进行评价；衡量潜在失效模式及其对系统运行影响的可能性；根据潜在失效模式对顾客的影响，对其进行分级列表，建立一套设计改进、开发和验证试验/分析的优先系统。

DFMEA 的表达工具有：方块图，参数图表，其他图表和图样，材料清单，内部关系矩阵，界面矩阵图，质量功能展开，质量和可靠性历史，等等。以下对最常用的方块图和参数图表进行简要讲解。

DFMEA 常用产品方块图表示产品部件之间的物理和物流的相互关系，这些相互关系包括信息流、能量、力或流体，每个方块与产品的一个主要部件或过程的一个主要步骤相对应，如图 10-1 所示。

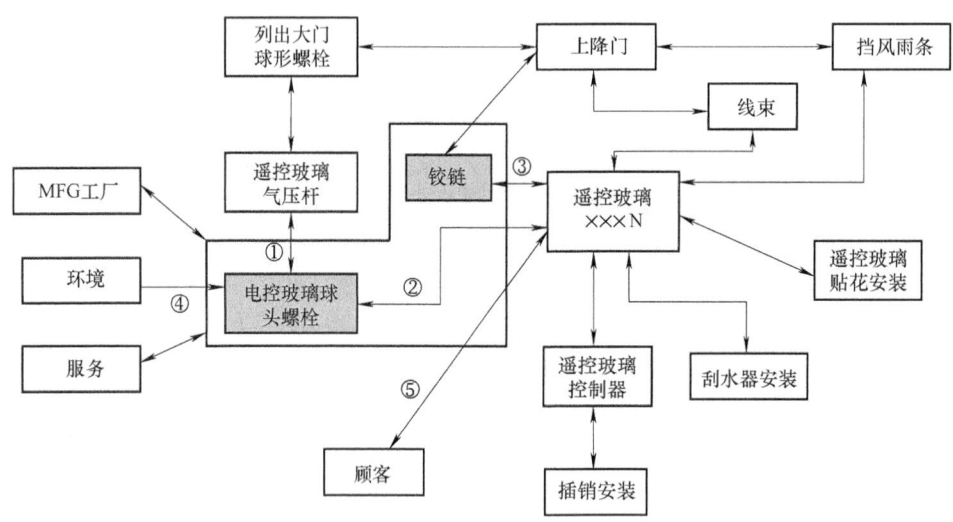

图 10-1 方块图实例

参数图表是理解有关设计功能的结构工具。分析影响性能的受控和不受控因素的设计输入（信号）和输出（反应或功能），有助于识别错误情形，噪声因素和控制因素错误状态。与 DFMEA 中的潜在失效模式对应，普通的催化剂反应器参数表图如图 10-2 所示。

10.1.3　过程失效模式及影响分析

过程失效模式及影响分析是被负责制造/装配的工程师/小组主要采用的一种分析技术，用以最大限度地保证各种潜在的失效模式及其相关的起因/机理已得到充分的考虑和论述。

PFMEA 主要用于识别和评价过程功能和要求，识别和评价潜在产品和过程相关的失效模式以及潜在失效对过程和顾客造成的后果，识别潜在制造或装配过程要因，识别聚焦于降低发生率或提高失效探测情况的过程控制，确保纠正/预防措施和控制的优先系统的建立。PFMEA 是一份动态的文件，应该在可行性研究阶段之前或期间启动，考虑从个别的零部件到装配所有制造运作。

PFMEA 与 DFMEA 都是对失效模式及影响的分析，两者区别在于以下几点：

（1）输入不同。DFMEA 输入质量屋，PFMEA 输入过程流程图和因果矩阵。

（2）分析角度不同。DFMEA 分析设计不合理导致的产品失效，不考虑制造本身的失效，只反映设计本身存在问题；PFMEA 分析制造过程不符合要求导致的产品失效，假设设计是合理的。

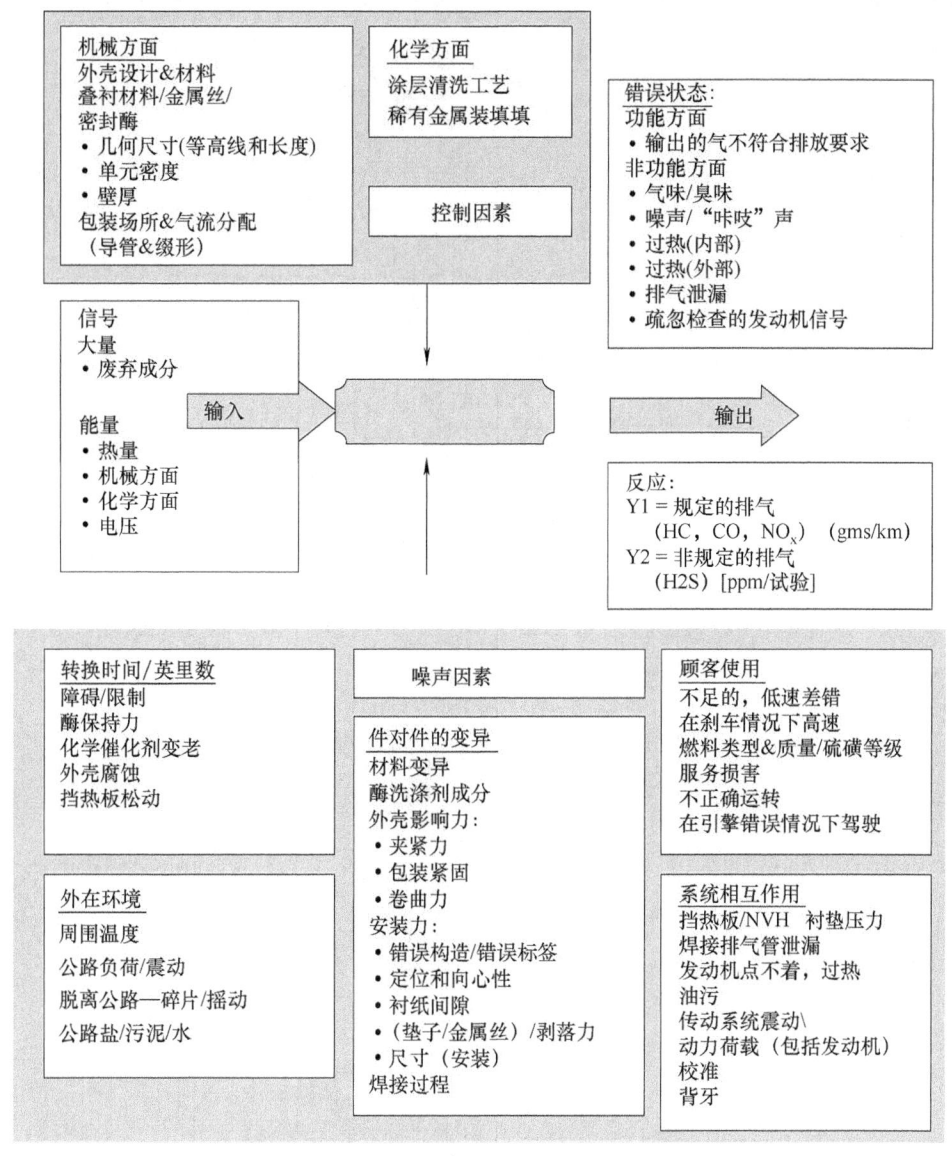

图 10-2　普通的催化剂反应器参数表图

（3）目的不同。DFMEA 识别出关键/重要的产品特性，并制定相关措施保证达到这些特性；PFMEA 识别出关键/重要的过程特性，并制定相关措施保证这些特性符合过程。

PFMEA 的工具主要是过程流程图，过程流程图通过过程描述从流入到流出的产品流程，包含输出（产品特性、要求、交付等）和输入（过程特性、变异来源等）。过程流程的细节取决于过程开发讨论的阶段，如图 10-3 所示。

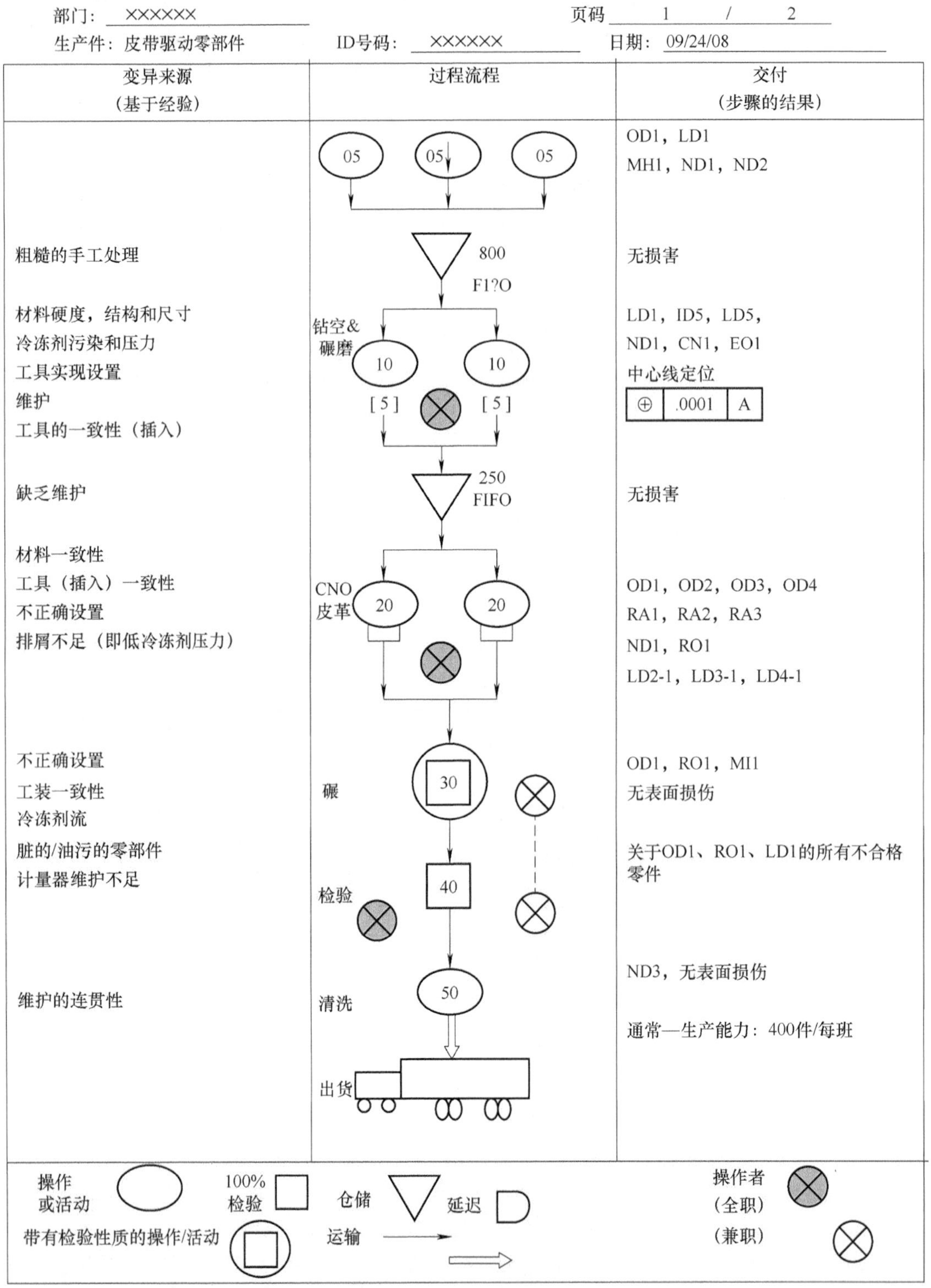

部门： ××××××		页码 1 / 2	
生产件：皮带驱动零部件	ID号码： ××××××	日期：09/24/08	
变异来源 （基于经验）	过程流程	交付 （步骤的结果）	

变异来源（基于经验）	过程流程	交付（步骤的结果）
	05　05　05	OD1, LD1 MH1, ND1, ND2
粗糙的手工处理	800 FI?O	无损害
材料硬度，结构和尺寸 冷冻剂污染和压力 工具实现设置 维护 工具的一致性（插入）	钻空& 碾磨 10　10 [5]　[5]	LD1, ID5, LD5, ND1, CN1, EO1 中心线定位 ⊕ .0001 A
缺乏维护	250 FIFO	无损害
材料一致性 工具（插入）一致性 不正确设置 排屑不足（即低冷冻剂压力）	CNO 皮革　20　20	OD1, OD2, OD3, OD4 RA1, RA2, RA3 ND1, RO1 LD2-1, LD3-1, LD4-1
不正确设置 工装一致性 冷冻剂流 脏的/油污的零部件 计量器维护不足	碾　30 检验　40	OD1, RO1, MI1 无表面损伤 关于OD1、RO1、LD1的所有不合格零件
维护的连贯性	清洗　50 出货	ND3, 无表面损伤 通常—生产能力：400件/每班

| 操作或活动 ○ | 100%检验 □ | 仓储 ▽ | 延迟 ◻ | 操作者（全职）⊗ |
| 带有检验性质的操作/活动 ▣ | | 运输 → | | （兼职）⊗ |

图 10-3　过程流程图

10.1.4 FMEA 表

FMEA 表是进行系统失效模式分析的起点。从 FMEA 表出发，可发现系统中各部件可能存在的失效模式，抓住重点进行改善。FMEA 表的基本要素，见表 10-1。

表 10-1 FMEA 表基本要素

FMEA 展开主题	相关资源
范围	项目管理、顾客、具有综合职责的个人
功能、要求和期望	顾客、项目管理、各自的分配责任、服务运作、安全、生产和组装、包装、物流、材料
潜在失效模式——过程或产品可能失效的方法	顾客、项目管理、各自的分配责任、服务运作、安全、生产和组装、包装、物流、材料、质量
失效的后果和结果——对组织的过程或下游顾客	顾客、项目管理、各自的分配责任、服务运作、安全、生产和组装、包装、物流、材料、质量
潜在失效的要因	顾客、生产和组装、包装、物流、材料、质量、可靠性、工程分析、统计分析、设备制造商、维护
潜在失效发生的频率	顾客、生产和组装、包装、物流、材料、质量、可靠性、工程分析、设备生产商、维护
现有控制的应用——预防	生产和组装、包装、物流、材料、质量、设备制造商、维护
现有控制的应用——探测	顾客、生产和组装、包装、物流、材料、质量、维护
建议措施	顾客、项目管理、各自的分配责任、生产和组装、包装、物流、材料、质量、可靠性、工程分析、统计分析、设备生产商、维护

DFMEA 为提供降低风险的措施、阐述售后市场情况、评价设计更改及开发先进的设计提供参考。DFMEA 示例（见图 10-4）是一个公开的讨论形式。

FMEA 表的表头包括从 A 到 H 多项内容。它们的具体介绍如下。

1）FMEA 编号（A）是输入数字列，用于识别 FMEA 文件，用于文件控制。

2）系统、子系统或零部件名称及编号（B）是输入时需要分析的系统、子系统或零部件的名称及编号。

3）设计责任（C）是填入负有设计责任的 OEM、组织和部门或小组。适当时，也可以输入供方名称。

4）车型年/车辆类型（D）是填入将使用和/或受所分析设计影响的预期车型年/车辆类型。

5）关键日期（E）是填入 FMEA 初次预定完成日期，该日期不应超过计划的量产设计发布的日期。

6）FMEA 日期（F）是填入 FMEA 原始稿完成日期和最新的修改日期。

7）核心小组（G）是填入负责开发的 DFMEA 小组成员。联系信息（如名字、组织、电话号码和电子邮件地址）可附在补充文件中。

8）编制者（H）是填入负责编制 DFMEA 工作的工程师姓名、电话和所在公司的名称。

FMEA 表的具体内容包括 a-n 栏，它们的具体介绍如下。

潜在失效模式及后果分析
（FMEA）

系统 X 子系统
X 系统 01.03/车密封 **B** 设计责任 车身工程部队 **C** FMEA 编号 1234 **A**
部件 01.03/车密封 车型年/车辆类型 199X 狮牌 4 门/旅行车 **D** 关键日期 9X 年 03 01 共 1 页，第 1 页
编制人 泰特-X6412-车身工程师
核心小组 T.芬德斯产品开发部、切利得斯制造部、J.福特总装厂
（Dalton, Fraser, Henley）**E** FMEA 日期(编制)8X 03 22 修订 8X 07 14F
总装厂" **G** **H**

项目 功能 a1	要求 a2	潜在失效后果 b	潜在失效后果 c	严重度 S	分类 e	潜在失效要因 f	发生率 O	现行设计控制探测 h	探测度 i	RPN j	建议措施 k	责任及目标完成日期 l	措施结果 采取的措施 m	措施结果 S	措施结果 O	措施结果 i	PRN
左前车门 H8HX-000 0-A • 上、下车 • 保护乘员免受天气、噪声、侧碰撞的影响 • 车门附件视镜、门锁、门纹链器及门窗升降器等的固定支撑 • 为外观项目提供适当的表面 • 喷漆和软内饰		车门内板下部腐蚀	车门寿命降低，导致：•因漆面长期生锈，使顾客对外观不满 •使车门内附件功能降低	7		车门内板保护蜡上边缘规定得太低	6	整车耐久性试验 T-188 T-109 T-301	7	294	增加实验室强化腐蚀试验	泰特-车身工程师 8X 09 30	根据试验结果（1481号试验），上边缘规范增加125cm	7	2	2	28
				7		蜡层厚度规定不足	4	整车耐久性试验同上	7	196	增加实验室强化腐蚀试验对蜡层厚度进行实验设计（DOE）	结合观察和试验验证蜡的上边缘 泰特-车身工程师 9x 01 15	试验结果（1481号试验）表明要求的厚度是充分的。实验设计表明规定的厚度变差在25%范围内可以接受	7	2	2	8
				7		蜡的规定得不当	2	理化实验室报告第1265号	2	28	无						
				7		混入空气静止蜡进入边角部分	5	用非功能喷头进行设计辅助调查	8	280	利用正式生产喷蜡设备和规定的蜡，增加小组的评价	车身工程部和总装厂 8X 11 15	根据试验，在有关区域增设3个通气孔	7	1	3	21
				7		车门板之间密不够，容不下喷头	4	喷头可进入情况的图纸评价	4	112	利用辅助喷头设计模型和喷头，加小组评价	车身工程部和总装厂 8X 11 15	评价表明入口是充分的	7	1	1	7

图 10-4 DFMEA 示例

（1）项目/功能/要求（a）。项目/功能可以分成两栏（或更多）或合并成一栏表述。界面（作为分析的"项目"）可以合并或独立。零部件可以在项目/功能栏列出来，也可以附加一栏以描述项目的功能或要求。对"项目""功能"和"要求"的描述如下。

项目（a1）是输入通过方块图、P 图、图表和其他图纸以及由小组进行的其他分析所识别的项目、界面或零件。所使用的术语应该与顾客要求、其他设计开发文件和过程分析文件中的内容保持一致，以确保可追溯性。

填入顾客要求和小组讨论必须符合设计目的和过程分析的功能或界面。如果项目或界面在不同的潜在失效模式下的功能超过一个以上，则强烈建议单独列出每一个功能和相关的失效模式。如果项目和功能分开，则功能变为 a2。要求（a2）是在附加栏中的，它可以使失效模式的分析更加精练。填入需要分析的每一个功能的要求。如果在不同的失效模式下，功能有一个以上的要求，则强烈建议单独列出每一项要求和功能。如果项目和功能分开成单独的栏，则要求变成 a3。

（2）潜在失效模式（b）。潜在失效模式是按照零部件、子系统或系统潜在不能符合或不能交付项目栏中描述的预期功能的方式来定义的，识别与功能/要求相关的潜在失效模式。潜在失效模式应用专业性术语来描述，而不同于顾客所见的现象。每一种功能可能有多种失效模式。单一的一种功能被识别出大量的失效模式，可能表示要求没有得到很好的定义。"潜在"用于表示要发生的失效模式。潜在失效模式仅仅在与确定的操作条件（如热、冷、干、干燥、灰尘等）和使用条件（如超过平均里程、不平的路段、仅在城市行驶等）一致的情况下发生。在确定所有的潜在失效模式后，可通过对以往运行不良的研究、关注点、问题报告以及小组的"头脑风暴"来进行确认。潜在失效模式也可以是该一级子系统或系统的要因，或低一级零部件的后果。潜在失效模式示例，见表 10-2。

表 10-2 潜在失效模式示例

项目	功能	要求	潜在失效模式
盘式刹车系统	按要求停止车辆行驶（考虑环境情况，如湿度、干燥等）	在干燥的沥青公路上用规定的力量在规定的距离内停止车辆行驶	车辆不能停止
			车辆在超过规定的距离外停止
			车辆在超过双倍的制动力下停止
		允许未受制动的车辆在没有系统要求下继续行驶	没有在行驶要求下活动；或汽车行驶部分受阻
			没有在行驶需要下活动；汽车不能行驶
刹车转轴	允许传动力从刹车片到轮轴	必须递送规定转矩抗力到轮轴	未能有效递送转矩抗力

（3）潜在失效后果（c）。失效的潜在后果应按顾客所察觉的功能的失效模式的后果进行规定。要根据顾客可能发现或经历的情况来描述失效的后果，应清晰阐述失效模式是否影响安全或与法律法规不符。后果应根据指定的、所分析的系统、子系统或部件来阐述。例如，一个零件的破裂可能使装配振动，导致间歇性系统运作。间歇性系统运作会导致性能的降级和最终导致顾客不满意，见表 10-3 所示。

（4）严重度（S）严重度是与所给的失效模式的最严重后果相符的一个值，也是在单独 FMEA 的范围内的相对排序。建议评估准则小组在评价准则和排序体制上意见应一致。不建议修改排序值为 9 和 10 的准则。严重度为 1 的失效模式不应再进行进一步分析，严重度示例见表 10-4。

表 10-3 潜在失效后果例表

要求	失效模式	后果
4 个螺钉	少于 4 个螺钉	最终使用者：坐垫松动和噪声 制造和装配：停止出货，对有影响部分进行额外挑选和返工
规定螺钉	使用错误的螺钉（直径偏大）	制造和装配：不能在位置上安装螺钉
安装顺序：右前边洞装第一个螺钉完全得到固定	把螺钉装在其他洞上	制造和装配：难以在原来的位置安装螺钉
螺钉完全固定	螺钉没有完全固定	最终使用者：坐垫松动和噪声 制造和装配：对有影响部分进行挑选和返工
螺杆扭矩到加速转矩的规范	螺杆转矩太高	最终使用者：由于螺钉破裂而坐垫松动和有噪声 制造和装配：对有影响部分挑选和返工
	螺杆转矩太低	最终使用者：由于螺钉逐步松动，而坐垫松动和噪声 制造和装配：对有影响部分进行挑选和返工

表 10-4 严重度示例

后果	判定准则：产品后果严重度（顾客后果）	级别
未能符合安全或法规要求	潜在失效后果影响车辆安全行驶或不符合政府法规，失效发生时无预警	10
	潜在失效后果影响车辆安全行驶或不符合政府法规，失效发生时有预警	9
基本功能的损失或降级	基本功能损失（车辆不能运转，但不影响安全操作）	8
	基本功能降级（车辆可运转，但功能等级降低）	7
次要功能的损失或降低	次要功能损失（车辆可行驶，但舒适性/便利性功能丧失）	6
	次要功能减弱（车辆可行驶，但舒适性/便利性的性能等级降低）	5
其他功能不良	外观或噪声不符合要求，汽车可行驶，大多数顾客（>75%）抱怨不舒适	4
	外观或噪声不符合要求，汽车可行驶，很多顾客（50%）抱怨不舒适	3
	外观或噪声不符合要求，汽车可行驶，被有识别能力的顾客（<25%）抱怨不舒适	2
没有影响	没有可辨识的影响	1

（5）分类（e）。分类栏强调高优先的失效模式和与它们相关的要因。分类栏也用于可能要求额外过程控制的零部件、子系统或系统的任何产品或过程特殊特性（如临界的、关键的、主要的、显著的）的分类。设计记录指定的特殊特性，在 DFMEA 中没有识别出相关的设计失效是设计过程中存在弱点的一种表示。当 FMEA 表中严重度等级识别为 9 或 10 时，应该通知负责设计的工程师。

（6）失效模式的潜在要因（f）。失效模式的潜在要因应按设计过程来定义，用可纠正或可控制的情形来描述。要因是赋予或刺激失效机理的情形。在识别失效模式的潜在要因时，对失效的特定要因使用简明描述，如规定电镀螺钉允许氢脆化，而"不足的设计"或"不恰当的设计"这样不明确的短语不应被使用。要因的调查需要聚焦于失效模式而不是聚焦于后果。在确定要因的过程中，小组在讨论中应假设要因存在，且假设它将导致失效模式（也即是失效模式不要求出现多种要因）。

有代表性的情况是一种失效模式可能由多种要因导致，这使得失效模式有多栏（要因分支）。在可能的范围内，对每一种失效模式/失效机理列出每一种潜在要因，见表10-5。要因应尽可能简明和完整地列出。分开列出要因会使每一种要因得到聚焦分析，可能产生不同的测量、控制和措施计划。

表 10-5　失效要因示例

失效模式	机理	要因
车辆不能停止	从刹车板到刹车片没有传递制动力	由于不适当的防腐蚀，机械连接破裂
		由于密封设计，主要的汽缸真空空间被锁住
		由于不正确的连接器转矩规范，来自松动的水压线的水压流损失
		由于水压线褶皱/被压缩，损失了水压流，规定了不恰当的水管材料
车辆在超出规定距离外停止	减小了从刹车板到刹车片的制动力	由于不恰当的润滑规范，机械连接僵硬
		由于不适当的防腐蚀，机械连接被腐蚀
		由于水压线褶皱，规定了不适当的水管材料，水压流部分损失
车辆在多于双倍的制动力下停止行驶	超过/快速传递了从刹车板到刹车片的制动力	由于密封设计，主汽缸内压力累积
在没有需要下活动；车辆行驶受阻	刹车片没有弹来	由于表面处理没有促使充足的自身清洁和防腐蚀，发生腐蚀或轨道上污物沉淀，或刹车片有洞眼
在没有需要下活动，车辆不能行驶	水压没有恢复	由于密封设计，主汽缸真空锁住

（7）发生率（O）。发生率是在设计寿命内由特定要因/机理而导致失效模式发生的可能性。发生率的排序值比绝对值更有意义，应使用一致的发生率排序体系以确保连贯性。发生率值是在FMEA范围内的相对排序，不能反映发生的实际可能性。小组的评价准则和排序系统应达成一致意见，并保持持续应用，对发生率应使用表10-6等级栏中的1～10的等级刻度进行评价。

表 10-6　失效发生率示例

失效可能性	评价准则：针对 DFMEA 要因发生率 （设计寿命/项目可靠性/车辆）	评价准则：针对 DFMEA 要因的发生率 （事件/项目/车辆）	等级
非常高	新技术/新设计	每1000个中>100次 每10辆>1次	10
高	新设计、新应用或使用寿命/操作条件的改变情况下不可避免的失效	每1000个中50次 每20辆中1次	9
	新设计、新应用或使用寿命/操作条件的改变情况下不可能发生的失效	每1000个中20次 每50辆中1次	8
	新设计、新应用或使用寿命/操作条件的改变情况下不确定是否会发生的失效	每1000个中10次 每100辆中1次	7
一般	与类似设计相关或在设计模拟和测试中频繁失效	每1000个中2次 每500辆中1次	6

（续）

失效可能性	评价准则：针对 DFMEA 要因发生率 （设计寿命/项目可靠性/车辆）	评价准则：针对 DFMEA 要因的发生率 （事件/项目/车辆）	等级
一般	与类似设计相关或在设计模拟和测试中偶然发生的失效	每 1000 个中 0.5 次 每 2000 辆中 1 次	5
	与类似设计相关或在设计模拟和测试中较少发生的失效	每 1000 个中 0.1 次 每 10000 辆中 1 次	4
低	仅仅在与几乎相同的设计关联或在设计模拟和测试发生的失效	每 1000 个中 0.01 次 每 100000 辆中 1 次	3
	在与几乎相同的设计关联或在设计模拟和试验时不能观察的失效	每 1000 个<0.01 每 1000000<1 次	2
非常低	失效通过预防控制来消除	失效通过预防控制消除	1

在确定评价时，应考虑的问题包括但不限于：类似的零部件、子系统或系统的服务历史和市场试验是什么？零部件是否沿用或相似于以前版本的零部件、子系统或系统？较以前同水平项目所做变更有多显著？较以前的同水平项目有根本不同吗？项目是全新的吗？应用是什么？环境变化是什么？针对该应用，是否做了工程分析（如可靠性），以评价预期可比较的发生率？

（8）现有设计控制（h）。现有设计控制是指那些作为已完成的设计过程的一部分而执行的活动，目的是确保设计功能和可靠性要求。有两类设计控制应予以考虑。

预防：消除（预防）失效的机理的要因或失效的发生，或降低发生率。

探测：在项目放行到生产前，通过解析方法或物理方法识别（探测）要因，失效的机理或失效模式是否存在。更建议使用可行的预防控制方法。

（9）探测度（i）。探测度是指现有设计控制探测栏中探测控制的对应等级。当识别出一种以上控制时，建议对每种控制进行探测度排序，并将其作为控制描述的一部分。将最低排序值记录在探测度栏，见表 10-7。现有设计控制探测度的建议方法是先假设失效已经发生，然后评价现有设计控制探测失效模式的能力，不要因为发生率而自动假设探测等级是低的。探测度是 FMEA 范围内相对的排序。

表 10-7 失效模式示例

探测机会	评价准则：被设计控制发现的可能性	等级	探测可能性
没有探测机会	没有现有设计控制；不能探测或不能分析	10	几乎不可能
在任何阶段不可能探测	设计分析/探测有微弱的探测能力；实际的分析与期望的实际操作条件不相关	9	非常细微
快速冻结设计，预先投放	在设计冻结以及在试验（具有如乘坐、操作、出货评价等接受准则下的子系统或系统试验）通过/失败的情况预先投放后的产品验证/确认	8	细微
	在设计冻结和在失效测试试验（直到失效发生、系统相互作用试验结束的子系统或系统试验）的情况下的预先投放后的产品验证/确认	7	非常低
	在设计冻结以及在降级试验情况下预先投放后的产品验证/确认（在耐力试验后的子系统或系统试验，如功能检查）	6	低
预先冻结设计	使用通过/失效试验进行产品验证（可靠性试验，开发或确认试验），预先冻结设计（如性能、功能检查接受准则等）	5	一般

(续)

探测机会	评价准则：被设计控制发现的可能性	等级	探测可能性
预先冻结设计	使用失效试验（如直到泄漏、屈服、破裂等）预先冻结设计的产品确认（可靠性试验、开发或确认试验）	4	有点高
	使用降级试验（如数据趋势、之前/之后值等）预先冻结设计的产品确认（可靠性试验、开发或确认试验）	3	高
实质性分析——有相关	设计分析/探测控制具有强探测能力。在实际或期望运作条件下预先停止设计与实质性分析（如CAF、FEA等）高相关	2	非常高
探测无须用到	通过设计解决方案（如已证实的设计标准、最好惯例或普通材料）充分执行预防，失效要因或失效模式将不会发生	1	几乎一定

（10）风险评价：风险优先系数（RPN）(j)。使用风险优先系数是协助对措施进行优先排序的一种方法。

$$RPN=严重度（S）×发生率（O）×探测度（i）$$

在单独的 FMEA 范围内，这个值可以在 1~1000 范围内。失效模式 RPN 示例见表10-8。

表10-8 失效模式 RPN 示例

项目	严重度	发生率	探测度	RPN
A	9	2	5	90
B	7	4	4	112

（11）建议措施（k）。一般来讲，预防措施（也就是降低发生率）比探测措施更可取的。建议措施的目的是改善设计。在以下的顺序中，识别这些措施应考虑降低严重度、发生率和探测度。

1）降低严重度级别。只有修改设计才能降低严重度等级。高严重度等级的失效模式可通过修改设计来降低，修改设计可弥补或减轻失效导致的严重度。例如，轮胎要求是："在使用中保持空气压力"，对于一个"跑平地"轮胎来说，"空气压力的快速损失"失效模式的后果的严重度是低的。自行修改设计并不意味着严重度将被降低。任何设计变更，小组都应该进行评审以确定修改设计对产品功能性和过程导致的后果。为了达到这种方法的最佳效果和最大效率，产品和过程的设计变更应在开发过程的早期执行。替换材料需要在开发周期的早期进行考虑以消除或降低腐蚀严重度。

2）降低发生率等级。发生率等级的降低可能受由设计修改消除或控制失效模式的一种或多种要因或机理的影响。以下措施应予以考虑，但不限于这些措施：用以消除失效模式的防错设计；修改设计几何尺寸和公差；修改设计以降低压力或替代不耐用（高失效可能性）零部件；增加冗余；修改材料规范。

3）降低探测级别。推荐方法是使用防错装置。设计确认/验证措施的增加仅仅导致探测度级别的降低。在一些案例中，为提高探测的可能性（也就是降低探测度级别），特定零部件的设计更改是必需的。此外，以下措施应予以考虑：试验设计（特别是在多种或相互作用的要因存在时）；修改试验计划，如果对于一种特定的失效模式/要因/控制组合的评价没有建议措施，则应在这栏填入"无"来指明。

对于设计措施，考虑使用：设计试验设计结果或可靠性试验；确定方案的有效性，不引进新的潜在失效模式的设计分析（失效的可靠性、结构或物理）；确定目标特征物理更改的图样、图表或模式；设计评审的结果；更改给定的工程标准或设计指南；可靠性分析结果。

（12）职责和目标完成日期（l）。填入负责完成每一项建议措施的个人和组织的名字，以及目标完成日期。负有设计责任的工程师/小组领导，有责任确保所有建议措施都得到实施或充分阐述。

（13）措施结果（m）。在措施执行以后，填入采取措施的简要描述和实际完成日期。在预防/纠正措施已经执行后，确定和记录严重度、发生率和探测度排序。计算和记录措施导致的措施（风险）优先系数（即 RPN）。所有修改的排序都应予以评审。单独的措施不能确保问题得以解决（也就是所述的要因），因此适当的分析或试验应作为验证活动来完成。如果认为需要进一步措施，则应重复分析，应始终聚焦于持续改进。预防及建议措施的示例见表 10-9。

表 10-9 预防及建议措施的示例

项目	失效模式	要因	预防控制	探测控制	建议措施
盘式刹车系统	车辆不能行驶	由于不充分的防腐蚀，机械连接损坏	按材料标准 MS-845 设计	外界应力试验 03-9963	把材料改为不锈钢
		由于密封设计不当，主汽缸真空锁住	在同样生命周期要求下进行遗留设计	压力可变性能力试验——系统级	使用遗留密封设计
		由于不正确的连接器转矩规范，从松动的水压线出来的水压流有损失	按 3993 扭矩规范设计	震动移步压力试验 18-1950	把连接器从螺钉风格修正为快速连接
		由于水压线褶皱/被压迫，规定了不适当的水管材料，水压流有损失	按材料规范 MS-1178 设计	DOE——管子弹性	修正软管设计从 MS-1178 到 MS-2025 以提高强度

 10.2 全局设备效率

10.2.1 全局设备效率概述

每一个生产设备都有自己的理论产能，要实现这一理论产能必须保证没有任何干扰和质量损耗。全局设备效率（Overall Equipment Effectiveness，OEE）用来表现实际的生产能力相对于理论产能的比率，它是一个独立的测量工具。OEE 由可用率、表现指数以及质量指数三个关键要素组成：OEE=可用率×表现指数×质量指数。

（1）可用率=操作时间/计划工作时间。可用率用以评价停工所带来的损失，包括引起计划生产停工的任何事件，例如设备故障、原材料短缺以及生产方法的改变等。其中，操作时间是指计划工作时间−生产中的停顿。计划工作时间是指总时间−法定假日−双休日+加班时间−计划非工作时间。

可用率是生产中产生不同理解、解释最多的项。公司内部需要统一对它的定义，否则会出现无法测量和管理的情况。例如，小 A 今天早上计划当日要换 3 次模，一次 1h。小 A 说，这段时间不生产是计划中的，所以应该是计划非工作时间。听起来似乎没有什么不妥，但是换模时间是可以缩短和改善的，不能就简单算作计划非工作时间。如果按小 A 说的那样做，那么换模时间哪怕长到 4h、8h 一次，OEE 都不会受影响。换模时间长这个问题也不会被大家关注，因此，应该

以理论设计数值计算，不应该考虑现场干扰因素。

（2）表现指数=理想周期时间/（操作时间/总产量）=（总产量/操作时间）/生产速率。表现指数用以评价生产速度上的损失，包括任何导致生产不能以最大速度运行的因素，例如设备的磨损、材料的不合格以及操作人员的失误等。

（3）质量指数=良品/总产量。质量指数用以评价质量的损失，用来反映没有满足质量要求的产品（包括返工的产品）的比例。良品一定是一次通过的产品，返工或报废的产品不应算在内。

OEE是一种简单实用的生产管理工具，在欧美的制造业和我国的跨国企业中已得到广泛的应用。OEE已成为衡量企业生产效率的重要标准，也是全员生产维修（Total Productive Maintenance，TPM）实施的重要措施之一。OEE的第一次应用可以追溯到1960年，被用于TPM的关键度量值。TPM是一种工厂改善方法，通过激发员工的主人翁精神来调动员工的自主性，从而持续、快速地提升制造工艺水平。

OEE的解决方案能够使得制造商在全球竞争中占有一席之地，另外有助于获得以下几方面效益。

1）设备：降低设备的故障以及维修成本，加强设备管理以延长设备的使用寿命。
2）员工：通过明确操作程序，提高劳动者的效高，提高生产力。
3）工艺：通过解决工艺上的瓶颈问题，提高生产力。
4）质量：提高产品质量，降低返修率。

利用OEE的最重要的目的之一就是帮助管理者发现和减少一般制造业所存在的六大损失：停机损失、换装调试损失、暂停机损失、减速损失、启动过程次品损失和生产过程次品损失。六大损失的简单说明及其与OEE的关系见表10-10。

表10-10 六大损失的简单说明及其与OEE的关系

六大损失类别	OEE损失类别	事件原因	注释
停机损失	可用率	刀具损坏、设备突发故障、原料短缺等	表示设备因为一些大的故障或者突发事件所引起的停工
换装调试损失	可用率	改变工具、设备预热等	因改换工具、生产线调试等准备工作而造成的损失
暂停机损失	表现指数	不通畅的生产流、导轨阻塞、清洁、检查等	一般指停工5min以内，并不需要维护人员介入的停工
减速损失	表现指数	低于设计产能、运行设备磨损、员工技术因素等	任何阻止设备达到设计产能的因素
启动过程次品损失	质量指数	报废、返工等	设备预热、调节等生产正式运行之前产生的次品
生产过程次品损失	质量指数	报废、返工等	生产稳定运行时产生的次品

10.2.2 OEE的应用

对OEE的需求进行调查，调查结果表明超过4%的世界级制造商在设备故障低于2%时获利。这意味着仍然有96%的制造商有机会通过减少不定期的停工来增加效益。通过使用OEE，提升设备状态的透明度，找到问题出现的根源，使设备故障问题轻易得以解决。OEE是根据设备可用率、生产率及优质率等数据综合编制的一种操作标准。通常利用 OEE 也能发现故障的原因（设备状况、材料状态、生产员工和质量问题），并且能够评估设备、生产线、工作区及整个工厂的生产能力。OEE 度量方法还可与其他的工厂相关度量方法结合起来，对于企业来说，管理者可以监控工厂的 OEE 度量方法，一直跟踪并找出问题的根源，逐步延长生产时间，使其能够实现工艺要求的工作时间。

同一设备的 OEE 公式可以采用多种形式。OEE 可以作为基准设计和分析工具，用于可靠性分析、设备使用效率分析。按需从小处开始，选择在生产流程的瓶颈处使用 OEE，逐渐地将它用于设备的其他方面。在制造业中，必须走进车间，对 OEE 进行粗略度量。

总体来说，不应仅计算设备的 OEE，也应计算生产线的 OEE，企业还应计算所有设备的 OEE。制造工厂现在已开始将 OEE 与自动生产车间自动生成的报告相结合。也有一些企业专门提供车间数据，并且很容易的自动读到 OEE 报告。OEE 的计算虽然简单，但是在实际的应用中与班次、员工、设备、产品等生产要素联系在一起时，便变得十分复杂，利用人工采集数据来计算 OEE 会比较费事。为了更有效地利用 OEE 这个工具，人们越来越关心 OEE 数据采集信息化的话题。

例 10-1

设某设备某天工作时间为 8h，班前计划停机 10min，故障停机 30min，设备调整 35min，产品的理论加工周期为 1min/件，一天共加工产品 400 件，有 20 件废品，求这台设备的 OEE。

解：计划运行时间=8×60-10=470（min）；

实际运行时间=470-30-35=405（min）；

有效率=405/470=0.86（86%）；

表现性=400/405=0.98（98%）；

质量指数=（400-20）/400=0.95（95%）；

OEE=有效率×表现性×质量指数=80%。

【关键词】失效模式，故障树，全局设备。

【思考题】你所在企业的质量检测中目前有什么问题？应该怎样处理？

第 11 章 质量文化

【本章要点】 质量文化的概念、结构、作用及其与企业文化的关系，质量文化建设的 5B 方法论。

 11.1 文化、企业文化与质量文化

文化是社会群体特有的做事习惯及其背后的价值信仰。每个组织都希望自己的做事习惯良好，因此，无论是营利性组织还是非营利性组织，都可以有也应该有自己的文化，即组织文化。由于企业是能从根源上创造价值的主体，因此本书只讨论企业这种特定组织的质量文化，即企业质量文化，在本章中简称为质量文化。

11.1.1 企业文化的定义及与质量文化的关系

1. 企业文化的定义

曾任美国通用电气首席执行官的全球杰出职业经理人杰克·韦尔奇（Jack Welch）认为：企业靠人才和文化取胜，文化是永远不能被替代的竞争因素。对于什么是企业文化，学者和管理者见仁见智，给出了数百种定义，其中有四种比较具有代表性：

第一个定义来自美国学者威廉·大内（William Ouchi）他的著作《Z 理论》代表了企业文化研究初期的主要成果。他指出企业文化就是确定企业行为方式的价值观，这个定义体现了文化就是价值观，行为要符合价值观。

第二个定义来自特雷斯·迪尔（Terrence Deal）与阿伦·肯尼迪（Allan Kennedy）。他们在合著的《企业文化》中指出：企业的文化应该不同于企业的制度，它有自己的一套要素，即价值观、英雄人物、典礼及仪式、文化网络。这四个要素的地位和作用分别是：①价值观是企业文化的核心；②英雄人物是企业文化的具体体现者；③典礼及仪式是传输和强化企业文化的重要形式；④文化网络是传播企业文化的通道。这个定义比较完整，既指出了企业文化的构成，也指出每个要素的地位和作用。

第三个定义来自著名的社会学家埃德加·沙因（Edgar H.Schein）。在他的《企业文化生存指南》一书中，有这样的描述：企业文化是由一些基本假设所构成的模式，这些假设是由某个团体在探索解决对外部环境的适应和内部的结合问题这一过程中所发现、创造和形成的，为大多数成员所认同,是用来教育新成员的一套价值体系,包括共同意识、价值观念、职业道德、行为规范和准则等。他特别强调了假设对于文化的重要性,也强调了文化在新老员工之间的传承。

第四个定义认为:企业文化是形成组织效能的群体意识形态,企业文化的重要目的是提升组织效能。在做一件事之前,明确方向至关重要,而明确了目的也就明确了方向。

2. 质量文化和企业文化的关系

(1)企业文化包含质量文化,是质量文化建设的基石。质量既是企业追求的核心指标之一,又是企业内部一个极其重要的职能,因此质量文化从属于企业文化,是为质量工作提供有效支持的那部分企业文化,不能脱离企业文化而独立存在。企业文化的核心要素,如企业的使命、愿景、价值观,都会直接影响质量文化的发展方向。质量文化要获得员工的认同,就必须依靠企业文化,企业文化是建设企业质量文化的基石。

(2)质量文化能促进企业文化的发展,是企业文化的重要表现。质量文化能通过提高每位员工的质量意识、质量管理的理论和技能水平,制造出优质的产品或提供优质的服务,降低企业质量成本,赢得顾客和市场,树立良好的企业形象,在此基础上提升企业核心竞争能力,获取长久的竞争优势。因此,质量文化既可以优化、提升企业文化、促进企业文化的发展,也是企业文化通过使员工自主地为了企业的利益而规范自己行为、提升质量的重要表现。

11.1.2 质量文化的概念、结构和作用

质量文化是全体员工在工作中必须认同和遵循的理念与价值观、习惯与行为模式、基本原则与制度以及其物质表现的总和。在结构上,质量文化如同一个金字塔,可以分为精神层、行为层、制度层和物质层,如图11-1所示。质量文化变革的阻力和难度从物质层到精神层逐渐增强,其中精神层和行为层不易觉察,处于较深层面;物质层、制度层容易觉察,属于较浅层面。因此,质量文化最大的挑战在于深入人心,然而一旦在精神层面形成,也就难以改变,并且具备长久性。

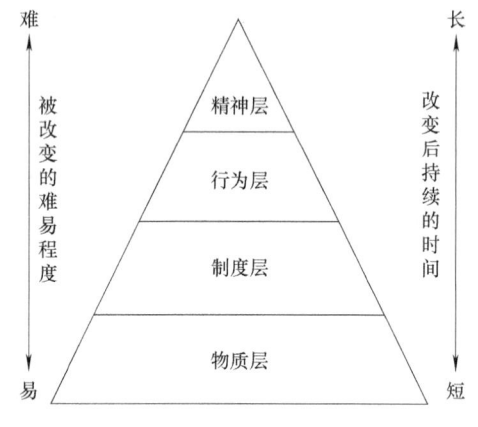

图11-1 质量文化的金字塔结构

质量文化金字塔结构中的精神层、行为层、制度层和物质层,分别对应质量精神文化、质量行为文化、质量制度文化和质量物质文化。

(1)质量精神文化。它是质量文化的核心文化,包括质量价值观、质量道德观等。

(2)质量行为文化。它包括质量管理活动、教育和培训活动、员工人际关系活动中产生的文化现象。从企业人员的结构看,质量行为文化包括领导管理者和员工的群体文化行为、质量队伍的专业行为文化。

(3)质量制度文化。它是约束员工质量行为的规范文化,包括质量领导体制、质量组织机构、质量保证体系、质量管理制度等。

(4)质量物质文化。它是产品和服务的外在表现,包括质量工作环境、产品加工技术、设备

能力、资产的数量、质量与结构、科学与技术水平、人力资源状况等。

良好的企业质量文化建设能够助推企业的发展：对内的作用主要体现在导向、约束、凝聚、激励和辐射功能上，也可以营造尊重劳动、尊重知识、尊重人才、尊重创新的氛围，可以统一全体员工提升产品或服务质量、不断追求产品创新的意识，激发员工热情，人尽其才；对外的作用主要体现在提升企业知名度、品牌形象、社会声誉和社会影响力，也为企业质量战略乃至整体经营战略的顺利实现提供良好的外部环境。企业通过质量文化建设，可以获得以产品或服务质量为根本、不可轻易模仿的竞争优势，为实现企业整体战略目标夯实基础。

11.2 质量文化建设方法论

在企业文化建设方面，在借鉴前人经验基础上总结出的一套方法论，由于五个步骤对应的核心英文单词的第一个字母都是B，因此被称为质量文化建设的"5B"方法论。除了用于质量文化建设之外，"5B"方法论也可用于其他领域的文化建设。其中，Blueprint代表规划蓝图，Broadcast代表传播理念，Belief代表使人相信，Behavior代表使人行动，Betterment代表持续改进。每个"B"下面又有具体的落地方式方法，其系统框架如图11-2所示。

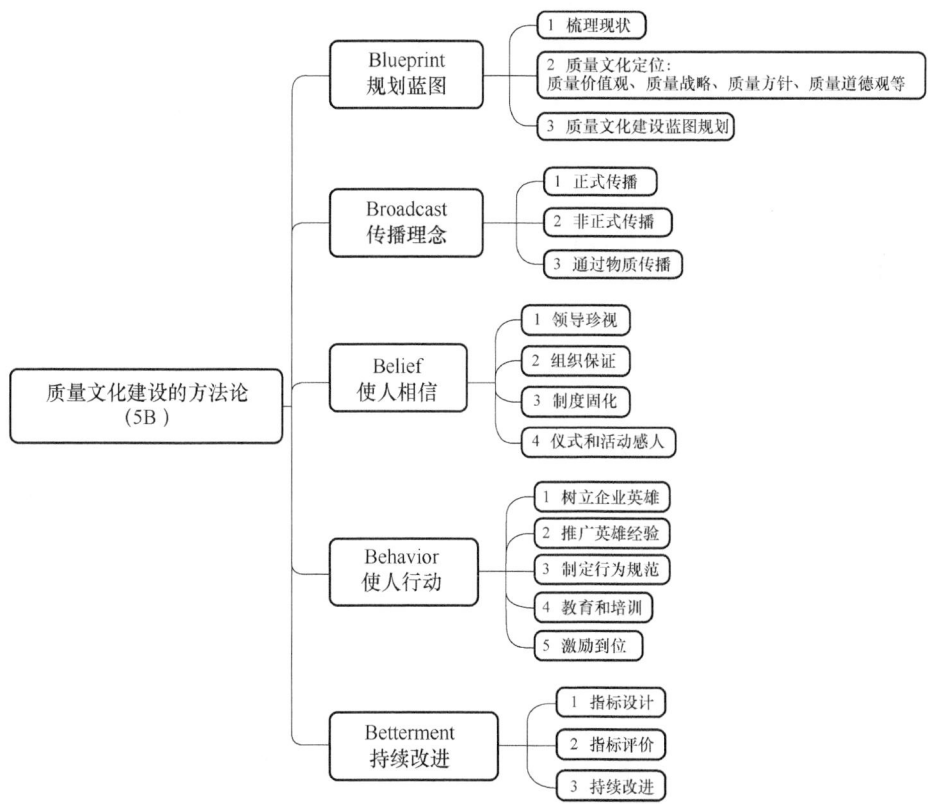

图11-2 质量文化建设的"5B"方法论框架

11.2.1 规划蓝图

在规划蓝图阶段，主要工作是：以梳理质量文化现状为基础，提炼企业质量关键成功要素；明确质量文化定位，即明确质量战略、质量价值观、质量方针、质量道德观等；进行质量文化建设蓝图规划，并设定成效评估标准，以便实现质量文化的闭环管理和质量水平的螺旋式上升。当建设企业质量文化时，首先需要全面梳理企业质量文化现状，通过管理技术手段来发现问题、提炼关键成功要素，在条件具备时形成企业质量文化手册。其次，通过落地机制保证企业质量文化建设切实取得成效。具体步骤如下：

1) 企业要提出总的企业文化建设诉求及初步思路，通过访谈、对标、问卷调查、案例研究等多种方法，梳理企业质量文化现状，分析优缺点。

① 访谈法。分层级、分部门地对员工进行质量文化的深入访谈调查是很有必要的，因为这样比较容易赢得不同层级、不同岗位员工的认同，只有这样，质量文化才能更好落地。对于企业高层，访谈主要针对质量文化发展的大方向，主要涉及对企业质量发展历史的回顾、对质量现状的总体描述、对企业文化的现状描述、对企业质量未来的规划、对标杆企业质量文化的看法、对企业质量文化建设的看法等。对于企业中层，访谈紧密围绕日常运作联系展开，原因是他们对部门、岗位的理解更加深入，但要适当注意因中层来自不同职能部门而导致的出发点和视野的局限性。对于普通员工，访谈则相当具体，包括和员工交流他们对企业质量文化的感知程度、对企业质量工作环境的满意程度、对企业内部质量工作榜样的看法及对企业质量工作的期望等。访谈结束后，要对访谈内容进行分解、逐条梳理，比较访谈内容中的异同，并将其概念化。对相似的概念提炼出更高一级的概念，发现并展现访谈资料中各部分之间、主要概念之间的关联，并验证这些关联，为完善企业质量文化打下基础。

② 对标法。不断对标行业内企业文化建设的最佳企业，进行对照分析。这是一种评价企业自身、研究其他企业的方法，以便将外界企业文化建设的最佳做法复制到本企业中。

③ 问卷调查法。列出在不同情况下解决不同问题的多个选项，让员工选择，要求这些选项能够区分员工对于相关问题的重视程度。之后，根据员工的选择，判断员工的价值观念以及这些价值观念的重要程度。

④ 案例研究法。结合企业实际情况，促使企业质量文化工作人员从典型案例中理解质量企业文化建设中的关键步骤和要素，建立基本思路，寻找解决方案。案例研究法一般包括四个步骤，即挑选案例、收集数据、分析资料和撰写报告。

在梳理、调查、诊断企业质量文化现状的过程中，要深入调研、系统借鉴国内外先进质量文化的精华，继承发扬本企业优良的质量文化传统，为积极创新质量文化内涵、初步搭建起质量文化理念系统奠定基础。

2) 在企业质量文化梳理、诊断调查结束之后，即可着手进行质量文化定位，确定企业质量文化内核，即明确企业质量价值观、质量战略、质量方针、质量道德观等，这些也属于企业文化理念的范畴。

在质量文化建设的精神层面，要"内化于心"，即把质量价值观等融入全体员工的思想意识中，获得他们的充分理解和发自肺腑的认同，使他们的质量认知与企业倡导的质量价值观保持一致。在条件允许的情况下，可以考虑组织编制《质量文化手册》。

3）企业质量文化落地牵涉面广,时间跨度长,工作内容纷繁复杂。"预则立,不预则废",因此必须事先进行系统、科学的蓝图规划和部署,否则根本不能完成。

企业要根据自身的情况选择建设过程中需要开展的主要工作,并对其制定相应的工作目标,而且在时间上做出阶段性合理安排,确保建设工作有条不紊、循序渐进。

要使质量文化在员工心中落地生根,既可以强制灌输,也可以潜移默化。强制灌输,主要是要求员工熟记体系、规范等;潜移默化则是通过领导的言行、决策时秉持的价值观,组织氛围的营造等,让员工在不知不觉间受到熏陶并认可质量文化。哪些采用强制灌输,哪些可以潜移默化,都要在蓝图规划中予以规划。

案例 11-1　中国航发的质量文化规划蓝图与定位

中国航空发动机集团有限公司(Aero Engine Corporation of China,AECC,简称中国航发)是特大型国有企业。中国航发秉承动力强军、科技报国的集团使命,坚持动力为本、质量制胜、人才强企、合作共赢的经营方针,致力于航空发动机的自主研发,深入推进军民融合发展。中国航发主要从事军民用飞行器动力装置、第二动力装置、燃气轮机、直升机传动系统、航空发动机技术衍生产品的设计、研制、生产、维修、营销和售后服务等业务。

航空发动机作为飞机的"心脏",被誉为现代工业"皇冠上的明珠",是工业成就集大成者,是一个国家制造业水平的标志,不仅事关我国高端装备制造业的发展,更事关国防军事能力建设。航空发动机的质量,更是航空发动机设计、制造水平的最终表现。

1. 质量战略:质量制胜

中国航发始终坚持质量至上,确立了"质量制胜"战略,从关系国家利益、民族安危、官兵生命、集团公司发展的高度出发,切实把产品质量的可靠性和安全性等摆在首要位置,将高质量打造成集团公司的核心竞争力,全面提高航空发动机质量可靠性,为打造国之利器、建设世界一流航空发动机集团提供有力支撑。

2. 质量方针:以安全可靠的动力赢得用户满意

(1)安全可靠。安全可靠是动力产品的最基本属性,也是满足用户需求的根本保证。中国航发向用户提供的产品,不仅关系着用户的生命安全,还关系着企业的生存与发展。动力产品质量水平的高低,直接表现为产品是否安全、可靠,是否能用、管用、耐用、易维护。而一流的产品质量和服务能够确保航空动力在全生命周期中安全、可靠,是集团公司对用户承诺的具体实现,也是航空发动机事业科学发展的标志。

(2)用户满意。以用户为关注焦点是践行集团公司使命的必然要求,实现让用户满意是质量工作的主要目标。中国航发将不断提高用户满意度作为追求,站在用户的角度来分析用户需求,体验用户的感受,识别用户的期望,坚持以用户的需求为导向,主动沟通,快速响应,不断改进各项工作,通过健全体系、科学决策、管理创新、持续改进,来不断提升产品和服务的质量,努力向用户提供质量一流的航空动力产品和服务,赢得用户的满意,为使集团公司成为世界一流的航空发动机集团而不懈努力。

3. 质量价值观:保质量就是保动力、保生命、保发展

质量是产品的本质属性,更是一家企业的尊严。动力产品的质量是实现产品价值的基础保证，是中国航发的生命，是中国航发基业长青的动力之源。没有质量，动力产品的使用价值无从依附，用户的生命和财产安全就得不到根本保障，企业的发展也无从谈起。保质量就是保动力、保生命、保发展。只有保证了质量，才能向用户提供安全可靠的动力产品，让产品被用户接受并放心、大胆地使用。中国航发只有研制出高质量的产品，才能为国家的强大提供保障，才能为企业的发展和壮大提供支撑，才能为员工的成长和幸福提供保证，为促进社会的可持续发展和不断进步做出贡献。

中国航发所有员工都要站在国家、民族、企业、个人的角度，去思考质量工作的重要意义，要将保障用户的生命安全视为对亲人的庄严承诺，视为每个航发人应尽的政治责任和社会责任，牢记职责，敢于担当，切实做到向用户提供安全、可靠、好用的高质量产品。要做到：从设计层面，"吃透"用户需求，提高技术认知，掌握关键技术，加强源头把控，确保设计质量；从制造层面，要一丝不苟，严守规范，严格按工艺操作、按程序管理，确保"不带任何疑虑交付，不留任何遗憾上天"；从服务层面，要持续关注用户需求，迅速响应用户需要，快捷真诚地为用户服务，全力保障使用安全。

4．质量道德观：诚实守信，有错必改

诚信是质量工作的基本原则，诚实守信就是有法必依、立足实干、用心尽责、不掺虚假。中国航发坚持依法治质，诚实守信是依法治质的道德基石。集团公司提倡诚实守信的质量道德观，就是要求全体员工做到有法必依、有章必循、有诺必践、当老实人、说老实话、办老实事，而绝不能我行我素、阳奉阴违、弄虚作假、推卸责任。

有错必改就是面对错误，要采取正确的态度和行动，及时主动纠正和改进。有错必改要求在思想上坚持实事求是，在作风上坚持真抓实干，在行动上坚持履责尽责，做到不接收缺陷、不制造缺陷、不传递缺陷、不隐瞒缺陷、严格程序把关、严格质量管控、大家都本着正确的态度讲真话、办实事，扎实做好每一项工作。

中国航发培养"诚实守信，有错必改"的质量道德观，就是要求全体员工要脚踏实地，在工作中努力做到诚实守信，有错必改，塑造全体员工尊重用户、为用户负责、视生命安全高于一切、凡事务必保证质量的职业道德。

 **案例 11-2** 　**华为的质量文化蓝图规划与定位**

华为在进行质量文化定位时，也是根据企业的愿景、使命价值和主张来确定质量目标、质量方针、质量战略以及质量文化的内涵；华为还对质量文化的蓝图进行了规划，确定了实现质量目标的"三步走"规划，并旗帜鲜明地指出华为质量文化建设需要全员参与。

1．愿景和使命

把数字世界带入每个人、每个家庭、每个组织，构建万物互联的智能世界。

2．价值主张

随着信息通信技术（ICT）的加速融合，以云计算、大数据为特征的技术正在成为引领和促进 ICT 行业创新和发展的核心技术。新的技术创新，不仅正在全方位地重构信息技术

（CT）产业，而且通过 IT 和 CT 产业融合带来巨大的商业发展机遇。为适应这一革命性变化，华为围绕客户需求和技术领先持续创新，与业界伙伴开放合作，聚焦构筑面向未来的信息管道，致力于共建更美好的全连接世界，持续为客户和全社会创造价值。华为力争成为运营商客户面向未来转型的战略合作伙伴，成为领先的企业 ICT 基础设施提供商，成为消费者喜爱和信赖的、全球领先的智能终端品牌。

3. 质量战略

华为视质量为企业的生命。质量是华为价值主张和品牌形象的基石，也是其建立长期及重要客户关系和客户黏性的基石。

打造精品，反对低质低价。以最终用户体验为中心，从系统、产品、部件、过程四个维度构建结果质量、过程质量和商业环境口碑质量。

借鉴德国、日本质量文化，与华为实际相结合，建设尊重规则流程、一次把事情做对、持续改进的质量文化。

把客户要求与期望准确传递给全球合作伙伴并对其进行有效管理，与价值链上下游一起共建高质量和可持续发展。

尊重专业，倡导工匠精神，打造各领域世界级专家队伍。

人人追求工作质量。不制造、不流出、不接受不符合要求的工作输出；不捂盖子、不推诿、不弄虚作假，基于事实决策和解决问题。

落实管理者质量第一责任，基于流程构建质量保证体系，建设能适应未来发展的大质量管理体系。

4. 质量目标

质量目标：让华为成为 ICT 行业高质量的代名词。

实现质量目标"三步走"规划：第一步是预防重大质量风险，这是绝对不能动摇的质量基石，也是赢得客户信赖的基本条件；第二步是形成质量竞争力，形成质量的比较优势；第三步是实现质量溢价，既帮助客户取得商业成功，又助力华为自己取得商业成功。具体的"三步走"规划如图 11-3 所示。

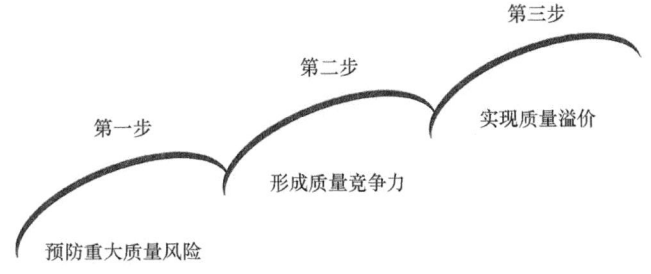

图 11-3　华为实现质量目标的"三步走"规划

5. 质量方针

时刻铭记质量是华为生存的基石，是客户选择华为的理由。

华为把客户要求与期望准确传递到整个价值链，共同构建质量。

华为尊重规则流程，一次把事情做对；发挥全球员工潜能，持续改进。

华为与客户一起平衡机会与风险，快速响应客户需求，实现可持续发展。

华为承诺向客户提供高质量的产品、服务和解决方案，持续不断地让客户体验到华为致力于为每位客户创造价值。

6．质量文化的内涵

华为质量文化内涵是：以客户为中心、一次把事情做对、持续改进。

7．华为文化建设需要全员参与

各级管理者负责质量文化建设，明确质量文化发展方向和目标；各级质量专业管理者与质量文化组织例行审视本体系和部门的质量文化发展成熟度，推动和实施质量文化建设措施，并监控进展与效果；各体系通过质量文化建设，提升全员质量意识和知识能力，营造良好的质量文化氛围。

华为的质量管理是通过组织内各职能、各层级人员参与产品实现及支持过程来实施的。过程的有效性直接取决于公司各级人员的意识、能力和主动精神。从高层到基层，全体员工都应参与到全面质量管理当中。

全体员工通过专项质量改进（攻关）、6西格玛、精益管理等活动，不断改进结果质量/过程质量；对于基层员工，华为强调立足于本岗位，点滴改进，"小改进，大奖励"，通过合理化建议、品管圈、质量奖、树标杆等活动，引导员工自发进行质量改进。

11.2.2 传播理念

传播理念的目标是让员工、客户及其他利益相关者都知道，最好能深刻理解企业所倡导的质量文化理念。要实现这个目标，管理者对于企业质量文化就必须做到稔熟。通常有三种传播途径：正式传播、非正式传播和通过物质传播。

1．正式传播

正式传播的渠道包括但不限于内网、内部报刊、内部会议、内部发文、内部培训、书籍等途径。常见的正式传播的渠道如图11-4所示。

上到企业最高领导，下到基层员工，他们每年都有相当一部分时间花在了会议上，例如战略分析会、年会、员工大会、部门会议和专题会议等。另外，正式文件，包括通报、通知、会议纪要等的阅读量也比较大。因此，内部会议和内部发文都是企业内部质量文化的重要传播渠道。此外，针对质量文化核心理念进行专题培训的作用也不容忽视。

有些企业利用质量格言来传播质量理念，例如中国航发。中国航发的质量格言，如"质量是航发人的素质，质量是航发人的品牌，质量是航发人的生命""坚持质量制胜，培育工匠精神，铸就军工品质""严慎细实守底线，精益求精干精品""树立'零容忍'氛围，打造'零缺陷'产品""一次做好，缺陷为零"等，对仗工整，排比有力，有很强的传播性。

由于正式传播可以利用的渠道是现有的，而且通常具有一定的强制性，因此具有传播速度快、传播精准度高的优势。

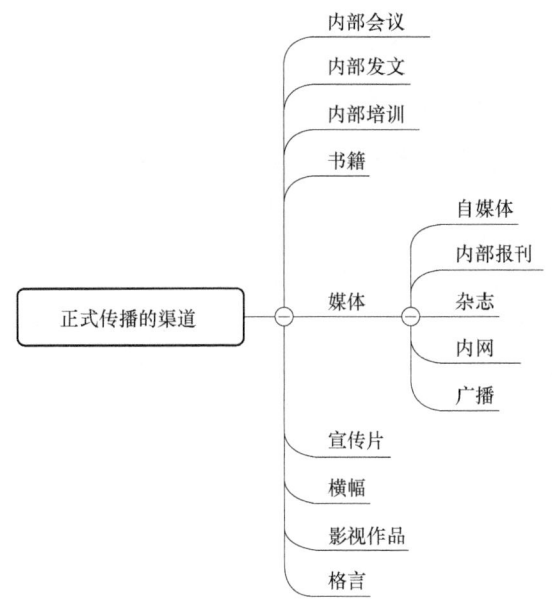

图 11-4　正式传播的常见渠道

2. 非正式传播

无论人们是否承认或者是否认识到，任何企业都像一个小社会，都存在人际网络。它可以传播信息，是一种非正式的信息传播网络。非正式的网络总是客观存在的，因此比较可取的做法是因势利导，巧妙利用它来传播企业提倡的质量文化理念。具体的利用方法有很多，重点推荐其中一种——故事。在美国文化学者阿伦·肯尼迪看来，文化角色有七种类型，首要的就是讲故事者。因此，故事是非正式传播的主要渠道之一。

非正式传播渠道比较自由，传递的信息更为丰富，更容易被人们接受，有时也更符合事实。对于管理者对质量的重视程度、质量管理的实际执行情况等信息，员工们更相信眼见为实，更愿意相信"小道消息"等非正式渠道传递的信息。

故事的妙处，一来在于只要抓住了"金句"或关键词，就能再现整个场面，有很强的画面感；二来，故事的话题程度有时堪比病毒，传播力量非常强大。管理者要学会利用组织内部的非正式人际网络收集、传播信息，并以此校验通过正式渠道获取的信息。

擅长传播质量文化的管理者，通常都是讲故事高手。例如，张瑞敏抡起大锤砸掉次品冰箱的故事家喻户晓，这个故事的商业价值可能不亚于十亿级的广告投入。

在撰写故事的时候，不妨向幼儿园小朋友们学习。他们天真无邪、毫不做作、讲出的故事通俗易懂，用的语言比较口语化，朗朗上口，好懂好记，篇幅上也不采取长篇大论。他们讲故事的方式很简单，就是用自己的话讲身边的事。员工对于发生在自己身边的事感触会特别深，再加上用的是通俗的语言，所述故事的传播效果不言而喻。

3. 通过物质传播

建筑物、办公空间布局甚至 LOGO 等，都可以成为传播企业质量文化的物质和载体。它们看似不能说话，但其实每时每刻都像是在悄悄诉说着企业的质量文化，都在营造氛围，对于身处其间的人进行着潜移默化的质量文化熏陶。

> **案例 11-3　华为质量文化的传播**
>
> 华为采用多种形式传播质量文化，成效显著。在报纸方面，对外利用《华为人》报、对内利用《管理优化》报和《24 小时》等进行传播。《华为人》报在华为企业质量文化建设的过程中贡献卓著，华为早期几乎所有的新的质量文化理念都是通过《华为人》报发出的，华为宣传、解释质量文化理念的文章，大多也是发表在《华为人》报上的。华为 20 万员工、客户、合作伙伴及社会人士，大部分都是通过《华为人》报逐步了解华为文化和所做工作的。《管理优化》报以曝光内部管理问题、记录改进过程和改进结果、自我批判为主，为质量文化建设发挥了重要作用。随着移动互联网的普及，华为"心声社区"越来越成为宣传质量文化的主阵地。
>
> 在书籍等方面，《以客户为中心》《以奋斗者为本》这两本书作为华为官方认可的书籍，成为众多企业家的案头书、枕边书，深受企业家的肯定，对传播华为包括质量文化在内的管理思想和理念等起到了十分重要的作用。华为的品管圈成果、质量经验和教训也都会汇编成册。
>
> 在非正式传播方面，华为善于借助故事的力量。"以客户为中心"自从成为华为的核心价值观中的主要部分之后，也成为很多企业的口头禅。但是，说起来容易，做起来难。华为不但这样说，而且这样做。一个生动、真实的故事，作用远胜一堆干巴巴的理念描述和说教。
>
> 在通过物质传播质量文化方面：①华为对园区的设计质量、建筑质量、生产工艺都有严格要求。华为的很多建筑堪称精品，由国际著名的设计师或设计机构设计，精益求精。据说在华为东莞松山湖的一些建筑物上，华为对塔尖的粗细和垂直度的质量要求都极为严苛，就像对待华为自己的产品和服务一样。作者在华为工作期间，听同事说华为深圳坂田基地一座不起眼的两层食堂就耗资近亿元，这在 20 世纪末是一笔巨款，仅设计费就接近占了 18%，这也反映了华为对员工生活质量的重视，对于核心价值观中"以奋斗者为本"的坚守，对于质量文化中的"一次把事情做对"（做好）的贯彻。②华为生产现场办公位置设定也与众不同。所有管理者和生产支持部门的员工都围坐在生产现场旁边，或者干脆坐在生产区域中间，现场就是他们的"内部客户"。这样可以预防、及时发现并解决质量问题，并且是和一线人员及其他相关同事一起协作解决的。这在一定程度上完整地贯彻了华为质量文化中的"以客户为中心，一次把事情做对，持续改进"。
>
> 通过多种形式的广泛宣传和广大员工的积极参与，华为不断强化质量文化的核心理念，加深全员对于质量文化理念的理解与认识，为赢得员工信任、使质量文化理念进一步深入人心奠定基础。

11.2.3　使人相信

这个阶段的主要目标是使员工对质量理念深信不疑。具体措施包括领导珍视、组织保证、制度固化、仪式和活动感人等。

1. 领导珍视

这里的领导是广义的,包括管理者。

珍视,比重视多了珍惜。领导自己带头示范,自然会更加珍惜。要做到让人感觉重视并不难,但要做到珍惜则不容易。

领导在日常工作中有关质量的言行,就是企业质量文化的风向标和指挥棒。领导重视什么,员工就容易相信什么。

(1)言:多讲多写。华为出台了《华为基本法》,并在第八条中明确规定:华为的目标是以优异的产品、可靠的质量、优越的终生效能费用比和有效的服务,满足客户日益增长的需要。质量是华为的自尊心。但这并不能保证华为所有员工和相关合作伙伴能够完全理解其中的理念。《做好基础工作,逐步实现全面质量管理》《小改进、大奖励》《为了跨世纪的发展必须推行合理化活动》《为什么要自我批判》《质量是我们的生命》《在公司质量工作汇报会上的讲话》《最终的竞争是质量的竞争》《在质量与流程 IT 管理部员工座谈会上的讲话》《我们的目的是实现高质量》等文章和一系列既有哲理又接地气的讲话,都诠释、落地了基本法中的相关质量文化理念。

(2)行:以身作则。领导行为上的模范带头作用,在质量文化建设和质量提升中至关重要。全球著名企业文化专家、麻省理工学院教授埃德加·沙因在他所著的《企业文化与领导》中提到,企业文化与领导就像一个硬币的两面密不可分。《论语·颜渊》中提到"政者,正也。子帅以正,孰敢不正。"意即"管理国家,核心是要以身作则。只要领导者一身正气,下属自然不敢不正派。"

企业领导者的行为比制度更有说服力和推动力。领导在行为上率先垂范,是企业建设质量文化的好方式,这样能让员工相信所开展的企业文化建设是动真格的,而不是来虚的。只要领导者和全体管理者都能够做到以身作则,员工通常也能做到。

企业要注意保持领导日常关注、企业文化倡导、领导日常检查关注三者的统一,否则质量文化建设难以成功。

2. 组织保证

在质量文化建设蓝图规划完毕、领导珍视之后,就是建立组织、进行分工、落实责任。需要注意的是,企业文化建设不是企业文化部门或人力资源管理部门的"独角戏",而是全员的事,所有部门、所有管理者、所有员工都要参与进来,各尽其力,各司其职。

企业质量文化落地的组织体系一般分为三个层次。

(1)指挥层。质量文化建设委员会的负责人一般由企业的"一把手"担任,班子成员全部进入委员会,委员会通常会下设一位秘书长。

(2)谋划层。由质量部、生产部、采购部、人力资源部、工会等与企业质量文化联系紧密的部门成员组成,设立专门的质量文化建设办公室。

(3)推进层。由企业各部门和各下属企业的负责人组成,他们分别担任所在部门和下属企业的实施推进第一责任人。

在组织和人员确定后,即着手进行详细的职责分工,为质量文化建设提供组织上的保障。

3. 制度固化

制度比理念更有强制性,并与员工的利益挂钩,因此它可以让理念的落地更有力。

制度设计要靠自己人,他们要熟悉企业业务特点、队伍特质及质量文化管理的关键点。当然,在需要时也可适当借用外部的咨询力量。

4．仪式和活动感人

对于员工而言，仪式和活动都是一种处于氛围中的、更切身的、更生动的体验，它使员工相信企业所倡导的质量文化理念的重要性。

（1）仪式。仪式最大的意义是象征意义。质量文化理念如同剧本，仪式和活动则像舞台上表演的戏剧。干巴巴的剧本远没有戏剧表演那样容易让人理解并相信。文化和仪式如影随形，常常一同出现。有文化的地方往往需要仪式，举办仪式的地方通常也存在文化。在企业质量文化活动的重要节点，如开始启动、颁奖、总结的时候，最好有相应的让人印象深刻、感动的仪式。

（2）活动。相对于仪式的象征性，质量文化活动则是实打实的。以华为品管圈小组活动为例，它对质量改进与娱乐等非正式沟通进行了较好的结合。小组成员在做好质量改进工作的基础上，利用公司下拨的品管圈活动经费进行团队建设，形式之一就是小组聚餐。即使工作中有一些小矛盾，也可以在饭桌上化解，这也顺应了中国的沟通文化。这样，既活跃了氛围，又让大家相信公司质量文化建设是用心的，二十年如一日地推行品管圈活动，从一个侧面印证了华为质量文化中的"持续改善"已浸入了华为人的血液，在变中保持不变，并且成效依然非常显著。

案例 11-4　中国航发质量文化相关制度和活动

1．中国航发质量文化相关制度

中国航发狠抓质量文化建设工作，明确各级组织的工作职能，制定并完善保障质量文化体系有效运行的制度文件，规范各类人员的质量文化职责和质量工作行为，强化对过程的管理和控制，强化法律法规和质量文化工作制度的执行力，做到质量文化工作"有法可依，有法必依，执法必严，违法必究"。

2．设计与工艺协同制度

中国航发动力所从 2013 年以来，为提高产品的符合性质量，提升设计可生产性和制造符合性，保障型号研制任务顺利开展，作为总师单位和承制单位联合攻关、积极探索，针对之前存在的设计可生产性不高和制造符合性差问题，以型号研制实际需要为切入点和抓手，建立了设计与工艺协同质量保证工作机制。

设计与工艺协同质量保证工作机制主要包含以下内容。

1）明确典型件目录：明确设计需要重点控制的产品。
2）深入技术交底：设计明确需要保证的重要特性，以及工艺反馈可生产性方面的建议。
3）图纸细化可生产性协调：依据图纸细化要求，进行可生产性协调。
4）联合工艺评审：审查工艺文件的合理性、正确性、完整性。
5）工艺文件审签：强化工艺更改控制。
6）验收性首件鉴定：现场验收产品实物，验证工艺有效性。

通过实施以上制度，促进设计与工艺协同，将质量管理的方法融入型号研制中，提高研制质量。

该项活动开展以来取得了显著效果：某型发动机首台机装机不合格品数较另两型发动机首台机装机不合格品数大幅下降；建立了设计与工艺协同质量保证工作制度，形成了较为系统的设计与工艺协同质量保证工作制度和工作方法，目前已在动力所内多项型号研制中推广应用，具有较强的指导性和示范作用。

3. 质量工资制度

中国航发沈阳黎明航空发动机（集团）有限责任公司（简称黎明）积极倡导优质优酬、奖优罚劣的质量奖惩导向，于2014年设立了"质量工资"，将各单位绩效工资的23%~25%作为质量绩效，充分发挥质量激励作用。公司每月对各生产单位及所有业务部门实施质量绩效考核评价，从产品实物质量、质量指标完成情况、质量管理工作推进等维度进行综合量化评价，依据评价得分核发各单位质量绩效总额，各单位依据对各类人员的质量考核评价发放个人质量工资。通过质量工资制度的有效推行，确立了质量激励的导向作用，营造了全员重视质量工作的氛围，有效促进了质量工作的全面落实与推进。

4. 质量承诺制度

中国航发成都发动机有限公司（简称成发）为强化质量意识、紧绷质量之弦、有效落实"业务谁主管、质量谁主抓、责任谁承担"的"三谁"责任制度，在全厂范围内开展"质量承诺"专项活动。管理部门全体人员、各制造厂所有与产品质量相关的人员（包括操作工、检验员、技术员以及各层级管理者等）分别举行质量承诺仪式、签订质量承诺书并展示质量承诺情况。

质量承诺书

质量是企业的生命，质量与我们全体员工息息相关，我们要树立严慎细实、精益求精、一次把事情做对的工作作风，对工作质量和产品质量负责。为此，我郑重承诺：

一、严格遵守所有与我工作相关的规章制度。

二、熟知并严格履行自己的岗位职责和质量职责。

三、熟知正在从事的工作所需的能力，并经培训熟练掌握其技能。

四、熟知正在从事的工作内容及质量要求。

五、严格按照批准的规程或制度开展工作，发现异常，主动报告。

六、不弄虚作假，不违规指挥，不违规操作。

七、不接收、不制造、不传递缺陷，不迫于压力放过任何不合格品。

如违反以上承诺，我愿意承担相应责任，接受公司相应处罚。

5. 航空发动机制造过程质量风险识别及管控制度

中国航发西安航空发动机有限公司（简称西航）针对航空发动机重点质量问题，开展FMEA失效模式与影响分析和防错技术管理，建立了一套从质量风险识别、防错技术应用、风险闭环管理的流程和机制，从而预防和减少航空发动机厂内外质量风险的发生，航空发动机制造过程质量风险识别及防错管控流程（FMEA-AEP）如图11-5所示。

主要内容包括：构建基于FMEA-AEP技术的航空发动机制造过程防错识别模式，围绕"人、机、料、法、环、测"等方面研究和建立涵盖航空发动机制造、装配、检验的各个环节的39类《航空发动机制造质量风险排查FMEA标准》；建立基于FMEA-AEP的防错识别及管理流程，形成航空发动机制造过程的"质量风险识别、防错技术应用、风险闭环管理"

FMEA-AEP 质量风险识别及闭环管理流程机制；综合应用五类管理防错方法及十类技术防错技术。

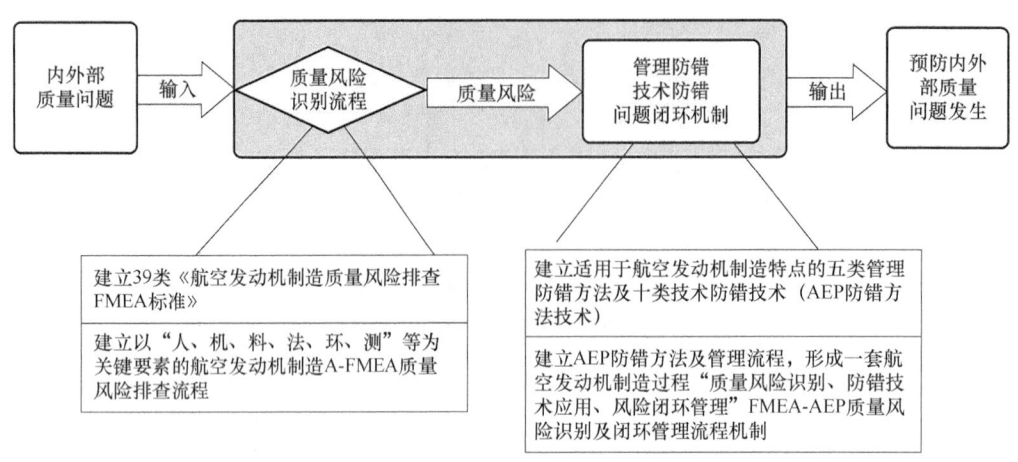

图 11-5　制造过程质量风险识别及防错管控流程

6．质量管理达标评价制度

中国航发南方工业有限公司（简称南方）为适应现代企业发展需要，从 2013 年开始，在 15 个生产中心建立了质量改进室，明确了质量改进室成员配备比例、职责、要求等，改变了过去一个生产中心一个质量管理员引导和开展中心质量管理的模式。为了评价质量改进室工作开展情况，公司对生产中心开展质量基础管理达标评价，制定了生产中心质量管理评价办法，并设立了达标、铜牌、银牌、金牌的评价标准。通过提升生产中心质量基础管理工作，促进人员意识、行为规范、产品实物质量、质量基础管理工作等全面提升。经过近几年的运行，生产中心质量基础管理工作改善明显。

预防人为低级性问题发生的"八条禁令"如下：

第一条：禁止领导干部隐瞒质量问题，不认真组织原因分析、制定并落实纠正措施。

第二条：禁止班组长违章指挥，安排不具备资质人员上岗，或安排不具备操作经验的人员单独操作。

第三条：禁止技术和管理人员编制粗放、指导性不强的技术文件和管理制度。

第四条：禁止各类人员不按业务流程、规章制度办事。

第五条：禁止操作者不按规定实施加工前的准备工作，不按工艺资料要求加工、装配，不进行首件二检、自检自分。

第六条：禁止检验人员不按规定检验零件和处理不合格品。

第七条：禁止员工不及时、不如实报告质量问题，问题未处理完就开展后续工作。

第八条：禁止不按要求进行产品防护，导致零件碰划伤、锈蚀及多余物。

7．"超差"管控制度

中国航发哈尔滨东安发动机有限公司（简称东安）以顾客满意和质量安全为目标，通过管控产品"超差"问题，创新和实践了一系列卓有成效的质量管控制度和方法，构建了东安

"超差"质量管控模式,如图 11-6 所示。

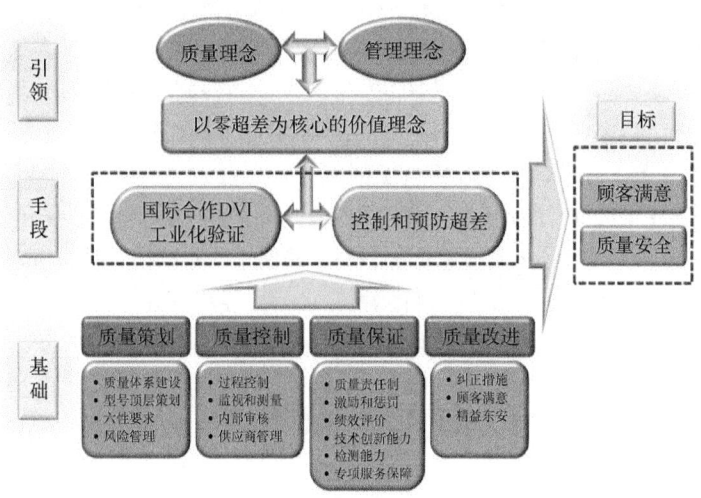

图 11-6　东安"超差"质量管控模式图

该模式以质量体系(质量策划、质量控制、质量保证、质量改进)为基础,以"零超差"质量理念为引领,通过国际合作 DVI 工业化验证,控制预防超差;推行"精益东安"质量工程和全员质量责任制,严格实施供应商管理制度;设立年度专项服务保障机制,严控服务保障超差,从而构建了从设计、生产、服务全生命周期闭环供应链式的超差管控模式,追求质量安全和顾客满意的双重目标。该模式自运行以来取得了很好的效果:2016 年批产产品超差品率下降到 0.001%,科研超差品率下降到 0.14%;几年来,超差品率每年降幅均达 40%以上,东安机加产品的质量损失率也同步降低。

8. 中国航发质量文化活动

(1)全国"质量月"活动。中国航发每年集中一段时间(每年 9 月份),确定一个主题,围绕实现集团公司发展目标,动员和组织各方面力量,多形式、有针对性地开展活动,提高全员质量意识,推动质量事业振兴,促进集团公司健康发展。

(2)中国航发"质量周"活动。中国航发质量周是营造质量文化氛围的重要抓手。集团公司每年在全行业组织开展全员参与的"质量周"活动。活动由集团公司统一规定主题,各单位在统一主题下开展各具特色的质量活动,以不断提升全员质量意识,鲜明展现行业质量工作特色,推动年度质量工作要求落地。

(3)"质量信得过班组建设"活动。班组是组织最基本的单元,直接影响产品质量、项目研制和生产任务的完成。班组建设不仅是保证工作及产品质量的需要,也是促进和提升质量文化建设的有效载体。集团公司大力推进"质量信得过班组建设",围绕提升产品质量开展各种培训、竞赛及评优活动,并将"质量信得过班组建设"活动作为一项长效机制,推进广泛开展,以不断提高员工的质量意识和质量保证能力。

(4)质量控制小组活动。质量控制小组是群众性质量管理活动的一种有效组织形式,具有明显的自主性、广泛的群众性、高度的民主性、严密的科学性。它可以提高员工素质,激发员工的积极性和创造性，可以改进质量、降低消耗，提高经济效益，以此建立文明的、心情舒畅的生产、服务、工作现场。集团公司广泛深入开展群众性质量控制小组活动，倡导广大员工创新思维、科学钻研，不断寻求提升质量水平的方法，推进质量改进活动取得实效。

（5）"控制超差品装机"活动。中国航发西安动力控制科技有限公司（简称西控）为提高航空装备质量的稳定性和可靠性，降低超差品装机带来的隐患，自2014年起，开展了"以控制超差品装机为牵引，全面提升质量保证能力"为目标的"控制超差品装机"活动。

活动按照指标牵引、问题导向、疏堵结合、系统整治的思路，以优化管理流程、创新体系建设、推进工艺改进、强化质量意识为目标，开展了一系列改进提升工作。通过系统分析，制定控制指标，在交付入库、配发、装配和检验验收等环节进行把控，逐步去除存量；通过改变浇注方式，优化模具结构，升级改造生产线，解决铸造毛坯"瓶颈"问题；通过强化零组件防护管理和专项整治攻坚行动，遏制现场零组件磕碰伤等低级问题；通过借鉴加工过程稳定化指数评价办法，在机加、热工、装配过程开展工艺文件的细化和固化工作，解决现场工艺粗放、操作性不强，以及"两张皮"的现象；通过开展专项质量意识教育培训，举办技能大赛，解决质量意识淡薄和技术能力不足等问题。

经过连续三年的探索与实践，超差品装机控制工作收效显著。超差品产生数量下降了92.8%，超差品装机数量下降了80.4%，单台产品超差品装机最大数量下降了71.4%。既提高了产品实物质量，也促使了工厂质量保证能力得到持续提升。

（6）"六无一提高"专项活动。中国航发湖南南方宇航工业有限公司（简称南方宇航）为降低潜在质量风险、提高产品表面质量，自2008年开始，组织开展"六无一提高"专项质量改进活动（产品无落地、无磕碰、无划伤、无锈蚀、无挤压、无毛刺，提高零件清洁度），重点解决顾客反映强烈的零件锈蚀、零件碰划伤、零件毛刺等问题，提升顾客满意度。

活动从产品防护和工艺细化入手，以点带面。具体包括：①强化责任，明确生产单位行政一把手主抓产品防护工作，将产品防护要求纳入工艺技术文件，明确投料、加工、转工、检测、交付过程的防护措施，制作零件架、隔板和工位器具车，实行专用工位器具防护；②开展"三工序"和"优质交付奖"活动，将精益改善与优质交付有机结合，形成"快乐改善"氛围，落实优质优酬、劣质无酬、报废赔偿制度，通过激励机制，调动员工质量改善积极性；③组织质量管理基础、过程控制、工艺纪律和运行保障督导组，分线对质量活动、现场管理、产品防护、工艺纪律、送检零件清洁度、工位器具清理、多余物控制等方面进行指导、督查，检查结果与单位领导及相关人员的月度绩效考核挂钩。

通过多措并举，一次做对做好的质量氛围逐步形成，碰、划、锈、压等"六大顽疾"得到有效遏制，送检产品表面清洁度环比提高47.2%，公司顾客满意度环比提升27个百分点。

总之，要实现"使人相信"，不能强迫员工，只能潜移默化，润物细无声。

11.2.4　使人行动

可以通过树立企业英雄、推广英雄经验、制定行为规范、教育和培训、激励到位五种措施，使大家能够从相信理念到采取行动。

1．树立企业英雄

所谓的企业英雄人物或企业英雄，就是通常所讲的榜样和模范。

树立企业英雄的作用有：①使质量文化理念更加具体、形象、易于理解。②突破、示范和激励，使大家感觉到跳一跳就能够得着成功。那些持续践行企业质量文化而取得实际成绩的员工就应该被树立成企业英雄，这样可以鼓舞人心，激励大家行动。③设定日常工作的标准。英雄人物的所作所为经常代表着企业最重要的工作标准，与英雄相关的工作标准也容易深入人心。仍以张瑞敏砸冰箱为例，1985年虽然电冰箱供不应求，但当海尔电冰箱因为质量问题而遭遇退货时，张瑞敏既没有安排把这些问题冰箱修理之后重新发货，也没有听从员工的建议把问题冰箱发给员工作为福利，而是召集全体生产人员亲手把76台冰箱当众砸掉。这种追求高质量、对缺陷零容忍的表态，成为海尔员工难以忘记的质量文化理念和工作标准。

在塑造英雄人物时，要注意紧紧围绕关键岗位，并与企业的奖项设计和仪式的举办相结合，避免各管一段。造成各管一段的常见原因是，在不少企业中树立英雄人物归文化部门管，设立奖项归人力资源部门管。

华为的"蓝血十杰"奖、"金牌"奖、"天道酬勤"奖、"明日之星"、"数据准确"奖、"技术攻关"奖，都是质量文化的具体体现。其实，每个人的内心深处或多或少都有英雄情结，企业要做的就是把它激发出来，激发员工去努力变成他心中的英雄。

2．推广英雄经验

树立质量英雄人物是为了传播企业质量文化、推广英雄经验，让更多的员工在认同企业质量文化基础上追随英雄，从而让企业质量文化落地、见效。这就需要把英雄人物的事迹整理成文化故事并传播，将英雄人物做事的态度、方式、方法整理成经验、模式加以推广，提升企业质量水平。

例如，可以通过"英模报告团"、媒体密集宣传、企业英雄榜、英雄人物专栏等形式进行传播；总结提炼英雄的隐性精神内涵和做事方式，形成具有广泛适应性、可复制的思维和行为模式，以便推广、应用英雄的经验。

万事开头难，有了英雄榜样之后，就可以从由英雄跨出第一步到走出多步，从英雄一人做到多个人做，从没人做成功到有人做成功甚至很多人做成功。这些都为制度行为规范奠定了基础。

3．制定行为规范

从知到行有巨大的鸿沟，所以古人才强调"知行合一"。

没有规矩不成方圆。质量行为规范，是社会群体或个人在参与社会活动中所遵循的质量方面的规则、准则的总称，是社会认可和人们普遍接受的、具有一般约束力的行为标准。企业质量行为文化中最丰富、最集中、最重要的质量行为规范，在企业的发展中起着越来越重要的作用，它可以使企业内部的沟通和协调更易于实现，可以增强企业内部凝聚力，可以提高整个企业的工作效率及工作质量。

制定行为规范的目的，是将员工相信的理念转化为日常行动，最终变成全体员工的习惯。要让员工实际的行为和他相信的理念尽量相符。这需要在行动中不断学习、尝试，并将经验固化。要做到这点，除了勇气和恒心，也需要企业英雄榜样的激励。

行为规范对行为的指导更为明确，可以让理念更好地落地。

4. 教育和培训

要想把质量文化从员工的相信变成其实实在在的有效的行动，通常需要教育和培训，这本质上是一种赋能。

以质量意识教育为例，可以将质量意识教育寓于工作过程中。通过分析形势、剖析案例、详述职责等多种形式的教育，不断增强员工的质量意识，提高员工对于质量工作重要性的认知，牢固树立质量第一的观念，增强员工做好质量工作的使命感、责任感、危机感；通过质量意识教育，使员工明白自己在质量工作中的责任，促进其熟练掌握岗位工作技能，规范运用质量管理工具和方法，提高质量工作能力和技术水平。立足员工对质量工作的知责、担责、履责、尽责，可以有力地促进企业质量效益的提高、质量方针的落实以及质量目标的实现。

5. 激励到位

企业要高度重视对质量成果的认可和激励。马斯洛的需求层次理论告诉我们，未被满足的需要能够发挥激励作用并对行为产生影响。质量文化落地，要落实到员工的行动之中，要顺应员工的需求设置相应的奖惩措施，说到做到，只有将质量行为及其结果与员工个人的绩效、职位挂钩，如颁发质量奖金、设立"质量模范""质量金牌员工"等，才能取得真正的成效，避免空喊口号、流于形式。

案例 11-5 中国航发质量行为准则和质量行为规范

1. 中国航发质量行为准则：一次把事情做对

"一次把事情做对"就是在做工作的时候要一次把事情做好、做到位，努力做到不反复，否则会影响工作的效率和效益，增加做事成本。中国航发每个岗位、每个人、每道工序都强化规则意识、执行意识、责任意识，追求一次把事情做对。将"一次把事情做对"的理念贯彻到研制、生产、试验、维修和服务的各个环节，树立正确的质量观念，养成良好的工作行为习惯，一切按制度办，一切按程序办，一切要用心办，运用有效的工具和方法，通过严格控制过程质量，减少工作失误，系统全面地预防质量问题的发生，特别是避免发生低层次、重复性、人为责任的质量问题；勤于思考、善于琢磨，提高"一次把事情做对"的能力，提升工作质量，确保产品和服务的质量满足用户需求。"一次把事情做对"是中国航发零缺陷质量文化的核心，是提高工作效率、提升质量效益的有效手段，也是最有效的质量预防措施。

2. 中国航发质量行为规范

（1）"三工序"活动规范。"三工序"是加工过程操作者自主质量控制的一个简略用语，即检查上工序、保证本工序、服务下工序。

（2）"三不"行为规范。"三不"是生产过程和检验验收中的一个简略用语，即不合格的材料不投产、不合格的零件不装配、不合格的产品不出厂。

（3）"三不放过"规范。"三不放过"是处理不合格产品时的一个简略用语，即原因找不出不放过、责任查不清不放过、纠正措施不落实不放过。

（4）"三F"技术规范。"三F"是故障模式、影响及危害性分析（Failure Mode, Effects and Criticality Analysis, FMECA）、故障树分析（Failure Tree Analysis, FTA）、故障报告、分析与纠正措施系统（Failure Report Analysis and Corrective Action System, FRACAS）三项技术

的简称，因其英文名称第一个字母都是"F"。其中 FMECA 和 FTA 是分析技术，而 FRACAS 是管理技术。

（5）"双想"规范。结合重点型号研制过程，由总师系统组织在重要节点、重大试验等关键环节做到"双想"：一方面"回想"设计和研制过程，查找设计和制造过程的不足；另一方面"预想"可能导致质量问题的因素和风险，制订解决方案，采取预防措施，将问题和隐患消灭在萌芽状态。

（6）先期产品质量策划规范。先期产品质量策划（APQP）是指从产品构思开始到能够进行批量生产的这一段时间内，所有与产品质量有关的事项在策划时都应顾及和做出安排。对产品设计和制造过程设计进行管理，确定和制定产品达到顾客满意所需的步骤。先期产品质量策划的目标是促进与所涉及的每一个人的联系，以确保所要求的步骤按时完成、保证产品质量和提高可靠性。

（7）"新七种""老七种"质量管理工具的应用规范。"新七种"质量管理工具主要包括关联图、亲和图、系统图、矩阵图、矩阵数据分析法、过程决策程序图和箭头图。"新七种"质量管理工具与以统计定量分析为主的"老七种"工具的不同之处在于，它主要依据企业内外部的文字资料分析问题。

"老七种"质量管理工具主要是指检查表、层别法、直方图、控制图、鱼骨图、散布图和帕累托图。这七种工具中，除了鱼骨图外，均为数理统计方法。"老七种"质量管理工具主要应用于过程分析和控制，以确保产品的质量。

（8）质量功能展开规范。质量功能展开是一种直观地将顾客需求信息逐步展开和分解的分析方法。它的核心是通过建立一系列的二维质量屋，运用加权评分、相关矩阵等方法，将顾客需求信息逐步转换展开。

11.2.5 持续改进

企业质量文化评价是闭环管理、有效管理的基础，是质量文化建设的重中之重，它可以帮助企业鉴别前期指标的有效性，扬弃经验和教训中的对应部分，为持续改进打下基础。

定期评估质量文化建设成果，选取并树立质量文化建设示范点，组织经验交流和现场观摩活动，充分发挥示范引领作用，带动全行业质量管理工作"上台阶"。

以质量文化手册阶段性更新、质量案例宣传解读等为载体，将质量文化建设成果固化并推广共享，使全行业质量文化建设工作形成良性循环，并持续有效地开展下去。

1. 指标设计

质量文化建设的最终目标是提升客户满意度以及基于客户满意度的客户忠诚度和社会满意度。但这些指标会有滞后性，而且良好的结果需要良好的过程管理，因此也要考核一些过程指标。

根据"5B"中的规划蓝图（Blueprint）、传播理念（Broadcast）、使人相信（Belief）、使人行动（Behavior）、持续改进（Betterment），分别设计五个核心的过程指标——蓝图覆盖度、理念触达度、员工相信度、员工行动度以及持续改进度，之后还可进行下一级的分解。

2. 指标评价

企业质量文化建设的评价，可以分为过程性评价和结果性评价两类。过程性评价主要检查原先计划工作的实施完成情况，结果性评价则主要检验一个阶段全部落地手段的综合效果。

对已经定义好的指标，需要按照一定的规则进行测量和评价，可以借助它们来考核相关管理者和员工，并与后续的奖惩制度相结合。

3. 持续改进

指标的分析和评价，可以帮助企业找到质量文化改进机会，为改进下一个"5B"循环中的工作、提升质量文化和质量水平、推动质量文化持续优化打下坚实基础。

> **案例 11-6** 中国航发动研所质量量化评价制度
>
> 中国航发动研所从 2014 年开始探索质量量化评价管理创新，以量化数据为基础，应用精益思维，建立和应用可行的、有效的质量评价体系；经过 2015 年试运行、2016 年修订优化，现已形成一套较为科学、合理的评价方式。
>
> 整个评价过程把握了三个关键点：一是梳理质量要求，明确需要重点控制的环节；二是达成共识，减少不同专业人员之间认知的差异性；三是取得领导支持，使评价的结果能够引起重视。评价设置两个系数（型号研制难度系数、研制阶段系数），建立一个评价计算公式。
>
> 通过评价，获得了科学、合理的考核结果，考核结果与绩效挂钩，获得了各级人员重视，从而查找出了薄弱环节，明确了型号质量改进的方向，对降低型号研制风险、减少质量问题发挥了良好的作用。

11.3 质量文化建设案例

全球民用航空市场几乎都由波音和空客（即空中客车）两大飞机制造公司垄断，国际干线飞机市场绝对领先的地位也被它们占据。要想加快发展我国航空工业、提高自主创新能力、满足国内快速增长的民用航空市场需求，就必须研制和发展拥有自主知识产权的大型飞机。

承担着 ARJ21 支线飞机和 C919 干线飞机项目总装制造任务的上海飞机制造有限公司（以下简称 SAMC），隶属于中国商用飞机有限责任公司。

SAMC 专注于飞机总装制造，致力于发展成为世界民用飞机领域一流总装制造企业和最具效率、最值得信赖的航空总装制造商，肩负着对社会公众安全利益负责的责任和义务。由于民用飞机业务和产品的特殊性，其质量问题更是从根本上关系到企业的生存、形象、未来的发展乃至国家民用飞机产业发展的未来。

然而，前 20 多年企业陷入严重的发展危机，有丰富实践经验的技术人员和员工流失、设备设施老化、制造工艺落后、质量管理和控制体系缺失等问题严重削弱了企业承担国家重大民机项目的能力，大大阻碍了企业的进展。在这种形势下，企业质量文化没有得到很好的积淀和持续发展。当前，面对民机产品严格的质量要求、面对项目研制紧迫的进度要求，如何迅速重建企业的质量管理体系，重塑产品过程的质量管控能力，培育和塑造优秀质量文化，成为企业亟须解决的问题。

企业质量文化是企业发展的核心。由于产品的特殊性，民机工业的质量文化具有如下特点：

（1）生命至上。以民用飞机为产品的航空制造业，与生俱来就肩负着对生命价值的承认、对公民生命的尊敬、对社会公众安全利益负责的重任。选择了这个行业，也就选择了生命至上的责任。

（2）诚实守信。这是民机制造这个以尊重人的生命为根本的特殊行业的最基本要求之一，也是航空工业员工在职业活动中应该自觉遵循的行为准则。

（3）执行程序。制造飞机必须符合适航要求，要符合适航要求就必须执行工作程序，程序是"法"，执法必严。执行程序覆盖整个制造过程，并以工作纪律固化成操作习惯。

（4）持续改进。这是不断增强满足要求能力的循环活动，是一种永远没有极限的改进过程。

（5）精细制造。员工的工作行为应更加规范、更加精细，操作应完全满足相关规定和工艺、技术标准的要求。要做到工作精心、业务精湛、管理精细、服务精诚、标准精确，以交付最优质量和最低成本的产品。

（6）精益求精。精益求精意味着生产的每一架飞机都要根据客户的不同要求对每一个环节精雕细琢，为客户创造价值。在学习和工作的过程中，不断地总结、反思，提升专业能力，完成升华，追求卓越，实现超越。

20世纪90年代以来，航空产品对高质量、高安全性和高可靠性等要求，促使民用航空制造企业采用先进的质量技术来获取竞争优势。在激烈的国际竞争的推动下，质量战略已经成为民机制造企业的核心运营战略，质量管理也逐步超越其原有范围，进入一个新的发展阶段。

新的发展阶段具有如下特点：

一是关注的对象和范围进一步拓展。质量管理由传统的关注技术、实物质量与可靠性，拓展到战略、过程、顾客满意、管理体系、文化和质量基础能力建设等方面，实施全系统、全生命、全方位、全特性的质量管理，持续改进过程和管理体系的有效性。

二是向国际化、标准化、专业化方向发展。民机主制造商及其系统集成商根据市场需求和自身发展需要，建立了国际化的供应链质量管理模式，通过贯彻实施国际航空航天质量标准体系，利用专业质量机构，增强民机质量保障能力。

三是质量工程技术应用向集成化、工程化和数字化方向发展。更加重视先进质量文化管理与改进方法的系统性应用以及与工程方法的结合，更加注重运用信息化和数字化手段实施质量管理。

民机产品的质量直接关系着每位乘客的生命安全，关系到民机制造企业的形象与长远发展。如何全力打造让顾客满意、乘客放心的大飞机，确保飞机满足适航安全性要求，提高飞机制造技术水平，尤其是制造质量，显得尤为重要。建立企业产品质量管理体系和质量文化，无疑为实现"生命至上"提供了一条根本性路径。

高质量的产品与服务、高水平的质量管理，是项目成功的竞争优势，也是保持商业持续成功的决定性因素。SAMC对培育具有时代特征的民机特色质量文化和民机质量管理进行了有益的探索，逐步建设适应企业战略发展需要的质量文化体系，搭建民机质量管理体系框架，启动质量管理制度建设，并开展一系列项目质量保证工作。

作为一家民机航空制造公司，SAMC要实现战略定位，首先必须正视在质量管理方面存在的不足，通过系统的文化层次的建设，使质量文化与企业战略保持一致，理念与行动保持一致。

11.3.1 规划蓝图

在上级集团中国商用飞机有限责任公司的核心价值观、质量观等引领下，SAMC 结合自身使命、愿景和战略，进行质量文化战略分析，明确未来的发展方向，为质量文化建设提供了依据。

上级集团的核心价值观是：安全至上，客户为本，自主创新，合作共赢。它是解决企业在发展中如何处理内外矛盾的准则，渗透到企业经营管理行为和全体员工工作行为中，对企业全部经营管理行为和全体员工工作行为具有统摄性，也是引领全体员工的基本原则。

上级集团的质量观：精湛设计，精细制造，精诚服务，精益求精。

SAMC 准确把握定位，确立了企业战略发展的总体思路：围绕一个目标，即创建世界民机领域一流总装制造中心；运行两大基地，即大场基地和浦东基地；发展三大主业，即飞机总装集成、关键零部件制造、飞机维修与改装；做优四个体系，即成本管理体系、质量适航安全管理体系、技术管理体系和创新管理体系；做强五种能力，即装配测试能力、核心关键零部件制造能力、供应链构建与管理能力、飞机维修与改装能力、新材料新技术新工艺研发应用能力。另外，SAMC 还明晰了各阶段的发展目标，并把质量安全适航管理体系作为职能子战略来建设。

在 SAMC 看来，优秀的质量文化对企业战略实施起着重要作用。SAMC 认为没有一个组织能脱离内外部环境的影响而在一个封闭系统中求生存和发展。只有战略没有文化，就好比无源之水、无本之木。SAMC 认为，企业战略的目标定位、战略选择都会对质量文化产生一定影响，所谓"志同"才能"道合"。同样，战略的实施需要文化与战略的高度匹配，战略与文化是相辅相成的。

SAMC 根据企业所处的外部环境和企业内部核心能力，确定本企业的使命、愿景和战略，利用 SWOT 分析法对质量管理状况进行分析，从中找出对企业有利、值得发扬的因素，以及不利、需要去避免的因素，通过剔除、减少、增加和创造等一系列行动，明确未来的质量发展方向，为企业质量文化建设提供依据。

SAMC 的 SWOT 具体如下：

S（Strength，优势）："运-10"和麦道飞机总装的经验以及世界级航空供应商的运作经验；"主制造商-供应商"的创新模式；共享波音和空客现有的供应链资源；劳务成本相对较低。

W（Weakness，劣势）：生产资源落后，制造工艺技术落后，门类不全；研制技术和能力不足；成熟的航空产品制造经验、完善的管理体系及核心的人才队伍不足；适应研制和批产的科研保障体系及质量保障体系有待完善。

O（Opportunity，机会）：国民经济的持续快速发展，形成了潜力巨大的市场需求，提供了更大的发展空间，坚定了我国发展民机产业的决心；作为中国商飞总装制造中心；国内外民机市场发展的庞大需求；世界民机制造格局的重构。

T（Threat，威胁）：波音、空客、巴西航空、庞巴迪的激烈竞争，世界其他地区飞机制造商的强力竞争；业内几大同行的同质化竞争；国际航空制造业的进入（A320 天津总装线）；发展民机产业政策能否持续；统筹支线、干线飞机研发及运营的风险。

基于上述分析，进一步分析 SAMC 质量文化战略分析，具体见表 11-1。

SAMC 根据质量文化建设行动计划，从八方面对质量战略进行了规划：①完善 AS 9100C 质量管理体系，强化主制造商地位，对国内外供应商实施系统的、有效的质量管控；②构建多项目质量管理体系，正确把握不同阶段项目质量管理工作，总结出一套成熟的质量管理方法和工具；③建立质量检测标准，采用先进、自动化的检测手段，不断提高产品质量；④搭建质量管理信息数字化平台，实现整个制造过程质量信息的数字化运用；⑤贯彻适航要求，落实适航条款，建立成熟完善的适航管理体系；⑥将适航管理体系延伸到国内外供应商的管理体系中，制订严密、合理的全过程监控方案；⑦适航管理体系得到中国民航总局（CAAC）、美国联邦航空局（FAA）、欧洲航空安全局（EASA）的全面认可，获得CAAC对SAMC的单位委任，在符合性检查、符合性验证、维修改装、适航证件签发等方面得到充分授权和批准；⑧强化全员质量和适航意识，加强质量和适航文化宣传。

表 11-1 SAMC 质量文化战略分析

SWOT 分析		内部环境因素分析	
		优势 S	劣势 W
外部环境因素分析	机会 O	SO 策略： 坚持以市场需求为导向，以客户满意为宗旨的市场观 坚持"主制造商-供应商"模式 作为一个新组建的公司，加大对质量理念、适航标准宣传的力度	WO 策略： 加强先进工艺装备设计与制造的能力建设 持续完善质量管理体系文件 加快企业的国际化进程，通过国际化管理和本地化运营，来提高产品质量、降低损耗、控制成本 体现人才价值，发挥人才潜能，提高员工业务水平和质量意识以及忠诚度
	威胁 T	ST 策略： 对照国际先进标准及 AS 9100 系列，研究国内外适航政策、规章和标准 加强供应商管理、源头防范和控制供应风险 实现派驻供应商代表的现场实时管理 加强对供应商的走访与交流，培育合作关系，突出主制造商的技术和服务优势	WT 策略： 制定企业战略，打造企业运营流程和管理规范 建设质量信息管理系统，拓展相关的质量管理 多途径宣传质量文化理念，以高质量、安全性、可靠性取胜，为客户提供更加安全、经济、舒适、环保的民用飞机，树立品牌形象

由于质量文化是支持企业全面质量管理的那部分文化，因此与企业文化具有相同的维度。为了使质量文化建设更具操作性，SAMC 从如图 11-1 所示的企业文化四层金字塔结构来积极建设企业质量文化。

在"让中国的大飞机翱翔蓝天"的企业使命和"为客户提供更加安全、经济、舒适、环保的民用飞机"的企业愿景的统领下，SAMC 凝练并确立了质量文化。质量文化具体包括以下内容：①质量宗旨：以质量求生存，以质量促发展，以质量保成功。②质量价值观：质量就是生命，质量就是责任，质量就是素质。③质量方针：精湛设计，精细制造，精诚服务，精益求精。④质量行为准则：熟知要求，标准作业，严控过程，一次做好。在质量文化理念的指引下，SAMC 坚持为用户创造价值、为股东创造价值、为合作伙伴创造价值，坚持诚信经营，把质量诚信建设作为企业文化建设的基础性工作加以推进。

SAMC 使领导者和员工形成对企业的社会责任和使命的看法，使他们思考和明确企业存在的社会意义和价值，确定企业的长远奋斗目标。这不仅增强和发展了企业的核心竞争力，也影响了企业发展战略的实施。

SAMC 使战略的制定和文化紧密相连，利用文化所具有的导向、约束、凝聚、激励等功能，统一员工观念和行为，确定质量文化建设的方向与追求目标，明确质量文化定位，充分发挥文化对战略实施的保证作用。

11.3.2 传播理念

SAMC 对质量文化进行了传播。以全员质量意识为例，SAMC 组织开展了"质量就是生命"百日质量宣贯活动，编发了《质量知识读本》和《质量规章制度汇编》，开展了分级、分阶段的全员培训，开展了"无违规、无差错、无事故"质量承诺活动，加强质量责任宣贯，强化全员质量意识，召开了首次质量工作千人会议，深刻触动了广大员工的质量意识，鼓舞了质量人员的工作士气，成为企业质量工作迈上新起点的标志。

在物质层面，把大飞机型号作为传递优秀文化、实施品牌战略、实现企业精神和社会责任的有效载体。

11.3.3 使人相信

1. 领导重视

领导的质量观念和质量意识对企业质量文化的形成有着至关重要的作用。SAMC 高层领导积极参与并大力支持质量文化的建设，根据企业内外部环境和企业发展战略建立与之相配的企业质量目标和质量方针，并创造环境和提供资源，使全体员工充分参与实现企业质量目标的活动。

2. 组织保证

搭建质量管理体系组织架构。建立"金字塔"形的管理组织架构：企业领导作为质量管理工作的决策层，主要负责企业质量方针、政策的制定，以及质量管理工作的统筹规划和决策；设立型号总质量师，负责型号研制各阶段项目质量的策划和管理工作；质量管理部作为企业质量管理工作的管理实施层，负责公司质量管理顶层要求的制定和质量监控，质量管理体系的建立、保持和改进，质量目标和关键过程指标的综合监控，实施产品过程质量控制和质量问题的纠正和预防等工作；设置质量审核部，独立行使审核职责，按计划进行质量管理体系审核和专项审核，确保过程受控。通过派驻机体供应商质量代表，加强与机体供应商质量信息的及时交流和对管理过程的实时监控。企业各部门设兼职质量管理员，以协助贯彻落实企业质量管理要求，组织开展基层质量管理和质量改进活动，确保各部门质量目标的实现。

根据飞机制造技术含量高、生产复杂、连续生产的特点，SAMC 质量系统各部门的工作分别从产品和过程两方面入手，派驻供应商质量代表进行接收检验、加工检验、装配检验和以过程为驱动的质量管理与审核，实现质量管理和控制在全体员工和整个产品实现过程的全面覆盖。

3. 制度固化

质量文化的制度层，包括组织为了达到特定目的而制定的各种规范制度，包括程序化、标准化的行为模式和运行方式。质量文化制度层面的基本要素包括生产过程的规范性、技术程序的标准性、企业规章的科学性、企业系统运行的协调性等。为保证产品或服务满足质量要求，SAMC 以"向国际标准看齐，统一构建、统一认证"为工作原则，依据 AS 9100C 标准建立质量管理体系，并持续改进以保持其有效性，为项目研制奠定了坚实的基础。

（1）建设质量管理体系和质量责任体系。SAMC 体系建设完善工作主要依据适航条例、AS 9100C 等标准、内部审核结果、客户需求、过程控制要求来开展。建立体系建设办公室，专职负责质量管理体系文件的维护，同时在各个部门设立"管理系统代表"，确保本部门主管程序文件的适宜性和有效性。SAMC 民机项目质量管理体系文件由三个层次文件构成，即质量手册、公司级质量管理程序、部门级程序及作业指导书和活动记录。

（2）建立质量管理规章制度。SAMC 建立并保持质量管理体系的关键是落实质量管理体系管理职责，将质量职能和体系要素分解、落实到与质量活动相关的各部门，并使员工理解和贯彻。

依据《中国商用飞机有限责任公司加强项目质量管理的若干要求》，SAMC 从严格工艺质量控制、严格关键工序控制、严格工艺文件控制、严格工艺纪律、严格批产管理、严格多余物控制和产品防护等多个方面积极贯彻质量管理规章制度，对各项要求都指定责任部门去落实。建立质量问题报告制度，全面、准确、及时地将产品质量问题纳入数据库，充分利用产品质量问题数据库，对质量问题进行综合分析，实现质量改进；针对重大质量事故，编制《重大质量事故调查和审查暂行办法》，明确要求发生重大质量事故后，由公司成立调查委员会和审查委员会，保证调查结论的准确、客观、公正。

制度建设，不仅能将员工的切身利益与企业目标任务的实现紧密联系，同时也能调动员工的积极性，还能有效地增强企业内部的凝聚力。

4．仪式和活动感人

SAMC 在质量文化建设的各个阶段，都有相应的仪式和活动，激发了员工的积极性和主人翁精神，坚定了员工对于质量文化建设的信心。

11.3.4 使人行动

质量文化的真正接受者和体现者是企业的全体员工，而主动参与行为是强化员工归属感和实现自我价值的重要因素。

（1）加强目标管理。SAMC 高层领导把公司的质量目标层层分解，与各级管理者业绩紧密挂钩，并直接影响各部门的综合考评结果，形成了层层有目标、自上而下抓质量的局面。领导干部不仅要把自己分管的工作做好，还要尽职尽责完成上级交办的任务。SAMC 建立了年度质量目标考核一票否决制。出了质量事故，就要有连带责任，还要收回"乌纱帽"。

（2）尊重员工主体意识是以人为本的质量文化的保证。在企业质量文化的产生与发展中，广大员工对质量文化的认可和接纳是一个重要的前提，对塑造企业质量文化也有积极作用。SAMC 把"坚持以人为本、实现文化凝聚"列入企业发展指导思想，把质量文化战略确定为企业发展的"四大职能战略"，培养员工自觉的责任意识、价值标准、道德规范和行为准则，选择员工易于接受的方式和渠道，循循善诱地促进员工对企业理念、目标和战略的理解和支持。

（3）教育和培训是质量管理的重要的基础工作，如果员工没有经过适当的培训，就将很难有效执行各项质量管理规定，质量管理的工作就很难落实。通过培训提高员工质量意识和知识水平，提升工作技能，尽可能地减少工作中因质量不符合而造成的项目延期或经济损失。SAMC 加强对员工的质量培训和教育，有效并高效地将质量教育培训与企业的质量目标和管理理念紧密联系。对所有从事与质量有关活动的员工进行不同层次的质量知识培训。在培训需求的确定阶段，针对不同层次员工提出不同要求，培训不同内容，编写不同教材。领导培训的内容以经营理念、决策方法等发挥领导作用所需的较广泛的战略知识和概念为主；管理人员和技术人员培训，其内容侧重质量管理理论和方法，同时注重质量管理的技术内容和人文因素；对于操作人员的培训，其内容则以本岗位质量保证和质量控制需要的知识为主，重点加强基础技术训练，使操作人员熟悉工艺和操作方法。SAMC建立了质量岗位持证上岗制度。

（4）建立分级管理的质量奖惩机制。通过奖励和落实质量问责制，提高质量执行力，使员工在这种模式下不断规范不良行为。建立《质量奖惩管理细则》《质量监督问题处理办法》等九篇质量管理规章制度，明确了质量责任追究的对象是技术、操作、检验、管理人员及其所在部门，质量责任追究处罚方式包括对责任人给予警告、记过和解除劳动合同等，并根据其影响程度和损失，给予扣发岗位、绩效工资或其他形式的经济惩处，对责任部门实施绩效考核。同时，建立了《全员质量档案》，对于发生的质量问题追究至责任人，记录至员工工作质量档案中，并作为年度绩效考核的依据之一。纳入员工工作质量档案的内容主要包括：印章使用偏差报告、质量问题归零、质量通报、停止操作标签、故障拒收报告、工装拒收报告、工艺文件依据错误或依据不充分。

根据科学的激励理论，SAMC针对不同员工特点基于员工需求层次进行激励，鼓励员工进行质量创新行为，关注员工的质量心理活动，满足员工自我实现的需要。如，SAMC将每年的"质量月"活动，作为持之以恒开展全员质量意识教育的重要方式。员工可以根据当年质量形势和质量工作的重点确定部门质量活动的主题以及开展方式。SAMC对活动开展的成效给予评估和奖励，这样一来，不仅调动了员工奋发向上的进取精神和努力做好本职工作的积极性，而且有助于企业营造良好的质量文化建设氛围。

需要指出的是，对于符合奖励条件的，一定要奖励到位，毫不含糊地说到、做到，否则会失信于员工和合作伙伴。

为了更好地帮助员工把自己相信的理念化作行动，SAMC从信息化的角度给予了大力支持。

（1）用户管理信息化改造。SAMC为持续改进服务质量、提高用户满意度、实现价值创造最大化，充分利用企业信息和资源，满足过程持续性改进要求，实施用户满意工程。SAMC把外部用户需求转化为内部用户需求，建立用户链系统，明确各单位、各部门、各岗位的用户，掌握、分析用户需求和期望，分解、传递用户要求，建立健全用户信息系统，开展用户满意度调查、分析和评价。如，SAMC在原有用户手册的基础上，修订、增加新上线系统、模块的相关用户手册，并共享至生产管理系统的培训手册模块供用户查看。同时，定期对业务部门的用户进行电话回访，建立质量监督台账，建立了软件系统以及数据维护机制，做到"及时发现、及时接收、及时处理、及时记录"，在确保数据真实、完整、可追溯的基础上，努力实现软件系统应用的可靠性和安全性。

（2）生产过程管理信息化改造。为确保项目产品故障信息的处理过程的有效性和完整性，SAMC针对生产过程中的问题，通过信息化改造，按照AS 9100、AS 9120等体系规范要求，实现了多个表单的信息化流转，完成了故障拒收报告系统。经过现场长期使用和多次完善，SAMC已经形成了一套能够覆盖故障问题发生到问题解决全过程的成熟系统，规范了制造过程中故障的处置方法。同时，针对偏差项目也完成了偏差项目架次记录系统，通过生产过程质量工具的信息化已经实现了质量管理水平和飞机型号产品质量的双重提升。不仅如此，SAMC还针对产品接收、入厂检验、制造、装配的全过程完成了多项质量信息化系统，涵盖质量记录、工艺控制试验报告、印章管理系统、首件检验、供应商的首件检验以及质量控制小组活动管理、"质量信得过班组"

管理、管理评审、质量目标和关键过程指标管理等方面。

另外，SAMC 还把班组质量文化建设作为一项长期工作，通过广告牌管理和台账管理、不定期开展培训交流、定期检查、年度评比、表彰先进、树立标杆等方式推进"质量信得过班组"建设；开展质量主题实践教育活动，积极开展"质量月"以及"保质量、保安全、保进度、保成本、保节点、保交付"六保活动、质量安全岗位承诺等活动；开展质量控制小组示范工程，利用科学的质量改进方法引导员工，激发员工参与质量管理和持续改进的热情；SAMC 依据对质量方针、质量目标、管理评审和内部审核、纠正和预防措施、数据分析以及其他反馈信息开展质量改进活动，使得各项活动真正践行了质量文化理念，提升了企业的质量水平。

11.3.5　持续改进

在质量文化指标设计上，主要采用德尔菲法得到评价层次的指标集，最后构成评价指标体系。德尔菲法是美国兰德公司在 20 世纪 50 年代初创造的一种调查方法，它采用匿名发表意见的方式，使每一位专家独立自由地做出自己的判断，通过多轮调查询问，征求专家意见，使专家的意见逐渐趋同，最后汇总成基本一致的看法，作为预测的结果。

在质量文化指标评价上，SAMC 设置了多个指标以充分反映质量文化的全貌，这些指标涉及文化基本层面和内涵要素。SAMC 将质量文化的精神层、制度层、行为层和物质层作为企业质量评价指标体系的一级评价指标，它们也可以归纳到"5B"之中。一级评价指标通过企业文化评价的二级评价指标来表示，二级评价指标是综合评价 SAMC 质量文化的基础和依据。指标权重的设计，用的是层次分析法。

在持续改进上，SAMC 定期组织相关部门开展如下工作：对质量文化建设、各项目产品或过程的持续改进策划，纠正措施活动的跟踪和预防措施的制订，对持续改进活动和预防措施的有效性进行评审。

SAMC 质量文化建设过程是质量文化的发展过程，也是质量文化创建、传承、学习和创新的过程。SAMC 质量文化建设既要与时俱进，适应新环境和形式，又要不断去除负面因素，推陈出新，把倡导的质量价值观转变成员工共有价值观念。通过对这种共有价值观念的宣传、传播与实践，使员工共有价值观念变为一种行为准则，使员工自觉监督和调整自己的工作行为，借以增强企业内聚力、向心力和能动性，以实现企业战略目标。

SAMC 质量工作已形成全员参与、全过程关注、全方位落实的良好氛围，质量水平持续显著提高，质量文化建设工作结出了硕果。

【关键词】企业文化，质量文化，质量文化建设。

【思考题】你所在的组织，其质量文化建设目前存在哪些问题？应该怎样建设？

附 录

附录 A 计量值控制图系数表

子组中观测值个数	A_1	A_2	A_3	B_3	B_4	B_5	B_6	D_1	D_2	D_3	D_4	C_4	$1/C_4$	d_2	$1/d_2$
				控制限系数										中心线系数	
2	2.121	1.880	2.659	0.000	3.267	0.000	2.606	0.000	3.686	0.000	3.267	0.7979	1.2533	1.128	0.8865
3	1.732	1.023	1.954	0.000	2.568	0.000	2.276	0.000	4.358	0.000	2.574	0.8862	1.1284	1.693	0.5907
4	1.500	0.729	1.628	0.000	2.266	0.000	2.088	0.000	4.698	0.000	2.282	0.9213	1.0854	2.059	0.4857
5	1.342	0.577	1.427	0.000	2.089	0.000	1.964	0.000	4.918	0.000	2.114	0.9400	1.0638	2.326	0.4299
6	1.225	0.483	1.287	0.030	1.970	0.029	1.874	0.000	5.078	0.000	2.004	0.9515	1.0510	2.534	0.3946
7	1.134	0.419	1.182	0.118	1.882	0.113	1.806	0.204	5.204	0.076	1.924	0.9594	1.0423	2.704	0.3698
8	1.061	0.373	1.099	0.185	1.815	0.179	1.751	0.338	5.306	0.136	1.864	0.9650	1.0363	2.847	0.3512
9	1.000	0.337	1.032	0.239	1.761	0.232	1.707	0.547	5.393	0.184	1.816	0.9693	1.0317	2.970	0.3367
10	0.949	0.308	0.975	0.284	1.716	2.276	1.669	0.687	5.469	0.223	1.777	0.9727	1.0281	3.078	0.3249
11	0.905	0.285	0.927	0.321	1.679	0.313	1.637	0.811	5.535	0.256	1.744	0.9754	1.0252	3.173	0.3152
12	0.866	0.266	0.886	0.354	1.646	0.346	1.610	0.922	5.594	0.283	1.717	0.9776	1.0229	3.258	0.3069
13	0.832	0.249	0.850	0.382	1.618	0.374	1.585	1.025	5.647	0.307	1.693	0.9794	1.0210	3.336	0.2998
14	0.802	0.235	0.817	0.406	1.594	0.399	1.563	1.118	5.696	0.328	1.672	0.9810	1.0194	3.407	0.2935
15	0.775	0.223	0.789	0.428	1.572	0.421	1.544	1.202	5.741	0.347	1.653	0.9823	1.0180	3.472	0.2880
16	0.750	0.212	0.763	0.448	1.552	0.440	1.526	1.282	5.782	0.363	1.637	0.9835	1.0168	3.532	0.2831
17	0.728	0.203	0.739	0.466	1.534	0.458	1.511	1.356	5.820	0.378	1.622	0.9845	1.0157	3.588	0.2787
18	0.707	0.194	0.718	0.482	1.518	0.475	1.495	1.424	5.856	0.391	1.608	0.9854	1.0148	3.640	0.2747
19	0.688	0.187	0.698	0.497	1.503	0.490	1.483	1.487	5.891	0.403	1.597	0.9862	1.0140	3.689	0.2711
20	0.671	0.180	0.680	0.510	1.490	0.504	1.470	1.549	5.921	0.415	1.585	0.9869	1.0133	3.735	0.2677
21	0.655	0.173	0.663	0.523	1.477	0.516	1.459	1.605	5.951	0.425	1.575	0.9876	1.0126	3.778	0.2647
22	0.640	0.167	0.647	0.534	1.466	0.528	1.448	1.659	5.979	0.434	1.566	0.9882	1.0119	3.819	0.2618
23	0.626	0.162	0.633	0.545	1.455	0.539	1.438	1.710	6.006	0.443	1.557	0.9887	1.0114	3.858	0.2592
24	0.612	0.157	0.619	0.555	1.445	0.549	1.429	1.759	6.031	0.451	1.548	0.9892	1.0109	3.895	0.2567
25	0.600	0.153	0.606	0.565	1.435	0.559	1.420	1.806	6.056	0.459	1.541	0.9896	1.0105	3.931	0.2544

注：资料来源为 ASTM,Philadelphia,PA,USA。

附录 B 测量系统分析用数值 d_2^* 表

子组的大小 (m)

子组的数量 (g)	2	3	4	5	6	7	8	9	10	11	12	13	14	15	16	17	18	19	20
1	1.0	2.0	2.9	3.8	4.7	5.5	6.3	7.0	7.7	8.3	9.0	9.6	10.2	10.8	11.3	11.9	12.4	12.9	13.4
	1.41421	1.91155	2.23887	2.48124	2.67253	2.82981	2.96288	3.07794	3.17905	3.26909	3.35016	3.42378	3.49116	3.55333	3.61071	3.66422	3.71424	3.76118	3.80537
2	1.9	3.8	5.7	7.5	9.2	10.8	12.3	13.8	15.1	16.5	17.8	19.0	20.2	21.3	22.4	23.5	24.5	25.5	26.5
	1.27931	1.80538	2.15069	2.40484	2.60438	2.76779	2.90562	3.02446	3.12869	3.22134	3.30463	3.38017	3.44922	3.51287	3.57156	3.62625	3.67734	3.72524	3.77032
3	2.8	5.7	8.4	11.1	13.6	16.0	18.3	20.5	22.6	24.6	26.5	28.4	30.1	31.9	33.5	35.1	36.7	38.2	39.7
	1.23105	1.76858	2.12049	2.37883	2.58127	2.74681	2.88628	3.00643	3.11173	3.20526	3.28931	3.36550	3.43512	3.49927	3.55842	3.61351	3.66495	3.71319	3.75857
4	3.7	7.5	11.2	14.7	18.1	21.3	24.4	27.3	30.1	32.7	35.3	37.7	40.1	42.4	44.6	46.7	48.8	50.8	52.8
	1.20621	1.74989	2.10522	2.36571	2.56964	2.73626	2.87656	2.99737	3.10321	3.19720	3.28163	3.35815	3.42805	3.49246	3.55183	3.60712	3.65875	3.70715	3.75268
5	4.6	9.3	13.9	18.4	22.6	26.6	30.4	34.0	37.5	40.8	44.0	47.1	50.1	52.9	55.7	58.4	61.0	63.5	65.9
	1.19105	1.73857	2.09601	2.35781	2.56263	2.72991	2.87071	2.99192	3.09808	3.19235	3.27701	3.35372	3.42381	3.48836	3.54787	3.60328	3.65502	3.70352	3.74914
6	5.5	11.1	16.7	22.0	27.0	31.8	36.4	40.8	45.0	49.0	52.8	56.5	60.1	63.5	66.8	70.0	73.1	76.1	79.1
	1.18083	1.73099	2.08985	2.35253	2.55795	2.72567	2.86680	2.98829	3.09457	3.18911	3.27392	3.35077	3.42097	3.48563	3.54522	3.60072	3.65253	3.70109	3.74678
7	6.4	12.9	19.4	25.6	31.5	37.1	42.5	47.6	52.4	57.1	61.6	65.9	70.0	74.0	77.9	81.6	85.3	88.8	92.2
	1.17348	1.72555	2.08543	2.34875	2.55460	2.72263	2.86401	2.98568	3.09222	3.18679	3.27172	3.35866	3.41894	3.48368	3.54333	3.59888	3.65075	3.69936	3.74509
8	7.2	14.8	22.1	29.2	36.0	42.4	48.5	54.3	59.9	65.2	70.3	75.2	80.0	84.6	89.0	93.3	97.4	101.4	105.3
	1.16794	1.72147	2.08212	2.34591	2.55208	2.72036	2.86192	2.98373	3.09039	3.18506	3.27006	3.34708	3.41742	3.48221	3.54192	3.59751	3.64941	3.69806	3.74382
9	8.1	16.6	24.9	32.9	40.4	47.7	54.5	61.1	67.3	73.3	79.1	84.6	90.0	95.1	100.1	104.9	109.5	114.1	118.5
	1.16361	1.71828	2.07953	2.34370	2.55013	2.71858	2.86028	2.98221	3.08896	3.18370	3.26878	3.34585	3.41624	3.48107	3.54081	3.59644	3.64838	3.69705	3.74284
10	9.0	18.4	27.6	36.5	44.9	52.9	60.6	67.8	74.8	81.5	87.9	94.0	99.9	105.6	111.2	116.5	121.7	126.7	131.6
	1.16014	1.71573	2.07746	2.34192	2.54856	2.71717	2.85898	2.98100	3.08781	3.18262	3.26775	3.34486	3.41529	3.48016	3.53993	3.59559	3.64755	1.69625	3.74205
11	9.9	20.2	30.4	40.1	49.4	58.2	66.6	74.6	82.2	89.6	96.6	103.4	109.9	116.2	122.3	128.1	133.8	139.4	144.7
	1.15729	1.71363	2.07577	2.34048	2.54728	2.71600	2.85791	2.98000	3.08688	3.18174	3.26690	3.34406	3.41452	3.47941	3.53921	3.59489	3.64687	3.69558	3.74141

(续)

		子组的大小(m)																		
		2	3	4	5	6	7	8	9	10	11	12	13	14	15	16	17	18	19	20
子组的数量(g)	12	10.7	22.0	33.1	43.7	53.8	63.5	72.6	81.3	89.7	97.7	105.4	112.7	119.9	126.7	133.3	139.8	146.0	152.0	157.9
		1.15490	1.71189	2.07436	2.33927	2.54621	2.71504	2.85702	2.97917	3.08610	3.18100	3.26620	3.34339	3.41387	3.47879	3.53861	3.59430	3.64630	3.69503	3.74087
	13	11.6	23.8	35.8	47.3	58.3	68.7	78.6	88.1	97.1	105.8	114.1	122.1	129.8	137.3	144.4	151.4	158.1	164.7	171.0
		1.15289	1.71041	2.07316	2.33824	2.54530	2.71422	2.85627	2.97847	3.08544	3.18037	3.26561	3.34282	3.41333	3.47826	3.53810	3.59381	3.64582	3.69457	3.74041
	14	12.5	25.7	38.6	51.0	62.8	74.0	84.7	94.9	104.6	113.9	122.9	131.5	139.8	147.8	155.5	163.0	170.3	177.3	184.2
		1.15115	1.70914	2.07213	2.33737	2.54420	2.71351	2.85562	2.97787	3.08487	3.17984	3.26510	3.34233	3.41286	3.47781	3.53766	3.59339	3.64541	3.69417	3.74002
	15	13.4	27.5	41.3	54.6	67.2	79.3	90.7	101.6	112.1	122.1	131.7	140.9	149.8	158.3	166.6	174.6	182.4	190.0	197.3
		1.14965	1.70804	2.07125	2.33661	2.54385	2.71290	2.85506	2.97735	3.08438	3.17938	3.26465	3.34191	3.41245	3.47742	3.53728	3.59302	3.64505	3.69382	3.73969
	16	14.3	29.3	44.1	58.2	71.7	84.5	96.7	108.4	119.5	130.2	140.4	150.2	159.7	158.9	177.7	186.3	194.6	202.6	210.4
		1.14833	1.70708	2.07047	2.33594	2.54326	2.71237	2.85457	2.97689	3.08395	3.17897	3.26427	3.34154	3.41210	3.47707	3.53695	3.59270	3.64474	3.69351	3.73939
	17	15.1	31.1	46.8	61.8	76.2	89.8	102.8	115.1	127.0	138.3	149.2	159.6	169.7	179.4	188.8	197.9	206.7	215.2	223.6
		1.14717	1.70623	2.06978	2.33535	2.54274	2.71190	2.85413	2.97649	3.08358	3.17861	3.26393	3.34121	3.41178	3.47677	3.53666	3.59242	3.64447	3.69325	3.73913
	18	16.0	32.9	49.5	65.5	80.6	95.1	108.8	121.9	134.4	146.4	157.9	169.0	179.7	190.0	199.9	209.5	218.8	227.9	236.7
		1.14613	1.70547	2.06917	2.33483	2.54228	2.71148	2.85375	2.97613	3.08324	3.17829	3.26362	3.34092	3.41150	3.47650	3.53640	3.59216	3.64422	3.69301	3.73890
	19	16.9	34.7	52.3	69.1	85.1	100.3	114.8	128.7	141.9	154.5	166.7	178.4	189.6	200.5	211.0	221.1	231.0	240.5	249.8
		1.14520	1.70480	2.06862	2.33436	2.54187	2.71111	2.85341	2.97581	3.08294	3.17801	3.26335	3.34066	3.41125	3.47626	3.53617	3.59194	3.64400	3.69280	3.73869
	20	17.8	36.5	55.0	72.7	89.6	105.6	120.9	135.4	149.3	162.7	175.5	187.8	199.6	211.0	222.1	232.8	243.1	253.2	263.0
		1.14437	1.70419	2.06813	2.33394	2.54149	2.71077	2.85310	2.97552	3.08267	3.17775	3.26311	3.34042	3.41103	3.47605	3.53596	3.59174	3.64380	3.69260	3.73850
d_2		1.12838	1.69257	2.05875	2.32593	2.53441	2.70436	2.84720	2.97003	3.07751	3.17287	3.25846	3.33598	3.40676	3.47193	3.53198	3.58788	3.64006	3.68896	3.73495
cd		0.8760	1.8150	2.7378	3.6230	4.4658	5.2673	6.0305	6.7582	7.4539	8.1207	8.7602	9.3751	9.9679	10.5396	11.0913	11.6259	12.1440	12.6468	13.1362

数据表使用:每一栏的第一行是 d_2^*,每一栏的第二行是自由度(v)。d_2^* 是 d_2 的无限值;g 为子组的数量,即表示有多少个数值用于计算每个极差。m 为子组的大小,即表示有多少个极差用于计算平均极差;

参 考 文 献

[1] 李奇，苗瑞，张洁，等．面向电动汽车租赁的多目标服务组合优化设计[J]．工业工程，2019，22（4）：101-108．

[2] MIAO R，CAO J，ZHANG K，et al. Value-added path of service-oriented manufacturing based on structural equation model：The case of EV lease for instance[J]. International Journal of Production Research，2014，52（18）：5502-5513．

[3] 葛敏．面向产品的产品服务系统的增值机理研究[D]．上海：上海交通大学，2014．

[4] 谢文明，蔺雷，江志斌，等．基于 Hoteling 模型的服务型制造增值机理研究[J]．上海管理科学，2012，34（3）：43-48．

[5] 苗瑞，林建良，曹金涛，等．面向产品服务系统的顾客感知价值测量研究[J]．工业工程与管理，2013，18（1）：1-5．

[6] MIAO R，ZHANG H，WU Q，et al. Using structural equation modeling to analyze patient value, satisfaction, and loyalty: a case study of healthcare in China[J]. International Journal of Production Research，2020，58（2）：577–596．

[7] MIAO R，WU Q，WANG Z，et al. Factors that influence users' adoption intention of mobile health: a structural equation modeling approach[J]. International Journal of Production Research，2017，55（19），5801–5815．

[8] MIAO R，HUANG W J，PEI D，et al. Research on lease and sale of electric vehicles based on value engineering[J]. International Journal of Production Research，2016，54（18），5361–538．

[9] 吴琪，苗瑞，宋雨沁，等．面向分级诊疗的医疗资源配置决策研究[J]．工业工程与管理，2018（3）：150-156．

[10] 吴易洲，苗瑞，朱健华，等．基于三维激光扫描的窄搭接焊特征提取与缺陷识别[J]．应用激光，2018，38（5）：817-822．

[11] 葛亮，苗瑞，朱健华，等．基于涡流信息检测的窄搭接焊缝特征提取与缺陷识别[J]．中国机械工程，2019（2）：225-229．

[12] 王宁，苗瑞，宋雨沁，等．我国公立医院医疗服务多维价值评估研究[J]．中国医院管理，2017，37（4）：32-34．

[13] 王宁，苗瑞，江志斌．基于博弈论的公立医院分级诊疗服务策略[J]．工业工程，2017，20（2）：26-31．

[14] 吴易洲，苗瑞，高喆，等．基于企业综合绩效多维度评估决策分析[J]．上海交通大学学报，2016，50（5）：742-749．

[15] 米雷雨，苗瑞，顾希垚，等．改进试验设计法优化电动汽车按时间租赁利润[J]．工业工程，2016，19（2）：53-61．

[16] 刘志雷，苗瑞，顾希垚，等．电池置换站运营收益模型与策略[J]．工业工程，2016，19（3）：85-89．

[17] 于超，樊治平．考虑顾客选择行为的服务要素优化配置方法[J]．东北大学学报（自然科学版），2016，37（6）：904-907；912．

[18] 惠春丽．基于模糊评价信息的服务要素优化配置方法[J]．统计与决策，2018，34（2）：171-176．

[19] 华尔天，孙琦宗，刘肖健，等．一种面向汽车个性化定制的智能交互方法[J]．中国机械工程，2017，28（19）：2275-2281．

[20] 姚凯，涂平，陈宇新，等．基于多源大数据的个性化推荐系统效果研究[J]．管理科学，2018，31（5）：3-15．

[21] 马婧, 吴清烈. 面向 C2B 个性化定制的智能推荐算法研究[J]. 工业工程, 2018, 21 (5): 87-92.
[22] 郭红丽, 袁道唯. 客户体验管理: 体验经济时代客户管理的新规则[M]. 北京: 清华大学出版社, 2016.
[23] 汪晓岩, 胡庆生, 庄镇泉. 基于关联规则挖掘的个性化智能推荐服务[J]. 计算机科学, 2002 (7): 79-83, 86.
[24] 刘伟涛, 顾鸿, 李春洪. 基于德尔菲法的专家评估方法[J]. 计算机工程, 2011 (S1): 189-191.
[25] 于超, 张重阳, 樊治平. 考虑顾客感知效用的服务要素优化配置方法[J]. 管理学报, 2015, 12 (5): 744.
[26] 米雷雨. 面向电动汽车的租赁利润建模与决策分析[D]. 上海: 上海交通大学, 2016.
[27] 刘若辰, 李建霞, 刘静, 等. 动态多目标优化研究综述[J]. 计算机学报, 2020 (7): 1246-1278.
[28] 《大国质量》节目组. 大国质量: 世界名企版"大国崛起"[M]. 北京: 当代世界出版社, 2019.
[29] 郭克莎. 迈向高质量发展之路[M]. 北京: 科学出版社, 2020.
[30] 陈莹, 程旭阳, 王新宇. 移动打车软件用户使用意愿及影响因素研究: 以长春市为例[J]. 中国市场, 2017 (20): 141-146.
[31] 徐莹. 竞争性市场结构下网约车平台定价研究[J]. 价值工程, 2020, 39 (20): 168-170.
[32] 李鋆鹏. 多类型网约车使用意向及其影响因素的实证分析[D]. 南京: 南京大学, 2018.
[33] 刘运. 复杂产品供应链质量管理理论及应用[M]. 北京: 中国社会科学出版社, 2015.
[34] 戴颖达. 质量控制技术与应用[M]. 北京: 清华大学出版社, 2015.
[35] 郭克莎. 迈向高质量发展之路[M]. 北京: 科学出版社, 2020.
[36] 宋华. 我在世界 500 强做供应商质量管理[M]. 北京: 中华工商联合出版社, 2020.
[37] 张根保. 现代质量工程[M]. 4 版. 北京: 机械工业出版社, 2020.
[38] 陈俊芳. 质量改进与质量管理[M]. 北京: 北京师范大学出版社, 2020.
[39] 王祖和. 现代工程项目管理[M]. 3 版. 北京: 电子工业出版社, 2020.
[40] 宗文, 陈文雅. 基于结构方程模型的网约车顾客满意度研究: 以南京市为例[J]. 南京财经大学学报, 2018 (5): 69-77.
[41] 郭星光, 聂元昆, 罗佳佳. 基于 TAM 拓展模型的网约车用户使用意愿影响因素研究[J]. 中国市场, 2017 (34): 96-98.
[42] 卢珂, 周晶, 林小围. 考虑交叉网络外部性的网约车平台市场定价研究[J]. 运筹与管理, 2019, 28 (7): 169-178.
[43] 杨娇娇. 基于双边市场理论的网约车平台定价策略与收益管理[D]. 北京: 北京化工大学, 2019.
[44] 林昌, 冯苏苇. 基于大数据的网约车平台定价规则分析[J]. 交通与港航, 2020, 7 (1): 5-11.
[45] 周乐欣, 徐海平, 李烨. 网约车平台双边报价交易机制创新及策略研究[J/OL]. 中国管理科学. [2021-03-01]. https://doi.org/10.16381/j.cnki.issn1003-207x.2018.1765.
[46] 金振广, 胡大伟, 吴雪. 网约车排队等候条件下乘客租赁类型选择演化博弈分析[J]. 交通工程, 2019, 19 (6): 66-71, 78.
[47] 韩尧尧, 纪翔峰. 动态稳态视角下考虑固定佣金比率的网约车平台定价研究[J]. 青岛大学学报 (自然科学版), 2020, 33 (1): 99-102, 113.
[48] 杨楠. 考虑个体异质性的网约车平台定价研究[D]. 哈尔滨: 哈尔滨商业大学, 2020.
[49] 孙中苗, 徐琪. 需求波动下考虑乘运供应能力的网约车平台动态定价[J/OL]. 控制与决策. (2020-03-31) [2021-03-01]. https://doi.org/10.13195/j.kzyjc.2019.0881.
[50] 徐建军, 张国华. 基于 Apriori 数据挖掘算法的应用与实践[J/OL]. 计算机技术与发展, 2020 (4): 1-6.
[51] 张斌, 滕俊杰, 满毅. 改进的并行 fp-growth 算法在工业设备故障诊断中的应用研究[J]. 计算机科学, 2018, 45 (S1): 508-512.

[52] 朱思雅，高幸. 基于改进 DEMATEL 的海外工程项目进度影响因素分析[J]. 中外公路，2018，38（5）：310-314.

[53] 魏志琴. 浅析电动汽车共享商业模式的发展[J]. 经济研究导刊，2018（17）：57-58.

[54] 马鸿飞，刘颖，苏伟. 基于服务价值链企业服务增值机理与内部营销：哈飞汽车工业集团实证研究[J]. 科技与管理，2012，14（2）：85-90.

[55] 景鹏，王静，陈龙，等. 考虑主观态度的低碳出行市场细分实证研究[J]. 预测，2016（6）：37-43.

[56] 陈思为，唐立，罗霞，等. 基于潜在类别模型的网约车用户市场细分[J]. 综合运输，2019，41（6）：58-63.

[57] 钱丙益，帅斌，陈崇双，等. 基于混合回归模型的客运专线旅客市场细分研究[J]. 铁道运输与经济，2014，36（1）：60-65.

[58] 葛少云，冯亮，刘洪，等. 电动汽车充电站规划布局与选址方案的优化方法[J]. 中国电力，2012（11）：96-101.

[59] 米雷雨，苗瑞，顾希垚，等. 改进试验设计法优化电动汽车按时间租赁利润[J]. 工业工程，2016，19（2）：53-61.

[60] 张重阳，樊治平，徐皓，等. 服务方案设计中的服务要素优化配置[J]. 计算机集成制造系统，2015，21（11）：3063-3071.